普通高等教育中医药类规划教材

腧穴学

（供针灸类专业用）

主　编　罗永芬
副主编　高忻洙
编　委　路绍祖　张家维
　　　　彭荣琛
主　审　魏　稼

上海科学技术出版社

普通高等教育中医药类规划教材

顾问委员会名单

（按姓氏笔画排列）

王玉川	王绵之	邓铁涛	刘志明	刘弼臣	刘渡舟
江育仁	杨甲三	邱茂良	罗元恺	尚天裕	赵绍琴
施奠邦	祝谌予	顾伯康	董建华	程莘农	裘沛然
路志正

编审委员会名单

主 任 委 员：张文康
副主任委员：于生龙　李振吉　陆莲舫
委　　　员：(按姓氏笔画排列)

于生龙	于永杰	万德光	马宝璋	马　骥
王永炎	王世成	王和鸣	王洪图	王萍芬
王新华	王韵珊	王耀庭	韦贵康	邓福树
龙致贤	叶传蕙	叶定江	石学敏	丘和明
丘德文	皮持衡	朱文锋	任继学	刘柏龄
刘振民	孙国杰	孙　校	杜　健	杨兆民
杨春澍	李任先	李安邦	李明富	李振吉
李家实	李　鼎	严世芸	严振国	吴敦序
何　珉	肖崇厚	沈映君	陈　奇	陈大舜
陈子德	陆莲舫	陆德铭	张文康	张六通
张安桢	张志刚	张绚邦	张殿璞	范碧亭
罗永芬	周梦圣	郑守曾	尚炽昌	宗全和
孟　如	项　平	柯雪帆	钟　淼	段逸山
段富津	施　杞	施顺清	施雪筠	袁　浩
钱　英	徐生旺	高尔鑫	郭诚杰	梁颂名
蒿琳仪	彭胜权	傅世垣	曾诚厚	雷载权
黎伟台	戴锡孟	魏　民	魏　稼	魏璐雪

前　言

根据国家教委《全国普通高等教育"八五"期间教材建设规划纲要》"要集中力量抓好本科主要专业主干课程教材建设"的精神,国家中医药管理局统一组织编审出版了普通高等教育中医药类规划教材。本套教材包括中医学、中药学专业的主要课程和针灸、中医骨伤科学专业主要专业课程教材,计有《医古文》、《中医基础理论》、《中医诊断学》、《中药学》、《方剂学》、《中医内科学》、《中医外科学》、《中医妇科学》、《中医儿科学》、《中医急诊学》、《内经选读》、《伤寒论选读》、《金匮要略选读》、《温病学》、《正常人体解剖学》、《生理学》、《病理学》、《生物化学》、《诊断学基础》、《内科学》、《针灸学》、《经络学》、《腧穴学》、《刺法灸法学》、《针灸治疗学》、《中医骨伤科学基础》、《中医正骨学》、《中医骨病学》、《中医筋伤学》、《中医学基础》、《药用植物学》、《中药化学》、《中药药理学》、《中药鉴定学》、《中药炮制学》、《中药药剂学》、《中药制剂分析》、《中药制药工程原理与设备》等三十八门课程教材及其相关实践教学环节教材。

为了提高教材质量、深化教学领域改革,国家中医药管理局于一九九二年四月在杭州召开了全国中医药本科教材建设工作会议,研究部署了本套教材的建设工作,会后下发了《普通高等教育中医药类规划教材编写基本原则》、《普通高等教育中医药类规划教材组织管理办法》、《普通高等教育中医药类规划教材主编单位招标办法》等文件。通过招标,确定并聘任了各门教材主编。一九九二年十一月在北京召开的普通高等教育中医药类规划教材建设工作会议上,成立了普通高等教育中医药类规划教材编审委员会,讨论研究了本套教材的改革思路,并组成了各门教材编写委员会,确定了审定人。

为了保证教材的编写质量,先后召开了几次工作会议和教材审定会议,对各门课程教学大纲、教材编写提纲及教材内容进行了认真审定。最后,还征求了本套规划教材顾问委员会各位名老中医药专家的意见。通过多次会议以及全体编委审定人的共同努力,在名老中医药专家的指导下,使本套教材在前五版统编教材的基础上,在符合本科专业培养目标的实际需要方面,在理论联系实际、保持中医理论的系统性和完整性,反映中医药学术发展的成熟内容和教育改革新成果方面,在明确各门教材的教学目的、确定教材内容的深广度、促进教材体系整体优化等方面有了较大的提高,使本套规划教材内容能具体体现专业业务培养的基本要求和教学质量测试的基本标准。对少数教材根据课程设置的需要,进行了较大幅度的改革,使之更符合教学的需要。根据国家教委有关文件精神,各高等中医药院校、高等医药院校中医药类专业应优先选用这套由国家中医药管理局统一规划组织编审的规划教材。

随着中医药高等教育工作的不断改革与深化,本套教材不可避免地还存在一些不足之处,殷切希望各地中医药教学人员和广大读者在使用过程中,提出宝贵意见,以促使本套教材更臻完善和更符合现代中医药教学的需要。

普通高等中医药规划教材编审委员会

一九九四年十二月

编写说明

《腧穴学》是针灸类专业的基础课。本教材是在国家中医药管理局的直接组织和统一领导下，由有关院校的教师分工编写，集体讨论，再经审定而成。

全书共分七章及一篇附录。第一章为概论，主要阐明腧穴学的基本概念、研究范围及其在针灸专业课程中的性质和地位，并逐节介绍腧穴学的发展、腧穴的命名、分类、主治规律、特定要穴及腧穴的定位方法；第二至第六章，分别介绍十四经腧穴的名称、定位、局部层次解剖、刺灸法、主治、配伍、古代文献选摘，及部分常用腧穴的现代应用与研究；第七章介绍经外奇穴；第八章为耳穴。附录主要收集了常用腧穴歌诀，古代体表部位名称解释，腧穴别名索引。

本教材的编写是根据教学大纲的要求和针灸专业的实际而定，注重其实用性和科学性。在继承、汲取上版教材合理内容及优点的前提下，作了若干改进和补充：对腧穴的定义与起源等内容作了必要的修改；对腧穴研究的新进展、新成就作了较多的反映；新增加了耳穴的内容；对腧穴定位全部按新颁布的国家标准，并增加了穴位的层次解剖。

本教材根据教学需要，对十四经穴的顺序编排作了如下调整：将任脉和督脉经穴列在十二经之前，因其分别位于躯干的前后正中线，先掌握正中经穴，有利于两旁经穴的定位；十二经腧穴，则按手三阴、手三阳、足三阳、足三阴的次序进行介绍。对于腧穴的主治病证，按近治、远治、特殊作用进行归纳，便于掌握；腧穴的配伍以实用、有效为准则，通过配伍体现腧穴的多种作用；对于部分常用穴位，增加了"现代应用与研究"，对重要的临床及实验研究成果作了简要的介绍。

腧穴学是一门实践性很强的课程，许多内容均需学生记忆、掌握，运用形象化的教学方法及教学手段，对提高本门课程的教学质量具有重要的作用。在教学过程中应充分结合人体经穴图象、模型、幻灯片及录象作示教，尤应加强人体上的具体"点穴"以明确其位置。

书中的"现代应用与研究"部分，摘引的书刊杂志范围较广，不一一注明出处，有关内容可参阅各参考书。

编 者

一九九四年十二月

目 录

第一章 腧穴学概论……1
第一节 腧穴概念的形成及腧穴学的发展……1
一、腧穴概念的形成……1
二、腧穴学的发展……1
第二节 腧穴与阴阳五行、脏腑经络的关系……3
一、腧穴与阴阳五行的关系……3
二、腧穴与脏腑经络的关系……3
第三节 腧穴的命名……4
一、自然类……4
二、物象类……5
三、人体类……5
第四节 腧穴的分类……5
一、阿是穴……5
二、十四经穴……6
三、经外奇穴……7
四、耳穴……7
第五节 腧穴的作用……7
一、输注气血……7
二、反应病证……8
三、协助诊断……8
四、防治疾病……9
第六节 腧穴主治的基本规律……9
一、腧穴主治的普遍性……9
二、腧穴主治的特殊性……10
第七节 特定穴……17
一、五输穴……17
二、原穴……18
三、络穴……19
四、背俞穴……19
五、募穴……20
六、郄穴……21
七、八会穴……21
八、下合穴……22
九、八脉交会穴……23
十、交会穴……24
第八节 腧穴的特异性研究……27
一、腧穴的形态结构特异性……27
二、腧穴的生物物理特异性……28
三、腧穴的病理反应特异性……29
四、腧穴的刺激效应特异性……30
第九节 腧穴定位的方法……31
一、体表解剖标志定位法……32
二、"骨度"折量定位法……33
三、指寸定位法……36

第二章 任脉督脉经穴……37
第一节 任脉穴……37
1. 会阴……37
2. 曲骨……38
3. 中极……38
4. 关元……39
5. 石门……40
6. 气海……40
7. 阴交……41
8. 神阙……42
9. 水分……42
10. 下脘……43
11. 建里……43
12. 中脘……44
13. 上脘……44
14. 巨阙……45
15. 鸠尾……45
16. 中庭……46
17. 膻中……46
18. 玉堂……47
19. 紫宫……47
20. 华盖……47
21. 璇玑……47
22. 天突……48

23. 廉泉 ……………………… 48
24. 承浆 ……………………… 49
第二节 督脉穴 …………………… 50
　1. 长强 ……………………… 50
　2. 腰俞 ……………………… 52
　3. 腰阳关 …………………… 52
　4. 命门 ……………………… 52
　5. 悬枢 ……………………… 53
　6. 脊中 ……………………… 53
　7. 中枢 ……………………… 54
　8. 筋缩 ……………………… 54
　9. 至阳 ……………………… 54
　10. 灵台 …………………… 55
　11. 神道 …………………… 55
　12. 身柱 …………………… 55
　13. 陶道 …………………… 56
　14. 大椎 …………………… 56
　15. 哑门 …………………… 57
　16. 风府 …………………… 57
　17. 脑户 …………………… 58
　18. 强间 …………………… 58
　19. 后顶 …………………… 59
　20. 百会 …………………… 59
　21. 前顶 …………………… 60
　22. 囟会 …………………… 60
　23. 上星 …………………… 61
　24. 神庭 …………………… 61
　25. 素髎 …………………… 62
　26. 水沟 …………………… 62
　27. 兑端 …………………… 63
　28. 龈交 …………………… 63

第三章　手三阴经穴 ……………… 65
第一节　手太阴肺经穴 …………… 65
　1. 中府 ……………………… 65
　2. 云门 ……………………… 65
　3. 天府 ……………………… 66
　4. 侠白 ……………………… 66
　5. 尺泽 ……………………… 67
　6. 孔最 ……………………… 67
　7. 列缺 ……………………… 68
　8. 经渠 ……………………… 68
　9. 太渊 ……………………… 69
　10. 鱼际 …………………… 69

　11. 少商 …………………… 70
第二节　手少阴心经穴 …………… 71
　1. 极泉 ……………………… 71
　2. 青灵 ……………………… 72
　3. 少海 ……………………… 72
　4. 灵道 ……………………… 73
　5. 通里 ……………………… 73
　6. 阴郄 ……………………… 74
　7. 神门 ……………………… 75
　8. 少府 ……………………… 75
　9. 少冲 ……………………… 76
第三节　手厥阴心包经穴 ………… 77
　1. 天池 ……………………… 77
　2. 天泉 ……………………… 78
　3. 曲泽 ……………………… 78
　4. 郄门 ……………………… 79
　5. 间使 ……………………… 80
　6. 内关 ……………………… 80
　7. 大陵 ……………………… 81
　8. 劳宫 ……………………… 82
　9. 中冲 ……………………… 83

第四章　手三阳经穴 ……………… 84
第一节　手阳明大肠经穴 ………… 84
　1. 商阳 ……………………… 84
　2. 二间 ……………………… 85
　3. 三间 ……………………… 85
　4. 合谷 ……………………… 86
　5. 阳溪 ……………………… 87
　6. 偏历 ……………………… 87
　7. 温溜 ……………………… 88
　8. 下廉 ……………………… 88
　9. 上廉 ……………………… 89
　10. 手三里 ………………… 89
　11. 曲池 …………………… 90
　12. 肘髎 …………………… 91
　13. 手五里 ………………… 91
　14. 臂臑 …………………… 91
　15. 肩髃 …………………… 92
　16. 巨骨 …………………… 92
　17. 天鼎 …………………… 93
　18. 扶突 …………………… 93
　19. 禾髎 …………………… 94
　20. 迎香 …………………… 94

第二节　手太阳小肠经穴 ……………95
　1.少泽 …………………………95
　2.前谷 …………………………96
　3.后溪 …………………………96
　4.腕骨 …………………………97
　5.阳谷 …………………………98
　6.养老 …………………………98
　7.支正 …………………………98
　8.小海 …………………………99
　9.肩贞 …………………………99
　10.臑俞 ………………………100
　11.天宗 ………………………100
　12.秉风 ………………………101
　13.曲垣 ………………………101
　14.肩外俞 ……………………102
　15.肩中俞 ……………………102
　16.天窗 ………………………102
　17.天容 ………………………103
　18.颧髎 ………………………103
　19.听宫 ………………………104

第三节　手少阳三焦经穴 ……………105
　1.关冲 …………………………105
　2.液门 …………………………106
　3.中渚 …………………………106
　4.阳池 …………………………107
　5.外关 …………………………107
　6.支沟 …………………………108
　7.会宗 …………………………109
　8.三阳络 ………………………109
　9.四渎 …………………………110
　10.天井 ………………………110
　11.清冷渊 ……………………110
　12.消泺 ………………………111
　13.臑会 ………………………111
　14.肩髎 ………………………112
　15.天髎 ………………………112
　16.天牖 ………………………113
　17.翳风 ………………………113
　18.瘈脉 ………………………114
　19.颅息 ………………………114
　20.角孙 ………………………115
　21.耳门 ………………………115
　22.和髎 ………………………116

　23.丝竹空 ……………………116

第五章　足三阳经穴 ……………118

第一节　足阳明胃经穴 ………………118
　1.承泣 …………………………119
　2.四白 …………………………119
　3.巨髎 …………………………120
　4.地仓 …………………………120
　5.大迎 …………………………120
　6.颊车 …………………………121
　7.下关 …………………………121
　8.头维 …………………………122
　9.人迎 …………………………122
　10.水突 ………………………123
　11.气舍 ………………………123
　12.缺盆 ………………………124
　13.气户 ………………………124
　14.库房 ………………………125
　15.屋翳 ………………………125
　16.膺窗 ………………………125
　17.乳中 ………………………126
　18.乳根 ………………………126
　19.不容 ………………………126
　20.承满 ………………………127
　21.梁门 ………………………127
　22.关门 ………………………128
　23.太乙 ………………………128
　24.滑肉门 ……………………128
　25.天枢 ………………………129
　26.外陵 ………………………129
　27.大巨 ………………………130
　28.水道 ………………………130
　29.归来 ………………………130
　30.气冲 ………………………131
　31.髀关 ………………………131
　32.伏兔 ………………………132
　33.阴市 ………………………132
　34.梁丘 ………………………132
　35.犊鼻 ………………………133
　36.足三里 ……………………133
　37.上巨虚 ……………………135
　38.条口 ………………………136
　39.下巨虚 ……………………136
　40.丰隆 ………………………136

41.解溪	137	38.浮郄	159
42.冲阳	137	39.委阳	159
43.陷谷	138	40.委中	160
44.内庭	138	41.附分	161
45.厉兑	139	42.魄户	161

第二节　足太阳膀胱经穴……140

1.睛明	141	43.膏肓	161
2.攒竹	142	44.神堂	162
3.眉冲	142	45.譩譆	162
4.曲差	143	46.膈关	163
5.五处	143	47.魂门	163
6.承光	143	48.阳纲	163
7.通天	144	49.意舍	164
8.络却	144	50.胃仓	164
9.玉枕	145	51.肓门	164
10.天柱	145	52.志室	165
11.大杼	146	53.胞肓	165
12.风门	147	54.秩边	165
13.肺俞	147	55.合阳	166
14.厥阴俞	148	56.承筋	166
15.心俞	148	57.承山	167
16.督俞	149	58.飞扬	167
17.膈俞	149	59.跗阳	168
18.肝俞	150	60.昆仑	168
19.胆俞	150	61.仆参	168
20.脾俞	151	62.申脉	169
21.胃俞	151	63.金门	169
22.三焦俞	152	64.京骨	169
23.肾俞	152	65.束骨	170
24.气海俞	153	66.足通谷	170
25.大肠俞	154	67.至阴	170

第三节　足少阳胆经穴……171

26.关元俞	154	1.瞳子髎	172
27.小肠俞	154	2.听会	173
28.膀胱俞	155	3.上关	173
29.中膂俞	155	4.颔厌	174
30.白环俞	156	5.悬颅	174
31.上髎	156	6.悬厘	175
32.次髎	157	7.曲鬓	175
33.中髎	157	8.率谷	176
34.下髎	157	9.天冲	176
35.会阳	158	10.浮白	176
32.承扶	158	11.头窍阴	177
37.殷门	159	12.完骨	177

13. 本神 …………………… 178	10. 血海 …………………… 201
14. 阳白 …………………… 178	11. 箕门 …………………… 201
15. 头临泣 ………………… 179	12. 冲门 …………………… 202
16. 目窗 …………………… 179	13. 府舍 …………………… 202
17. 正营 …………………… 180	14. 腹结 …………………… 202
18. 承灵 …………………… 180	15. 大横 …………………… 203
19. 脑空 …………………… 180	16. 腹哀 …………………… 203
20. 风池 …………………… 181	17. 食窦 …………………… 203
21. 肩井 …………………… 182	18. 天溪 …………………… 204
22. 渊腋 …………………… 182	19. 胸乡 …………………… 204
23. 辄筋 …………………… 183	20. 周荣 …………………… 204
24. 日月 …………………… 183	21. 大包 …………………… 205
25. 京门 …………………… 184	第二节 足少阴肾经穴 …… 205
26. 带脉 …………………… 184	1. 涌泉 …………………… 206
27. 五枢 …………………… 185	2. 然谷 …………………… 207
28. 维道 …………………… 185	3. 太溪 …………………… 208
29. 居髎 …………………… 186	4. 大钟 …………………… 208
30. 环跳 …………………… 186	5. 水泉 …………………… 209
31. 风市 …………………… 187	6. 照海 …………………… 209
32. 中渎 …………………… 187	7. 复溜 …………………… 210
33. 膝阳关 ………………… 188	8. 交信 …………………… 210
34. 阳陵泉 ………………… 188	9. 筑宾 …………………… 211
35. 阳交 …………………… 189	10. 阴谷 …………………… 211
36. 外丘 …………………… 189	11. 横骨 …………………… 212
37. 光明 …………………… 190	12. 大赫 …………………… 212
38. 阳辅 …………………… 190	13. 气穴 …………………… 213
39. 悬钟 …………………… 191	14. 四满 …………………… 213
40. 丘墟 …………………… 191	15. 中注 …………………… 214
41. 足临泣 ………………… 192	16. 肓俞 …………………… 214
42. 地五会 ………………… 192	17. 商曲 …………………… 215
43. 侠溪 …………………… 193	18. 石关 …………………… 215
44. 足窍阴 ………………… 193	19. 阴都 …………………… 215
第六章 足三阴经穴 ………… 195	20. 腹通谷 ………………… 216
第一节 足太阴脾经穴 …… 195	21. 幽门 …………………… 216
1. 隐白 …………………… 195	22. 步廊 …………………… 216
2. 大都 …………………… 196	23. 神封 …………………… 217
3. 太白 …………………… 197	24. 灵墟 …………………… 217
4. 公孙 …………………… 197	25. 神藏 …………………… 218
5. 商丘 …………………… 198	26. 彧中 …………………… 218
6. 三阴交 ………………… 198	27. 俞府 …………………… 218
7. 漏谷 …………………… 199	第三节 足厥阴肝经穴 …… 219
8. 地机 …………………… 200	1. 大敦 …………………… 220
9. 阴陵泉 ………………… 200	2. 行间 …………………… 220

3. 太冲 ……………………………221
4. 中封 ……………………………221
5. 蠡沟 ……………………………222
6. 中都 ……………………………222
7. 膝关 ……………………………223
8. 曲泉 ……………………………223
9. 阴包 ……………………………224
10. 足五里 …………………………224
11. 阴廉 ……………………………225
12. 急脉 ……………………………225
13. 章门 ……………………………225
14. 期门 ……………………………226

第七章 经外奇穴 ……………………228

第一节 头颈部穴 …………………228
1. 四神聪 …………………………228
2. 当阳 ……………………………228
3. 印堂 ……………………………229
4. 鱼腰 ……………………………229
5. 太阳 ……………………………229
6. 耳尖 ……………………………230
7. 球后 ……………………………230
8. 上迎香 …………………………231
9. 内迎香 …………………………231
10. 聚泉 …………………………231
11. 海泉 …………………………232
12. 金津、玉液 …………………232
13. 翳明 …………………………232
14. 颈百劳 ………………………233

第二节 胸腹部穴 …………………234
1. 子宫 ……………………………234

第三节 背部穴 ……………………234
1. 定喘 ……………………………234
2. 夹脊 ……………………………235
3. 胃脘下俞 ……………………235
4. 痞根 ……………………………235
5. 下极俞 …………………………236
6. 腰眼 ……………………………236
7. 十七椎 …………………………236
8. 腰奇 ……………………………236

第四节 上肢部穴 …………………237
1. 肘尖 ……………………………237
2. 二白 ……………………………237
3. 中泉 ……………………………237

4. 中魁 ……………………………238
5. 大骨空 …………………………238
6. 小骨空 …………………………238
7. 腰痛点 …………………………238
8. 外劳宫 …………………………239
9. 八邪 ……………………………239
10. 四缝 …………………………239
11. 十宣 …………………………239

第五节 下肢部穴 …………………240
1. 髋骨 ……………………………240
2. 鹤顶 ……………………………240
3. 百虫窝 …………………………241
4. 内膝眼 …………………………241
5. 膝眼 ……………………………241
6. 胆囊 ……………………………241
7. 阑尾 ……………………………242
8. 内踝尖 …………………………242
9. 外踝尖 …………………………242
10. 八风 …………………………242
11. 独阴 …………………………243
12. 气端 …………………………243

第八章 耳穴 …………………………244

第一节 耳郭结构及解剖 …………244
一、耳郭的结构 …………………244
二、耳郭的表面解剖名称 ………245

第二节 耳与脏腑经络的关系 ……247
一、耳与脏腑的关系 ……………247
二、耳与经络的关系 ……………247

第三节 耳穴的名称、部位与主治 …247
一、耳轮穴位 ……………………248
1. 耳中 ……………………………248
2. 直肠 ……………………………248
3. 尿道 ……………………………248
4. 外生殖器 ………………………248
5. 肛门 ……………………………248
6. 耳尖 ……………………………248
7. 结节 ……………………………248
8. 轮1 ……………………………248
9. 轮2 ……………………………248
10. 轮3 …………………………249
11. 轮4 …………………………249
二、耳舟穴位 ……………………249

1. 指 …………………………… 249
2. 腕 …………………………… 249
3. 风溪 ………………………… 249
4. 肘 …………………………… 249
5. 肩 …………………………… 249
7. 锁骨 ………………………… 249

三、对耳轮穴位 ……………… 249
1. 跟 …………………………… 249
2. 趾 …………………………… 250
3. 踝 …………………………… 250
4. 膝 …………………………… 250
5. 髋 …………………………… 250
6. 坐骨神经 …………………… 250
7. 交感 ………………………… 250
8. 臀 …………………………… 250
9. 腹 …………………………… 250
10. 腰骶椎 ……………………… 250
11. 胸 …………………………… 250
12. 胸椎 ………………………… 251
13. 颈 …………………………… 251
14. 颈椎 ………………………… 251

四、三角窝穴位 ……………… 251
1. 角窝上 ……………………… 251
2. 内生殖器 …………………… 251
3. 角窝中 ……………………… 251
4. 神门 ………………………… 251
5. 盆腔 ………………………… 251

五、耳屏穴位 ………………… 251
1. 上屏 ………………………… 251
2. 下屏 ………………………… 252
3. 外耳 ………………………… 252
4. 屏尖 ………………………… 252
5. 外鼻 ………………………… 252
6. 肾上腺 ……………………… 252
7. 咽喉 ………………………… 252
8. 内鼻 ………………………… 252
9. 屏间前 ……………………… 252

六、对耳屏穴位 ……………… 252
1. 额 …………………………… 252
2. 屏间后 ……………………… 253
3. 颞 …………………………… 253
4. 枕 …………………………… 253
5. 皮质下 ……………………… 253
6. 对屏尖 ……………………… 253
7. 缘中 ………………………… 253
8. 脑干 ………………………… 253

七、耳甲穴位 ………………… 253
1. 口 …………………………… 253
2. 食道 ………………………… 253
3. 贲门 ………………………… 254
4. 胃 …………………………… 254
5. 十二指肠 …………………… 254
6. 小肠 ………………………… 254
7. 大肠 ………………………… 254
8. 阑尾 ………………………… 254
9. 艇角 ………………………… 254
10. 膀胱 ………………………… 254
11. 肾 …………………………… 254
12. 输尿管 ……………………… 254
13. 胰胆 ………………………… 255
14. 肝 …………………………… 255
15. 艇中 ………………………… 255
16. 脾 …………………………… 255
17. 心 …………………………… 255
18. 气管 ………………………… 255
19. 肺 …………………………… 255
20. 三焦 ………………………… 255
21. 内分泌 ……………………… 255

八、耳垂穴位 ………………… 256
1. 牙 …………………………… 256
2. 舌 …………………………… 256
3. 颌 …………………………… 256
4. 垂前 ………………………… 256
5. 眼 …………………………… 256
6. 内耳 ………………………… 256
7. 面颊 ………………………… 256
8. 扁桃体 ……………………… 256

九、耳背穴位 ………………… 256
1. 耳背心 ……………………… 256
2. 耳背肺 ……………………… 257
3. 耳背脾 ……………………… 257
4. 耳背肝 ……………………… 257
5. 耳背肾 ……………………… 257
6. 耳背沟 ……………………… 257

十、耳根穴位 ………………… 257
1. 上耳根 ……………………… 257

2.耳迷根 ……………………… 257
　　3.下耳根 ……………………… 257
　第四节　耳穴在诊治疾病上的应用 …261
　　一、在诊断方面的应用 ………… 261
　　二、在治疗方面的应用 ………… 261
附录 ……………………………………263
　一、常用腧穴歌诀选 ………………263
　　(一)骨度分寸歌 ……………… 263
　　(二)井荣输原经合歌 ………… 263
　　(三)十二经治症主客原络歌 … 263
　　(四)十五络穴歌 ……………… 264
　　(五)十二背俞穴歌 …………… 264

　　(六)十二募穴歌 ……………… 265
　　(七)十六郄穴歌 ……………… 265
　　(八)八会穴歌 ………………… 265
　　(九)下合穴歌 ………………… 265
　　(十)八脉交会穴歌 …………… 265
　　(十一)八脉八穴治症歌 ……… 265
　　(十二)四总穴歌 ……………… 266
　　(十三)回阳九针歌 …………… 266
　　(十四)天星十二穴并治杂病歌 …266
　　(十五)十三鬼穴歌 …………… 267
　二、古代体表部位名称解释 ………267
　三、腧穴别名索引 …………………276

第一章 腧穴学概论

腧穴学是研究腧穴的位置特点、主治作用及其基本理论的一门学科,是针灸专业的基础课程,在本专业中具有十分重要的地位。现代结合腧穴的形态结构和针灸效应等进行研究,使腧穴学的内容更为丰富。

腧穴是人体脏腑经络气血输注出入的特殊部位。"腧"通"输",或从简作"俞";"穴"是空隙的意思。《黄帝内经》(简称《内经》)又称之为"节"、"会"、"空"、"气穴"、"气府"等;《针灸甲乙经》(简称《甲乙经》)中则称"孔穴";《太平圣惠方》(简称《圣惠方》)有称作"穴道";《铜人腧穴针灸图经》(简称《铜人》)通称"腧穴";《神灸经纶》则称为"穴位"。《素问·气府论》解释腧穴是"脉气所发";《灵枢·九针十二原》说是"神气之所游行出入也,非皮肉筋骨也。"说明腧穴并不是孤立于体表的点,而是与深部组织器官有着密切联系、互相输通的特殊部位。"输通"是双向的。从内通向外,反应病痛;从外通向内,接受刺激,防治疾病。从这个意义上说,腧穴又是疾病的反应点和治疗的刺激点。

第一节 腧穴概念的形成及腧穴学的发展

一、腧穴概念的形成

腧穴知识来源于医疗实践。我们的祖先在长期与疾病作斗争的过程中,陆续发现人体上有不少反应病痛和治疗病痛的特殊部位,在这个基础上,经过反复实践、认识,于是形成"腧穴"的概念。"腧穴"概念的形成,一般推论与以下几个方面有着密切的关系:一是哪里有病痛就在那里治疗,即以痛处作为"砭灸处",《内经》称此为"以痛为腧";二是通过一些无意的、偶然的发现,在距病痛较远的某个部位被误伤而治好病痛。如误伤大指末端内侧出血,却使原来的喉痛大减,经过反复实践,于是认识到这个部位刺血可以治疗咽喉疼痛;三是在进行检查时,发现按压某个部位,患者感到特别疼痛,这种压痛点经过长期的临床观察,认识到体表的某些部位与某些疾病有着特殊的内在联系,于是当患这些疾病时,就在这些部位检查压痛点并进行治疗;四是在检查某些部位时,患者不是感到疼痛,而是感到特别舒快,砭刺这些部位,病症也获得缓解。《内经》所说的"按之快然乃刺之"和"应在中而痛解",指的就是这个意思。由于人们对腧穴部位特点和治疗作用的认识逐步深入,于是陆续为腧穴确定位置、主治,并加以命名。随着社会的发展,针具的改进,经验的积累,逐步形成了有固定名称,明确部位和主治作用的腧穴理论。由于腧穴越来越多,内容不断充实,于是又以经脉为主线对腧穴进行系统归类,这在《内经》中已有重要的阐述。

二、腧穴学的发展

腧穴学的发展,经历了不断提高、完善的漫长过程。战国到西汉时期(公元前475年~公元24年),是我国封建社会制度的建立与巩固时期。生产力的提高和社会制度的变革,促进了医药学从实践经验向理论高度的深化。战国初期的医家秦越人（扁鹊），曾刺"三阳五会（输）"救治虢太子尸厥；马王堆出土帛书《脉法》中的阳上于环二寸而益为一久（灸）"；《五十二病方》中的"久足中指"、"久左胻"等，都是有关腧穴早期临床应用的文献记载。西汉初期，著名医家淳于意（仓公）用针灸给人治病，已经明确提到了什么病，应该刺什么部位。这些部位仓公称之为"俞"（"论俞所居"），或称"砭灸处"。《内经》以有名有位、有位无名、"以痛为腧"等形式载述腧穴，内容涉及到腧穴的名称、位置、归属、主治、刺灸方法及禁忌等，并对部分腧穴进行了初步分类，如各经的"脉气所发"，五输穴、络穴、背俞穴、募穴、交会穴等，虽不完整，但反映了腧穴理论的早期面貌。其后，《黄帝八十一难经》（简称《难经》）对五输穴、原穴等内容进行了补充，特别对临床应用有所阐发。这个时期，尚有《明堂孔穴针灸治要》（为《甲乙经》所引用）一书，可视为早期有关腧穴的总结性著作，补充了《内经》的不足，进一步充实了腧穴学的基本理论及腧穴的临床应用。

东汉到三国及两晋、南北朝时期（公元25～581年），我国医药学又有了较大的发展，针灸学术体系随之形成。当时腧穴定位已经出现了差异。如武威出土的东汉医简将足三里定在"膝下五寸"；吕广把太仓（中脘）定在"脐上三寸"等。于是魏晋年间著名针灸学家皇甫谧在魏甘露年间（公元256～260年），汇集《素问》、《针经》（即《灵枢》）、《明堂孔穴针灸治要》三部著作中的针灸学内容，以类相从去其重复，删其浮辞撰成《针灸甲乙经》，成为我国最早的体系比较完整的针灸学专著。全书12卷，计128篇，其中有70余篇专论腧穴。对其穴名、别名、位置、取法、主治、配伍、何经脉气所发、何经所会、针刺浅深、留针时间、艾灸壮数、禁刺禁灸以及针灸意外等都作了全面论述。并对全身腧穴的分布进行了整理，头面躯干以分区划线排列，四肢以分经排列。为后世腧穴学的发展特别是腧穴归经奠定了基础。从此，历代传授针灸，研习经穴，莫不以《甲乙经》为规范。此后，名医葛洪在《肘后备急方》（简称《肘后方》）中首次记载了爪切或艾灸人中救治卒死；并提出了用"一夫法"量定腧穴。这个时期针灸经穴图也已经出现，称为《偃侧图》和《明堂图》等。

隋、唐时期（公元581～907年），是我国封建社会的繁荣时期，医药学也有了长足的进步。鉴于两晋、南北朝以来，各家对腧穴的名称与定位又出现了混乱，且旧《明堂图》年代久远，传写错误，不足指南。唐政府在贞观年间（公元627～640年）令甄权等人考订明堂孔穴。孙思邈所撰《备急千金要方》（简称《千金方》）中的腧穴定位，"一依甄权等新撰为定"，并绘《明堂三人图》，"其十二经脉五色作之，奇经八脉以绿色为之"，成为历史上最早的彩绘经络腧穴图（佚）。此外，杨上善撰《黄帝内经明堂》，对腧穴序列的编排，"以十二经脉各为一卷，奇经八脉更为一卷"，均不同于《甲乙经》和《千金方》的排列，并首次对部分腧穴的名称进行了解释。惜该书大部已散佚。

五代、辽、宋、金、元时期（公元907～1638年），由于印刷术的普遍应用，加快了针灸学的传播和发展进程。在北宋政府的主持下，著名针灸学家王惟一于天圣四年（公元1026年）奉诏重新考订黄帝明堂，厘正腧穴定位，撰《新铸铜人腧穴针灸图经》（简称《铜人》），并将内容刻石立碑，由政府颁布全国。次年铸成"铜人"两具，外刻经络腧穴，内置脏腑。是我国最早创立的金属经络腧穴模型，后来用"铜人"考试医生，一直沿袭到明代，促进了针灸腧穴的统一。元代名医滑寿著《十四经发挥》（简称《发挥》），对经络循行和腧穴的联系进行了详细考订，书中将任、督两脉与十二经脉相提并论，合称"十四经"。并将全身腧穴按气血流注进行排列，即所谓十四经穴。

明代著名针灸学家杨继洲撰的《针灸大成》(简称《大成》)汇集了明以前针灸医籍的精华,是一部继《甲乙经》以后全面总结有关针灸学术经验和成就的传世之作。该书对腧穴的主治病证,分门别类加以论述,颇为详尽。及至清代,针灸学术逐渐落入低潮。在重药轻针的情况下,名医李学川提出为医应辨证论治,针药并重,左右逢源,病无逃道,因撰《针灸逢源》(简称《逢源》)。书中将历代针灸医籍中所载的十四经穴数目定为361穴,一直沿用至今。

鸦片战争后,我国沦为半殖民地半封建社会,针灸学术的发展陷入停滞。中华人民共和国成立以来,随着中医药学事业的复兴与发展,使针灸学术得到了前所未有的普及与提高。医学科学工作者应用现代科学知识和方法,对腧穴的形态结构、生物物理特性、临床应用、作用机理、腧穴与针感、腧穴与经络、脏腑相关等进行了大量的临床和实验研究,取得了不少成绩。

近年,随着我国针灸学术的迅速发展和国际针灸学术交流的需要,对穴名、读音、经穴数目和排列次序等都已作了统一规定。1989年,国家中医药管理局组织全国有关专家,经过反复推敲论证,对人体十四经361个腧穴及部分经外奇穴的定位进行了审定,制订出标准化方案,并于1991年起在全国范围内实施,对今后腧穴学的发展将产生深远影响。

第二节 腧穴与阴阳五行、脏腑经络的关系

阴阳五行、脏腑经络,都是中医基础理论的重要内容。它贯串于中医学的各个方面,腧穴也不例外,兹分述如下。

一、腧穴与阴阳五行的关系

阴阳五行学说是中医基础理论的重要部分,用来说明人体的组织结构、生理功能、疾病的发生发展规律,并指导临床诊断和治疗。针灸学也同样以阴阳五行学说为基础理论。经脉分阴阳,其所统腧穴,亦各随其经而分阴阳二类。穴既分阴阳,又各以其浅层属阳、深层属阴。《难经·七十难》有"春夏各致一阴,秋冬各致一阳"的刺法。在治法上,《灵枢·根结》说:"用针之要,在于知调阴与阳。"调和阴阳就是通过经穴的分经、深浅并运用适当的刺法来达到的。

腧穴分阴、阳,在五输穴中表现得最为清楚。据《内经》、《难经》所载:阴经和阳经的井、荥、输、经、合五输穴都有不同的五行属性。按五行的生克关系区分"母穴"和"子穴",并创用母子补泻法。

二、腧穴与脏腑经络的关系

《灵枢·海论》说:"夫十二经脉者,内属于府藏,外络于支节。"说明人体的五脏六腑和十二经脉之间有着密切的联系。大量的临床观察充分证明,脏腑疾患能使某些相应经穴出现异常反应。刺激这些异常反应点或相关腧穴,对相应脏腑的功能活动具有相对特异的调整作用。这种经穴-脏腑相关理论,在《内经》中已有充分表述。《灵枢·九针十二原》说:"五藏有疾也,应出十二原,而十二原各有所出,明知其原,睹其应,而知五藏之害矣。"和"五藏有疾,当取之十二原"。

腧穴与经络的关系，《千金翼方》说："凡孔穴者，是经络所行往来处，引气远入抽病也。"说明腧穴从属于经络，通过经络系统与人体各部发生联系，使用针、灸等方法刺激腧穴，可以"引气远入"，治疗有关经络与脏腑的病证。《针灸问对》说："经络不可不知，孔穴不可不识。不知经络，无以知气血往来；不知孔穴，无以知邪气所在。知而用，用而的，病乃可安。"充分说明腧穴与经络的关系。《素问·调经论》说："五藏之道，皆出于经隧。"指出经络本身又隶属于脏腑。这样，脏腑－经络－腧穴三者之间，内外相应，形成一体，不可分割。因此，《灵枢·本输》特别强调："凡刺之道，必通十二经络之所终始，络脉之所别处，五输之所留，六府之所与合，四时之所出入，五藏之所溜处……"说的就是经络、脏腑与腧穴之间的密切关系。

腧穴除与阴阳五行、脏腑经络的关系外，还与人体的气血运行、天时气候有着紧密的联系。《灵枢·本藏》说"经脉者，所以行血气而营阴阳，濡筋骨，利关节者也。"说明经络在沟通机体内外的同时，还具有运行气血、输布周身、濡养各部组织器官的作用。《素问·气穴论》称腧穴的作用是"以溢奇邪，以通荣卫"。表明腧穴在人体正常时能通行营卫，异常时能反应病痛，在接受针灸等刺激时则能通调气血，祛邪扶正，治疗疾病。此外，中医学认为人与自然界存在着一种相应关系，当然以人为主体。说明人生活于天地之间，其生理、病理的变化与自然界息息相关。这种观点在腧穴学中有一定的意义，特别表现在腧穴应用方面。人的气血活动且受自然界气候变化的影响，如《素问·八正神明论》说："是故天温日明，则人血淖液，而卫气浮，故血易泻，气易行；天寒日阴，则人血凝泣，而卫气沉……是以因天时而调血气也。是以天寒无刺，天温无疑，月生无写（泻），月满无补，月郭空无治，是谓得时而调之。"充分表明自然界的气候变化对人体气血运行产生的影响，因而针灸治疗也应随其变化而变化。

第三节 腧穴的命名

腧穴各有一定的部位和名称。《素问·阴阳应象大论》说："气穴所发，各有处名。"从腧穴的命名反映一定的理论概念。孙思邈《千金翼方》说："凡诸孔穴，名不徒设，皆有深意。"杨上善撰注《黄帝内经明堂》，曾对经穴名称逐一诠释，惜原书散佚，现仅存手太阴肺经一卷。以后张介宾等医家对腧穴名义续有解释。清代程知（扶生）著《医经理解》对腧穴命名意义曾作了如下概括："经曰：肉之大会为谷，小会为溪，谓经气会于孔穴，如水流之行而会于溪谷也。海，言其所归也。渊、泉，言其深也。狭者为沟、渎，浅者为池、渚也。市、府，言其所聚也。道、里，言其所由也。室、舍，言其所居也。门、户，言其所出入也。尊者为阙、堂。要会者为关、梁也。丘、陵，言其骨肉之高起者也。髎，言其骨之空阔者也。俞，言其气之传输也。天以言乎其上；地以言乎其下也……"言简意赅，深得命名要旨。

古人对腧穴的命名，取义十分广泛，可谓上察天文，下观地理，中通人事，远取诸物，近取诸身，结合腧穴的分布特点、作用、主治等内容赋予一定的名称。归纳起来，腧穴命名的依据及方法大致有以下几种。

一、自然类

（一）以天文学上的日月星辰命名，如日月、上星、璇玑、华盖、太乙、太白、天枢等。

（二）以地理名称结合腧穴的形象而命名，可分以下几类。

1. 以山、陵、丘、墟来比喻腧穴的形象，如承山、大陵、梁丘、商丘、丘墟等。
2. 以溪、谷、沟、渎来比喻腧穴的形象，如后溪、阳溪、合谷、陷谷、水沟、支沟、四渎、中渎等。
3. 以海、泽、池、泉、渠、渊来比喻腧穴的气血流注，如少海、小海、尺泽、曲泽、曲池、阳池、曲泉、涌泉、经渠、太渊、清冷渊等。
4. 以街、道、冲、处、市、廊来比喻腧穴的通路或处所，如气街、水道、关冲、五处、风市等。

二、物象类

（一）以动物名称来比喻某些腧穴的部位，如鱼际、鸠尾、伏兔、鹤顶、犊鼻等。
（二）以植物名称来比喻某些腧穴的部位，如攒竹、禾髎等。
（三）以建筑物来形容某些腧穴的部位，如天井、玉堂、巨阙、内关、曲垣、库房、府舍、天窗、地仓、梁门、紫宫、内庭、气户等。
（四）以生活用具来形容某些腧穴的部位，如大杼、地机、颊车、阳辅、缺盆、天鼎、悬钟等。

三、人体类

（一）以人体解剖部位来命名，可分以下两类。

1. 以大体解剖名称来命名，如腕骨、完骨、大椎、曲骨、京骨、巨骨等。
2. 以内脏解剖名称来命名，如心俞、肝俞、肺俞、脾俞、胃俞、肾俞、胆俞、膀胱俞、大肠俞、小肠俞等。

（二）以人体生理功能来命名，可分以下两类。

1. 以一般生理功能来命名，如承浆、承泣、听会、劳宫、廉泉、关元等。
2. 以气血脏腑功能来命名，如气海、血海、神堂、魄户、魂门、意舍、志室等。

（三）以治疗作用来命名，如光明、水分、通天、迎香、交信、归来、筋缩等。
（四）以人体部位和经脉分属阴阳来命名，可分以下三类。

1. 以内外分阴阳来命名，如阳陵泉（外）、阴陵泉（内）等。
2. 以腹背分阴阳来命名，如阴都（腹）、阳纲（背）等。
3. 以经脉交会分阴阳来命名，如三阴交（阴经）、三阳络（阳经）等。

第四节 腧穴的分类

人体上的腧穴很多，大体上可分为阿是穴、十四经穴、经外奇穴和耳穴四类。

一、阿是穴

凡以病痛局部或与病痛有关的压痛（敏感）点作为腧穴，称为阿是穴。

"阿是"之称见于唐代《千金方》中："有阿是之法，言人有病痛，即令捏其上，若里当其处，不问孔穴，即得便快成（或）痛处，即云阿是，灸刺皆验，故曰阿是穴也"。因其没有固定的部位，故《扁鹊神应针灸玉龙经》（简称《玉龙经》）称"不定穴"，《医学纲目》称"天应穴"。其名虽异,而其义皆同。溯本求源,乃始自《内经》所言之"以痛为腧"。如《素问·缪刺论》说:"疾按之应手如痛,刺之。"《素问·骨空论》还说:"切之坚痛,如筋者灸之。"《灵枢·五邪》说:"以手按之,快然乃刺之。"说明或痛、或快、或有特殊感应之处,都可以作为阿是穴使用。这类腧穴既无具体名称,也无固定部位。近代有研究表明,脏腑器官病变在身体的某些部位会出现感觉过敏或压痛,刺激这些部位,又可以使患病的脏腑器官得到改善,甚至痊愈。因此临床上正确使用阿是穴,对于提高疗效有着一定的意义。

二、十四经穴

凡归属于十二经脉、任脉和督脉的腧穴,称为"十四经穴",简称"经穴"。这些腧穴因分布在十四经循行路线上,所以与经脉关系密切,不仅具有主治本经病证的作用,而且能反映十四经及其所属脏腑的病证。

经穴随着人们的医疗实践,也经历了一个由少到多的过程。《内经》论述针灸治疗时,往往只举经名而不及穴名,即以经络概括腧穴。关于经穴的数目,《内经》称有365穴,这是个约数。根据现存版本统计,实数160穴左右。《甲乙经》录《明堂孔穴针灸治要》单穴49个,双穴300个,共349穴。《铜人》增加了单穴灵台、腰阳关(均原出于《素问》王冰注);双穴膏肓俞、厥阴俞(均原出《千金方》)、青灵(原出《圣惠方》)等5穴,使总数达到354穴。《资生》、《大成》等书又在此基础上增加眉冲(原出《脉经》)、风市(原出《肘后方》)、督俞、气海俞、关元俞(均原出《圣惠方》)5穴,总数已为359穴;以后《医宗金鉴》去眉冲1穴,补中枢、急脉二穴(均原出《素问·气府论》王冰注),使总数达到360穴;最后,李学川的《逢源》在《金鉴》基础上又复增眉冲,将总数扩展到361穴,一直沿用至今。现将历代具有代表性的针灸医籍及其所载经穴总数汇表如下(表1-4-1)。

表1-4-1 历代十四经穴总数一览表

年 代(公元)	作 者	书 名	穴 名 数		
			正中单穴	两侧双穴	穴名总数
战国(公元前475~公元前221)		《内经》	约25	约135	约160
三国魏晋(256~260年)	皇甫谧	《明堂》《甲乙经》	49	300	349
唐(682年)	孙思邈	《千金翼方》			
宋(1026年)	王惟一	《铜人》	51	303	354
宋(1226年)	王执中	《资生》	51	308	359
元(1341年)	滑伯仁	《发挥》	51	303	354
明(1601年)	杨继洲	《大成》	51	308	359
清(1742年)	吴 谦	《金鉴》	52	308	360
清(1817年)	李学川	《逢源》	52	309	361

上表所称的"正中单穴",是指任脉、督脉所属的腧穴;"两侧双穴",是指十二经脉所属的腧穴,总称为"十四经穴"。这是腧穴的主体。

在十四经穴中,某些腧穴具有相同或近似的性质和作用,古人因而将其归属于不同的类别,并有属类的称号,这些腧穴,近人称为"特定穴"。内容包括四肢肘、膝以下的五输穴、原穴、络穴、郄穴、八脉交会穴、下合穴;胸腹部的募穴;背腰部的背俞穴和在四肢躯干部的八会穴及交会穴。

三、经外奇穴

凡于经穴以外，具有固定名称、位置和主治等内容的腧穴称为经外奇穴，简称"奇穴"。《灵枢·刺节真邪》称"奇输"。

经外奇穴是与十四经穴相对而言，但这并不完全表明经外奇穴的出现在时序上都一定晚于十四经穴。如《内经》中尽管没有提出"经外奇穴"这一名称，但有不少不同于经穴的记载，如"诸疟而脉不见者，刺十指间出血，血去必已"等。这些都可看成是早期的经外奇穴。历代文献有关奇穴的记载很多，如《千金方》载有奇穴187个之多，均散见于各类病证的治疗篇中。《奇效良方》(简称《奇效》)专列奇穴，收集了26穴。《大成》便专列"经外奇穴"一门，载有35穴。《图翼》也专列"奇俞类集"一篇，载有84穴。《针灸集成》(简称《集成》)汇集了144穴。这说明，历代医家对奇穴是颇为重视的。

奇穴的分布虽然较为分散，有的在十四经循行路线上；有的虽不在十四经循行路线上，但却与经络系统有着密切联系；有的奇穴并不指某一个部位，是由多穴位组合而成，如十宣、八邪、八风、华佗夹脊等。奇穴的主治一般比较单纯，如四缝治小儿疳积、二白治痔疮、腰奇治癫痫等。

四、耳穴

凡分布于耳郭上的腧穴，概称耳穴。耳与脏腑经络有着密切的关系，当内脏或躯体有病时，往往会在耳郭的一定部位出现压痛，或见丘疹、脱屑、变色、变形和皮肤导电量改变等。人们可以利用这些现象作为诊断疾病的参考，也可以通过对耳穴的刺激起到治疗疾病的作用。

耳穴的名称是根据各脏腑组织反应在耳郭上的相应部位而命名的。一般来说，与头面相应的耳穴在耳垂；与上肢相应的穴位在耳舟；与躯干相应的穴位在耳轮体部；与下肢相应的穴位在对耳轮上、下脚；与内脏相应的穴位多集中在耳甲艇和耳甲腔。GB/T13734-92国家标准，规定了92个耳穴的名称及部位。

第五节 腧穴的作用

腧穴的作用，古今文献论述颇多，概括起来不外输注气血、反应病证、协助诊断和防治疾病四个方面。

一、输注气血

腧穴作为脏腑经络气血转输出入的特殊部位，其功能与脏腑经络有着不可分割的关系。人体脏腑以及皮肉筋骨、四肢百骸所以能维持其正常的功能，都需要气、血的滋养濡润。而气血的传注输布，主要是通过经络系统而实现的，经脉和络脉都是气血输注的径路。经络与腧穴本是一体，分之可二，合之为一，腧穴同样具有经络输注气血的功能。《素问·气穴论》说："肉之大会为谷，肉之小会为溪，肉分之间，溪谷之会，以行荣卫，以会大气。"《灵枢·九针十二原》说得更加明白："所言节者，神气之所游行出入也，非皮肉筋骨也。"说明腧穴是气血通行出入的部位,并非指一般的皮肉筋骨。因此,人体气血的虚实盈亏,必将通过经络反映到腧穴,这就是所谓腧穴"通营卫"、"溢奇邪"的作用。所以《千金方》说:"凡孔穴在身,皆是脏腑营卫血脉流通,表里往来,各有所主"。

二、反应病证

在疾病的情况下,经络有抗御病邪、反映证候的作用。经络反映病证,一般以症候群的形式居多,所以十二经脉、奇经八脉、十五络脉等都有各自的病候;或经脉之间的互相传变,如伤寒六经相传;或病变部位的红肿热痛,麻木不仁等,范围较大。而腧穴所反应的病证,则是指仅限于腧穴范围的压痛、酸楚、结节、肿胀、瘀血、丘疹、虚陷等现象。疾病的发生必取决于邪正的盛衰,邪盛则可以导致气血失调,气血失调可以通过经络的功能直接反应于与之有关的"脉气所发"的部位。《灵枢·邪客》说:"肺心有邪,其气留于两肘;肝有邪,其气留于两腋;脾有邪,其气留于两髀;肾有邪,其气留于两腘。"张介宾在《类经》注说:"凡病邪久留不移者,必于四肢八溪之间有所结聚,故当于节之会处索而刺之。"结聚,指气血凝滞、脉络不通,或由此而形成的硬结等。这就是《素问·气穴论》所以说的"溢奇邪"。但这种情况的出现并不限定于四肢,临床上更多见于躯干。它既可以反映局部的软组织疾患,如经筋病变;也可以反映脏腑疾患,如躯干部的背俞穴和募穴,是反映脏腑病痛的重要腧穴。当然,四肢部的腧穴也同样可以反映脏腑病证,如原穴与五脏病、下合穴与六腑病等。对于腧穴的这种作用,近年有不少新的发现,如呼吸系统病证多在中府、肺俞、孔最处出现反应;肝胆系统的病证多在肝俞、胆俞、胆囊穴处出现压痛等。

三、协助诊断

人是一个有机的整体,人体各个组织、器官的功能是彼此协调统一的。腧穴作为人体的一个特殊部位,通过经络与机体各部紧密联系,因此某一个组织、器官发生疾病时,也可以通过经脉在其相关腧穴上出现异常反应。这种反应的出现对疾病的诊断具有重要意义。《灵枢·官能》说:"察其所痛,左右上下,知其寒温,何经所在。"就是利用"荥输异处"诊察疾病。在这方面,中医学积累了丰富的经验,且近年又有较快的发展。望、闻、问、切是中医诊病的主要方法,其中望诊、切诊更是离不开经络腧穴。望诊包括诊察络脉色泽,近代多用于耳壳视诊。脉诊中的切寸口、切人迎、切三部九候、切肾间动气等无不以腧穴作为依据。《灵枢·背腧》记载了背俞穴的位置与取法。切其所异,可以作为定向诊知脏腑疾患的重要参考。募穴也具有相同的作用,如《圣惠方》利用募穴的压痛及局部变异诊断脏腑"痈"、"疽"之患。除上述内容外,四肢部腧穴对部分疾病的诊断也具有重要意义。如阑尾穴出现压痛表明有患阑尾炎的可能,胆囊穴的压痛则有患胆囊炎或胆结石的可能。以上这些内容都应结合临床征象综合考虑,才能完整了解病情,作出合理判断。近年,应用光、声、电、磁等物理学方法,对腧穴的某些变异还可以用仪器进行检测,如经络穴位测定仪、生命信息诊断仪等。总之,检查有关经络腧穴部位的病理反应,测定腧穴的电位、电阻和导电量的变化,有助于病位和虚实状态的诊断。腧穴协助诊断的另一方面,可以协同现代医疗仪器对某些疾病进行鉴别诊断。如采用针刺足三里的方法,在X线下对胃窦部变形、蠕动消失的患者进行观察,如胃窦部变形部分重新出现蠕动,而且轮廓、宽度发生改变者,说明胃壁柔软,正常收缩扩张功能存在,一般为良性的炎症;如在同样条件下,胃壁无收缩、扩张功能,说明胃壁增厚僵硬,是癌细胞沿胃壁生长的结果。

四、防治疾病

运用各种治疗性刺激作用于腧穴，可以预防和治疗疾病。《素问·五藏生成》在解释腧穴的特点时说："此皆卫气之所留止，邪气之所客也，针石缘而去之。"指出腧穴不仅是气血输注的部位，而且是邪气所客的处所，也是针灸用以补虚泻实的部位。针灸预防疾病，主要就是提高机体的抗病能力。《千金方》说："凡人吴蜀地游官（宦），体上常须两三处灸之，勿令疮暂差，则瘴疠温疟毒气不能著人也。"这是关于用艾灸腧穴预防时疫传染的早期记载。《扁鹊心书》推崇灸法，有不少关于艾灸腧穴健身防病的论述。如"灸气海、丹田、关元，各三百壮，固其脾肾。夫脾为五脏之母，肾为一身之根。"充分体现了扶正固本，祛邪却病的学术思想。近年，利用针刺足三里能提高机体免疫功能的特点，用来预防感冒；针刺合谷穴预防痄腮；经常按摩中脘、建里，可以帮助消化；按摩眼区周边腧穴，可以恢复眼肌疲劳，防止近视等，都是应用腧穴预防疾病的具体体现。

通过腧穴以治疗疾病，早见于帛书《五十二病方》。《内经》记述疾病治疗大多也是采用这种方法。以后历代医家在实践中积累了丰富的经验，成为中医外治法中的主要手段，实践证明，临床各科都有大量适应于刺激腧穴治疗的病证，包括许多功能性疾病、传染性疾病和某些器质性疾病。特别是对各种痛证、感觉障碍和各种功能失调的病证，尤其适合刺激腧穴进行治疗。1980年，世界卫生组织提出43种疾病，建议各国采用针灸治疗，这是国际上对针灸腧穴防治疾病的具有重要意义的推广运用。

第六节　腧穴主治的基本规律

腧穴主治的基本规律，是指腧穴主治的一种规律性联系。系统了解和掌握腧穴的这些内容，对于针灸临床以及对腧穴作用机理的研究，都具有十分重要的意义。

腧穴主治病证较为复杂，如不得要领，往往难以掌握。但腧穴的主治有其一定的规律，主要决定于腧穴所处的部位、归属的经脉和属何类别（特定穴）。在临床上，多个腧穴可以主治同一病证；多种病证可以选用同一腧穴。因此腧穴的主治既有普遍性，也有特殊性。

一、腧穴主治的普遍性

腧穴所在，主治所在　以腧穴所处部位确定其主治病证。也就是说腧穴在什么部位，这个腧穴就能主治这个部位的病证，包括深层组织、器官的病变，即《灵枢·经筋》"以痛为输"的体现和发展。如百会、四神聪、前顶诸穴位于巅顶，可治头顶疼痛、头晕目眩、神志昏迷；睛明、攒竹诸穴位于眼区，可治目赤肿痛、迎风流泪、青盲雀目；天枢、水分、阴交诸穴位于脐周，可治绕脐腹痛、肠鸣泄泻；命门、肾俞、志室诸穴位于腰部，可治腰骶痠痛、遗精阳痿；四肢部的肩髃、曲池、合谷、环跳、阳陵泉、悬钟诸穴都可以治疗半身不遂，风寒湿痹等。

经脉所过，主治所及　以腧穴所归属的经脉确定其主治病证。也就是说腧穴归属于哪条经脉，这个腧穴就能主治哪条经脉循行所过部位包括深部组织、器官的病证。如尺泽、太渊、列缺、鱼际诸穴归属于手太阴肺经，可治肺脏疾患和本经所过部位的疼痛、麻木、厥冷等；太冲、行间、大敦诸穴归属足厥阴肝经，可治肝脏疾患和疝气、癃闭、黄疸、胁痛以及本经脉所过部位的疼痛、麻木、厥冷等；公孙、三阴交、阴陵泉诸穴归属足太阴脾经，可治脾脏疾患和泄泻、痢疾、腹痛、腹胀及本经脉所过部位的疼痛、麻木、厥冷等；足三里、陷谷、内庭诸穴归属足阳明胃经，可治胃腑疾患和呕吐、呃逆、噎膈、消化不良及本经脉所过部位的疼痛、麻木、厥冷等；其他如合谷治牙痛、口㖞，后溪治项强、（后）头痛，上巨虚治泄泻、痢疾，照海治口干、咽痛，阳陵泉治胁肋疼痛，内关治心律不齐等，都体现了经脉所过，主治所及的主治规律。

四肢部的腧穴，根据古文献的记载和近代临床实践的证实，肘膝关节以下的腧穴既可以治局（近）部病，也可以治远部病。而且越是远端，其治病范围也越广。如合阳可治腰脊疼痛、下肢麻痹、崩漏、疝气；承山则治腿痛转筋、腰背痛、痔疾、便秘、腹痛等；而至阴则可治胎位不正、难产、头痛、鼻塞、鼻衄、目赤肿痛等。而肘膝关节以上的腧穴主治范围相对较窄。如梁丘治膝肿、下肢不遂、胃痛、乳痛；气冲治外阴肿痛、腹痛、疝气、月经不调、阳痿、茎中疼痛等。

头身部的腧穴以主治头面、五官、脏腑等近部疾患为主，但某些腧穴也可以兼治全身性疾患，如睛明治目疾、地仓治口㖞；而百会、水沟除了可治头痛、口㖞外，还可治疗各种神志疾患。躯干部的腧穴以任、督两脉为总纲。督脉穴与其两旁的足太阳膀胱经穴，任脉穴与其两旁的足少阴肾经穴、足阳明胃经穴、足太阴脾经穴，均可以划分为上、中、下三部。上部（膈、第7胸椎以上）穴主治心、肺、心包和胸、背、气管、食道、咽喉等疾患；中部（膈以下脐以上，胸7～腰2椎）穴主治脾、胃、肝、胆和上腹、背、腰等疾患；下部（脐以下，腰2椎以下）穴主治大肠、小肠、肾、膀胱和下腹、腰骶等疾患。其中大椎、命门、气海、关元等穴还能主治全身性疾患。

二、腧穴主治的特殊性

特定腧穴，特定主治　特定穴不仅具有一般腧穴的主治特性，而且还有独特的主治内容。如背俞穴与原穴的主治以五脏疾患为主；募穴与下合穴的主治以六腑疾患为主。郄穴多主治急性病、疼痛病；八会穴多主治慢性病、虚弱病；络穴和交会穴主治表里经和与其交会经脉的病症；八脉交会穴主治奇经病；五输穴中的井穴主急救，荥穴主热病……。

不同经穴，不同主治　腧穴归属于一定的经脉，经脉又隶属于一定的脏腑。不同的经脉和脏腑各有其不同的病候，这些病候都可以采用本经所属的腧穴进行治疗。这样就产生了十四经腧穴的分经主治，但腧穴的主治范围远不止如此。在分经主治的基础上，有的还能主治二经或三经相同的病证。说明分经主治既有其特性，又有其共性。兹将各经腧穴主治异同及各部腧穴主治列表如下（表1-6-1～15，图1-6-1）。

同一腧穴，双向主治　腧穴主治中的另一特点是具有双向调节作用。这种双向调节作用又与机体的功能状态密切相关。如泄泻时，针天枢能止泻；便秘时，针天枢能通便。胃肠痉挛时，针足三里能解痉止痛；胃肠蠕动弛缓时，针足三里能增强蠕动，使其功能恢复正常。心动过速时，针内关能减慢心率；心动过缓时，针内关又可以增加心率，使之恢复正常等。

主治相同，疗效有别　在诸多的腧穴中有不少腧穴可以治疗相同的病证，但临床实践证明各穴之间疗效并不等同，而是有着相对的特异性。如艾灸隐白、太白、三阴交、少商、至阴等穴，均可使孕妇腹部松弛，胎动活跃，具有不同程度的转胎效果，但以至阴穴的疗效最好。手阳明大肠经的二间、三间、合谷、阳溪等穴都有治疗牙痛的作用，而以合谷疗效最好。荥穴都可以治疗热病，但肺热当取鱼际，胃热应取内庭，心火当取少府，肝火应取行间等。这也是腧穴主治作用的一个特点。

第六节 腧穴主治的基本规律

表1-6-1 任督二脉

经名	本经病	二经病
任脉	回阳、固脱，有强壮作用	神志病、脏腑病、妇科病
督脉	中风、昏迷、热病、头面病	

表1-6-2 手三阴经

经名	本经病	二经病	三经病
手太阴经	肺、喉病		
手厥阴经	心、胃病	神志病	胸部病
手少阴经	心病		

表1-6-3 手三阳经

经名	本经病	二经病	三经病
手阳明经	前头、鼻、口、齿病		
手少阳经	侧头、胁肋病	耳病	眼病、咽喉病、热病
手太阳经	后头、肩胛、神志病		

表1-6-4 足三阳经

经名	本经病	二经病	三经病
足阳明经	前头、口、齿、咽喉、胃肠病		
足少阳经	侧头、耳病、胁肋病	眼病	神志病、热病
足太阳经	后头、背腰、脏腑病		

表1-6-5 足三阴经

经名	本经病	三经病
足太阴经	脾胃病	
足厥阴经	肝病	前阴病、妇科病
足少阴经	肾、肺、咽喉病	

表1-6-6 头面颈项部

分部	主治
前头、侧头区	眼、鼻病
后头区	神志、局部病
项区	神志、喑哑、咽喉、眼、头项病
眼区	眼病
鼻区	鼻病
颈区	舌、咽喉、喑哑、哮喘、食管、颈部病

表1-6-7 胸膺胁腹部

分　部	主　治
胸膺部	胸、肺、心病
腹　部	肝、胆、脾、胃病
少腹部	经带、前阴、肾、膀胱、肠病

表1-6-8 肩背腰尻部

分　部	主　治
肩胛部	局部、头顶痛
背　部	肺、心病
背腰部	肝、胆、脾、胃病
腰尻部	肾、膀胱、肠、后阴、经带病

表1-6-9 腋胁侧腹部

分　部	主　治
腋胁部	肝、胆病，局部病
侧腹部	脾、胃病，经带病

表1-6-10 上肢内侧部

分　部	主　治
上臂内侧部	肘臂内侧病
前臂内侧部	胸、肺、心、咽喉、胃、神志病
掌指内侧部	神志病、发热病、昏迷、急救

表1-6-11 上肢外侧部

分　部	主　治
上臂外侧部	肩、臂、肘外侧病
前臂外侧部	头、眼、鼻、口、齿、咽喉、胁肋、肩胛、神志、发热病
掌指外侧部	咽喉、发热病、急救

表1-6-12 下肢后面部

分　部	主　治
大腿后面	臀股部病
小腿后面	腰背、后阴病
跟后、足外侧	头、顶、背腰、眼、神志、发热病

表1-6-13 下肢前面部

分　部	主　治
大腿前面	腿膝部病
小腿前面	胃肠病
足跗前面	前头、口齿、咽喉、胃肠、神志、发热病

第六节　腧穴主治的基本规律

表1-6-14　下肢内侧部

分　部	主　治
大腿内侧	经带、小溲、前阴病
小腿内侧	经带、脾胃、前阴、小溲病
足内侧	经带、脾胃、肝、前阴、肾、肺、咽喉病

表1-6-15　下肢外侧部

分　部	主　治
大腿外侧	腰尻、膝股关节病
小腿外侧	胸胁、颈项、眼、侧头部病
足外侧	侧头、眼、耳、胁肋、发热病

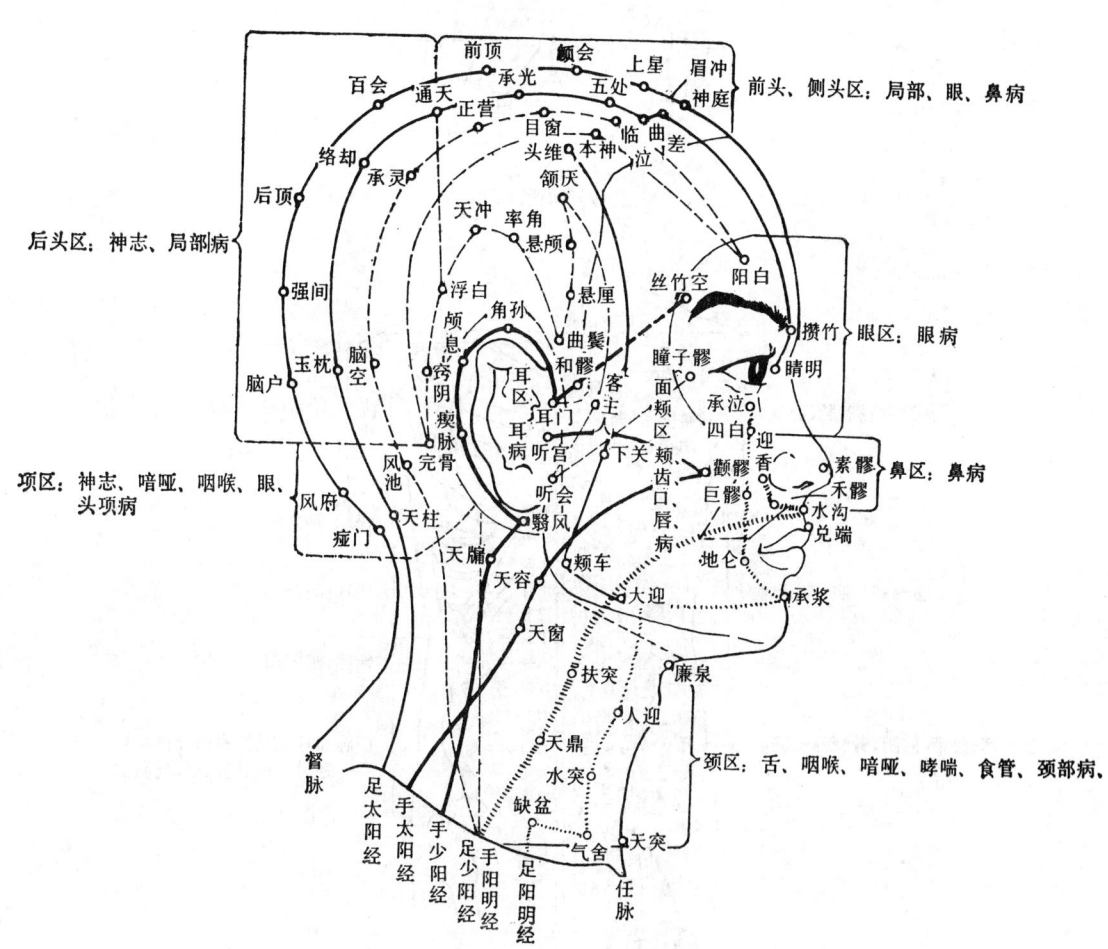

(1)头面颈项部

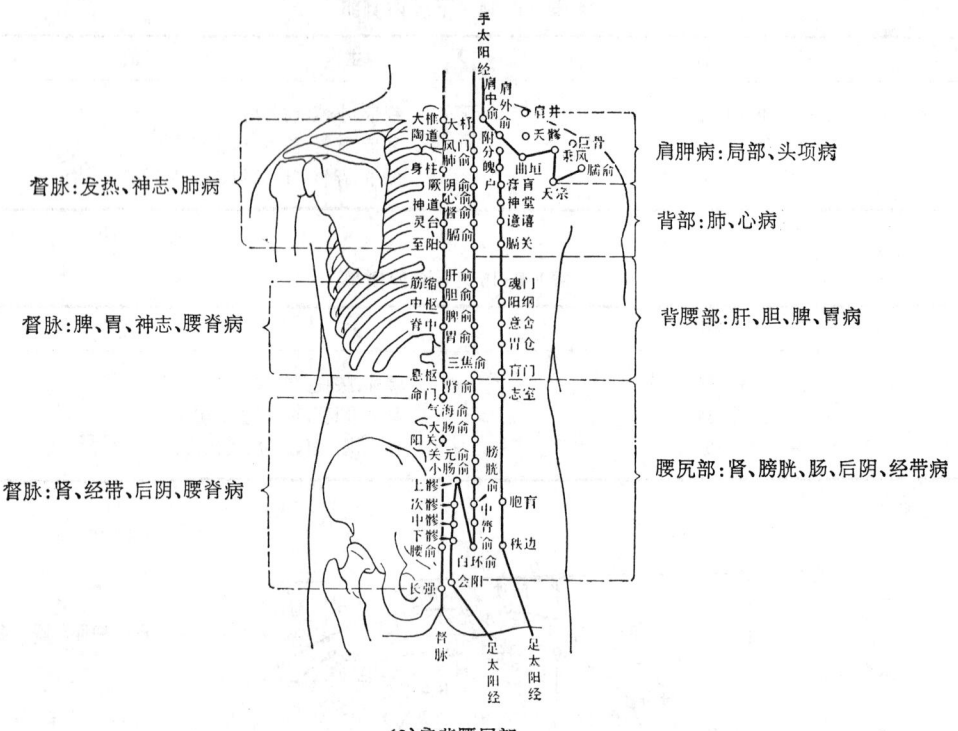

(2)肩背腰尻部

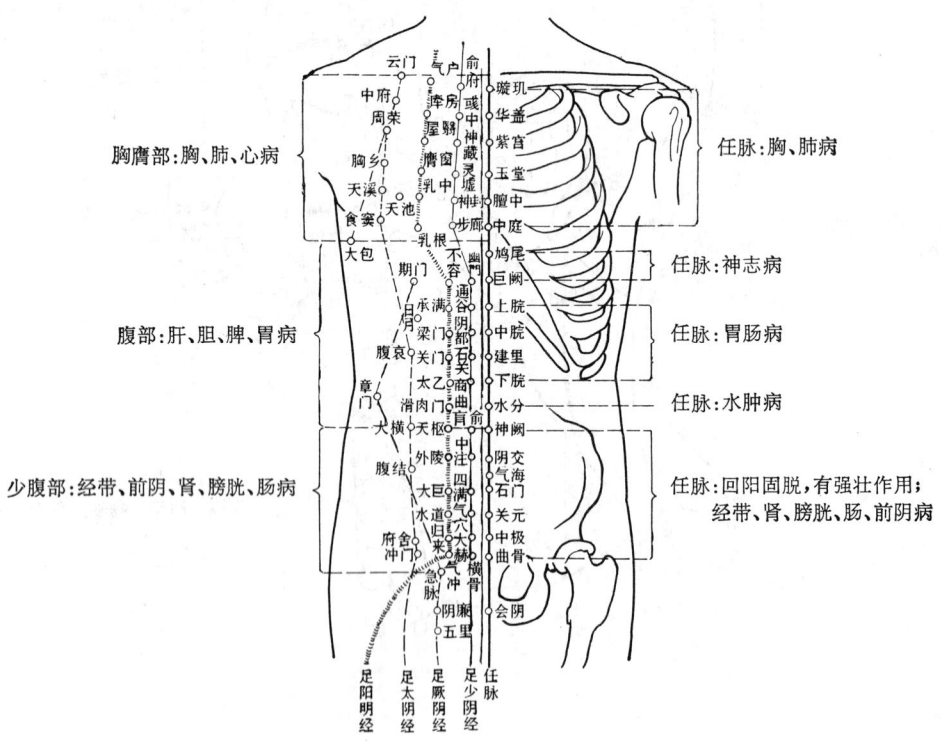

(3)胸膺胁腹部

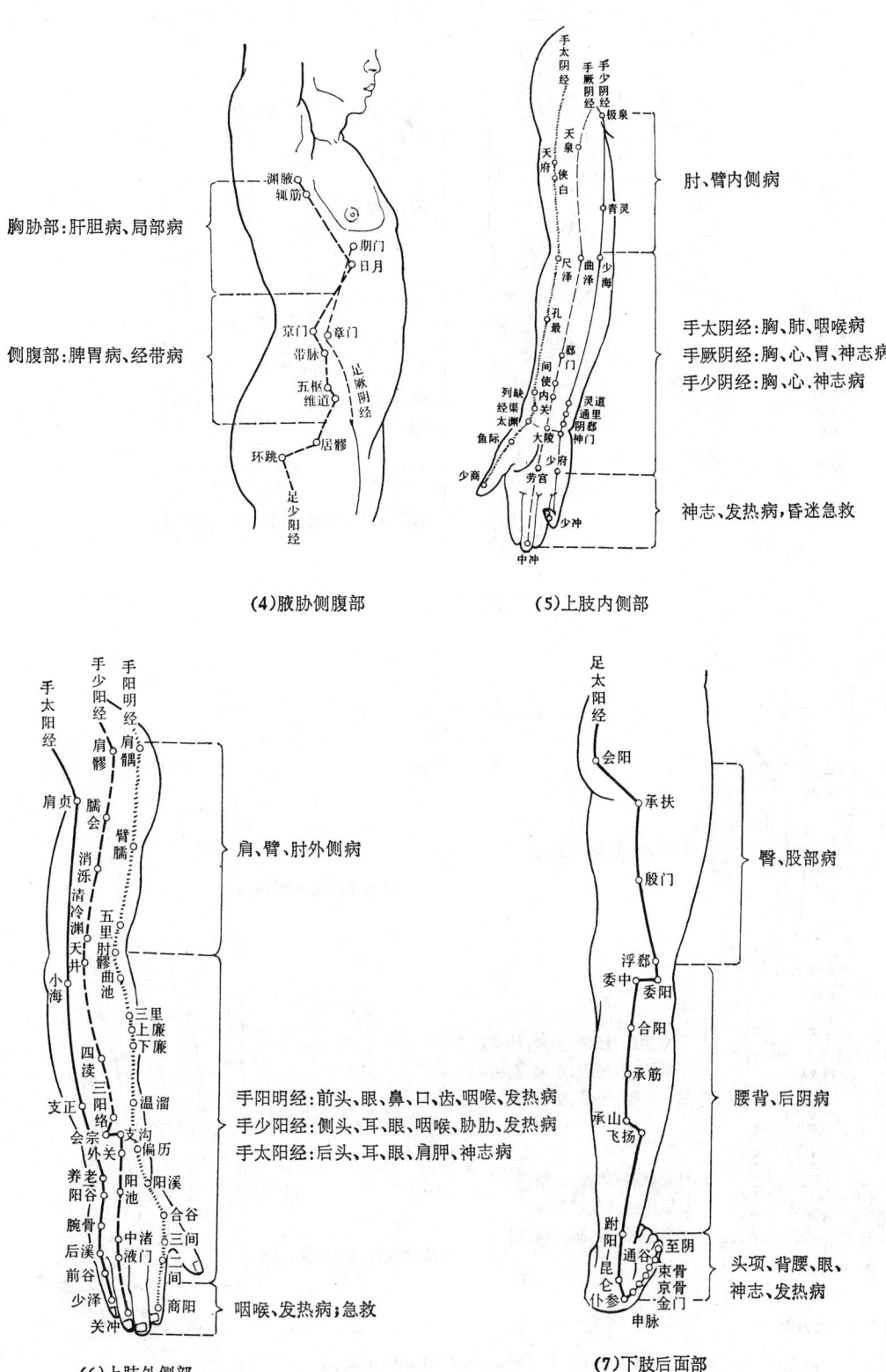

(4) 腋胁侧腹部　　(5) 上肢内侧部

(6) 上肢外侧部　　(7) 下肢后面部

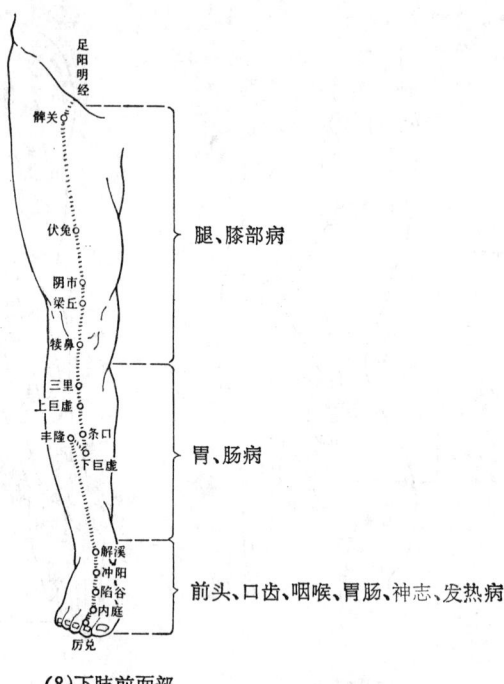

(8) 下肢前面部

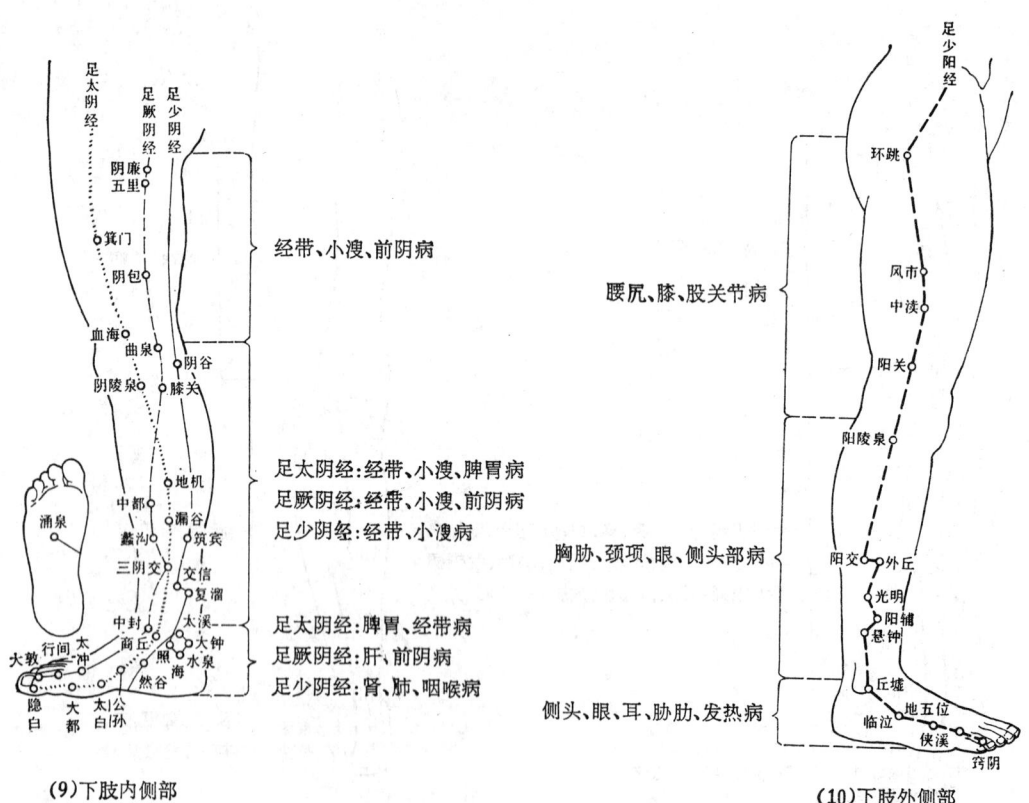

(9) 下肢内侧部　　　　　(10) 下肢外侧部

图 1-6-1　十四经腧穴主治分部示意图

第七节 特定穴

在十四经穴中具有特殊治疗作用,并以特定称号概括的腧穴,称为特定穴。这些腧穴在十四经穴中不仅在数量上占有相当比例,而且在针灸学的基本理论和临床应用方面也有着极其重要的意义。以下就特定穴的种类进行分述。

一、五输穴

十二经脉在四肢肘、膝关节以下各有井、荥、输、经、合五个腧穴,总称五输穴。

五输穴首见于《灵枢·九针十二原》:"五藏五腧,五五二十五腧,六府六腧,六六三十六腧。经脉十二,络脉十五,凡二十七气,以上下所出为井,所溜为荥,所注为输,所行为经,所入为合,二十七气所行,皆在五腧也。"但未指出其具体穴名和部位。《灵枢·本输》详载十一条经脉的五输穴,唯缺手少阴五穴。在《针灸甲乙经》中,十二经的五输穴记载始完备(表1-7-1~2)。

表1-7-1 六阴经五输穴与五行配属表

六阴经	井(木)	荥(火)	输(土)	经(金)	合(水)
肺(金)	少商	鱼际	太渊	经渠	尺泽
肾(水)	涌泉	然谷	太溪	复溜	阴谷
肝(木)	大敦	行间	太冲	中封	曲泉
心(火)	少冲	少府	神门	灵道	少海
脾(土)	隐白	大都	太白	商丘	阴陵泉
心包(相火)	中冲	劳宫	大陵	间使	曲泽

表1-7-2 六阳经五输穴与五行配属表

六阳经	井(金)	荥(水)	输(木)	经(火)	合(土)
大肠(金)	商阳	二间	三间	阳溪	曲池
膀胱(水)	至阴	通谷	束骨	昆仑	委中
胆(木)	窍阴	侠溪	足临泣	阳辅	阳陵泉
小肠(火)	少泽	前谷	后溪	阳谷	小海
胃(土)	厉兑	内庭	陷谷	解溪	足三里
三焦(相火)	关冲	液门	中渚	支沟	天井

古人把经气运行过程用自然界的水流由小到大,由浅入深的变化来形容,把五输穴按井、荥、输、经、合的顺序,从四肢末端向肘、膝方向依次排列。"井"穴多位于手足之端,喻作水的源头,是经气所出的部位,即"所出为井"。"荥"穴多位于掌指或跖趾关节之前,喻作水流尚微,萦迂未成大流,是经气流行的部位,即"所溜为荥"。"输"穴多位于掌指或跖趾关节之后,喻作水流由小而大,由浅注深,是经气渐盛,由此注彼的部位,即"所注为输"。"经"穴多位于腕踝关节以上,喻作水流变大,畅通无阻,是经气正盛运行经过的部位,即"所行为经"。"合"穴多位于肘、膝关节附近,喻作江河水流汇入湖海,是经气由此深入,进而会合于脏腑的部

位,即"所入为合"。

五输穴与五行的配属始见于《灵枢·本输》,指出阴经的井穴属木,阳经的井穴属金。《难经·六十四难》据此补全了阴、阳各经五输穴的五行属性,即阴经的井、荥、输、经、合分属木、火、土、金、水;阳经的井、荥、输、经、合,分属金、水、木、火、土。

五输穴在全身腧穴中占有极其重要的位置,临床应用十分广泛,但各有侧重。《灵枢·邪气藏府病形》说:"荥输治外经,合治内府。"就是说荥穴,输穴多治疗经脉的外周病证,而合穴则多治脏腑的内在疾患。《灵枢·顺气一日分为四时》对五输穴的主病又另有所说:"病在藏者,取之井;病变于色者,取之荥;病时间时甚者,取之输;病变于音者,取之经;经满而血者,病在胃,及以饮食不节得病者,取之于合。"后来《难经·六十八难》又作了补充:"井主心下满,荥主身热,俞主体重节痛,经主喘咳寒热,合主逆气而泄。"近代对五输穴的应用,井穴多用于各种急救,荥穴多用于各种热病,输穴多用于肢节痠痛及五脏病变,经穴多用于气喘咳嗽,合穴多用于六腑疾患等。另外,根据《难经·六十九难》"虚者补其母,实者泻其子"的理论,五输穴按五行属性以生我者为母,我生者为子的原则进行选穴,即虚证选用母穴,实证选用子穴。这就是临床上所称的补母泻子法。如肺属金,虚则取太渊(土),实则取尺泽(水)。余此类推。也可以按阴阳相合,刚柔相济的关系,将阴井乙木与阳井庚金配合起来,成为子午流注按时取穴及合日互用开穴规律的理论基础。

二、原穴

脏腑原气经过和留止的腧穴,称原穴。十二经脉在腕、踝关节附近各有一个原穴,又称"十二原。"

原穴首载于《灵枢·九针十二原》。所指为五脏之原、膏之原、肓之原,都在阴经。即肺之原出于太渊,心之原出于大陵,肝之原出于太冲,脾之原出于太白,肾之原出于太溪,以上诸穴左右各一,再加膏之原鸠尾和肓之原脖胦(气海),共为十二原穴。《灵枢·本输》补充了六腑原穴:即大肠原过于合谷,胃原过于冲阳,小肠原过于腕骨,膀胱原过于京骨,三焦原过于阳池,胆原过于丘墟。《难经》则二说兼容,去其膏之原和肓之原,而增补"少阴之原出于兑骨"(即神门)。如此十二原穴方始完备(表1-7-3)。

表1-7-3　十二经原穴表

手三阴经	肺经	太渊	心经	神门	心包经	大陵
手三阳经	大肠经	合谷	小肠经	腕骨	三焦经	阳池
足三阴经	脾经	太白	肾经	太溪	肝经	太冲
足三阳经	胃经	冲阳	膀胱经	京骨	胆经	丘墟

原穴与原气有关。《难经·六十六难》说:"脐下肾间动气者,人之生命也,十二经之根本也,故名曰原(气)。三焦者,原气之别使也,主通行三气,经历于五脏六腑。原者,三焦之尊号也,故所止辄为原。"说明原气导源于肾(包括命门),藏于丹田,是人体生命活动的原动力,也是十二经脉维持正常生理功能的根本。原气借三焦之道,贯通运行上、中、下三焦,输布到五脏六腑,头身四肢。原者,是三焦的一种尊称。所以将三焦运行的原气,其中注留

于四肢部位的腧穴称之为原穴。在十二原穴中五脏的原穴即本经五输穴中的输穴,所谓"阴经之输并于原"。六腑则于输穴之外,另有原穴。《难经·六十二难》对此释为:"三焦行于诸阳,故置一腧,名曰原。"意思是三焦原气行于外,阳经脉气盛长,故于输穴之外另有原穴。

原穴的临床应用主要表现在诊断和治疗两个方面。根据《灵枢·九针十二原》的记载:五脏有疾时,往往在相应的原穴部位会出现一定的反应;反之,如果原穴部位出现各种异常变化,也同样可以推知五脏的盛衰情况。如,应用现代的经络测定仪测定原穴,根据所测数据推断其相应脏腑、气血的虚实。所以临床针灸原穴则有调整其脏腑经络虚实的作用。如咳嗽、气喘可取肺之原穴太渊,心痛心悸可取心包之原穴大陵等,均有较好疗效。另外,在腧穴配伍上,原穴往往与络穴配伍,称为原络配穴,用以治疗表里经之间的经脉和脏腑疾患。

三、络穴

络脉在由经脉分出的部位各有一个腧穴,称络穴。络穴的名称与本经络脉名称相同。

络穴的内容首载于《灵枢·经脉》。十二经脉各有一个络穴,都分布在肘、膝关节以下,加上任脉络穴、督脉络穴和脾之(大)络穴,总称十五络穴(表1-7-4)。《素问·平人气象论》还载有"胃之大络",故又有十六络穴之说。

表1-7-4 十五络穴表

手三阴经	肺经	列缺	心经	通里	心包经	内关
手三阳经	大肠经	偏历	小肠经	支正	三焦经	外关
足三阴经	脾经	公孙	肾经	大钟	肝经	蠡沟
足三阳经	胃经	丰隆	膀胱经	飞扬	胆经	光明
任、督、脾大络	任脉	鸠尾	督脉	长强	脾大络	大包

络穴的临床应用,以主治各自所属络脉的虚实病证为主。如手太阴肺经的络穴列缺,以主治本络脉病变"实则手锐掌热,虚则欠㰦,小便遗数"为主。同时也主治本经及表里经脉循行所过部位及其归属脏腑的疾患,如咳嗽、气喘、臑臂内前廉疼痛和齿痛颊肿、鼻衄喉痹、肩前臑痛等。余此类推。络穴在临床上可以单独应用,也可与其相表里经脉的原穴相配,称为原络配穴法。

四、背俞穴

五脏六腑之气输注于背腰部的腧穴,称背俞穴。

背俞穴都分布在足太阳膀胱经的第一侧线。大体上依脏腑所处位置的高低而上下排列。《素问·长刺节论》说:"迫藏刺背,背俞也。"说明背俞穴接近内脏,对有关脏腑具有相对的特异性。

背俞穴的内容首载于《灵枢·背腧》,但仅载五脏背俞的名称和位置。至于六腑背俞穴,《素问·气府论》只提出"六府之俞各六",尚未列具体穴名和位置。以后王叔和的《脉经》补出了六腑背俞穴中的大肠俞、小肠俞、胃俞、胆俞、膀胱俞五穴。《甲乙经》又补充了三焦俞。最后由《千金方》补出厥阴俞一穴，背俞穴方始完备（表1-7-5）。

表1-7-5　十二背俞穴表

六脏	背俞	六腑	背俞
肺	肺俞	大肠	大肠俞
肾	肾俞	膀胱	膀胱俞
肝	肝俞	胆	胆俞
心	心俞	小肠	小肠俞
脾	脾俞	胃	胃俞
心包	厥阴俞	三焦	三焦俞

背俞穴与脏腑的特殊联系，在临床上最能反映五脏六腑的虚实盛衰。当背俞穴局部出现各种异常反应，如结节、陷下、条索状物、压痛、过敏、出血点、丘疹及温度或电阻变化时，往往反映相关脏腑的功能异常。《素问·阴阳应象大论》说："阴病治阳。"意指背俞穴在临床上主要是以诊察和治疗与其相应的五脏疾患为主。如肺俞治咳嗽、喘息、寒热；脾俞治腹胀、飧泄等。背俞穴不仅对脏腑病证有良好的治疗作用，同时也经常用作治疗与之相应脏腑有关的五体、五官疾患。如肝主筋，开窍于目，所以筋挛瘛疭，目视昏糊，取用肝俞、胆俞；脾主肉，开窍于口，则四肢懈惰，肌肉萎软，唇反等，可选脾俞、胃俞等。背俞穴在临床上往往与相应募穴相配，称为俞募配穴法，用以治疗有关脏腑病证。

五、募穴

五脏六腑之气结聚于胸腹部的腧穴，称募穴。

有关募穴的内容早在《内经》中已有记述。《素问·通评虚实论》说："腹暴满，按之不下，取手太阳经络者，胃之募也。"《素问·奇病论》说："胆虚，气上溢而口为之苦，治之以胆募、俞。"但均未指出具体的穴名、位置。《脉经》记述了除心包、三焦以外的10个脏腑募穴。以后《甲乙》又补出了三焦募穴石门。唯缺心包之募。后人又增补膻中为心包的募穴。至此募穴始臻完备（表1-7-6）。

表1-7-6　十二募穴表

两　　　侧		正　　　中	
脏腑	募穴	募穴	脏腑
肺	中府	膻中	心包
肝	期门	巨阙	心
胆	日月	中脘	胃
脾	章门	石关	三焦
肾	京门	元	
大肠	天枢	中极	小肠膀胱

募穴都分布在胸腹部，其位置大体上与脏腑所在部位相对应，即脏腑位置高的募穴在上，位置低的募穴在下。募穴不一定分布在脏腑所属的经脉上，分布在任脉者为单穴，分布在其他经脉者为左右对称一名两穴。因为募穴接近脏腑，所以不论病生于内，抑或邪犯于外，均可在相应募穴上出现异常反应，如压痛、痠胀、过敏等。临床根据这些反应，可以辅助诊断相应脏腑病证，关于这方面的内容，早在《圣惠方》中已有记载。如"天枢隐隐而

痛者,大肠疽也;上肉微起者,大肠痈也。期门隐隐而痛者,肝疽也;上肉微起者,肝痈也。"

募穴在临床上多用于治腑病,《素问·阴阳应象大论》说:"阳病治阴"。说明募穴对六腑病证有着特殊的疗效。如胃病取中脘,胆病取日月,大肠病取天枢,膀胱病取中极等。募穴如与相应背俞穴联用,则称俞募配穴,常用来治疗相应的脏腑病证。

六、郄穴

经脉气血深聚之处的腧穴,称郄穴。

十二经脉及阴跷脉、阳跷脉、阴维脉、阳维脉各有一个郄穴,总称十六郄穴。大多分布在四肢肘、膝关节以下(表1-7-7)。

表1-7-7 十六郄穴表

阴 经	郄 穴	阳 经	郄 穴
手太阴肺经	孔最	手阳明大肠经	温溜
手厥阴心包经	郄门	手少阳三焦经	会宗
手少阴心经	阴郄	手太阳小肠经	养老
足太阴脾经	地机	足阳明胃经	梁丘
足厥阴肝经	中都	足少阳胆经	外丘
足少阴肾经	水泉	足太阳膀胱经	金门
阴维脉	筑宾	阳维脉	阳交
阴跷脉	交信	阳跷脉	跗阳

有关郄穴的内容首载于《甲乙经》。

郄穴的临床应用,一般多用来治疗本经循行所过部位及所属脏腑比较严重或顽固性疾患,近人则常用于急症。郄穴的应用阴、阳有别。阴经(包括阴跷、阴维)的郄穴常用来治疗血症,如孔最治咯血,阴郄治吐血、衄血,中都治崩漏,地机、交信治月经不调等。阳经(包括阳跷、阳维)的郄穴多用来治疗气形两伤的病证。气伤痛,形伤肿。如温溜治头痛、面肿;梁丘治胃痛、膝肿;外丘治颈项、胸胁疼痛等。另外,切、循、按、压郄穴,若发现"应动"和阳性反应物,还可以协助诊断相应经脉及脏腑疾患。

七、八会穴

脏、腑、气、血、筋、脉、骨、髓八者精气会聚的腧穴,称八会穴。

八会穴首载于《难经·四十五难》,说:"经言八会者,何也?然,腑会太仓,脏会季胁,筋会阳陵泉,髓会绝骨,血会膈俞,骨会大杼,脉会太渊,气会三焦外一筋直两乳内也。热病在内者,取其会之气穴也。"据后世医家注释,其中"太仓"指中脘穴,"季胁"指章门穴,"绝骨"指悬钟穴,"直两乳内"指膻中穴。这八个腧穴,除悬钟外,均属特定穴(表1-7-8),除了各自原有的功能以外,对脏、腑、气、血、筋、脉、骨、髓的生理功能还有着特殊的关系。如中脘为胃之募穴,六腑皆取禀于胃,故为腑会;章门为脾之募穴,五脏皆禀受于脾,故为脏会;阳陵泉为胆经合穴,胆与肝合,肝主筋,且位居膝下,膝为筋之腑,故为筋会;绝骨属胆经,胆主所生病骨,骨生髓,故为髓会;心主血,肝藏血,膈俞位居心俞之下,肝俞之上,故为血会;大杼当项后第一胸椎棘突两旁,第一胸椎称膂骨,又名杼骨,诸骨自此擎架,联接头身肢体,故为骨会;

表1-7-8 八会穴表

八 会	穴 名	附 注
脏 会	章 门	脾 募穴
腑 会	中 脘	胃 募穴
气 会	膻 中	心包 募穴
血 会	膈 俞	膀胱 经穴
筋 会	阳 陵 泉	胆 合穴
脉 会	太 渊	肺经 输穴
骨 会	大 杼	膀胱 经穴
髓 会	绝 骨	胆 经穴

太渊属肺，肺朝百脉，位于寸口，寸口为脉之大会，为中医候脉之处，故曰脉会；膻中位于两乳之间，内部为肺，肺主气，诸气皆属于肺，故为气会。

八会穴的临床应用一般各以其所关而取治，如血病取膈俞，气病取膻中，筋病取阳陵泉，脉病取太渊等。另外，《难经·四十五难》又说："热病在内者，取其会之气穴也。"说明这八个穴位还可以用来治疗某些热病，特别是由于脏腑、经脉、气血、骨髓病变而产生的内热。

八、下合穴

六腑在下肢足三阳经的合穴，称下合穴。是六腑之气输注出入的部位。

下合穴的提出主要是基于《灵枢·邪气藏府病形》"合治内府"和《灵枢·本输》"六府皆出足之三阳，上合于手者也"的理论，即"胃合（入）于三里，大肠合入于巨虚上廉，小肠合入于巨虚下廉，三焦合入于委阳，膀胱合入于委中，胆合入于阳陵泉"（表1-7-9）。胃、胆、

表1-7-9 下合穴表

手 足 三 阳		六 腑	下 合 穴
手 三 阳	太 阳	小 肠	下 巨 虚
	阳 明	大 肠	上 巨 虚
	少 阳	三 焦	委 阳
足 三 阳	太 阳	膀 胱	委 中
	阳 明	胃	足 三 里
	少 阳	胆	阳 陵 泉

膀胱三腑的下合穴，即本经五输穴中的合穴；而大肠、小肠、三焦在下肢又另有下合穴。《灵枢·本输》说："大肠小肠，皆属于胃。"三焦是"太阳之别"，"入络膀胱"。所以大肠、小肠的下合穴都在足阳明胃经。至于三焦的下合穴，因三焦为"决渎之官，水道出焉"，与膀胱均为水液之腑，都具有调节水液代谢的作用，所以位于足太阳膀胱经。

下合穴的临床应用，《素问·咳论》说："治府者，治其合。"说明主要用来治疗六腑病证。《灵枢·邪气藏府病形》详细记述了各自的适应病证："大肠病者，肠中切痛而鸣濯濯，冬日重感于寒即泄，当脐而痛，不能久立，与胃同候，取巨虚上廉；胃病者，腹䐜胀，胃脘当心而痛，上支两胁，膈咽不通，食饮不下，取之三里也；小肠病者，小腹痛，腰脊控睾而痛，时窘之后，当

耳前热,若寒甚,若独肩上热甚,及手小指次指之间热,若脉陷者,此其候也,手太阳病也,取之巨虚下廉;三焦病者,腹气满,小腹尤坚,不得小便,窘急,溢则水留即为胀……取委阳;膀胱病者,小腹偏肿而痛,以手按之,即欲小便而不得,肩上热,若脉陷,及足小指外廉及胫踝后皆热,若脉陷,取委中央;胆病者,善太息,口苦,呕宿汁,心下澹澹,恐人将捕之,嗌中吤吤然,数唾……其寒热者,取阳陵泉。"现在常以足三里治胃痛,上巨虚治痢疾、肠痈,下巨虚治泄泻,阳陵泉治蚘厥,委阳、委中治疗由于三焦气化失常而引起的癃闭。

九、八脉交会穴

四肢部有八个经穴通于奇经八脉,一般称为八脉交会穴。原称"交经八穴"和"流注八穴"或称"八脉八穴"。

八穴的记载首见于窦汉卿的《针经指南》。当时称"交经八穴"。据说"乃少室隐者之所传也"。得之于"山人宋子华"之手。此后,明代刘纯《医经小学》和徐凤《针灸大全》始称此为

表1-7-10 八脉交会穴表

经 属	八 穴	通 八 脉	会 合 部 位
足 太 阴	公 孙	冲 脉	胃、心、胸
手 厥 阴	内 关	阴 维	
手 少 阳	外 关	阳 维	目外眦、颊、颈、耳后、肩
足 少 阳	足 临 泣	带 脉	
手 太 阳	后 溪	督 脉	目内眦、项、耳、肩胛
足 太 阳	申 脉	阳 跷	
手 太 阴	列 缺	任 脉	胸、肺、膈、喉咙
足 少 阴	照 海	阴 跷	

八脉交会八穴。这里所说的交会是指脉气的相通,不是指十二经脉与奇经八脉在分布线路上的直接交合(表1-7-10)。

八脉交会穴与奇经八脉的关系是:

1. 公孙与内关 公孙属足太阴络穴,其络别走足阳明胃脉,通过胃脉"入气街中"与冲脉相通。内关属手厥阴络穴,经脉从胸走手,在胸中与阴维相通。

冲脉和阴维脉系通过足太阴脾经、足阳明胃经及足少阴肾经的联属关系,而相合于胃、心、胸部。

2. 足临泣与外关 足临泣属足少阳经之输穴,通过足少阳胆经"过季胁"与带脉相通。外关属手少阳络穴,经脉"循臑外上肩"与阳维脉相通。

带脉和阳维脉系通过手、足少阳经的联属关系,而相合于目锐眦、耳后、肩、颈、缺盆、胸膈部。

3. 申脉与后溪 申脉属足太阳经,为阳跷脉所起之处,故与阳跷脉相通。后溪属手太阳之输穴,通过经脉"出肩解,绕肩胛,交肩上",于大椎穴处与督脉相通。

阳跷脉和督脉系通过手、足太阳经的联属关系,而相合于目内眦、项、耳、肩膊。

4. 照海与列缺 照海属足少阴经，为阴跷脉所起之处，故与阴跷脉相通。列缺属手太阴经，通过经脉"从肺系"（喉咙、气管）与任脉相通。

阴跷脉与任脉系通过手太阴、足少阴经的联属关系，而相合于肺系、咽喉、胸膈。

由于正经与奇经八脉的脉气在八穴相通，因此这八个腧穴对调节经脉气血盈亏虚实就特别重要。李梴在《医学入门》中说："周身三百六十穴统于手足六十六穴，六十六穴又统于八穴。"由此表明这八个穴位的重要意义。

八脉交会穴在临床上的应用，既可以治疗各自所属经脉的病证，也可以治疗所相通奇经的病证。如公孙通冲脉，公孙既可治足太阴脾经病证，又可治冲脉病证；内关通阴维脉，内关既可治手厥阴经病证，又可治阴维脉病证。公孙与内关联合应用，上下配穴法的范畴。因为这两个腧穴所属的足太阴经和手厥阴经两条经脉在胃、心、胸部相合，所以公孙、内关两穴都可治疗胃、心、胸部的疾患。余此类推。八脉交会穴的另一种用法，是将八脉八穴配合八卦以按时取穴治病。

十、交会穴

凡有两条或两条以上经脉交会通过的腧穴，称交会穴。

交会穴的分布以头身部为主，一般阳经与阳经相交，阴经与阴经相交。

交会穴的内容首见于《内经》。《灵枢·寒热病》说："三结交者，阳明、太阴也，脐下三寸关元也。"张介宾注："关元、任脉穴，又足阳明、太阴之脉皆结于此，故为三结交也。"至《甲乙经》已颇为详细。以后《外台》、《素问》王冰注、《铜人》、《发挥》、《聚英》、《奇经八脉考》及《大成》等书又陆续有所增补（表1-7-11）。

表1-7-11 经脉交会穴表

所属经名	交会穴名	交会经脉	文献依据
手太阴	中府	手（可能脱"足"字）太阴之会	《甲乙经》
		手足太阴之会	《素问·气穴论》王冰注
手阳明	臂臑	手阳明、手足太阳、阳维之会	《奇经八脉考》
		手阳明、络之会	《甲乙经》
	肩髃	手阳明、阳跷脉之会	《甲乙经》
		手阳明、少阳、阳跷脉之会	《奇经八脉考》
		手太阳、阳明、阳跷之会	《图翼》
	巨骨	手阳明、阳跷脉之会	《甲乙经》
	迎香	手足阳明之会	《甲乙经》
足阳明	承泣	阳跷、足阳明之会	《甲乙经》
	巨髎	阳跷、足阳明之会	《甲乙经》
		手足阳明、任脉、阳跷之会	《大成》

（续上表）

所属经名	交会穴名	交会经脉	文献依据
足阳明	地仓	阳跷、手足阳明之会	《甲乙经》
		手足阳明、任脉、阳跷之会	《奇经八脉考》
	下关	足阳明、少阳之会	《甲乙经》
	头维	足少阳、阳维之会	《甲乙经》
		足少阳、阳维之会	《素问·气穴论》王冰注
	人迎	足阳明、少阳之会	《聚英》
	气冲	冲脉者，起于气街	《素问·骨空论》
足太阴	三阴交	足太阴、厥阴、少阴之会	《甲乙经》
	冲门	足太阴、厥阴之会	《甲乙经》
		足太阴、阴维之会	《外台》
	府舍	足太阴、阴维、厥阴之会	《甲乙经》
		足太阴、厥阴、少阴、阳明、阴维之会	《奇经八脉考》

第七节 特定穴

(续上表)

所属经名	交会穴名	交会经脉	文献依据
足太阴	大横	足太阴、阴维之会	《甲乙经》
	腹哀	足太阴、阴维之会	《甲乙经》
手太阳	臑俞	手足太阳、阳维、阳跷之会	《甲乙经》
		手太阳、阳维、阳跷之会	《外台》
	秉风	手阳明、太阳、手足少阳之会	《甲乙经》
	颧髎	手少阳、太阳之会	《甲乙经》
	听宫	手足少阳、手太阳之会	《甲乙经》
		手少阳脉气所发	《甲乙经》
	天容	四次脉,足少阳也,名曰天容	《灵枢·本输》
足太阳	睛明	手足太阳、足阳明之会	《甲乙经》
		手足太阳、手少阳、足阳明五脉之会	《铜人》
		手足太阳、足阳明、阴跷、阳跷五脉之会	《素问·气穴论》王冰注
		足太阳、督脉之会	《奇经八脉考》
	大杼	足太阳、手太阳之会	《甲乙经》
		手足太阳、少阳、督脉之会	《奇经八脉考》
		督脉别络,手足太阳三脉之会	《素问·气穴论》王冰注
	风门	督脉、足太阳之会	《甲乙经》
	附分	足太阳之会	《甲乙经》
		手足太阳之会	《外台》
	上髎	足太阳、少阳之会	《甲乙经》
	中髎	足太阳、厥阴、少阳三脉左右交结于中	《素问·刺腰痛》王冰注
		足厥阴、少阳所结之会	《聚英》
	下髎	足太阳、厥阴、少阳三脉左右交结于中	《素问·刺腰痛》王冰注
	跗阳	阳跷之郄	《甲乙经》
	申脉	阳跷所生	《甲乙经》
	仆参	足太阳、阳跷所会	《外台》
	金门	阳维所别属也	《甲乙经》
足少阴	大赫	冲脉、足少阴之会	《甲乙经》
	气穴	冲脉、足少阴之会	《甲乙经》
	四满	冲脉、足少阴之会	《甲乙经》

(续上表)

所属经名	交会穴名	交会经脉	文献依据
足少阴	中注	冲脉、足少阴之会	《甲乙经》
	肓俞	冲脉、足少阴之会	《甲乙经》
	商曲	冲脉、足少阴之会	《甲乙经》
	横骨	冲脉、足少阴之会	《甲乙经》
	石关	冲脉、足少阴之会	《甲乙经》
	阴都	冲脉、足少阴之会	《甲乙经》
	腹通谷	冲脉、足少阴之会	《甲乙经》
	幽门	冲脉、足少阴之会	《甲乙经》
	照海	阴跷脉所在	《甲乙经》
	交信	阴跷之郄	《甲乙经》
	筑宾	阴维之郄	《甲乙经》
手厥阴	天池	手厥阴、足少阳之会	《甲乙经》
		手足厥阴、少阳之会	《聚英》
手少阳	臑会	手阳明、少阳二络气之会	《素问·气府论》王冰注
		手阳明之络	《甲乙经》
		手少阳、阳维之会	《聚英》
	丝竹空	足少阳脉气所发	《甲乙经》
		手足少阳脉气所发	《聚英》
	天髎	手少阳、阳维之会	《甲乙经》
		手少阳、阳维之会	《外台》
		手足少阳、阳维三脉之会	《素问·气府论》王冰注
	翳风	手足少阳之会	《甲乙经》
	角孙	手少阳、手太阳之会	《甲乙经》
		手足少阳之会	《铜人》
	和髎	手少阳,手太阳之会	《甲乙经》
		手足少阳之会	《外台》
	瞳子髎	手太阳、手足少阳之会	《甲乙经》
		手足少阳之会	《外台》
	上关	手少阳、足阳明之会	《甲乙经》
		手足少阳、足阳明三脉之会	《素问·气府论》王冰注
		足阳明、少阳之会	《铜人》
	颔厌	手足少阳、阳明之会	《甲乙经》
		手少阳、阳明之会	《外台》
		手足少阳、阳明之会	《铜人》
	听会	手少阳脉气所发	《外台》

(续上表)

所属经名	交会穴名	交会经脉	文献依据
手少阳	悬颅	手足少阳、阳明三脉之会	《聚英》
		足阳明脉气所发	《素问·气府论》王冰注
		足少阳、阳明之会	《图翼》
	悬厘	手足少阳、阳明之会	《甲乙经》
	曲鬓	足太阳、少阳之会	《甲乙经》
	天冲	足太阳、少阳二脉之会	《素问·气府论》王冰注
足少阳	率谷	足太阳、少阳之会	《甲乙经》
	浮白	足太阳、少阳之会	《甲乙经》
	头窍阴	足太阳、少阳之会	《甲乙经》
		手足太阳、少阳之会	《外台》
	完骨	足太阳、少阳之会	《甲乙经》
	本神	足少阳、阳维之会	《甲乙经》
	阳白	足少阳、阳维之会	《甲乙经》
		手足少阳、阳明、阳维五脉之会	《奇经八脉考》
	头临泣	足太阳、少阳、阳维之会	《甲乙经》
		少阳、太阳之会	《外台》
	目窗	足少阳、阳维之会	《甲乙经》
	正营	足少阳、阳维之会	《甲乙经》
	承灵	足少阳、阳维之会	《甲乙经》
	脑空	足少阳、阳维之会	《甲乙经》
	风池	足少阳、阳维之会	《甲乙经》
		手足少阳、阳维之会	《奇经八脉考》
	肩井	足少阳、阳维之会	《甲乙经》
		手足少阳、阳维之会	《素问·气府论》王冰注
		手足少阳、阳明、阳维之会	《奇经八脉考》
	辄筋	足太阳、少阳之会	《聚英》
	日月	足少阴、少阳之会	《甲乙经》
		足太阳、少阳、阳维之会	《铜人》
	环跳	足少阳、太阳二脉之会	《素问·气府论》王冰注
	带脉	足少阳、带脉二经之会	《素问·气府论》王冰注
	五枢	足少阳、带脉二经之会	《素问·气府论》王冰注
	维道	足少阳、带脉之会	《甲乙经》

(续上表)

所属经名	交会穴名	交会经脉	文献依据
足少阳	居髎	阳蹻、足少阳之会	《甲乙经》
		阳维、足少阳之会	《奇经八脉考》
	阳交	阳维、足少阳之会	《奇经八脉考》
		阳维之郄	《甲乙经》
足厥阴	章门	足厥阴、少阳之会	《甲乙经》
		足厥阴、带脉之会	《奇经八脉考》
	期门	足太阴、厥阴、阳维之会	《甲乙经》
		足厥阴、阴维之会	《奇经八脉考》
任脉	承浆	足阳明、任脉之会	《甲乙经》
		手足阳明、督脉、任脉之会	《奇经八脉考》
	廉泉	阴维、任脉之会	《甲乙经》
	天突	阴维、任脉之会	《甲乙经》
	膻中	足太阴、少阴、手太阳、少阳、任脉之会	《大成》
	上脘	任脉、足阳明、手太阳之会	《甲乙经》
	中脘	手太阳、少阳、足阳明所生、任脉之会	《甲乙经》
	下脘	足太阴、任脉之会	《甲乙经》
	阴交	任脉、气冲之会	《甲乙经》
		任脉、冲脉、足少阴之会	《外台》
		足三阴、任脉之会	《甲乙经》
	关元	足三阴、阳明、任脉之会	《图翼》
		冲脉起于关元	《素问·举痛论》
		三结交者,阳明、太阴也,脐下三寸关元也	《灵枢·寒热论》
	中极	足三阴、任脉之会	《甲乙经》
	曲骨	任脉、足厥阴之会	《甲乙经》
	会阴	任脉别络,挟督脉、冲脉之会	《甲乙经》
督脉	神庭	督脉、足太阳、阳明之会	《甲乙经》
		足太阳、督脉之会	《奇经八脉考》
	水沟	督脉、手足阳明之会	《甲乙经》
	龈交	督脉、任脉二经之会	《素问·气府论》王冰注
		任脉、督脉、足阳明之会	《奇经八脉考》
		督脉、足太阳之会	《甲乙经》
		手足三阴、督脉之会	《聚英》

(续上表)

所属经名	交会穴名	交会经脉	文献依据
督脉	百会	督脉、足太阳之会，手足少阳、足厥阴俱会于此	《图翼》
	脑户	督脉、足太阳之会	《甲乙经》
	风府	督脉、阳维之会	《甲乙经》
		督脉、足太阳、阳维之会	《奇经八脉考》
	哑门	督脉、阳维之会	《甲乙经》

(续上表)

所属经名	交会穴名	交会经脉	文献依据
督脉	大椎	三阳、督脉之会	《甲乙经》
		手足三阳、督脉之会	《铜人》
	陶道	督脉、足太阳之会	《甲乙经》
	命门	当十四椎，出属带脉	《灵枢·经别》
		足少阴、少阴所结会	《铜人》
	长强	督脉别络，少阴所结	《甲乙经》
		督脉、足太阳、少阴之会	《奇经八脉考》

交会穴不仅能治疗本经（脏腑）的疾患，还能主治与之交会各经及其所属脏腑的病证。如三阴交，本属足太阴脾经、足少阴肾经、足厥阴肝经与之交会，为足三阴经的交会穴，是治疗足三阴经及脾、肾、肝三脏疾患的重要腧穴。这就是交会穴的特点。

第八节 腧穴的特异性研究

腧穴的特异性，是指腧穴在形态结构、生物物理、病理反应、刺激效应等方面与其周围的非腧穴或与其他腧穴比较，具有的特异性而言。几千年的临床经验早已从针灸的适应病证和治疗效果等方面肯定了腧穴的特异性，现代大量的科学实验研究也充分表明腧穴具有相对的特异性，主要表现在以下几个方面。

一、腧穴的形态结构特异性

腧穴是否具有形态学特异性，各地做了大量工作，主要从解剖和组织学方面入手。通过将腧穴和其周围的非腧穴区进行比较，充分表明腧穴与神经关系甚为密切。上海第一医科大学对324个经穴进行了尸体解剖分析观察，发现与神经有关者竟达323穴（占99.6%）。其中与浅层皮神经有关者304穴（占93.8%），与深部神经有关者170穴（占52.8%），发现同一腧穴与浅层皮神经和深部神经均有关者140穴（占45.9%）。其他一些单位或个人也做了不少类似工作，都表明腧穴与周围神经有着密切的关系。而且腧穴具有表皮较薄，神经末梢丰富，粗纤维多，髓纤维多和II类纤维多等特点。另外，腧穴处的感受器有相对密集的趋势。Kellner 根据1200张切片的观察发现，穴区神经末梢比其周围组织丰富，穴区由感觉神经末梢支配的皮肤表面积为$2.8mm^2$，非穴区为$12.8mm^2$，并发现腧穴是效应器与感受器明显集中的部位（麦氏小体等）。有人用截肢标本取曲池、合谷等15个腧穴计数肥大细胞的数量，结果发现腧穴区肥大细胞数量明显高于非穴区。另外，腧穴与血管也有较密切的关系。如上海中医药大学的解剖资料表明，在309个经穴中针刺点旁0.5cm内有动、静脉干者262穴（占84.36%），直接刺中动脉干者24穴（占7.26%）。近年，还有人对腧穴与淋巴管的关系进行了研究，用电泳法显示腧穴，并对此观察了腧穴处脉管的X线显微结构，认为某些腧穴如缺盆、云门、极泉、冲门、气冲均与各相应的淋巴部位相一致。由此可见腧穴的形态学结构与神经关系最为密切，动、静脉次之，淋巴管也有提及。

关于腧穴组织学方面的研究，大多采用形态和功能相结合的方法进行。有人用电生理分离神经细束法对合谷、内关、足三里等肌肉丰厚处的腧穴进行观察，发现其针感感受器以肌梭为主，但肌梭并非唯一的针感感受器，如针刺7例三阴交穴，仅1例有肌梭，但都有针感，且1例针感传至大趾，而此例就没有肌梭。有人见到水沟穴处有丰富的游离神经末梢、毛囊感受器及典型的克氏终球等。因此，认为针感和针刺效应的主要感受器是肌梭和游离神经末梢。此外，有人以针感点为对象，研究腧穴的组织结构。用蓝点法研究足三里等35个腧穴，见蓝点全部分布在深部组织。以蓝点为中心，在1.5mm直径视野内，见到神经束的有4次，见到血管的有26次，因而认为血管与针感的产生也有一定关系。接着有人用蓝点改良法和注射消毒墨汁及留针等三种针感标记法，观察了合谷等23个腧穴，在针感点周围1.5mm范围内，23穴中全部见到小神经束及游离神经末梢和小血管及其壁上的神经、肌肉的15穴次，见到肌梭的7穴次，其他还有环层小体和神经干等。因此，认为针感是由针感点周围的数种神经结构综合反映的结果形成的。

二、腧穴的生物物理特异性

腧穴具有特异的电学特性已被大量的实验所证实。国内外多数观察结果表明，腧穴与周围非腧穴比较具有电阻偏低、电位和电容偏高的特性。所谓腧穴的低电阻特性，是指电流通过腧穴部位时，该部具有较其周围皮肤为高的导电量而言。腧穴的导电量，低者十几个μA，高者可达100μA以上，由于测定的部位和条件不同，测定值波动很大，呈现向头部递增的明显趋势，关节部位偏低。据报道，腧穴电阻为100～794KΩ，而非腧穴点为1～2MΩ，两者相差56%，统计学上具有非常显著的差异。腧穴电阻大小受许多因素影响，诸如情绪紧张、疼痛或出汗等交感神经处于兴奋状态时，腧穴电阻可明显降低；而睡眠、麻醉或疲劳状态时则明显升高；腧穴经药物封闭或有关神经受损时电阻偏高；当交感神经受到刺激时腧穴电阻偏低；电刺激迷走神经时，有关部位的低电阻点明显增多。此外，与皮肤的潮湿度、清洁度、电极面积大小及与皮肤接触的紧密度等有关。另有报道，人体死亡后原腧穴部位仍然具有低电阻性。还有研究指出，经穴的皮肤电阻，在各种生理病理状态下可以发生变化，尤其是在病理状态下。当机体罹病时，有关经络腧穴电阻发生变化，这种变化有时表现为两侧同名经穴的电阻失衡。当神经、脏腑或器官发生显著机能变化时，如进食前后、排尿前后、睡眠前后、运动前后等，经穴电阻也会随之发生变化；另外还表现在外界环境的影响，如时序、气温、季节，甚至一日之内的不同时间以及针灸或改变腧穴有关神经功能（封闭或切除神经）后，经穴的皮肤电阻都可以发生变化。当左右经穴电阻失衡时，通过针刺、艾灸可以纠正这种失衡，达到治疗效果。一般认为内脏与体表的某些部位，由于支配它的神经中枢处于脊髓的同一节段或相邻节段，内脏功能活动及其变化通过神经反射弧而引起相应体表部位神经兴奋性变化，使此处血管、汗腺、皮脂腺和细胞组织代谢活动也发生改变，从而导致皮肤电阻的变化。但也有报道，经穴的低电阻特性在患者截肢后的离体肢体上和动物失血致死后，甚至在分离的皮肤上仍可测出。皮肤电位可能比皮肤电阻更有意义，因为皮肤电位变化是活组织代谢过程的表现，比较稳定。特异皮电位点与脏腑功能间规律性联系和腧穴与腧穴旁点间的差异均较明显。70%的腧穴呈高电位，以头面部最高，躯干次之，四肢较低，上臂最低。基于机体生理功能状态不同，腧穴电位波动于30μV～30mV之间。针灸刺激对皮表腧穴电位也有影响。有人曾将测得的腧穴与非腧穴皮肤导电量或电阻换算成电位，与直接从各点测得的皮肤电位比较,发现两者基本一致。因此腧穴皮肤电位与皮肤电阻很可能属于同一生理过程。种种资料表明,经穴皮肤电现象与神经系统功能密切相关。最近发现用发光探测技术对人体体表冷光进行周密测定,发现人体体表不断地发射超微弱的可见光,其光谱峰值为3800~4200Å。发光强度与年龄、体质有关,而且不同部位发光强度不同,井穴部位发光强度大于其他腧穴或非腧穴部位;用红外线成象技术和探穴测温装置对经穴皮肤温度进行研究,不少研究发现经穴部位的皮肤温度高于非经穴部位,且经穴部位的温度变化与周围皮肤变化不同,与腧穴的深浅有关。应用超声波诊断装置对肾俞、志室的横断反射波进行摄影观察,发现腧穴的中央部呈现体液反射波,并可看到似有微小心脏样的搏动,针刺后,此搏动可增强,具有"波动现象";还有人用经穴探测仪、音频录音机等仪器观察到:与疾病或病变器官相应的耳穴在较低电压下即可产生"电振荡现象"。提高电压,大多数腧穴产生"电振荡现象",而非腧穴部位却不产生这一现象。总之,这些研究对进一步阐明经穴的实质及其作用方式都有重要意义。

三、腧穴的病理反应特异性

腧穴的病理反应是指脏腑器官发生病变时,通过经络的反应作用在体表某些腧穴出现的各种异常变化。这种病理反应常表现为:①腧穴感觉阈值的改变,即感觉过敏(包括痠楚、疼痛以及由于按压检查而出现的压痛等)和知热感度的异常变化(机体某一脏腑有病时,其相应经脉之井穴或原穴对热的敏感度可能升高或降低,出现左右失衡)。②腧穴组织形态的改变,即用按压、循捏等方法常可在呈现阳性病理反应的腧穴皮下触摸到形似麦粒或黄豆大小的结节状反应物或0.15~0.3×2~3cm大小的条索状反应物。有时还可以触摸到穴位皮下组织松弛、凹陷、隆起或坚硬。③生物物理指标的改变,表现为穴位皮肤电的变化和皮肤温度的变化,即表现为局部的电阻、电位或温度的升高、降低或左右失衡。

腧穴这种病理反应具有一定特异性,即每个脏腑器官都有其特定的病理反应腧穴,特别是俞、募、原、郄和井穴在反映相应脏腑病变方面相当灵敏。如胃部病变多在胃俞、中脘、梁丘和足三里出现压痛或病理反应物,呼吸道病变多反应在肺俞、中府、孔最,肝胆病变多反应在肝俞、胆俞和胆囊穴,心脏病变多反应在心俞、神堂,而妇科病变多在次髎和三阴交出现压痛或病理反应物等。在病变脏腑所属经脉的井(或原)穴上,有的还伴有知热感度、皮肤电、腧穴发光、热辐射等变化。

每个脏腑器官的病理反应并不限于一个腧穴。由于病变的性质不同、病情的轻重不同,出现病理反应的腧穴数量和腧穴病理反应的表现形式可有不同。一般来说,病情轻者,呈阳性反应的腧穴数量较少,反应物较少而且较软;病情重者呈阳性反应的腧穴数量较多,反应物较多而且较硬。对热的敏感度降低者多为虚证,反之则多为实证。病情好转或恶化,腧穴病理反应物也随之发生相应改变,病愈则反应消失,以轻症、急症消失迅速,重症、慢性病症消失缓慢。而在结构或功能上联系密切的脏腑又常可在一些共同的腧穴出现病理变化,如胃病、肝病和肠道病均可在足三里处出现病理反应。不同疾病和不同腧穴在反应形式上也有不同,如同是胃病,足三里反应多以条索状物出现,而胃俞穴反应则多以局部组织松弛形式出现,或呈凹陷,或感觉异常;如果是胃癌患者,则胃俞穴常出现结节样反应物。因而腧穴的病理反应特性,具相对的意义。

四、腧穴的刺激效应特异性

用针灸等刺激腧穴部位对机体的影响主要有三种：一是腧穴与非腧穴之间的效应不同。当刺激腧穴与非腧穴时有非常明显的差别，腧穴作用大，非腧穴大多无作用或作用很小。如针刺合谷、足三里后，白细胞吞噬指数明显提高，针刺非腧穴则这种作用不明显。针刺足三里对胃运动和分泌功能的影响较非腧穴区大。二是不同腧穴常常引起不同效应，或对不同部位产生影响。如针刺胃经的足三里、上巨虚和天枢，使肠鸣音增加的效应比足少阳胆经的足临泣、足太阴脾经的三阴交，手少阳三焦经的中渚等穴强。针刺肾经的照海、复溜及膀胱经的肾俞对实验动物具有明显的利尿作用，而针刺胃经的解溪、足三里及膀胱经的胃俞则不明显。即使是同一条经脉的腧穴其作用也有差异，如上述足阳明胃经的腧穴，对肠鸣音的影响较其他经脉强，而在胃经腧穴中又以足三里的作用最强。三是有些腧穴之间存在着协同作用。如针刺心经的神门穴，对实验性高血压有明显的降压效应，针刺肝经的大敦穴有加强神门降压效应的作用。

关于腧穴刺激效应所具有的相对特异性的机理，从现有资料来看存在着经络和神经体液两种不同的观点。经络说主要以循经感传为依据，循经感传一般都具有循经性、效应性、趋病性、可阻性、可控性等基本特性，这不仅为经络系统的独立存在提供了一定佐证，且有助于从经络系统解释经穴相对特异性作用的形成机理。如针刺足三里和内关之所以能对消化系统和心血管系统功能分别表现出相对特异性作用，很可能是借助于经络通道实现的。因为足三里的针感基本上沿着胃经循行线路双向慢速传导，而且待其逾越梁丘或下巨虚时，即可使78%的受试者出现肠鸣音显著变化，一直传抵胃部，又可在X线下见到胃蠕动瞬即增强，而压迫梁丘穴这些效应就被取消。针刺内关虽可以使慢性冠脉供血不足和因胆囊炎引起的病灶性心肌炎患者的心电图T波均呈现明显增值，但只要在该经循行路线上内关穴的近心端施加机械压迫，就会使已引出的效应显著减弱，甚至完全消失。

按照神经论观点，包括穴位相对特异性作用在内的一切针灸效应，几乎都是通过神经反射途径取得的，而这种特异性之所以存在，其关键在于绝大多数经穴与其相应内脏支配的神经同属于一个脊髓节段，或在其相应内脏所属神经节段的范围内。如针刺膀胱俞、次髎、肾俞在膀胱舒缩效应上会表现出相对特异性作用，即前二者引起膀胱收缩，而后者引起膀胱舒张，按支配神经的节段进行分析，膀胱俞的邻近神经是进入骶髓（S_2）的，与盆神经的节段（$S2 \sim 4$）相同，而肾俞的邻近神经则进入腰髓（L_1），与腹下神经的节段（$T12 \sim L3$）相同。这三个腧穴在膀胱舒缩效应上所出现的差异，很可能是因为它们所属的神经节段不同而造成的。对于那些远距离又不是来自同一节段的腧穴在镇痛或治病作用所呈现的相对特异性主要是两种感觉信号在中枢神经系统高级部位内整合的结果。如伤害性刺激所引起的丘脑束旁核及中央外侧核神经元的"痛"放电，不仅可以被针刺腧穴或较弱电流刺激支配痛区的神经所抑制，而且也可被那些远离痛区或其他的神经活动所抑制，一般以直接刺激支配痛区的感觉神经效果最好。此外，大脑皮质在形成远节段、超节段相对特异性作用中又具重要意义。在整体情况下，大脑皮质可以对针刺效应的形成发挥积极的影响，就某一经而言其针刺效应所涉及范围的广窄与其在大脑皮质投射区的大小密切相关。据有关研究揭示，针刺水沟、承浆、合谷、太冲四个经穴之所以具有多方面的效应，就因为这四个经穴在大脑皮质的代表区远比其他经穴范围大。必须指出的是许多经穴的相对特异性作用，几乎都具有较长的后效应，提示在此过程中有体液因素的作用。如艾灸至阴穴对矫正胎位有相对特异的作用。业已证明这种艾灸方法能升高母体血浆中游离皮质醇的含量,提示它可以兴奋垂体-肾上腺皮质系统,从而间接地增强子宫活动,为转胎创造有利条件。

从目前来说,腧穴具有相对的特异性作用正是经络、神经、体液等方面综合作用的结果。如从针刺井穴引发肾经或膀胱经循经感传抵腹后所引起的尿液增多这一效应来说,既需借助腧穴针感感受器产生针感,又沿着两经循行路线进行传导,还在引起这一效应的同时伴有尿中cAMP即时性增加,可见三方因素都参与这一效应的形成活动。

总之,腧穴的特异性是相对的,有条件的。腧穴在形态结构上不是一个点或面,而是一个空间结构,并不存在一个截然的界限。所谓穴位生物物理特性,还有待深入研究,如穴位与低电阻点虽有68%左右的相符率,但对两者不能等量齐观。穴位病理反应多属倾向性提示,还不足以构成决定性的诊断依据。目前关于腧穴的特异性研究,当处于起步阶段,主要是对其现象或效应进行观察及分析。怎样总结其规律,探讨其机理,则有待于今后大量细致的工作,不断发现,不断创新,使对腧穴本质特征的认识更具科学性、系统性。

第九节 腧穴定位的方法

腧穴定位,历代医家都非常重视。《圣惠方》说:"穴点以差讹,治病全然纰缪。"因此,窦汉卿在《标幽赋》中提出"取五穴用一穴而必端,取三经用一经而可证"。明确指出临床取穴,应经脉与腧穴相关,左右与前后互参,力求审慎。腧穴定位有一定的方法,这些方法的确立又有其科学的理论和客观的依据。它以中医基础理论为指导,根据中医典籍和历代针灸学专著,结合近年我国出版的高等医药院校和国际针灸班的教材和专著,密切联系临床实际和现代研究成果,经过分析、讨论,对十四经穴及部分经外奇穴作出标准定位。

由于历史条件的关系,中医学对人体部位与方位的描述与现代解剖学不完全相同。为了正确定取腧穴,在具体介绍定位方法之前,首先必须了解若干中医学中所称述的方位和部位名称。其中对于方位的描述,是以人体自然直立,两手下垂,掌心向内,两足与肩同宽的姿势而规定的。

1."内"与"外" 上肢以掌心一侧(即屈侧)称为"内侧",是手三阴经穴分布的部位;以手背一侧(即伸侧)称为"外侧",是手三阳经穴所分布的部位。下肢以距身体正中面近者为"内侧",是足三阴经分布的部位;以距正中面远者为"外侧",下肢的后部称为"后侧",是足三阳经穴分布的部位。头面与躯干,也以近正中面者为"内",远正中面者为"外"。

2."前"与"后" 凡距身体腹侧面近者为"前",距背侧面近者为"后"。如人体的经脉分布以阳明在前,太阳在后,太阴在前,少阴在后,经穴亦然。针灸学中对于腧穴位置的描述,有时也以远端为"前",近端为"后",如二间在本节"前",三间在本节"后"。

3."上"与"下" 一般以高者为上,低者为下。如中脘在脐上4寸,中极在关元下1寸,足三里在膝眼下3寸,内关在大陵上2寸。

此外,针灸学上称手、足部掌面与背面皮肤的移行处为"赤白肉际";掌指关节或跖趾关节都称为"本节"。

头面与躯干部的前、后正中线分别为任脉经穴和督脉经穴的分布部位,是审定分布于其两侧的三阴经穴或三阳经穴的基础。

腧穴所处的位置有一定的特点。《千金方》说"肌肉文理,节解缝会,宛陷之中,及以手按之病者快然"。说明腧穴一般都在肌肉、骨节的凹陷之处,或用手按压时患者感到痠胀的部位。筋肉和骨节,是体表的主要标志,可以作为某些腧穴的定位依据。距离这些标志较远的部位,则采取折量的方法,即"骨度法"。也可用手指比量定位。腧穴的定位方法可以分为体表解剖标志定位法、骨度折量定位法、指寸定位法三种。

一、体表解剖标志定位法

这是指以体表解剖学的各种体表标志为依据来确定腧穴位置的方法。体表解剖标志可分为固定标志和活动标志两种。

1.固定标志　指各部由骨骼和肌肉所形成的凸起和凹陷,五官轮廓,头发边际,指(趾)甲,乳头,脐窝等。如腓骨小头前下方凹陷处定阳陵泉;三角肌尖端部定臂臑;目内眦角稍上方定睛明;两眉之间定印堂;鼻尖定素髎;脐中定神阙;两乳头连线中点定膻中;耻骨联合上缘中点定曲骨等。此外,两肩胛冈的连线恰通过第三胸椎棘突,肩胛骨下角平对第七胸椎棘突,两侧髂嵴最高点的连线通过第四、五腰椎棘突之间的缝隙,可以依此作为计数椎骨的标志,定取腰背部的腧穴。

2.活动标志　指各部的关节、肌肉、肌腱、皮肤随着活动而出现的空隙、凹陷、皱纹、尖端等。如耳门、听宫、听会应张口取穴,下关则应闭口取穴;曲池在肘横纹的外侧端;阳溪在拇长、短伸肌腱之间;上臂外展至水平位,当肩峰与肱骨粗隆之间会出现两个凹陷,前方凹陷取肩髃,后方凹陷取肩髎等。这些都是在动态情况下作为取穴定位的标志。

全身各部的主要体表解剖标志如下:

头部

1.前发际正中(头部有发部位的前缘正中);

2.后发际正中(头部有发部位的后缘正中);

3.额角(发角。指前发际额部曲角处);

4.完骨(颞骨乳突);

5.枕外隆突(枕骨外面中间最隆起的骨突)。

面部

1.眉间(印堂。两眉头之间的中点处);

2.瞳孔(目中。平视,瞳孔中点)。

胸部

1.胸骨上窝(胸骨切迹上方凹陷处);

2.胸剑联合中点(胸骨体与剑突的结合部);

3.乳头(乳头的中央)。

腹部

1.脐中(神阙。脐窝的中央);

2.耻骨联合上缘(耻骨联合上缘与前正中线的交点处);

3.髂前上棘(髂骨嵴前部的上方突起处)。

侧胸、侧腹部

1. 腋窝顶点（腋窝正中央最高点）；
2. 第十一肋端（第十一肋骨游离端）。

背、腰、骶部

1. 第七颈椎棘突；
2. 胸椎棘突1～12、腰椎棘突1～5、骶正中嵴、尾骨）；
3. 肩胛冈根部点（肩胛骨内侧缘近脊柱侧点）；
4. 肩峰角（肩峰外侧缘与肩胛内连续处）；
5. 髂后上棘（髂骨嵴后部的上方突起处）。

上肢部

1. 腋前纹头（腋窝皱襞前端）；
2. 腋后纹头（腋窝皱襞后端）；
3. 肘横纹；
4. 肘尖（尺骨鹰嘴）；
5. 腕掌、背侧横纹（尺、桡二骨茎突远端连线上的横纹）。

下肢部

1. 髀枢（股骨大转子）；
2. 股骨内侧髁（内辅上）；
3. 胫骨内侧髁（内辅下）；
4. 臀下横纹（臀与大腿移行部）；
5. 犊鼻（外膝眼。髌韧带外侧凹陷的中央）；
1. 腘横纹（腘窝处横纹）；
2. 内踝尖（内踝向内侧的凸起处）；
3. 外踝尖（外踝向外侧的凸起处）。

二、"骨度"折量定位法

这是指以体表骨节为主要标志，设定尺寸，用以确定腧穴位置的方法。"骨度"之法原出《灵枢》。根据当时文献记载，此法主要是用以量定人体各部长短、宽窄、大小，非专为腧穴定位而设。用"骨度"作为量定针灸腧穴的折量尺寸，开始于隋唐时期的《黄帝内经太素》，该书说："今以中人为法，则大人、小人皆以为定。何者？取一合七尺五寸人身量之，合有七十五分（份。下同）。则七尺六寸以上大人，亦准为七十五分；七尺四寸以下乃至婴儿，亦称七十五分。以此为定分，立经脉长短，并取空（孔）穴"。而现代使用的"骨度"折量法，则是以《灵枢·骨度》记述的人体各部分寸为基础，结合历代医家的临床实践，经过修改补充而来的。如肘、腕之间的长度，《灵枢·骨度》作12.5寸，因其与两臂外展时总横度应为75寸不合，故改为12寸；两乳之间的距离，《灵枢·骨度》作9.5寸，后据《甲乙经》所载胸部腧穴分寸而改为8寸等。取用时，将设定的骨节两端之间的长度折成为一定的等分，每一等分为1寸，十个等分为1尺，不论男女老幼，肥瘦高矮，一概以此标准折量作为量取腧穴的依据。现将全身各部骨度折量寸列表、图如下（表1-9-1，图1-9-1～4）。

表1-9-1 《灵枢》骨度表

部位	起止点	折量分寸(寸)	度量法
头面部	发所覆者，颅至项（前发际至后发际）	12.0	直寸
	耳后当完骨者（两乳突间）	9.0	横寸
	头之大骨围（头围）	26.0	横寸
	发以下至颐	10.0	直寸
	两颧之间	7.0	横寸
	耳前当耳门者（面部两侧听宫穴间）	13.0	横寸
	角以下至柱骨（额角至颈项根部）	10.0	直寸
颈项部	项发以下至背骨（后发际至大椎）	2.5	直寸
	结喉以下至缺盆中（喉结至胸骨上切迹）	4.0	直寸
胸腹部	缺盆以下至骱骭（胸骨上切迹至剑突）	9.0	直寸
	骱骭以下至天枢（胸肋角至脐水平）	8.0	直寸
	天枢以下至横骨（脐水平至耻骨）	6.5	直寸
	胸围	45.0	直寸
	两乳之间	9.5	横寸
	横骨长（耻骨长度）	6.5	横寸
	行腋中不见者（颈项根部至腋窝）	4.0	直寸
	腋以下至季胁	12.0	直寸
	季胁以下至髀枢	6.0	直寸
背腰部	脊骨以下至尾骶二十一节（第1～21椎）	30.0	直寸
	腰围	42.0	横寸
上肢部	肩至肘	17.0	直寸
	肘至腕	12.5	直寸
	腕至中指本节（掌长）	4.0	直寸
	本节至其末（指长）	4.5	直寸
下肢部	横骨上廉以下至内辅上廉（耻骨上缘至股骨内上髁）	18.0	直寸
	内辅上廉以下至下廉	3.5	直寸
	内辅下廉以下至内踝	13.0	直寸
	内踝以下至地	3.0	直寸
	两髀之间	6.5	横寸
	髀以下至膝中	19.0	直寸
	膝腘以下至跗属（膝、腘窝至跟骨结节上缘）	16.0	直寸
	膝以下至外踝	16.0	直寸
	跗属以下至地	3.0	直寸
	外踝以下至京骨（外踝至第五跖骨头）	3.0	横寸
	京骨以下至地	1.0	直寸
	足长	12.0	直寸
	足广（宽）	4.5	横寸

表1-9-2 常用骨度表

部位	起止点	折量分寸	度量法	说明
头部	前发际至后发际	12寸	直	如前后发际不明，从眉心至大椎穴作18寸，眉心至前发际3寸，大椎穴至后发际3寸
	前额两发角之间	9寸	横	
	耳后两完骨（乳突）之间	9寸	横	用于量头部的横寸

(续上表)

部 位	起 止 点	折量分寸	度量法	说 明
胸腹部	天突至歧骨(胸剑联合)	9寸	直	胸部与胁肋部取穴直寸,一般根据肋骨计算,每一肋骨折作1.6寸(天突穴至璇玑穴可作1寸,璇玑穴至中庭穴,各穴间可作1.6寸计算)
	歧骨至脐中	8寸	直	
	脐中至横骨上廉(耻骨联合上缘)	5寸	直	
	两乳头之间	8寸	横	胸腹部取穴横寸,可根据两乳头间的距离折量,女性可用锁骨中线代替
	横骨(耻骨)长	8寸	横	横骨长度为少腹的腹股沟毛际部横量的标志
背腰部	大椎以下至尾骶	21椎	直	背腰部腧穴以脊椎棘突作为标志作定位的依据
	两肩胛骨内侧缘之间	6寸	横	
身侧部	腋以下至季胁	12寸	直	季胁指第11肋端
	季胁以下至髀枢	9寸	直	髀枢指股骨大转子

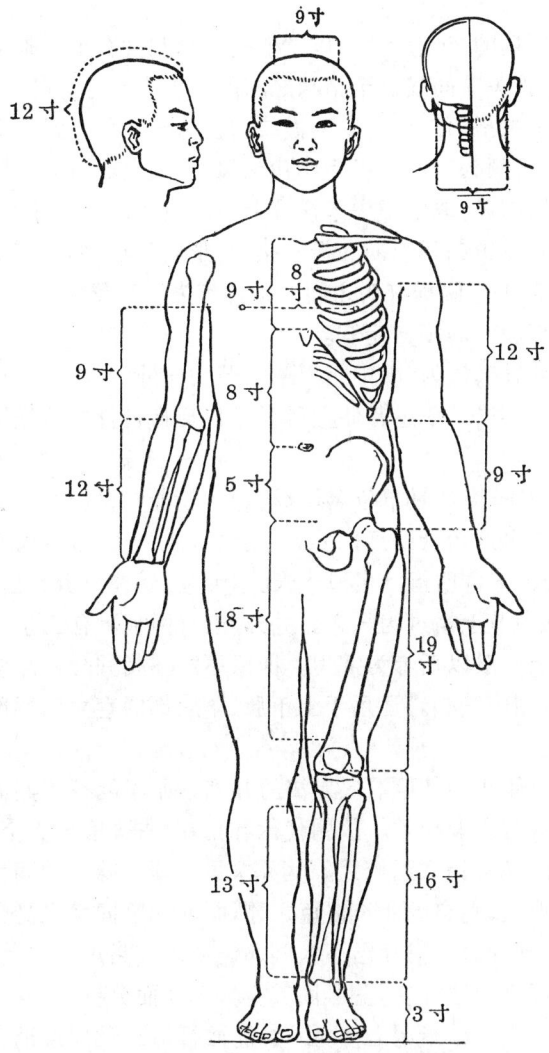

图1-9-1 常用骨度分寸示意图

图1-9-2 中指同身寸

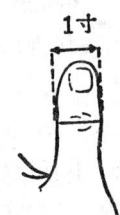

图1-9-3 拇指同身寸

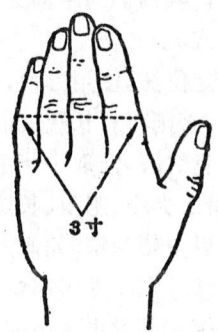

图1-9-4 横指同身寸

(续上表)

部 位	起 止 点	折量分寸	度量法	说 明
上肢部	腋前纹头(腋前皱襞)至肘横纹	9寸	直	用于手三阴、手三阳经的骨度分寸
	肘横纹至腕横纹	12寸	直	
下肢部	横骨上廉至内辅骨上廉	18寸	直	用于足三阴经的骨度分寸
	内辅骨下廉至内踝尖	13寸	直	
	髀枢至膝中	19寸	直	用于足三阳经的骨度分寸。臀横纹至膝中,可作14寸折量。膝中的水平线,前平膝盖下缘,后平膝弯横纹,屈膝时可平犊鼻穴
	膝中至外踝尖	16寸	直	
	外踝尖至足底	3寸	直	

三、指寸定位法

这是指以患者本人手指的某些部位折作一定分寸用以比量腧穴位置的方法,习称"同身寸"。《千金翼》说:"以病人指寸量之",指的就是这种方法。指寸法分中指同身寸、拇指同身寸和一夫法三种。

1. **中指同身寸** 此法源自唐代孙思邈所撰的《千金方》。以"取病者男左女右手中指上第一节为一寸"。即以中指末节(远端)从指骨关节间横纹至指端之间的长度为一寸。《外台》也宗此法。至宋代,《圣惠方》开始提出以"手中指第二节内度两横纹相去为一寸"。这就是后人所称的"中指同身寸"。一直应用至今,流传颇为广泛。以后明代徐凤著《大全》,对其具体使用方法有进一步的说明:"大指与中指相屈如环,取中指中节横纹上下相去长短为一寸,谓之同身寸法"。即令患者将拇指与中指屈曲,以中指指端抵在拇指指腹,形成环状,伸直其余手指,使中指桡侧面得到充分显露,取其中节上下两横纹头之间的距离作为1寸(图1-9-2)。适用于四肢部腧穴的纵向比量和背、腰、骶部腧穴的横向定穴。

2. **拇指同身寸** 此法同《千金方》。孙思邈认为"手中指上第一节为一寸"。亦有长短不定者,即取手大拇指第一节横度为一寸"。其法是令患者伸直拇指,以拇指指骨关节横纹两端之间的距离作为1寸(图1-9-3)。

3. **一夫法** "夫",读作"扶"(fú),古时长度计量单位名。《礼记·投壶》说:"室中五扶,堂上七扶。"郑玄注:"铺四指曰扶。"贾公彦疏:"扶广四寸。"用"扶(通"夫")量定腧穴位置,《肘后方》中有记载,说"以病人手横掩,下併四指,名曰一夫。"《千金方》进一步指出,"凡量一夫之法,复手并舒四指,对度四指上中节上横过一夫。"并云"夫有两种,有三指为一夫者;此脚弱灸,以四指为一夫也。"临床上一般以后者为常用。即以第2～5指并合,当中节上横度,其两侧间距离为一夫,折作3寸(图1-9-4)。适用于上下肢、下腹部的直寸和背部的横寸定穴。

指寸定位法,使用方便,但易有误差。只能作为其他取穴方法的补充,而不能替代其他取穴方法,否则将有长短失度之弊。取穴不准,影响疗效。故明代徐春甫在《古今医统大全》中说:"今世之医,惟取中指中节谓之同身寸,凡取诸穴悉依之,其亦未思之耳。殊不知同身之义,随身之大小、肥瘦、长短,随处分析而取之,则自无此长彼短之弊,而庶几乎同身之义有准矣!若以中指为法,如瘦人指长而身小,则背腹之横寸岂不太阔耶?如肥人指短而身大,则背腹之横寸岂不太狭耶?古人所以特谓同身寸法寸者,盖必同其身体随在而分析之,故无肥瘦、长短之差讹也……何后世不论背腹,概以中指谓之同身寸?简而行简,讹而愈讹。"说明"同身寸"的临床应用,应"以意消息,巧拙在人",即根据各人的具体情况灵活应用。

第二章　任脉督脉经穴

第一节　任　脉　穴
Points of Ren Meridian, RN.

经脉循行　起于小腹内,下出会阴部,向前上行经阴毛部,沿前正中线向上到达咽喉部,再上行环绕口唇,经面部进入目眶下。

联系脏腑器官　女子胞、咽喉、口齿、目。

本经腧穴,起于会阴,止于承浆,一名一穴,共24个穴位(图2-1-1)。

主治概要　本经腧穴主治腹、胸颈、头面的局部病证及相应的内脏器官病证有较好的作用,部分腧穴有强壮作用,少数腧穴可治疗神志病。

1. 会阴　RN1

【定位】　仰卧屈膝。在会阴部,男性当阴囊根部与肛门连线的中点。女性当大阴唇后联合与肛门连线的中点(图2-1-1)。

【局部层次解剖】　皮肤→皮下组织→会阴中心腱。浅层布有股后皮神经会阴支,阴部神经的会阴神经分支。深层有阴部神经的分支和阴部内动、静脉的分支或属支。

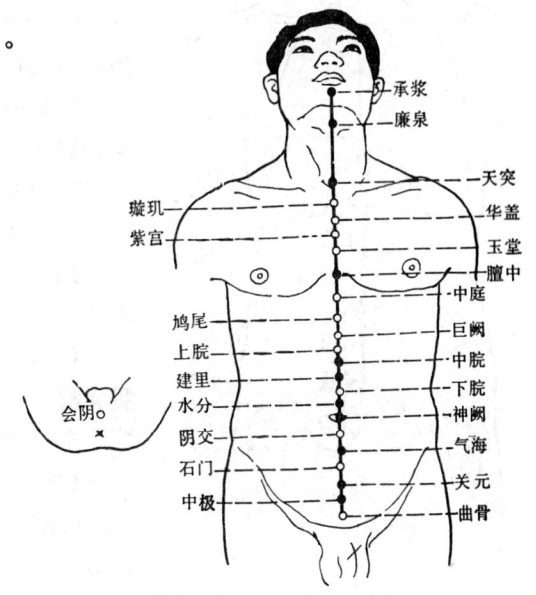

图2-1-1　任脉经穴总图

【刺灸法】　直刺0.5~1寸,孕妇慎用;可灸。

【主治】　阴痒,阴痛,阴部汗湿,阴门肿痛,小便难,大便秘结,闭经;溺水窒息,产后昏迷不醒,癫狂。阴道炎,睾丸炎,阴囊炎,疝气。

【配伍】

1. 配三阴交,有强阴醒神的作用,主治产后暴厥。
2. 配鱼际,有养阴泻热的作用,主治阴汗如水流。
3. 配中极、肩井,有行气通络,强阴壮阳的作用,主治难产,胞衣不下,宫缩无力,产门不开等。

【文献摘要】

1.《甲乙经》:任脉别络,侠督脉、冲脉之会。

2.《聚英》：卒死者，针一寸，补之。溺死者，令人倒驮出水，针补，尿屎出则活。余不可针。

3.《普济》：女子经不通，男子阴端寒冲心。

4.《铜人》：会阴、谷道瘙痒。

【研究进展】

1.外阴白斑　据报道配曲骨穴，平刺或斜刺，进针1.5～2.0cm后接DRI-1型电热针机，电流强度为50～90mA，针感以温热，胀为度。留针30～40分钟，每日或隔日1次。亦可在病变局部选取1～2对阿是穴，针30次为1疗程，经期停针，疗效较好。

2.遗尿　会阴留针加灸，每日1次。

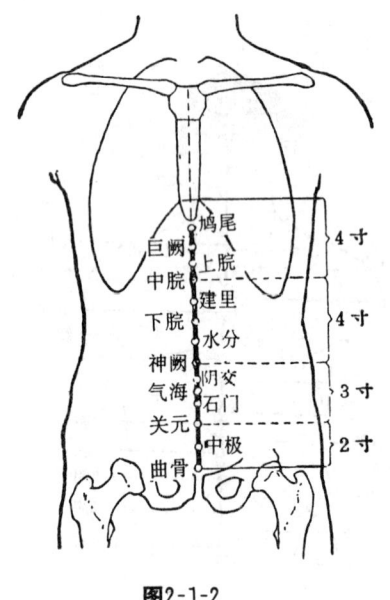

图2-1-2

2. 曲骨　RN2

【定位】　仰卧位。在前正中线上，耻骨联合上缘的中点处（图2-2-2）。

【局部层次解剖】　皮肤→皮下组织→腹白线→腹横筋膜→腹膜外脂肪→壁腹膜。浅层主要布有髂腹下神经前皮支和腹壁浅静脉的属支。深层主要有髂腹下神经的分支。

【刺灸法】　直刺0.5～1寸，穴位内为膀胱，故应在排尿后进行针刺；可灸。孕妇禁针。

【主治】　赤白带下，小便淋沥，遗尿，遗精，阳痿，阴囊湿疹；五脏虚弱，虚乏冷极。膀胱炎，产后子宫收缩不全，子宫内膜炎。

【配伍】

1.配太冲、关元、复溜、三阴交，有养阴清热，行气去湿的作用，主治赤白带下。

2.配关元、漏谷、行间、五里、涌泉、委中、承扶，有行气通滞，清热利尿的作用，主治小便黄赤，癃闭。

3.配急脉、归来，有理气缓筋的作用，主治因情绪过分紧张而致阳痿，早泄，遗精。

【文献摘要】

1.《素问》：刺少腹，中膀胱，溺出，令人少腹满。

2.《甲乙经》：任脉、足厥阴之会。

3.《千金翼》：水肿胀，灸曲骨百壮。

【研究进展】

1.遗尿　毫针平刺，得气后行刮针法，再向左右旁开斜刺入肌层，行同样手法后出针，每日1次，7～15次为1疗程，有一定疗效。

2.术后尿潴留　配三阴交，直刺，得气后留针10～15分钟，中间行针2～3次。

3.中极　RN3　膀胱募穴

【定位】　仰卧位。在下腹部，前正中线上，当脐中下4寸（图2-1-2）。

【局部层次解剖】 皮肤→皮下组织→腹白线→腹横筋膜→腹膜外脂肪→壁腹膜。浅层主要布有髂腹下神经的前皮支和腹壁浅动、静脉的分支或属支。深层有髂腹下神经的分支。

【刺灸法】 直刺0.5～1寸,需在排尿后进行针刺,孕妇禁针;可灸。

【主治】 癃闭,带下,阳痿,痛经,产后恶露不下,阴挺,疝气偏坠;积聚疼痛,冷气时上冲心;水肿,尸厥恍惚。肾炎,膀胱炎,盆腔炎,产后子宫神经痛。

【配伍】

1．配膀胱俞,属俞募配伍法,有调理脏腑气机的作用,主治膀胱气化功能不足引起的小便异常。

2．配关元、三阴交、阴陵泉、次髎,有化气行水的作用,主治尿潴留,淋证。

3．配阴交、石门,有活血化瘀的作用,主治闭经,恶露不止。

4．配中封、脾俞、小肠俞、章门、气海、关元,有调养肝脾,调理冲任的作用,主治白带,白浊,梦遗,滑精。

【文献摘要】

1．《甲乙经》:足三阴、任脉之会。

2．《图翼》:孕妇不可灸。

【研究进展】

1．产后及术后尿潴留 取中极透曲骨,配三阴交、地机,操作时先导尿后针刺,以泻法为主,留针15～20分钟,隔5分钟行针1次,每日1次。

2．男子性功能障碍 配关元、三阴交,得气后留针15分钟,其间每隔5分钟用捻转补法,每日1次,20次为1疗程,两疗程间隔7天。

3．痛经 用发泡膏(斑蝥、白芥子各20g,研细,以50％二甲基亚矾调成软膏如麦粒大)贴中极穴,于经前5天贴第1次,经潮或腹痛始发贴第2次,每次贴3小时即揭去,2个月经周期为1疗程。

4．原发性不孕 配三阴交、大赫,于月经周期的第12天开始针刺,连续3天,每日1次,每次留针15分钟,用平补平泻手法。

4．关元 RN4 小肠募穴

【定位】 仰卧位。在下腹部,前正中线上,当脐中下3寸(图2-1-2)。

【局部层次解剖】 皮肤→皮下组织→腹白线→腹横筋膜→腹壁外脂肪→壁腹膜。浅层主要有十二胸神经前支的前皮支和腹壁浅动、静脉的分支或属支。深层主要有第十二胸神经前支的分支。

【刺灸法】 直刺0.5～1寸,需要排尿后进行针刺;可灸。

【主治】 少腹疼痛,霍乱吐泻,疝气,遗精,阳痿,早泄,白浊,尿闭,尿频,黄白带下,痛经;中风脱证,虚劳冷惫,羸瘦无力,眩晕,下消。尿道炎,盆腔炎,肠炎,肠粘连,神经衰弱,小儿单纯性消化不良。

【配伍】

1．配阴陵泉,有清热利湿的作用,主治气癃溺黄,黄带阴痒。

2．配太溪,有补益肾气的作用,主治久泄不止,久痢赤白,下腹疼痛。

3．配涌泉,有补肾气,行水气的作用,主治滑精,腰痛,气淋。

4.配中极、阴交、石门、期门,有调达肝气的作用,主治胸胁痞满。

【文献摘要】

1.《甲乙经》:足三阴、任脉之会。

2.《圣惠方》:引岐伯云,但是积冷虚乏病,皆宜灸之。

3.《图翼》:此穴当人身上下四旁之中,故又名大中极,乃男子藏精,女子畜血之处。

4.《扁鹊心书》:每夏秋之交,即灼关元千壮,久久不畏寒暑。人至三十,可三年一灸脐下三百壮;五十,可二年一灸脐下三百壮;六十,可一年一灸脐下三百壮,令人长生不老。

【研究进展】

1.老年性阴道炎　配复溜、三阴交,行弱刺激,留针30分钟,每日1次,7次为1疗程,两疗程间隔2～3天。

2.子宫功能性出血　隔姜面饼灸,每次灸30分钟,每5日灸1次。

3.痛经　配三阴交,针关元时针尖向下,针后加艾炷灸,以小腹部有热感为度。

4.遗尿　取关元透中极、配百会,行中强度刺激,留针20～30分钟,针后灸关元穴。

5.艾灸关元对休克患者的血压及指温均有升高作用。

6.灸刺关元穴,对实验家兔因组织胺导致的血管通透性增高有显著的抑制作用。并对组织胺引起的家兔实验性休克,有抗休克的作用。艾灸关元可增加兔的心输出量,不增加心率,减轻外周血管阻力,增加肾血流量及肾小球滤过率以及钠、钾离子的排泄。

7.艾灸小鼠关元穴,隔日1次,每次2壮,10次后能延长接种HAC瘤细胞小鼠的存活期。

5.石门　RN5　三焦募穴

【定位】　仰卧位。在下腹部,前正中线上,当脐中下2寸(图2-1-2)。

【局部层次解剖】　皮肤→皮下组织→腹白线→腹横筋膜→腹膜外脂肪→壁腹膜。浅层主要布有第十一胸神经前支的前皮支和腹壁浅静脉的属支。深层主要有第十一胸神经前支的分支。

【刺灸法】　直刺0.5～1寸;可灸。孕妇慎用。

【主治】　小便不利,泄利,小腹绞痛,阴囊入小腹,气淋,血淋,产后恶露不止,阴缩入腹;奔豚,水肿,呕吐血,食谷不化。肠炎,子宫内膜炎。

【配伍】

1.配三焦俞,属俞募配伍,有调补三焦,气化水液的作用,主治腹胀,腹水,癃闭。

2.配商丘,有通达下焦,运化水气的作用,主治少腹坚痛,下引阴中。

3.配气海,有温下焦,补元气,固精血的作用,主治下元亏损,崩中漏下。

4.配大肠俞,有补下焦,行水气的作用,主治大便不禁,肠鸣腹痛。

5.配归来,有清热去湿的作用,主治疝气,少腹胀满,月经不调。

【文献摘要】

1.《甲乙经》:女子禁不可刺灸中央,不幸使人绝子。

2.《图翼》:一传欲绝产,灸脐下二寸三分,阴动脉中三壮。

6.气海　RN6　肓之原穴

【定位】　仰卧位。在下腹部,前正中线上,当脐中下1.5寸(图2-1-2)。

【局部层次解剖】 皮肤→皮下组织→腹白线→腹横筋膜→腹膜外脂肪→壁腹膜。浅层主要布有第十一胸神经前支的前皮支和脐周静脉网。深层主要有第十一胸神经前支的分支。

【刺灸法】 直刺0.8～1.2寸；宜灸。

【主治】 下腹疼痛，大便不通，泄痢不止，癃淋，遗溺，阳痿，遗精，滑精，闭经，崩漏，带下，阴挺；中风脱证，脘腹胀满，气喘，心下痛，脏气虚惫，真气不足，肌体羸瘦，四肢力弱，奔豚。疝气，失眠，神经衰弱，肠炎。

【配伍】

1.配关元、阴陵泉、大敦、行间，有行气通经，清热除湿的作用，主治小便淋沥不尽，少腹胀痛，黄白带下。

2．配血海，有补气养血，行气活血，通经散瘀的作用，主治小腹瘀块，五淋，经闭不通。

3.配小肠俞，有行气化浊的作用，主治带下，淋浊。

4.配大敦、阴谷、太冲、然谷、三阴交、中极，有行气通经，养阴清热的作用，主治痛经，血崩，血淋。

5.配三阴交，有养阴填精，培元固肾的作用，主治白浊，遗精，下腹疼痛，经少。

【文献摘要】

1.《普济》：针八分，得气即泻，泻后宜补之。灸百壮。今附气海者，是男子生气之海也……一切气疾，久不瘥皆灸之。

2.《图翼》：孕妇不可灸。

3.《图翼》：昔柳公度曰：吾养生无他术，但不使元气佐喜怒，使气海常温尔。今人既不能不以元气佐喜怒，若能时灸气海使温，亦其次也。

7.阴交 RN₇

【定位】 仰卧位。在下腹部，前正中线上，当脐中下1寸（图2-1-2）。

【局部层次解剖】 皮肤→皮下组织→腹白线→腹横筋膜→腹膜外脂肪→壁腹膜。浅层主要布有第十一胸神经前支的前皮支，脐周静脉网。深层有第十一胸神经前支的分支。

【刺灸法】 直刺0.5～1寸；可灸。

【主治】 腹膜坚痛，下引阴中，不得小便，泄泻，奔豚，绕脐冷痛；疝气，阴汗湿痒，血崩，恶露不止，鼻出血。肠炎，睾丸神经痛，子宫内膜炎。

【配伍】

1.配涌泉，有行水通淋的作用，主治小肠气撮痛连脐，小便淋沥不尽。

2.配石门，有通经活血的作用，主治崩中漏下，小腹硬痛。

3.配行间，有养阴清热，行气化湿的作用，主治痞气，肠鸣腹痛。

【文献摘要】

1.《难经》：下焦者，当膀胱上口，主分别清浊，主出而不纳，以传导也，其治在齐（脐）下一寸。

2.《外台》：任脉、冲脉、足少阴之会。

3.《普济》：灸不及针……针入八分，得气即泻，泻后宜补。

8. 神阙 RN8

【定位】 仰卧位。在腹中部,脐中央(图2-1-2)。

【局部层次解剖】 皮肤→结缔组织→壁腹膜。浅层主要布有第十胸神经前支的前皮支和腹壁脐周静脉网。深层有第十胸神经前支的分支。

【刺灸法】 禁刺;宜灸。

【主治】 泄痢,绕脐腹痛;脱肛,五淋,妇人血冷不受胎,中风脱证,尸厥,角弓反张,风痫,水肿鼓胀。肠炎,痢疾,产后尿潴留。

【配伍】

1.配关元,有温补肾阳的作用,主治久泄不止,肠鸣腹痛。

2.配百会、膀胱俞,有升阳举陷,回阳固脱的作用,主治脱肛。

3.配石门,有温阳利水,通经行气的作用,主治大腹水肿,小便不利。

【文献摘要】

1.《甲乙经》:禁不可刺,刺之令人恶疡遗矢者,死不治。

2.《图翼》:故神阙之灸,须填细盐,然后灸之,以多为良,若灸之三五百壮。不惟愈疾,亦且延年,若灸少,则时或暂愈,后恐复发,必难救矣。但夏月人神在脐,乃不宜灸。

3.《万病回春》:治阴证冷极,热药救不回者,手足冰冷,肾囊缩入,牙关紧急,死在须臾,用大艾炷灸脐中,预将蒜捣汁擦脐上,后放艾多灸之。

4.《神灸经纶》:凡卒中风者,此穴最佳。罗天益云:中风服药,只可扶持,要收全功,灸火为良。盖不惟追散风邪,宣通血脉,其於回阳益气之功,真有莫能尽述者。

【研究进展】

1.五更泻 用中药外敷神阙穴,取肉桂、鸡内金各3g,硫磺、枯矾、五倍子各6g,白胡椒1.5g,新鲜葱头3～5节,捣烂,加醋共调成糊状,平摊于神阙,用纱布覆盖,每次敷2小时,每日1次。

2.慢性腹泻 隔药饼灸,取丁香、肉桂、甘松、山柰各等分,加入适量面粉,用温水合成药饼(用针将药饼刺数孔),药饼置神阙上,再将鸡蛋大小艾绒置药饼上,灸3～5壮,次日按原法,并加灸中脘穴即可。

3.产后尿潴留 将盐炒黄填入神阙穴,再将葱压成0.3cm饼状置盐上,将艾炷置饼上,灸1～4壮。

4.皮肤瘙痒 隔药灸神阙,取红花、桃仁、杏仁、生栀子各等量研细填神阙,每日1次,即可取得较好疗效。

5.荨麻疹 用闪罐法,每日1次,可连续治疗3次。

6.艾灸实验性关节炎大白鼠的神阙穴,发现其炎症区坏死程度及细胞浸润明显减轻。

7.隔盐灸正常小白鼠的神阙穴,其自然杀伤细胞活性,在24小时之内迅速升高,72小时和120小时复原,若间日连续灸,则活性升高可维持更长的时间。

9. 水分 RN9

【定位】 仰卧位。在上腹部,前正中线上,当脐中上1寸(图2-1-2)。

【局部层次解剖】 皮肤→皮下组织→腹白线→腹横筋膜→腹壁外脂肪→壁腹膜。浅层主要布有第九胸神经前支的前皮支及腹壁浅静脉的属支。深层有第九胸神经前支的分支。

【刺灸法】 直刺0.5~1寸；宜灸。
【主治】 腹坚肿如鼓,绕脐痛冲心,肠鸣,肠胃虚胀；反胃,泄泻,水肿,小儿陷囟,腰脊强急。肠炎,胃炎,肠粘连,泌尿系炎症。
【配伍】
1.配天枢、三阴交、足三里,有调和气血,健运脾胃的作用,主治绕脐痛,腹泻,纳呆。
2.配气海,有行气利水的作用,主治气滞水肿。
3.配三阴交、脾俞,有健脾利水的作用,主治脾虚水肿。
4.配阴交、足三里,有健脾和胃,活血祛瘀,益气行水的作用,主治鼓胀。
【文献摘要】
1.《外台》引甄权云：主水病腹肿,孕妇不可灸。
2.《铜人》：若水病灸之大良,可灸七壮至百壮止。禁不可刺,针,水尽即毙。
3.《聚英》：当小肠下口,至是而泌别清浊,水液入膀胱,渣滓入大肠,故曰水分。

10. 下脘 RN10
【定位】 仰卧位。在上腹部,前正中线上,当脐中上2寸(图2-1-2)。
【局部层次解剖】 皮肤→皮下组织→腹白线→腹横筋膜→腹膜外脂肪→壁腹膜。浅层主要布有第九胸神经前支的前皮支和腹壁浅静脉的属支。深层有第九胸神经前支的分支。
【刺灸法】 直刺0.8~1.2寸；可灸。
【主治】 腹坚硬胀,食谷不化,痞块连脐上；呕逆,泄泻；虚肿,日渐消瘦。胃炎,胃溃疡,胃痉挛,胃扩张,肠炎。
【配伍】
1.配陷谷,有行气和胃的作用,主治肠鸣,食谷不化。
2.配中脘,有和中健胃,活血化瘀的作用,主治腹坚硬胀,痞块。
3.配足三里,有行气降气,宽中醒脾的作用。主治食饮不化,入腹还出。
【文献摘要】
1.《甲乙经》：足太阴、任脉之会。
2.《外台》引甄权云：孕妇不可灸。
3.《聚英》：穴当胃下口,小肠上口,水谷于是入焉。

11. 建里 RN11
【定位】 仰卧位。在上腹部,前正中线上,当脐中上3寸(图2-1-2)。
【局部层次解剖】 皮肤→皮下组织→腹白线→腹横筋膜→腹膜外脂肪→壁腹膜。浅层主要布有第八胸神经前支的前皮支及腹壁浅静脉的属支。深层主要有第八胸神经前支的分支。
【刺灸法】 直刺0.8~1寸；可灸。
【主治】 胃痛,腹痛,腹胀；呕逆,不嗜食；身肿。胃扩张,胃下垂,胃溃疡,腹肌痉挛。
【配伍】
1.配水分,有行气利水,健中和胃的作用,主治肚腹肿胀,呕哕。

2．配内关，有和胃宽中的作用，主治胸中苦闷，呃逆。
3．配中脘，有行气散结，化湿去滞的作用，主治霍乱肠鸣，腹痛胀满，弦急上气。
【文献摘要】
1．《普济》：治肠中疼痛，针入一寸二分，灸亦良。
2．《图翼》：一云宜针不宜灸，孕妇尤忌之。

12．中脘　RN12　胃募穴　腑会穴
【定位】　仰卧位。在上腹部，前正中线上，当脐中上4寸（图2-1-2）。
【局部层次解剖】　皮肤→皮下组织→腹白线→腹横筋膜→腹膜外脂肪→壁腹膜。浅层主要布有第八胸神经前支的前皮支和腹壁浅静脉的属支。深层主要有第八胸神经前支的分支。
【刺灸法】　直刺0.8～1.2寸；可灸。
【主治】　胃痛，腹痛，腹胀，呕逆，反胃，食不化；肠鸣，泄泻，便秘，便血，胁下坚痛；喘息不止，失眠，脏躁，癫痫，尸厥。胃炎，胃溃疡，胃下垂，胃痉挛，胃扩张，子宫脱垂，荨麻疹，食物中毒。
【配伍】
1．配天枢，有和胃降逆，化湿去秽的作用，主治霍乱吐泻。
2．配气海，有益气摄血的作用，主治便血，呕血，脘腹胀痛。
3．配足三里，有调和胃气，升提脾气，去湿化浊的作用，主治胃痛，泄泻，黄疸，四肢无力。
4．配胃俞，属俞募配穴法，有调中和胃，宽中利气的作用，主治胃脘胀满，食欲不振，呕吐呃逆。
【文献摘要】
1．《大成》：手太阳、少阳、足阳明、任脉之会。
2．《聚英》：素注，针一寸二分，灸七壮……胃虚而致太阴无所禀者，于足阳明募穴中导引之。
3．《图翼》：孕妇不可灸。
4．《循经》：一切脾胃之疾，无所不疗。
【研究进展】
1．胆绞痛　用解痉止痛膏贴中脘穴。取白芷10g，花椒15g，研成细末，韭菜兜、葱白各20个和苦楝子50g捣烂如泥，用白醋50ml将上药调成糊状，贴于中脘穴，24小时换贴1次，连贴2～4次。
2．解除幽门痉挛　据报道指压中脘后，在X线下发现胃蠕动增强，110例患者中有94例波频增加，波速增快，幽门痉挛解除。
3．针刺中脘穴对小肠的蠕动有促进作用，尤其能促进空肠的蠕动。

13．上脘　RN13
【定位】　仰卧位。在上腹部，前正中线上，当脐中上5寸（图2-1-2）。
【局部层次解剖】　皮肤→皮下组织→腹白线→腹横筋膜→腹膜外脂肪→壁腹膜。浅层主要布有第七胸神经前支的前皮支和腹壁浅静脉的属支。深层主要有第七胸神经前支的分支。

【刺灸法】 直刺0.5～1寸；可灸。

【主治】 反胃,呕吐,食不化,胃痛,纳呆,腹胀腹痛；咳嗽痰多；积聚,黄疸,虚劳吐血。胃炎,胃扩张,胃痉挛,膈肌痉挛,肠炎,肝炎。

【配伍】

1.配中脘,有行气止痛,健胃消食的作用,主治胃脘疼痛,饮食不化。

2.配丰隆,有理气止痛,清热化痰的作用,主治心痛呕吐,伤寒吐蛔。

3.配神门,有清热化痰,宁心安神的作用,主治发狂奔走,失眠烦躁。

【文献摘要】

1.《甲乙经》：任脉、足阳明、手太阳之会。

2.《图翼》：孕妇不可灸。

3.《普济》：针入八分,先补后泻,神验。如风痫热病,宜先泻后补,立愈。

14.巨阙　RN14　心募穴

【定位】 仰卧位,在上腹部,前正中线上,当脐中上6寸(图2-1-2)。

【局部层次解剖】 皮肤→皮下组织→腹白线→腹横筋膜→腹膜外脂肪→壁腹膜。浅层主要布有第七胸神经前支的前皮支和腹壁浅静脉。深层主要有第七胸神经前支的分支。

【刺灸法】 直刺0.5～0.6寸,向下斜刺；可灸。

【主治】 胃痛,反胃,胸痛,吐逆不食,腹胀；惊悸,咳嗽,黄疸,蛔虫痛,尸厥,健忘。胃痉挛,膈肌痉挛,心绞痛,支气管炎,癔病,胸膜炎,癫痫。

【配伍】

1.配上脘,有宽胸利气的作用,主治腹胀,心腹满。

2.配灵道、曲泽、间使,有理气宽中,养血安神的作用,主治心痛,怔忡。

3.配心俞,属俞募配伍法,有养心安神,活血化瘀的作用,主治心慌,心悸,失眠,健忘,癫狂。

4.配膻中,有宽胸利气的作用,主治胸痛,蓄饮,痰喘。

【文献摘要】

1.《扁鹊心书》：风狂,先灸巨阙五十壮,又灸心俞五十壮。

2.《图翼》：刺六分……一日刺三分。

15.鸠尾　RN15　络穴　膏之原穴

【定位】 仰卧位。在上腹部,前正中线上,当胸剑结合部下1寸(图2-1-2)。

【局部层次解剖】 皮肤→皮下组织→腹白线→腹横筋膜→腹膜外脂肪→壁腹膜。浅层主要布有第七胸神经前支的前皮支。深层主要有第七胸神经前支的分支。

【刺灸法】 直刺0.3～0.6寸,向下斜刺；可灸。

【主治】 胸闷咳嗽,心悸,心烦,心痛,呃逆,呕吐；惊狂,癫痫,脏躁。胃神经痛,肋间神经痛,胃炎,支气管炎,神经衰弱,癔病。

【配伍】

1.配涌泉,有化痰宁心的作用,主治癫痫,呕痰沫。

2.配中脘、少商,有和胃化积,行气清热的作用,主治食痫,胃脘胀满,不得眠。
3.配脐中,有补气安神的作用,主治短气,心虚。
【文献摘要】
1.《素问》王注:人无蔽(通敝)骨者,从歧骨际下行同身寸之一寸,为鸠尾处也。
2.《甲乙经》:不可灸刺。
3.《铜人》:不可灸,灸即令人毕世少心力。此穴大难针,大好手方可此穴下针,不然取气多,不幸令人夭。
4.《大成》:曰鸠尾者,言其骨垂下如鸠尾形。任脉之别。

16. 中庭　RN16

【定位】　仰卧位。在胸部,前正中线上,平第五肋间,即胸剑结合部(图2-1-3)。

【局部层次解剖】　皮肤→皮下组织→胸肋辐状韧带和肋剑突韧带→胸剑结合部。布有第六肋间神经的前皮支和胸廓内动、静脉的穿支。

【刺灸法】　直刺0.2～0.3寸,向下斜刺;可灸。

【主治】　胸肋支满,噎膈,呕吐,小儿吐乳。食管炎,食管狭窄,贲门痉挛。

【配伍】

1.配中府,有宽胸利膈,行气消积作用,主治噎膈,停食,食反,胸闷。

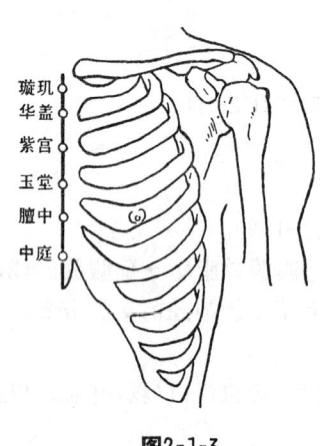

图2-1-3

2.配俞府、意舍,有降气化食的作用,主治呕吐,食不化。
【文献摘要】　《聚英》:主胸胁支满,噎塞,食饮不下,吐食出。小儿吐奶。

17. 膻中　RN17　心包募穴　气会穴

【定位】　仰卧位。在胸部,当前正中线上,平第四肋间,两乳头连线的中点(图2-1-3)。

【局部层次解剖】　皮肤→皮下组织→胸骨体。主要布有第四肋间神经前皮支和胸廓内动、静脉的穿支。

【刺灸法】　直刺0.3～0.5寸,或平刺;可灸。

【主治】　胸闷塞,气短,咳喘,心胸痛,心悸,心烦,噎膈,咳唾脓血;产妇乳少。支气管哮喘,支气管炎,食管狭窄,肋间神经痛,心绞痛,乳腺炎。

【配伍】

1.配华盖,有理气化痰,止咳平喘的作用,主治短气不得息,咳喘。
2.配厥阴俞,属俞募配穴法,有宽胸利气,宁心安神的作用,主治心痛,失眠,怔忡,喘息。
3.配大陵、委中、少泽、俞府,有通经活络,清热止痛的作用,主治乳痈,胸痛。
4.配少泽,有通经活络,益气养血的作用,主治乳少,胸胁闷胀。

【文献摘要】

1.《难经》:上焦者,在心下下膈,在胃上口,主纳而不出,其治在膻中。

2.《普济》:膻中为气之海,然心主为君,以敷宣散令。膻中主气,以气有阴阳,气和志适,则喜乐由生;分布阴阳,故官为臣使也。

3.《图翼》:禁刺,灸七壮,刺之不幸,令人夭。

4.《大成》:足太阴、少阴、手太阳、少阳、任脉之会。

18.玉堂 RN18
【定位】 仰卧位。在胸部,当前正中线上,平第三肋间(图2-1-3)。

【局部层次解剖】 皮肤→皮下组织→胸骨体。主要布有第三肋间神经前皮支和胸廓内动、静脉的穿支。

【刺灸法】 直刺0.3~0.5寸;可灸。

【主治】 胸膺疼痛,咳嗽,气短,胸闷喘息,心烦;呕吐寒痰。支气管炎,胸膜炎,肋间神经痛。

【配伍】

1.配紫宫,有行气通经的作用,主治胸膺疼痛,咳嗽。

2.配幽门,有宽中利气,降逆止呕的作用,主治烦心呕吐,胸脘满胀。

19.紫宫 RN19
【定位】 仰卧位。当前正中线上,平第二肋间(图2-1-3)。

【局部层次解剖】 皮肤→皮下组织→胸大肌起始腱→胸骨体。主要布有第二肋间神经前皮支和胸廓内动、静脉的穿支。

【刺灸法】 直刺0.3~0.5寸;可灸。

【主治】 胸胁支满,胸膺疼痛,烦心咳嗽,吐血,呕吐痰涎,饮食不下。支气管炎,胸膜炎,肺结核。

【配伍】 配玉堂、太溪,有补肾纳气的作用,主治咳逆上气,心烦。

20.华盖 RN20
【定位】 仰卧位,或仰靠坐位。在胸部,平第一肋间(图2-1-3)。

【局部层次解剖】 皮肤→皮下组织→胸大肌起始腱→胸骨柄与胸骨体之间(胸骨角)。主要布有第一肋间神经前皮支和胸廓内动、静脉的穿支。

【刺灸法】 直刺0.3~0.5寸;可灸。

【主治】 咳嗽,气喘,喉痹,胸痛。支气管炎,支气管哮喘,胸膜炎,喉炎,扁桃体炎,肋间神经痛。

【配伍】 配天突,有降气平喘作用,主治气喘,痰饮停胸,胸痛。

21.璇玑 RN21
【定位】 仰卧位。或仰靠坐位。在胸部,当前正中线上,胸骨上窝中央下1寸(图2-1-3)。

【局部层次解剖】 皮肤→皮下组织→胸大肌起始腱→胸骨柄。主要布有锁骨上内侧神经和胸廓内动、静脉的穿支。

【刺灸法】 直刺0.3～0.5寸;可灸。
【主治】 喉痹咽肿,咳嗽,气喘,胸胁支满;胃中有积。扁桃体炎、喉炎、气管炎、胸膜炎,胃痉挛。
【配伍】
1.配鸠尾,有清热化痰的作用,主治喉痹咽肿,咳嗽胸痛。
2.配气海,有扶正培本,化痰平喘的作用,主治喘促,畏寒。
3.配足三里,有理气和胃,消食化积的作用,主治胃中有积。
4.配神藏,有宽胸利气,宁心安神的作用,主治胸闷,膈满,心悸,失眠,健忘。

22.天突 RN22

【定位】 仰靠坐位。在颈部,当前正中线上,胸骨上窝中央(图2-1-4)。

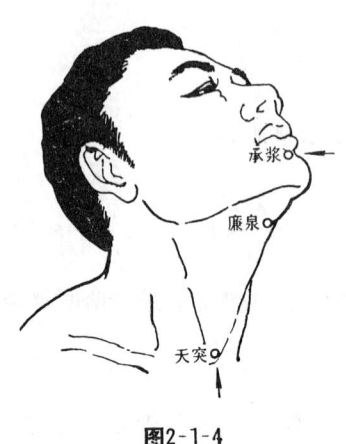

图2-1-4

【局部层次解剖】 皮肤→皮下组织→左、右胸锁乳突肌腱(两胸骨头)之间→胸骨柄颈静脉切迹上方→左、右胸骨甲状肌→气管前间隙、浅层布有锁骨上内侧神经,皮下组织内有颈阔肌和颈静脉弓。深层有头臂干、左颈总动脉、主动脉弓和头臂静脉等重要结构。

【刺灸法】 先直刺,当针尖超过胸骨柄内缘后,即向下沿胸骨柄后缘、气管前缘缓慢向下刺入0.5～1寸;可灸。

【主治】 哮喘,咳嗽,暴喑,咽喉肿痛,瘿气,梅核气,咯唾脓血;心与背相控而痛。支气管哮喘,支气管炎,喉炎,扁桃体炎。

【配伍】
1.配膻中,有降气平喘的作用,主治哮喘,胸痹。
2.配璇玑、风府、照海,有行气解表,养阴清热的作用,主治喉肿咽痛。
3.配灵道、阴谷、复溜、丰隆、然谷,有滋肾降火利咽的作用,主治咽痛久不愈,喑哑,入睡口干。

【文献摘要】
1.《甲乙经》:阴维、任脉之会。
2.《普济》:针五分,留三呼,得气即泻,灸亦得。即下针宜直横下,不得低手,即损五脏之气,伤人短寿。
3.《图翼》:治一切瘿瘤初起者,灸之妙。

23.廉泉 RN23

【定位】 仰靠坐位。在颈部,当前正中线上,喉结上方,舌骨上缘凹陷处(图2-1-4)。

【局部层次解剖】 皮肤→皮下组织→(含颈阔肌)→左、右二腹肌前腹之间→下颌骨肌→颏舌骨肌→颏舌肌。浅层布有面神经颈支和颈横神经上支的分支。深层有舌动、静脉的分支或属支,舌下神经的分支和下颌舌骨肌神经等。

【刺灸法】 针尖向咽喉部刺入0.5～1寸;可灸。

【主治】 舌下肿痛,舌根缩急,舌纵涎出,暴喑,口舌生疮,喉痹;中风失语。舌炎,声带麻痹,舌根部肌肉萎缩。

【配伍】

1.配然谷,有养阴活络的作用,主治舌下肿难言,舌纵涎出。

2.配天井、太渊,有疏风解表的作用,主治感冒,咳嗽,喉痹。

【文献摘要】

1.《甲乙经》:阴维、任脉之会。

2.《图翼》:然则廉泉非一穴,当是舌根下之左右泉脉,而且为足少阴之会也。

24.承浆　RN24

【定位】 仰靠坐位。在面部,当颏唇沟的正中凹陷处(图2-1-4)。

【局部层次解剖】 皮肤→皮下组织→口轮匝肌→降下唇肌→颏肌。布有下牙槽神经的终支颏神经和颏动、静脉。

【刺灸法】 斜刺0.3～0.5寸;可灸。

【主治】 口喎,唇紧,齿痛,流涎,口舌生疮,暴喑,面肿,齿衄,癫痫,面瘫。齿神经痛,癔病性失语,糖尿病。

【配伍】

1.配劳宫,有清热解毒,养阴生津的作用,主治口舌生疮,口臭口干。

2.配风府,有疏风解表,通经活络的作用,主治感冒,头项强痛,牙痛。

3.配委中,有清热凉血,活血止血的作用,主治衄血不止,牙齿出血。

4.配阴陵泉、委中、太冲、膀胱俞、大敦,有清热利尿,行气止痛的作用,主治小便不禁,小腹胀痛。

【文献摘要】

1.《甲乙经》:足阳明、任脉之会。

2.《图翼》:又十三鬼穴云,此名鬼市,治百邪癫狂,当在第八次下针。

3.《聚英》:若一向灸,恐足阳明脉断,其病不愈。停息复灸,令血脉通宣,其病立愈。

4.《普济》:灸即血脉通宣,其风立愈,炷依小筋头作;针三分,得气即泻……徐徐引气而出。

【研究进展】

1.痛经　配大椎,经潮前3天开始,每日1次,至经净为1疗程。

2.落枕　配风府,用泻法,有强的针感为好,一般针刺后即有一定效果。

任脉经穴分寸歌

任脉会阴两阴间,曲骨毛际陷中安,　中极脐下四寸取,关元脐下三寸连,
脐下二寸石门是,脐下寸半气海全,　脐下一寸阴交穴,脐之中央即神阙,
脐上一寸为水分,脐上二寸下脘刊,　脐上三寸名建里,脐上四寸中脘计,
脐上五寸上脘在,巨阙脐上六寸步,　鸠尾脐上七寸量,中庭膻下寸六取,
膻中却在两乳间,膻上一寸六玉堂主,　膻上紫宫三寸二,膻上四八华盖举,
璇玑膻上六寸四,玑上一寸天突取,　廉泉结上舌本下,承浆颐前唇下处。

第二节 督脉穴

Points of Du Meridian, DU.

经脉循行 起于小腹内,下出于会阴部,向后行于脊柱的内部,上达项后风府,进入脑内,上行巅顶,沿前额下行鼻柱,止于上齿龈。

联系脏腑器官 肾,心,脑、阴器、咽喉、口唇。

本经腧穴,起于长强,止于龈交,一名一穴,共28个穴位(图2-2-1)。

主治概要 本经腧穴主治腰骶、背、头项、局部病证及相应的内脏疾病,神志病。有少数腧穴有泻热作用。

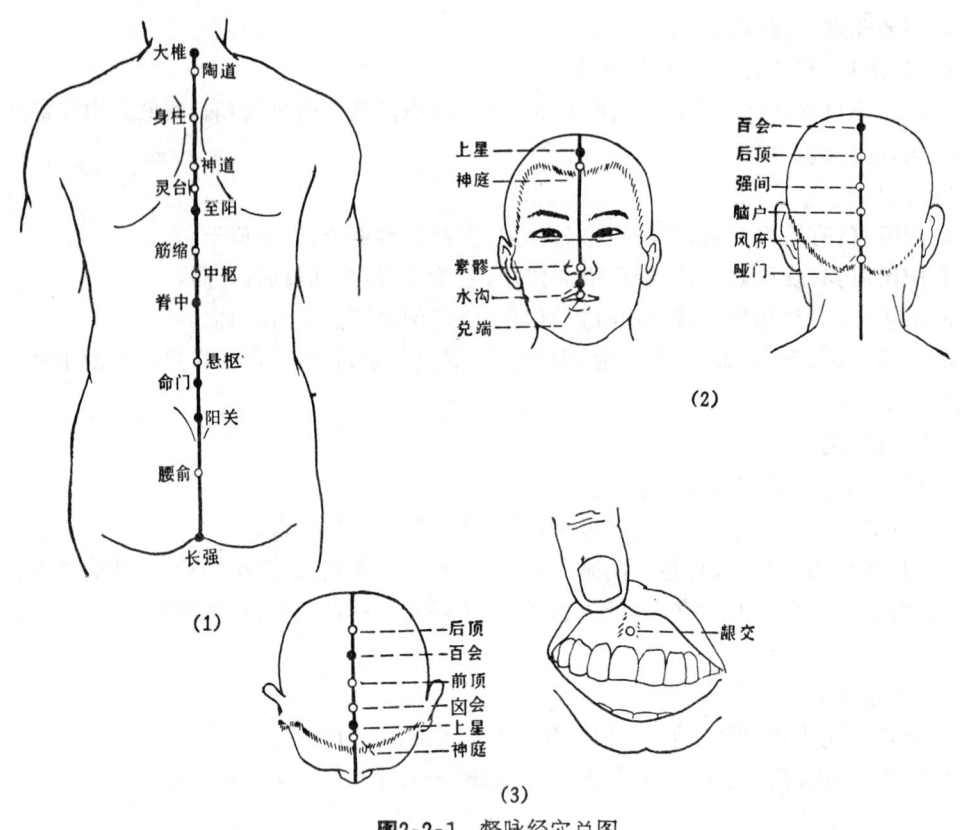

图2-2-1 督脉经穴总图

1. 长强 DU1 络穴

【定位】 跪伏,或胸膝位。在尾骨端下,当尾骨端与肛门连线的中点处(图2-2-2)。

【局部层次解剖】 皮肤→皮下组织→肛尾韧带。浅层主要布有尾神经的后支。深层有阴部神经的分支,肛神经,阴部内动、静脉的分支或属支,肛动、静脉。

【刺灸法】 斜刺,针尖向上与骶骨平行刺入0.5~1寸。不得刺穿直肠,以防感染。不灸。

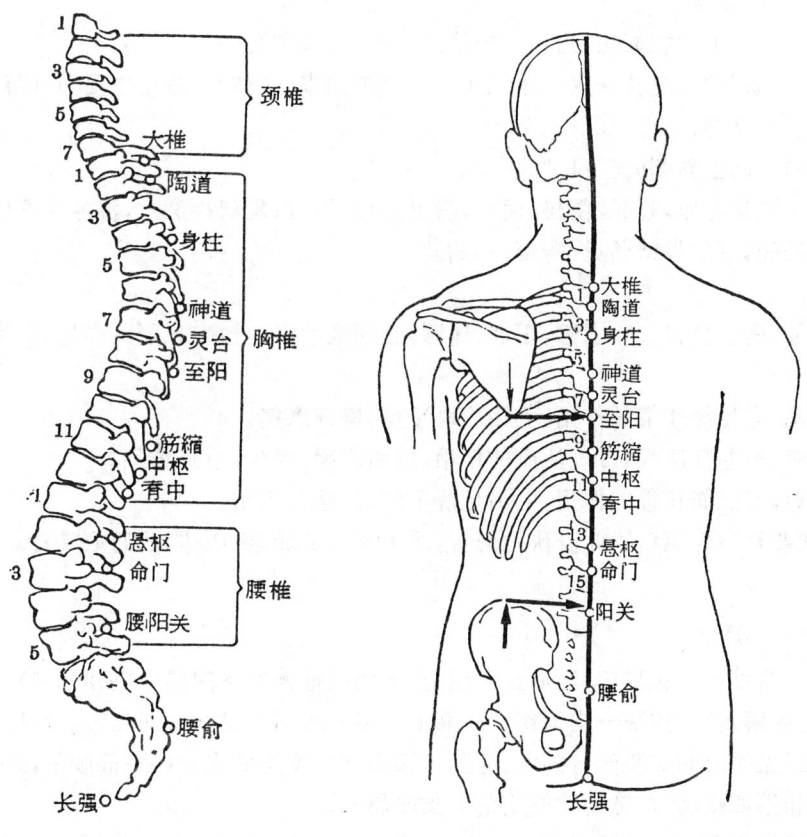

图 2-2-2

【主治】 痔疾,便血,洞泄,大小便难,阴部湿痒,尾骶骨疼痛;瘰疬,癫痫。癔病,腰神经痛。

【配伍】

1. 配承山,有清热通便,活血化瘀的作用,主治痔疾,便结。
2. 配小肠俞,有行气通腑,分清泌浊的作用,主治大小便难,淋症。
3. 配身柱,有行气通督的作用,主治脊背疼痛。
4. 配百会,有通调督脉,益气升阳的作用,主治脱肛,头昏。

【文献摘要】

1.《聚英》:足少阴、少阳结会,督脉别走任脉。
2.《铜人》:针入三分,抽针以太痛为度……灸然不及针。
3.《图翼》:一经验治少年注夏羸瘦,灸此最效。

【研究进展】

1. 经闭 取长强,刺1寸,用强刺激,泻法,留针20分钟,5分钟行针1次。
2. 婴幼儿腹泻 取长强,刺5～8分,小幅度快速捻转2分钟左右出针,每日1次。
3. 肛裂 长强穴埋肠线。
4. 痔疮 配承山,留针30分钟,每10分钟行针1次,隔日1次。
5. 癫痫 长强穴埋肠线,4周后行第2次埋线,6次为1疗程。

2. 腰俞　DU2

【定位】　俯卧位。在骶部,当后正中线上,适对骶管裂孔(图2-2-2)。

【局部层次解剖】　皮肤→皮下组织→骶尾背侧韧带→骶管。浅层主要布有第五骶神经的后支。深层有尾丛。

【刺灸法】　向上斜刺0.5～1寸;可灸。

【主治】　腰脊疼痛,脱肛,便秘,便血,溺血,月经不调;足清冷麻木,温疟汗不出,下肢痿痹。腰骶神经痛,过敏性结肠炎,痔疮,淋病。

【配伍】

1.配长强、膀胱俞、气冲、上髎、下髎、居髎,有通经活络,散寒止痛的作用,主治腰痛,髋胯痛。

2.配环跳,有温经通络的作用,主治冷风冷痹,髋部寒痛。

3.配照海,有益肾调经,行气活血的作用,主治经闭,经少,小腹胀坠。

4.配悬钟,有强筋壮骨的作用,主治足痹不仁,足痿软不用。

【文献摘要】　《聚英》:以挺身伏地舒身,两手相重支额,纵四体,后乃取其穴。

3. 腰阳关　DU3

【定位】　俯卧位。在腰部,当后正中线上,第四腰椎棘突下凹陷中(图2-2-2)。

【局部层次解剖】　皮肤→皮下组织→棘上韧带→棘间韧带→弓间韧带。浅层主要布有第四腰神经后支的内侧支和伴行的动、静脉。深层有棘突间的椎外(后)静脉丛,第四腰神经后支的分支和第四腰动、静脉的背侧支的分支或属支。

【刺灸法】　直刺0.5～1寸;可灸。

【主治】　腰骶疼痛;下肢痿痹,月经不调,赤白带下,遗精,阳痿,便血。腰骶神经痛,坐骨神经痛,类风湿病,小儿麻痹,盆腔炎。

【配伍】

1.配肾俞、次髎、委中,有温经散寒,通经活络的作用,主治寒湿性腰痛、腿痛。

2.配肾俞、环跳、足三里、委中,有行气止痛,温经散寒的作用,主治坐骨神经痛,下肢痿软无力。

3.配命门、悬枢,有行气通经,温阳散寒的作用,主治多发性神经炎。

【文献摘要】　《聚英》:十六椎节下间,坐取之。

4. 命门　DU4

【定位】　俯卧位。在腰部,当后正中线上,第二腰椎棘突下凹陷中(图2-2-2)。

【局部层次解剖】　皮肤→皮下组织→棘上韧带→棘间韧带→弓间韧带。浅层主要布有第二腰神经后支的内侧支和伴行的动、静脉。深层有棘突间的椎外(后)静脉丛,第一腰神经后支的分支和第一腰动、静脉背侧支的分支或属支。

【刺灸法】　直刺0.5～1寸;可灸。

【主治】　虚损腰痛;遗尿,尿频,泄泻,遗精,阳痿,早泄,赤白带下,月经不调,胎屡坠;汗不出,寒热痎疟,小儿发痫。胃下垂,前列腺炎,肾功能低下。

【配伍】
1.配肾俞,有调补肾气的作用,主治肾虚溺多,腰痠背痛。
2.配肾俞、气海、然谷,有补益肾气,固涩精关的作用,主治阳痿,早泄,滑精。
3.配天枢、气海、关元,有温肾健脾的作用,主治肾泄,五更泻。
【文献摘要】 《图翼》:一云平脐,用线牵而取之……若年二十以上者,灸恐绝子。
【研究进展】
1.腰痛 取命门,针刺得气后留针10～15分钟,隔日1次。
2.原发性肾上腺皮质功能低下 配关元,针刺得气后加灸20分钟,每日1次,12次为1疗程。
3.精子减少症 配肾俞、关元、中极,先针刺,出针后隔姜灸3壮。
4.艾灸命门对羟基脲所致动物"阳虚"有增加体重,减少死亡率,提高耐冻能力,提高肝脾组织DNA合成率的作用。促进细胞的DNA复制。改善细胞的能量代谢。另用氢化可的松给小鼠肌注,其中一部分小鼠同时灸命门,经灸命门者其巨噬细胞的吞噬能力有所增高。

5.悬枢 DU5
【定位】 俯卧位。在腰部,当后正中线上,第一腰椎棘突下凹陷中(图2-2-2)。
【局部层次解剖】 皮肤→皮下组织→棘上韧带→棘间韧带。浅层主要布有第一腰神经后支的内侧支和伴行的动、静脉。深层有棘突间的椎外(后)静脉丛,第一腰神经后支的分支和第一腰动、静脉背侧支的分支或属支。
【刺灸法】 直刺0.5～1寸;可灸。
【主治】 腰脊强痛;肠鸣腹痛,完谷不化,泄泻。腰背神经痉挛,胃肠神经痛,胃下垂,肠炎。
【配伍】
1.配肾俞、委中,有温经通络的作用,主治腰痛,腿痛。
2.配天枢、中脘,有化积通腑的作用,主治食积腹胀。

6.脊中 DU6
【定位】 俯伏坐位。在背部,当后正中线上,第十一胸椎棘突下凹陷中(图2-2-2)。
【局部层次解剖】 皮肤→皮下组织→棘上韧带→棘间韧带。浅层主要布有第十一胸神经后支的内侧皮支和伴行的动、静脉。深层有棘突间的椎外(后)静脉丛,第十一胸神经后支的分支和第十一肋间后动、静脉背侧支的分支或属支。
【刺灸法】 斜刺0.5～1寸;可灸。
【主治】 腰脊强痛;腹满,不嗜食,小儿疳积;黄疸,脱肛,癫痫。感冒,增生性脊椎炎,胃肠功能紊乱,肝炎。
【配伍】
1.配肾俞、命门、中膂俞、腰俞,有活血化瘀的作用,主治腰闪挫疼痛。
2.配足三里,有补益气血的作用,主治眼暗,头昏。

【文献摘要】
1.《铜人》：禁不可灸，灸则令人腰背伛偻。
2.《图翼》：小儿痢下赤白，秋末脱肛，每厕肛痛不可忍者，灸之亦无妨。
3.《聚英》：素问刺中髓为伛，行针宜慎之。

【研究进展】
1.针麻剖腹产　脊中配命门、腰俞，与其他穴组对比，效果最佳。
2.癫痫　配筋缩埋线，每3个月埋1次。

7. 中枢　DU7

【定位】　俯伏坐位。在背部，当后正中线上，第十胸椎棘突下凹陷中（图2-2-2）。

【局部层次解剖】　皮肤→皮下组织→棘上韧带→棘间韧带。浅层主要布有第十胸神经后支的内侧皮支和伴行的动、静脉。深层有棘突间的椎外（后）静脉丛，第十胸神经后支的分支和第十肋间后动、静脉背侧支的分支或属支。

【刺灸法】　斜刺0.5～1寸；可灸。

【主治】　腰背疼痛；胃痛，呕吐，腹满，食欲不振；黄疸，寒热。感冒，腰背神经痛，视神经衰弱。

【配伍】
1.配天突，有温阳行气，活血散瘀的作用，主治背与心相控而痛，胸闷气急。
2.配中脘、足三里，有理气和中，散寒止痛的作用，主治腹满不欲食，胸腹冷痛。

8. 筋缩　DU8

【定位】　俯伏坐位。在背部，当后正中线上，第九胸椎棘突下凹陷中（图2-2-2）。

【局部层次解剖】　皮肤→皮下组织→棘上韧带→棘间韧带。浅层主要布有第九胸神经后支的内侧皮支和伴行的动、静脉。深层有棘突间的椎外（后）静脉丛，第九胸神经后支的分支和第九肋间后动、静脉背侧支的分支或属支。

【刺灸法】　斜刺0.5～1寸；可灸。

【主治】　脊背强急，腰背疼痛；胃痛，癫痫，抽搐。腰背神经痛，胃痉挛，胃炎，癔病。

【配伍】
1.配曲骨、阴谷、行间，有清热化痰的作用，主治癫痫。
2.配水道，有温通阳气，去散寒止痛的作用，主治脊强，腰背寒痛。

9. 至阳　DU9

【定位】　俯伏坐位。在背部，当后正中线上，第七胸椎棘突下凹陷中（图2-2-2）。

【局部层次解剖】　皮肤→皮下组织→棘上韧带→棘间韧带。浅层主要布有第七胸神经后支的内侧皮支和伴行的动、静脉。深层有棘突间的椎外（后）静脉丛，第七胸神经后支的分支和第七肋间后动、静脉背侧支的分支或属支。

【刺灸法】　斜刺0.5～1寸；可灸。

【主治】　胸胁胀痛，脊强，腰背疼痛，黄疸。胆囊炎，胆道蛔虫症，胃肠炎，肋间神经痛。

【配伍】
1.配阳陵泉、日月,有疏肝利胆,清热止痛的作用,主治胁肋痛,黄疸,呕吐。
2.配心俞、内关,有宽胸利气,温阳通络的作用,主治心律不齐,胸闷。

10.灵台 DU10

【定位】 俯伏坐位。在背部,当后正中线上,第六胸椎棘突下凹陷中(图2-2-2)。
【局部层次解剖】 皮肤→皮下组织→棘上韧带→棘间韧带。浅层主要布有第六胸神经后支的内侧皮支和伴行的动、静脉。深层有棘突间的椎外(后)静脉丛,第六胸神经后支的分支和第六肋间后动、静脉背侧支的分支或属支。
【刺灸法】 斜刺0.5～1寸;可灸。
【主治】 气喘,咳嗽,背痛,项强;疔疮。肺炎,支气管炎,蜂窝织炎,疟疾。
【配伍】
1.配合谷、委中,有清热解毒的作用,主治疔疮,风疹。
2.配阳陵泉,有疏肝理气的作用,主治胁肋胀痛。
【文献摘要】
1.《聚英》:先儒谓心曰灵台,经谓心者君主之官,神明出焉,岂主病同手少阴神门,而针刺浅深,艾壮多寡,同至阳、神道欤?
2.《大成》:今俗灸之,以治气喘不能卧,火到便愈。禁针。
3.《普济》:西方子云,主热病脾热温疟汗不出。

11.神道 DU11

【定位】 俯伏坐位。在背部,当后正中线上,第五胸椎棘突下凹陷中(图2-2-2)。
【局部层次解剖】 皮肤→皮下组织→棘上韧带→棘间韧带。浅层主要布有第五胸神经后支的内侧皮支和伴行的动、静脉。深层有棘突间的椎外(后)静脉丛,第五胸神经后支的分支和第五肋间后动、静脉背侧支的分支或属支。
【刺灸法】 斜刺0.5～1寸;可灸。
【主治】 心惊,心悸,肩背痛,咳喘;健忘,小儿风痫。增生性脊椎炎,心脏神经官能症,神经衰弱,疟疾,肋间神经痛。
【配伍】
1.配心俞,有宁心安神的作用,主治风痫,神昏。
2.配少海,有行气清热养心的作用,主治心悸,多梦。

12.身柱 DU12

【定位】 俯伏坐位。在背部,当后正中线上,第三胸椎棘突下凹陷中(图2-2-2)。
【局部层次解剖】 皮肤→皮下组织→棘上韧带→棘间韧带。浅层主要布有第三胸神经后支的内侧皮支和伴行的动、静脉。深层有棘突间的椎外(后)静脉丛,第三胸神经后支的分支和第三肋间后动、静脉背侧支的分支或属支。
【刺灸法】 斜刺0.5～1寸;可灸。
【主治】 腰脊强痛,喘息;身热,瘈疭,癫狂,小儿风痫。支气管哮喘,神经衰弱,癔病。

【配伍】
1.配本神,有行气疏风的作用,主治头痛,目眩。
2.配陶道、肺俞、膏肓俞,有补阳育阴的作用,主治虚损五劳七伤。
【研究进展】
1.疟疾 取身柱穴,在疟疾发作前1.5小时左右点刺出血。
2.毛囊炎 取身柱穴挑治,每周1次或隔周1次。
3.艾灸身柱穴对大白鼠甩尾痛阈的影响,灸身柱穴后,能延长因疼痛而引起甩尾的时间。灸前平均为6.2秒,灸半小时内平均7.5秒。

13.陶道 DU13
【定位】 俯伏坐位。在背部,当后正中线上,第一胸椎棘突下凹陷中(图2-2-2)。
【局部层次解剖】 皮肤→皮下组织→棘上韧带→棘间韧带。浅层主要布有第一胸神经后支的内侧皮支和伴行的动、静脉。深层有棘突间的椎外(后)静脉丛,第一胸神经后支的分支和第一肋间后动、静脉背侧支的分支或属支。
【刺灸法】 斜刺0.5~1.2寸;可灸。
【主治】 脊项强急,头痛;热病,痎疟瘈疭。颈肩部肌肉痉挛,疟疾,感冒,癔病,颈椎病。
【配伍】
1.配神堂、风池,有祛风散寒的作用,主治洒淅寒热,颈项强痛,头昏头痛。
2.配肺俞,有清热宣肺的作用,主治咳嗽喘疾。
【文献摘要】
1.《甲乙经》:督脉、足太阳之会。
2.《图翼》:一传此穴善退骨蒸之热。

14.大椎 DU14
【定位】 俯伏坐位。在后正中线上,第七颈椎棘突下凹陷中(图2-2-2)。
【局部层次解剖】 皮肤→皮下组织→棘上韧带→棘间韧带。浅层主要布有第八颈神经后支的内侧支和棘突间皮下静脉丛。深层有棘突间的椎外(后)静脉丛和第八颈神经后支的分支。
【刺灸法】 斜刺0.5~1寸;可灸。
【主治】 颈项强直,角弓反张,肩颈疼痛,肺胀胁满,咳嗽喘急;疟疾,风疹,癫狂,小儿惊风,黄疸。颈肩部肌肉痉挛,颈椎病,落枕,感冒,疟疾,小儿麻痹后遗症,小儿舞蹈病。
【配伍】
1.配腰俞,有通督行气,清热截疟的作用,主治疟疾。
2.配合谷、中冲,有解表泻热的作用,主治伤寒发热,头昏。
3.配长强,有通调督脉的作用,主治背脊强痛。
【文献摘要】
1.《甲乙经》:三阳、督脉之会。
2.《图翼》:又治颈瘿,灸百壮,及大椎两边相去各一寸半少垂下,各三十壮。

3.《千金方》：凡灸疟者，必先问其病之所先发者先灸之。从头项发者，于未发前预灸大椎尖头，渐灸过时止；从腰脊发者，灸肾俞百壮；从手臂发者，灸三间。

4.《普济》：灸以年为壮。

【研究进展】

1.感冒 取大椎穴，行散刺再拔罐。另可用隔姜灸大椎3～5壮，或艾条灸20分钟，每日2～3次。

2.荨麻疹 取大椎穴，行强刺激，留针5分钟。

3.痤疮 用三棱针点刺或梅花针叩刺数下，然后拔火罐，以出血为度。

4.哮喘 配肺俞，着肤瘢痕灸7～9壮，隔日1次，3次为1疗程，每年夏天灸1疗程。

5.灸小白鼠大椎穴，可使免疫功能低下的小白鼠提高其免疫功能。

6.灸小白鼠大椎穴，对实体瘤和腹水癌有明显的治疗作用，可延长小白鼠的存活期，使肿瘤细胞受到抑制。

15.哑门 DU15

【定位】 正坐位。在项部，当后发际正中直上0.5寸，第一颈椎下（图2-2-3）。

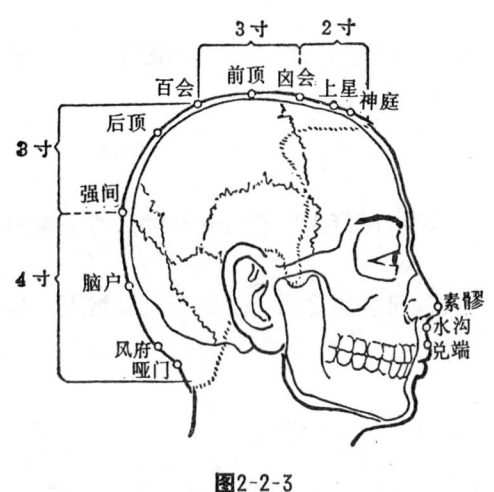

图2-2-3

【局部层次解剖】 皮肤→皮下组织→左、右斜方肌之间→颈韧带（左、右头夹肌之间→左、右头半棘肌之间）。浅层有第三枕神经和皮下静脉。深层有第二、第三颈神经后支的分支，椎外（后）静脉丛和枕动、静脉的分支或属支。

【刺灸法】 伏案正坐位，使头微前倾，项肌放松，向下颌方向缓慢刺入0.5～1寸；可灸。

【主治】 舌强不语，暴喑，颈项强急，脊强反折；瘰疬、癫疾。脑性瘫痪，舌骨肌麻痹，脑膜炎，脊髓炎。

【配伍】

1.配关冲，有通阳开窍的作用，主治舌强不语。

2.配风府、合谷，有醒脑开窍的作用，主治喑哑。

3.配通天、跗阳，有散寒去湿的作用，主治头重痛。

【文献摘要】

1.《甲乙经》：督脉、阳维之会。

2.《甲乙经》：不可灸，灸之令人喑。

3.《圣济》：脑后哑门穴，不可伤，伤即令人哑。宜针人中、天突二穴，可二分。

4.《大成》：仰头取之。

16.风府 DU16

【定位】 正坐位。在项部，当后发际正中直上1寸，枕外隆凸直下，两侧斜方肌之间凹陷中(图2-2-3)。

【局部层次解剖】 皮肤→皮下组织→左、右斜方肌腱之间→项韧带(左、右头半棘肌之间)→左、右头后大、小直肌之间。浅层布有枕大神经和第三枕神经的分支及枕动、静脉的分支或属支。深层有枕下神经的分支。

【刺灸法】 伏案正坐,使头微前倾,项肌放松,向下颌方向缓慢刺入0.5～1寸。针尖不可向上,以免刺入枕骨大孔,误伤延髓。可灸。

【主治】 舌急不语,咽喉肿痛。失音,头痛,眩晕,颈项强急,中风癫狂,瘈疭。神经性头痛,颈项部神经、肌肉疼痛,感冒,癔病。

【配伍】
1.配风市,有疏风通络的作用,主治寒伤肌肤经络。
2.配肺俞、太冲、丰隆,有理气解郁的作用,主治狂躁奔走,烦乱欲死。

【文献摘要】
1.《甲乙经》:督脉、阳维之会。
2.《聚英》:项后入发际1寸,大筋内宛宛中,疾言其肉立起,言休立下。
3.《资生》:风府者,伤寒所自起,壮人以毛裹之,南人怯弱者,亦以帛护其项。
4.《铜人》:禁不可灸,不幸使人失喑。
5.《扁鹊心书》:但此穴入针,人即昏倒,其法向右耳入三寸,则不伤大筋而无晕,乃千金妙法也。

17. 脑户　DU17

【定位】 俯伏坐位。在头部,后发际正中直上2.5寸,风府上1.5寸,枕外隆凸的上缘凹陷处(图2-2-3)。

【局部层次解剖】 皮肤→皮下组织→左、右枕额肌枕腹之间→腱膜下疏松组织。布有枕大神经的分支和枕动、静脉的分支或属支。

【刺灸法】 平刺0.5～1寸;可灸。

【主治】 头痛头重,面赤目黄,眩晕;瘿瘤。视神经炎。

【配伍】
1.配通天、脑空,有行气去湿的作用,主治头重痛。
2.配胆俞、意舍、阳纲,有疏肝泄胆,清热去湿的作用,主治目黄,胁痛,食欲不振。
3.配通天、消泺、天突,有行气散结的作用,主治瘿瘤。

【文献摘要】
1.《甲乙经》:督脉、足太阳之会。
2.《素问》:刺中脑户,入脑立死。
3.《聚英》:引铜人,禁灸,灸之令人哑。或灸七壮,妄灸令人喑。

18. 强间　DU18

【定位】 正坐位或俯伏坐位。在头部,当后发际正中直上4寸(脑户上1.5寸)(图2-2-3)。

【局部层次解剖】 皮肤→皮下组织→帽状腱膜→腱膜下疏松组织。布有枕大神经及左、右枕动、静脉的吻合网。

【刺灸法】 平刺0.5～0.8寸;可灸。

【主治】 头痛、目眩,颈项强直,烦心,失眠,癫狂。脑膜炎,神经性头痛,血管性头痛,癔病。

【配伍】
1. 配丰隆,有行气化痰的作用,主治头痛难禁。
2. 配阴郄,有行气活血,除烦的作用,主治心烦,心痛。

19. 后顶 DU19

【定位】 正坐位。在头部,当后发际正中直上5.5寸(脑户上3寸)(图2-2-3)。

【局部层次解剖】 皮肤→皮下组织→帽状腱膜→腱膜下疏松组织。布有枕大神经以及枕动、静脉和颞浅动、静脉的吻合网。

【刺灸法】 平刺0.5～1寸;可灸。

【主治】 头痛,项强,眩晕,偏头痛;癫狂,痫证,瘛疭。神经性头痛,颈项肌肉痉挛,精神分裂症,癔病。

【配伍】
1. 配外丘,有疏经通络的作用,主治颈项痛,恶风寒。
2. 配涌泉,有滋阴降火的作用,主治眩晕。

20. 百会 DU20

【定位】 正坐位。在头部,当前发际正中直上5寸,或两耳尖连线的中点处(图2-2-3)。

【局部层次解剖】 皮肤→皮下组织→帽状腱膜→腱膜下疏松组织。布有枕大神经,额神经的分支和左、右颞浅动、静脉及枕动、静脉吻合网。

【刺灸法】 平刺0.5～0.8寸;可灸。

【主治】 眩晕,健忘,头痛,头胀,脱肛,角弓反张,泄泻,阴挺,喘息;瘛疭,虚损,癫狂,痫证,癔病。高血压,神经性头痛,美尼尔综合症,老年性痴呆,内脏下垂,精神分裂症,脑供血不足,休克,中风后偏瘫、不语。

【配伍】
1. 配脑空、天柱,有疏散风邪的作用,主治头风,眼花。
2. 配胃俞、长强,有通调督脉,益气固脱的作用,主治脱肛,痔漏。
3. 配脾俞,有补脾健胃,温中止泻的作用,主治久泻滑脱下陷。
4. 配水沟,有醒神开窍的作用,主治喜哭不休。

【文献摘要】
1. 《甲乙经》:督脉、足太阳之会。
2. 《圣济》:凡灸头顶,不得过七壮,缘头顶皮薄,灸不宜多。
3. 《圣惠》:若频灸,恐拔气上,令人眼暗。
4. 《普济》:北人始生子,则灸此穴,盖防他日惊风也。
5. 《图翼》:若灸至百壮,停三五日后绕四畔,用三棱针出血,以井花水淋之,令气宣通,否则恐火气上壅,令人目暗。

【研究进展】

1. 子宫脱垂　隔附子片灸3～4壮,每日1次,10次为1疗程。

2. 小儿脱肛　配长强,先温和灸5分钟后,再行雀啄灸15分钟,每日1次,7次为1疗程即可。

3. 美尼尔综合征　取百会,行艾炷无瘢痕灸,以感到有热力从头皮渗入脑内为度。

4. 针刺百会穴,不论是补法组或泻法组,均能使多数患者明显增高的cGMP下降,并趋于正常。

5. 针刺发热家兔百会穴,有明显退热作用。如果封闭该穴,却无退热作用。

21. 前顶　DU21

【定位】　正坐位。在头部,当前发际正中直上3.5寸(百会前1.5寸)(图2-2-3)。

【局部层次解剖】　皮肤→皮下组织→帽状腱膜→腱膜下疏松组织。布有额神经左、右颞浅动、静脉和额动、静脉的吻合网。

【刺灸法】　平刺0.3～0.5寸;可灸。

【主治】　头晕,目眩,头顶痛,目赤,鼻炎,面赤肿;水肿,小儿惊风,高血压,鼻炎,中风后偏瘫。

【配伍】

1. 配后顶、颔厌,有通经活络的作用,主治眩晕,偏头痛。

2. 配攒竹、人中,有熄风镇静,清热宁神的作用,主治小儿急惊风。

3. 配百会,有清热泻火的作用,主治目暴赤肿,头痛、眩晕。

【文献摘要】《普济》:大肿极,即以三棱针刺之,绕四方1寸以下,其头肿痛立瘥。覆以盐末、生麻油揸发际下。

22. 囟会　DU22

【定位】　正坐位。在头部,当前发际正中直上2寸(百会前3寸)(图2-2-3)。

【局部层次解剖】　皮肤→皮下组织→帽状腱膜→腱膜下疏松组织。布有额神经及左、右颞浅动、静脉和额动、静脉的吻合网。

【刺灸法】　平刺0.3～0.5寸,小儿禁刺;可灸。

【主治】　头晕目眩,头皮肿,面赤肿痛,鼻渊,鼻衄,鼻痔,鼻痈;惊悸,嗜睡。高血压,神经官能症,鼻炎,鼻息肉,额窦炎,记忆力减退。

【配伍】

1. 配百会、前顶,有温阳散寒的作用,主治脑冷痛。

2. 配上星、风门,有宣肺清热,利鼻窍的作用,主治鼻渊,鼻塞。

3. 配通谷,有行气醒脑去湿的作用,主治脑泻,头痛,健忘等。

4. 配百会,有升阳通关,行气活血的作用,主治卒暴中风,嗜卧等。

【文献摘要】

1. 《图翼》:头风生白屑,多睡,针之称佳。针讫以末盐生麻油调和,揸发根下,即头风永除。

2.《聚英》：初灸不痛,病去即痛,痛止灸。八岁以下不得针,缘囟门未合,刺之恐伤其骨,令人夭。

3.《资生》：予少刻苦,年逾壮则脑冷,或饮酒过多则脑痛如破,后因灸囟会,非特脑不复冷,他日酒醉,脑亦不疼矣。

4.《圣济》：囟会一穴,只可针五分,过即令人头旋目暗,急针百会及风府二穴救之。

23. 上星　DU23

【定位】　仰靠坐位。在头部,当前发际正中直上1寸(图2-2-3)。

【局部层次解剖】　皮肤→皮下组织→帽状腱膜→腱膜下疏松组织。布有额神经的分支和额动、静脉的分支或属支。

【刺灸法】　平刺0.5～0.8寸;可灸。

【主治】　眩晕,头痛,目赤肿痛,面赤肿,迎风流泪,鼻渊,鼻痈,鼻衄,鼻痔;热病汗不出,疟疾。额窦炎,鼻窦炎,鼻息肉,角膜白斑,前额神经痛,神经衰弱。

【配伍】

1.配百会、囟会、承光,有清热利窍的作用,主治鼻塞不闻香臭,头痛。

2.配合谷、足三里,有疏风清热,健脾化痰的作用,主治鼻渊,眩晕。

3.配肝俞,有散风清热,疏肝明目的作用,主治目泪出,多眵䁾。

【文献摘要】

1.《铜人》：可灸七壮,不宜多灸,若频灸,即拔气上,令人目不明。

2.《聚英》：以细三棱针宣泄诸阳热气,无令上冲头目。

3.《图翼》：又十三鬼穴,此名鬼堂,主百邪癫狂,当在第十次下针。

4.《普济》：灸亦得,然不及针。日灸三壮至百五壮罢,须停十余日,然后更灸。故不用相续加灸满五十壮,即以细三棱针刺头上,以宣热气,忌酒面荞麦。

24. 神庭　DU24

【定位】　仰靠坐位。在头部,当前发际正中直上0.5寸(图2-2-3)。

【局部层次解剖】　皮肤→皮下组织→左、右枕额肌额腹之间→腱膜下疏松组织。布有额神经的滑车上神经和额动、静脉的分支或属支。

【刺灸法】　平刺0.3～0.5寸;可灸。

【主治】　头晕目眩,鼻渊,鼻衄,流泪,目赤肿痛,目翳,雀目,吐舌;角弓反张,癫狂,痫证,惊悸,失眠,泪囊炎,结膜炎,鼻炎,神经官能症,记忆力减退,精神分裂症。

【配伍】

1.配上星、肝俞、肾俞、百会,有补益肝肾,滋阴明目的作用,主治雀目,目翳。

2.配攒竹、迎香、风门、合谷、至阴、通谷,有宣肺利窍,疏风清热的作用,主治鼻衄清涕出。

3.配兑端、承浆,有醒脑开窍,调阴和阳的作用,主治癫疾呕沫。

【文献摘要】

1.《甲乙经》：督脉、足太阳、阳明之会。

2.《普济》：岐伯曰：凡欲疗风,勿令灸多,缘风性轻,多则伤,宜灸七壮至二七壮;禁针,针即发狂。

3.《图翼》：灸三壮，禁刺，刺之令人癫狂目失明。

25. 素髎 DU25

【定位】 仰靠坐位。在面部，当鼻尖的正中央（图2-2-3）。

【局部层次解剖】 皮肤→皮下组织→鼻中膈软骨和鼻外侧软骨。布有筛前神经鼻外支及面动、静脉的鼻背支。

【刺灸法】 向上斜刺0.3～0.5寸，或点刺出血；不灸。

【主治】 鼻痔，鼻流清涕，鼻渊，鼻塞，鼻衄，酒糟鼻；惊厥，昏迷。新生儿窒息，鼻息肉，鼻炎，虚脱。

【配伍】
1. 配上星、迎香，有行气活血，清热凉血的作用，主治鼻衄。
2. 配内关、足三里，有醒神清脑，强心升压的作用，主治休克。

【文献摘要】
1.《图翼》：一日治酒齄风，用三棱针出血。
2.《经验良方》：风火眼初起，在鼻尖上爆一灯火，屡经试验神效。

【研究进展】
1. 麦粒肿 取素髎穴，用苎麻绳点灸一下，每日1次。
2. 减轻或消除纤维胃镜检查引起的不良反应。

26. 水沟 DU26

【定位】 仰靠坐位。在面部，当人中沟的上1/3与中1/3交点处（图2-2-3）。

【局部层次解剖】 皮肤→皮下组织→口轮匝肌。布有眶下神经的分支和上唇动、静脉。

【刺灸法】 向上斜刺0.3～0.5寸（或用指甲按切），不灸。

【主治】 中风，牙关紧闭，口㖞，唇肿，齿痛，鼻塞，鼻衄，闪挫腰痛，脊膂强痛；昏迷，晕厥，抽搐，消渴，黄疸，遍身水肿，癫痫。虚脱，休克，面神经麻痹，口眼肌肉痉挛，癔病，精神分裂症，晕车，晕船。

【配伍】
1. 配合谷、内庭、中极、气海，有解暑清热，醒神开窍的作用，主治中暑不醒人事。
2. 配中冲，合谷，有醒神开窍的作用，主治中风不醒人事。
3. 配委中，有活血祛瘀，行气通经的作用，主治闪挫腰痛。

【文献摘要】
1.《甲乙经》：督脉、手、足阳明之会。
2.《铜人》：风水面肿，针此一穴，出水尽即顿愈。
3.《图翼》：千金云：此穴为鬼市，治百邪癫狂，此当在第一次下针。凡人中恶，先掐鼻下是也。鬼击卒死者，须即灸之。

【研究进展】
1. 癔病性抽搐 配内关、阳陵泉、三阴交、太冲，用泻法，每日1次，10次为1疗程。

2.癔病性木僵　配合谷,用0.5寸毫针刺激,刺激强度随症状缓解而逐渐减弱。

3.呃逆　取水沟穴,从下向上斜刺,2分钟运针1次,留针10分钟。

4.小儿高热惊厥　配合谷,得气后用较大幅度提插捻转,用泻法。

5.针刺水沟穴,能提高失血性休克的家兔血氧水平。

6.针刺水沟穴,能提高休克家兔心肌糖原活跃、心肌的物质代谢,增强心肌的能量供应。

7.针刺水沟穴,能快速调节休克家兔的三磷酸激酶,使其活力大大增加,使三磷酸腺苷分解加强,心肌收缩得到能量的供给,有利于阻断休克的发生与发展。

27.兑端　DU27

【定位】　仰靠坐位。在面部,当上唇的尖端,人中沟下端的皮肤与唇的移行部（图2-2-3）。

【局部层次解剖】　皮肤→皮下组织→口轮匝肌。布有眶下神经的分支和上唇动、静脉。

【刺灸法】　斜刺0.2～0.3寸;不灸。

【主治】　口㖞唇紧,齿龈痛,口臭,鼻塞;癫疾,消渴,昏厥。面神经麻痹,癔病,糖尿病。

【配伍】

1.配目窗、正营、耳门,有行气通经的作用,主治唇吻强闭不开。

2.配本神,有开窍醒神的作用,主治癫疾呕沫。

3.配耳门,有行气通经清热的作用,主治上齿龋。

【文献摘要】　《甲乙经》:手阳明脉气所发,刺入三分,留六呼,灸三壮。

28.龈交　DU28

【定位】　仰靠坐位。在上唇内,唇系带与上齿龈的相接处（图2-2-4）。

【局部层次解剖】　上唇系带与牙龈之移行处→口轮匝肌深面与上颌骨牙槽弓之间。布有上颌神经的上唇支以及眶下神经与面神经分支交叉形成的眶下丛和上唇动、静脉。

【刺灸法】　向上斜刺0.2～0.3寸;不灸。

【主治】　牙龈肿痛,口㖞,口臭,牙关不开,齿衄,鼻痔,目泪,多眵赤痛,颊肿,面部疱癣;腰扭伤,颈项强,头额痛;心烦痛。齿龈炎,鼻息肉,面神经麻痹,角膜白斑,小儿面部湿疹,癔病,心绞痛。

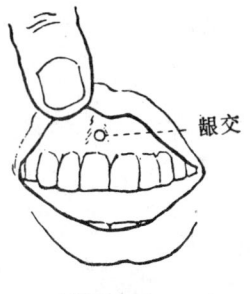

图2-2-4

【配伍】

1.配上关、大迎、翳风,有行气通经的作用,主治口噤不开。

2.配风府,有疏风通经的作用,主治颈项强急。

3.配承浆,有养阴清热的作用,主治口臭难近。

【文献摘要】

1.《聚英》:任、督、足阳明之会。

2.《大成》:小儿面疱癣,久不除,点烙亦佳。

3.《图翼》:刺三分,逆刺之,灸三壮。

【研究进展】　痔疮　将龈交穴上或附近唇系带上的小滤泡及小白点,剪掉或切除。

督脉经穴分寸歌

尾闾骨端是长强，二十一椎腰俞当，十六阳关十四命，十三悬枢脊中央，
十一椎下寻脊中，十椎中枢穴下藏，九椎之下筋缩取，七椎之下乃至阳，
六灵五神三身柱，陶道一椎之下乡，一椎之上大椎穴，上至发际哑门行，
风府一寸宛中取，脑户二五枕上方，发上四寸强间位，五寸五分后顶强，
七寸百会顶中取，耳尖之上发中央，前顶前行八寸半，前行一尺囟会量，
一尺一寸上星会，入发五分神庭当，鼻端准头素髎穴，水沟鼻下人中藏，
兑端唇尖端上取，龈交齿上龈缝里。

第三章 手三阴经穴

第一节 手太阴肺经穴
Points of Lung Meridian of Hand-Taiyin, LU.

经脉循行 从胃部开始,向下联络大肠,上行沿着胃口,穿过膈肌,入属肺脏,从肺系横向侧胸上部浅出体表,走向腋部,沿上肢内侧前边,到手掌大鱼际缘,沿拇指桡侧到指端。手腕后方的一条支脉,从腕后桡骨茎突上方分出,沿掌背侧,走向食指桡侧端。

联系脏腑器官 肺、胃、大肠、肺系、喉咙。

本经腧穴,起于中府,止于少商,左右各11个穴位(图3-1-1)。

主治概要 本经腧穴主治头面、五官、咽喉病、热病及经脉循行部位的其他病证。

1. 中府 LU1 肺募穴

【定位】 正坐或仰卧。在胸前壁的外上方,云门下1寸,平第1肋间隙,距前正中线6寸(图3-1-2)。

【局部层次解剖】 皮肤→皮下组织→胸大肌→胸小肌→胸腔。浅层布有锁骨上中间神经,第一肋间神经外侧皮支,头静脉等。深层有胸肩峰动、静脉和胸内、外侧神经。

【刺灸法】 向外斜刺0.5～0.8寸;可灸。

【主治】 咳嗽,气喘,胸痛,胸中烦满;肩背痛,咽喉痛,腹痛;呕吐,浮肿。支气管炎,支气管哮喘,肺炎。

【配伍】
1. 配肺俞,为俞募配穴法,有疏风解表,宣肺止咳的作用,主治外感咳嗽。
2. 配复溜,有生津润燥的作用,主治肺燥热咳嗽。
3. 配意舍,有降气宽胸的作用,主治胸满。

【文献摘要】
1.《甲乙经》:手足太阴之会。
2.《千金方》:中府、阳交,主喉痹,胃满塞,寒热。
3.《千金翼》:身体烦热针中府,又灸绝骨五十壮。

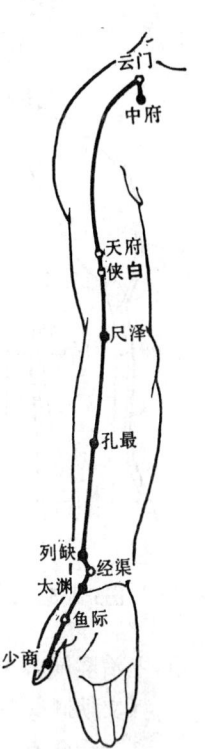

图3-1-1 肺经穴总图

2. 云门 LU2

【定位】 正坐或仰卧,在胸壁前外上方,肩胛骨喙突上方,锁骨下窝凹陷处,距前正中线6寸(图3-1-2)。

【局部层次解剖】 皮肤→皮下组织→三角肌→锁胸筋膜→喙锁韧带。浅层有头静脉、锁骨上中间神经。深层有胸肩峰动、静脉支,胸内、外侧神经的分支。

【刺灸法】 向外斜刺0.5～0.8寸;可灸。

【主治】 咳嗽,气喘,胸痛,胸中烦热,肩背痛,喉痹,瘿气。支气管炎,支气管哮喘,肋间神经痛,肩关节及其周围软组织疾患。

【配伍】

1．配肺俞,有清宣肺气的作用,主治咳嗽,气喘。

2．配中府、隐白、期门、肺俞,有通经活络,舒肝理气的作用,主治胸痛,胁痛。

【文献摘要】

1．《甲乙经》:暴心腹痛,疝横发上冲心,云门主之。

2．《铜人》:刺深使人气逆,故不宜深刺。

3．《千金方》:瘿上气胸满,灸云门五十壮。

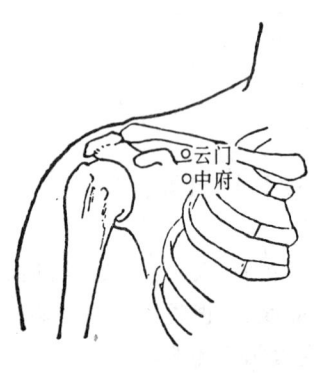

图3-1-2

3.天府 LU3

【定位】 正坐,上臂自然下垂。在臂内侧面,肱二头肌桡侧缘,腋前纹头下3寸处(图3-1-3)。

【局部层次解剖】 皮肤→皮下组织→肱肌。浅层有头静脉,臂外侧皮神经。深层布有肱动、静脉的肌支和肌皮神经的分支。

【刺灸法】 直刺0.3～0.5寸;可灸。

【主治】 上臂内侧痛;气喘,吐血,鼻衄,瘿气。支气管炎,支气管哮喘,鼻出血,急、慢性鼻炎。

【配伍】

1．配肩髃、曲泽,有通经活络的作用,主治上臂疼痛。

2．配合谷,有清热凉血的作用,主治鼻衄。

3．配臑会、气舍、间使、太冲、太溪,有行气活血,解郁散结的作用,主治瘿气。

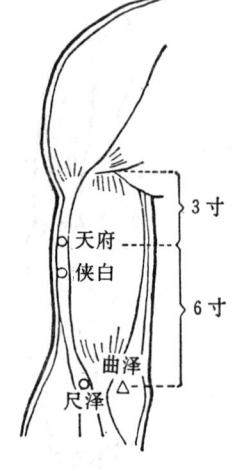

图3-1-3

【文献摘要】

1．《千金方》:瘿恶气,灸天府五十壮。

2．《千金翼》:身重嗜眠不自觉,灸天府五十壮,针入三分补之。

3．《铜人》:治逆气喘不得息,目眩远视䀮䀮,卒中恶,鬼疰,不得安卧。

4.侠白 LU4

【定位】 正坐上臂自然下垂。在臂内侧面,肱二头肌桡侧缘,腋前纹头下4寸,或肘横纹上5寸处(图3-1-3)。

【局部层次解剖】 皮肤→皮下组织→肱肌。浅层有头静脉,臂外侧皮神经分布。深层布有肱动、静脉的肌支和肌皮神经的分支。

【刺灸法】 直刺0.5～0.8寸；可灸。
【主治】 上臂内侧痛；咳嗽，气短，烦满，干呕；心痛。支气管哮喘，支气管炎，鼻出血，心悸。
【配伍】 配郄门、间使、大陵、内关、天宗，有通经活络止痛的作用，主治正中神经痛。
【文献摘要】
1.《甲乙经》：心痛，咳，干呕，烦满，侠白主之。
2.《铜人》：治心痛，干呕，烦满。

5.尺泽 LU5 合穴
【定位】 仰掌，微屈肘。在肘横纹中，肱二头肌腱桡侧凹陷处（图3-1-3）。
【局部层次解剖】 皮肤→皮下组织→肱桡肌→桡神经→肱肌。浅层有头静脉，前臂外侧皮神经等。深层有桡神经，桡侧副动、静脉前支，桡侧返动、静脉等。
【刺灸法】 直刺0.5～0.8寸；或点刺出血；可灸。
【主治】 肘臂挛痛；咳嗽，气喘，咯血，咽喉肿痛，胸部胀满，吐泻；潮热，舌干，小儿惊风，乳痈，绞肠痧。肺结核，肺炎，支气管炎，支气管哮喘，胸膜炎，急性胃肠炎，丹毒，肘关节及周围软组织疾患等。
【配伍】
1.配合谷，有行气活络，祛瘀止痛的作用，主治肘臂挛痛，肘关节屈伸不利。
2.配肺俞，有降气止咳平喘的作用，主治咳嗽，气喘。
3.配委中，有清热化湿的作用，主治吐泻。
【文献摘要】
1.《千金方》：主呕泻上下出，两胁下痛。
2.《铜人》：治风痹肘挛，手臂不得举，喉痹上气，舌干，咳嗽唾浊，四肢暴肿，臂寒短气。
3.《灵光赋》：吐血定喘补尺泽。

6.孔最 LU6 郄穴
【定位】 微屈肘，掌心相对；或伸前臂仰掌。在前臂掌面桡侧，当尺泽与太渊连线上，腕横纹上7寸（图3-1-4）。
【局部次层解剖】 皮肤→皮下组织→肱桡肌→桡侧腕屈肌→指浅层肌与旋前圆肌之间→拇长屈肌。浅层内布有头静脉和前臂外侧皮神经的分支。深层有桡动、静脉，桡神经浅支等。
【刺灸法】 直刺0.5～0.8寸；可灸。
【主治】 肘臂挛痛；咳嗽，气喘，咯血，咽喉肿痛，失音，痔疮；热病无汗，头痛。肘臂疼痛，麻木，支气管炎，支气管哮喘，肺结核，肺炎，扁桃体炎，肋间神经痛等。
【配伍】
1.配肺俞、风门，有宣肺止咳定喘的作用，主治咳嗽，气喘。

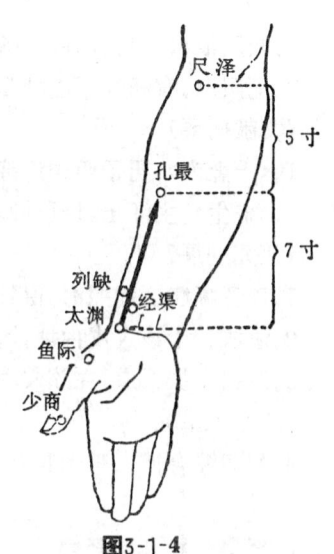

图3-1-4

2.配合谷、大椎,有疏风解表,泻热止痛的作用,主治热病无汗,头痛。
3.配少商,有清热利咽,止痛的作用,主治咽喉肿痛。

【文献摘要】
1.《甲乙经》:厥头痛。
2.《千金方》:孔最,主臂厥热痛汗不出,皆灸刺之,此穴可以出汗。

【研究进展】
1.咯血 据报道,将鱼腥草注射液于孔最穴注射,每穴2ml,每日1次,治疗支气管炎及肺癌所致的咯血,效果较好。一般咯血停止后,继续治疗7～10天,以巩固疗效。另有将垂体后叶素2～5u于孔最穴注射,每日1次,治疗咯血(支气管扩张、肺结核、肺脓肿),有较好效果。
2.哮喘 电针孔最、鱼际穴,治疗哮喘发作期患者,电流强度以患者能耐受为度。留针30～60分钟,取得较好效果。针刺孔最对过敏性哮喘有较好的平喘作用,获效时间约半分钟至15分钟。

7.列缺 LU7 络穴 八脉交会穴 通任脉

【定位】 微屈肘,侧腕掌心相对。在前臂桡侧缘,桡骨茎突上方,腕横纹上1.5寸。当肱桡肌与拇长展肌腱之间(图3-1-5)。

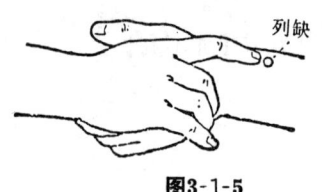

图3-1-5

【局部层次解剖】 皮肤→皮下组织→拇长展肌腱→肱桡肌腱→旋前方肌。浅层布有头静脉前臂外侧皮神经和桡神经浅支。深层有桡动、静脉的分支。

【刺灸法】 向肘部斜刺0.2～0.3寸;可灸。

【主治】 掌中热,上肢不遂;咳嗽,气喘,咽喉痛,口眼歪斜,偏正头痛,项强,牙痛;惊痫,溺血,小便热,阴茎痛。桡神经麻痹,腕关节及其周围软组织疾患,感冒,神经性头痛,面神经麻痹,落枕,荨麻疹,无脉症。

【配伍】
1.配风池、风门、合谷,有疏风解表止咳的作用,主治感冒,咳嗽,头痛,项强。
2.配照海,有降气平喘利咽的作用,主治咳喘,咽喉疼痛。

【文献摘要】
1.《千金方》:男子阴中疼痛溺血,精出,灸列缺五十壮。
2.《资生》:主汗出,四肢肿。

【研究进展】
1.声音嘶哑 配照海,留针30分钟,每隔2～3分钟行针1次,取得较好效果。
2.遗尿 于该穴皮内埋针,左右两侧交替进行。每周2次。
3.遗精 据报道,在该穴埋28号1寸毫针,每次留针12～18小时,每周3次,左右交替进行,有较好效果。
4.颈肩综合征 激光照射列缺、肩髃及压痛点,一般10次后可获较好的镇痛效果。

8.经渠 LU8 经穴

【定位】 伸臂仰掌。在前臂掌面桡侧,桡骨茎突与桡动脉之间凹陷处,腕横纹上1寸(图

3-1-4)。

【局部层次解剖】 皮肤→皮下组织→肱桡肌腱尺侧缘→旋前方肌。浅层布有前臂外侧皮神经和桡神经浅支。深层有桡动、静脉。

【刺灸法】 直刺0.2~0.3寸,可灸。

【主治】 掌中热,咳嗽,气喘,喉痹。胸部胀满,胸背痛。支气管炎,扁桃体炎,食道痉挛,无脉症。

【配伍】

1.配丘墟,有肃降肺气,宽胸利气的作用,主治咳嗽胸满,胸背急。

2.配丘墟、鱼际、昆仑、京骨,有通经活络止痛的作用,主治背痛。

【文献摘要】

1.《甲乙经》:不可灸,灸之伤人神明。

2.《资生》:治足心痛。

9. 太渊　LU9　输穴、原穴、脉会穴

【定位】 伸臂仰掌。在腕掌侧横纹桡侧,桡动脉搏动处(图3-1-4)。

【局部层次解剖】 皮肤→皮下组织→桡侧腕屈肌腱与拇长展肌腱之间。浅层有前臂外侧皮神经,桡神经浅支和桡动脉掌浅支等分布。深层有桡动、静脉等。

【刺灸法】 直刺0.2~0.3寸;可灸。

【主治】 掌中热,手腕无力疼痛;咳嗽,气喘,咳血,烦满,胸背痛,缺盆中痛,喉痹,呕血,噫气,呕吐;妒乳。感冒咳嗽,支气管炎,百日咳,肺结核,心绞痛,肋间神经痛,无脉症,腕关节疼痛及周围软组织疾患。

【配伍】

1.配列缺、孔最,有疏风解表,宣肺止咳的作用,主治咳嗽,气喘,胸背痛。

2.配内关、冲阳、三阴交,有益心通阳,祛瘀通脉的作用,主治无脉症。

【文献摘要】

1.《千金方》:唾血振寒嗌干,太渊主之。

2.《玉龙赋》:咳嗽风痰,太渊、列缺宜刺。

3.《金鉴》:主治牙齿疼痛,手腕无力疼痛及咳嗽风痰,偏正头疼等证。

10. 鱼际　LU10　荥穴

【定位】 侧腕掌心相对,自然半握拳。在手拇指本节(第一掌指关节)后凹陷处,约当第一掌骨中点桡侧,赤白肉际处(图3-1-4)。

【局部层次解剖】 皮肤→皮下组织→拇短展肌→拇对掌肌→拇短屈肌。浅层有正中神经掌皮支及桡神经浅支等分布。深层有正中神经肌支和尺神经肌支。

【刺灸法】 直刺0.5~0.8寸;可灸。

【主治】 掌心热;咳嗽,咳血,失音,喉痹,咽干,肘挛;身热,乳痈。支气管炎,肺炎,扁桃体炎,咽炎,鼻炎,心悸,小儿单纯性消化不良。

【配伍】

1.配合谷,有宣肺清热,利咽止痛的作用,主治咳嗽,咽喉肿痛,失音。

2.配孔最、中府,有温肺散寒,化痰平喘的作用,主治哮喘。
【文献摘要】
1.《灵枢》:肺心痛也,取之鱼际、太渊。
2.《甲乙经》:凡唾血,泻鱼际,补尺泽。
3.《金鉴》:惟牙痛可灸。
【研究进展】
1.哮喘　配天突、大椎、肺俞等穴治疗哮喘发作期的患者,有较好的效果。另有单针鱼际穴对哮喘而伴有口干舌燥者有良好治疗作用。
2.作用机理研究　据报道选哮喘发作期患者,配气海、关元、足三里、大椎,毫针强刺激,留针30分钟,每天1次,连续2周。测定哮喘患者针刺前后及针后2周血浆cAMP、cGMP和皮质醇含量发现,哮喘发作期患者血浆cAMP、cAMP/cGMP比值和血浆皮质醇含量较正常人低。针后即刻及针后2周,哮鸣音消减和症状改善,大部分患者血浆cAMP、cAMP/cGMP比值和血浆皮质醇含量均明显升高。说明针刺鱼际能调整环核苷酸与皮质醇的不平衡状态。又以同样的方法和穴位,治疗发作期支气管哮喘,测定治疗前后皮质醇。针前大多患者血浆皮质醇含量较正常人低,针后及针后两周皮质醇含量均较针前显著升高。
3.鱼际穴特异性研究　当诱发豚鼠哮喘后,肺脏cAMP含量和cAMP/cGMP比值较对照组显著降低,针刺鱼际穴后,肺脏cAMP含量及cAMP/cGMP比值都比非穴点和对照组显著升高。当用普鲁卡因局部封闭鱼际部位后再针刺,则肺脏cAMP和cAMP/cGMP比值明显下降。

11.少商　LU11　井穴

【定位】　伸拇指。在拇指末节桡侧,距指甲角0.1寸(指寸)(图3-1-4)。
【局部层次解剖】　皮肤→皮下组织→指甲根。有正中神经的指掌侧固有神经之指背支和拇主要动、静脉与第一掌背动、静脉分支所形成的动、静脉网。
【刺灸法】　向腕平刺0.2～0.3寸,或三棱针点刺出血;可灸。
【主治】　指腕挛急;咳嗽,气喘,喉痹,鼻衄;中暑呕吐,心下满,中风昏迷,癫狂,小儿惊风,热病。肺炎,扁桃体炎,腮腺炎,感冒,精神分裂症,中风昏迷等。
【配伍】
1.配中冲、关冲,有醒脑开窍,泄热启闭的作用,主治中风昏迷。
2.配合谷,有清热利咽的作用,主治咽喉肿痛。
3.配大敦,有镇心涤痰,泻肝清热的作用,主治狂证。
【文献摘要】
1.《千金方》:主耳前痛。
2.《铜人》:忽腮颔肿大如升,喉中闭塞。
3.《图翼》:泄诸脏之热,项肿,雀目不明,中风。
【研究进展】
1.高热　三棱针点刺或毫针刺治疗重症肺炎所致的高热、惊厥、呼吸急促患者,有较快的退热作用。亦有用三棱针点刺少商、少泽双侧治疗痄腮279例,针1～2次,多数患者热退痛减。

2. 上肢麻木　三棱针点刺治疗中风后遗症之上肢或指端麻木50例,每日1次。

3. 呃逆　针刺或三棱针点刺,治疗腹部手术后呃逆30例,效果良好。

手太阴肺经经穴分寸歌

　　乳上三肋间中府,上行云门一寸许,　云在璇玑旁六寸,天府腋三动脉求,
　　侠白肘上五寸主,尺泽肘中约纹是,　孔最腕后七寸拟,列缺腕上一寸半,
　　经渠寸口陷中取,太渊掌后横纹头,　鱼际节后散脉里,少商大指内侧端,
　　鼻衄喉痹刺可已。

第二节　手少阴心经穴

Points of Heart Meridian of Hand-Shaoyin, HT.

经脉循行　开始于心中,出属心系,向下穿过膈肌,联络小肠。

其支脉,从心系向上,沿咽喉至目系。

其直行主干,从心系上行于肺,再向下浅出腋下,沿上肢内侧后缘,进入掌内小指桡侧末端。

联系脏腑器官　心、心系、小肠、肺、目系、喉咙。

本经腧穴,起于极泉,止于少冲,左右各9个穴位(图3-2-1)。

主治概要　本经腧穴主治心、胸、神志病以及经脉循行部位的其他病证。

1. 极泉　HT1

【定位】　正坐或仰卧位,上臂外展,在腋窝顶点,腋动脉搏动处(图3-2-2)。

【局部层次解剖】　皮肤→皮下组织→臂丛,腋动脉、腋静脉→背阔肌腱→大圆肌。浅层有肋间臂神经分布。深层有桡神经,尺神经,正中神经,前臂内侧皮神经,臂内侧皮神经,腋动、静脉。

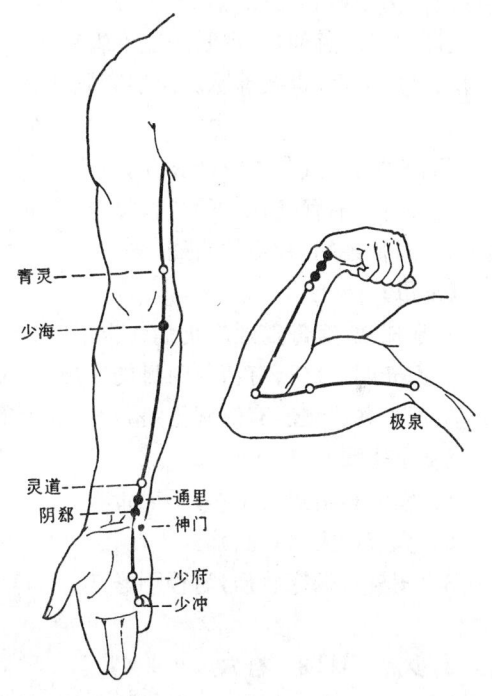

图3-2-1　心经穴总图

【刺灸法】　避开动脉,直刺0.2～0.3寸;可灸。

【主治】　胁肋疼痛,肘臂冷痛,四肢不举;胸闷,气短,心痛,心悸;心悲不乐,目黄,瘰疬。肋间神经痛,颈淋巴结核。

【配伍】

1. 配太渊、天突,有滋阴清肺利咽的作用,主治咽干,咽喉肿痛。
2. 配神门、内关、心俞,有宁心安神的作用,主治心痛,心悸,冠心病。

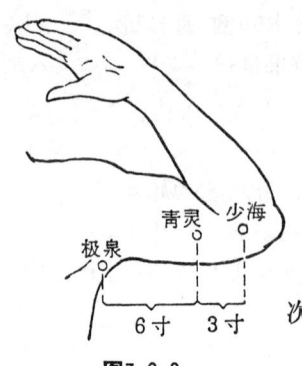

图3-2-2

3.配侠白,有通经活络的作用,主治肘臂冷痛。

【文献摘要】

1.《铜人》:治心痛干呕,四肢不收。

2.《大成》:主目黄,胁下满痛,悲愁不乐。

3.《循经》:肩膊不举,马刀挟瘿。

【研究进展】

1.落枕 用按压弹拨极泉穴,使患者右手指有触电感,每次按压5分钟。

2.腋臭 快速针刺患侧极泉和阿是穴(极泉穴上下各1.5寸),用泻法,留针30分钟。

2.青灵 HT2

【定位】 正坐或仰卧位,举臂,在臂内侧,当极泉与少海的连线上,肘横纹上3寸,肱二头肌的内侧沟中(图3-2-2)。

【局部层次解剖】 皮肤→皮下组织→臂内侧肌间隔与肱肌。浅层布有臂内侧皮神经,前臂内侧皮神经,贵要静脉。深层有肱动、静脉,正中神经,尺神经,尺侧上副动、静脉和肱三头肌。

【刺灸法】 直刺0.3～0.5寸;可灸。

【主治】 肩臂痛;腋下肿痛,胁痛,头痛;目黄,振寒。肩关节周围炎,肘关节炎,腋淋巴结炎,肋间神经痛,神经性头痛。

【配伍】

1.配曲池,有舒筋通络止痛的作用,主治肩臂疼痛,肩关节周围炎。

2.配光明、合谷,有清肝明目的作用,主治头痛,目疾。

3.配天井、丰隆,有健脾化痰,行瘀散结的作用,主治腋淋巴结炎。

【文献摘要】

1.《铜人》:治肩臂不举,不能带衣。

2.《大成》:主目黄头痛。

3.《图翼》:振寒胁痛,肩臂不举。

3.少海 HT3 合穴

【定位】 正坐,屈肘,在肘横纹内侧端与肱骨内上髁连线的中点处(图3-2-2)。

【局部层次解剖】 皮肤→皮下组织→旋前圆肌→肱肌。浅层有前臂内侧皮神经,贵要静脉等分布。深层有正中神经,尺侧返动、静脉和尺侧下副动、静脉的吻合支。

【刺灸法】 直刺或斜刺0.5～1寸;可灸。

【主治】 肘臂挛痛,麻木;头痛目眩,心痛,暴喑,腋胁痛,癫狂,善笑,痫证。瘰疬,精神分裂症,急性舌骨肌麻痹或萎缩,尺神经麻痹,肋间神经痛。

【配伍】

1.配合谷、内庭,有清泻阳明热邪的作用,主治牙痛,牙龈肿痛。

2.配后溪,有舒筋通络活血的作用,主治手颤,肘臂疼痛。

3.配天井,有活血散瘀的作用,主治瘰疬。

【文献摘要】

1.《甲乙经》:风眩头痛、少海主之。

2.《铜人》:治寒热齿龋痛,目眩发狂。

3.《大成》:主肘挛腋胁下痛,四肢不得举。

【研究进展】

1.结肠炎　配外陵等,对痉挛性结肠炎有较好的缓解结肠痉挛的作用。

2.调整心率　实验表明,针刺少海、神门穴,可使注射肾上腺素造成动物心率减慢者,有迅速恢复心率的作用。

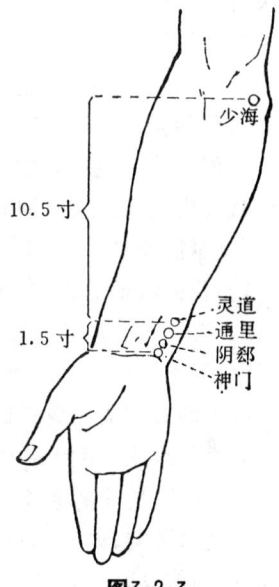

图3-2-3

4. 灵道　HT4　经穴

【定位】　正坐,仰掌,在前臂掌侧,当尺侧腕屈肌腱的桡侧缘,腕横纹上1.5寸(图3-2-3)。

【局部层次解剖】　皮肤→皮下组织→尺侧腕屈肌与指浅屈肌之间→指深屈肌→旋前方肌。浅层布有前臂内侧皮神经,贵要静脉属支。深层有尺动、静脉和尺神经。

【刺灸法】　直刺0.3～0.5寸;可灸。

【主治】　肘臂挛急,手麻不仁;心悸怔忡,心痛,头昏目眩;悲恐善笑,暴喑,舌强,不语。腕关节炎,尺神经麻痹,急性舌骨肌麻痹或萎缩,癔病,精神分裂症。

【配伍】

1.配外关,有舒筋通络活血的作用,主治臂痛,指麻,关节炎。

2.配廉泉,有利舌启闭的作用,主治舌强,暴喑,癔病。

3.配郄门,有安神宁心,镇静止痛的作用,主治心悸,怔忡,心痛。

【文献摘要】

1.《铜人》:治心痛悲恐。

2.《资生》:暴喑口噤,灵道、天突、天窗。

3.《大成》:主干呕,肘挛。

【研究进展】　冠心病心绞痛　据报道用拇指指腹按摩灵道穴区压痛明显处,可以缓解疼痛。

5. 通里　HT5　络穴

【定位】　正坐,仰掌,在前臂掌侧,当尺侧腕屈肌腱的桡侧缘,腕横纹上1寸(图3-2-3)。

【局部层次解剖】　皮肤→皮下组织→尺侧腕屈肌与指浅屈肌之间→指深屈肌→旋前方肌。浅层有前臂内侧皮神经,贵要静脉属支等分布。深层有尺动、静脉和尺神经分布。

【刺灸法】　直刺0.3～0.5寸;可灸。

【主治】　腕痛指挛;肩臑肘臂内后侧痛,头痛目眩,心悸怔忡,悲恐畏人,暴喑,舌强不语,经血过多,崩漏。扁桃体炎,心绞痛,心动过缓,神经衰弱,癔病性失语,精神分裂症,子宫内膜炎等。
【配伍】
1.配太阳、风池,有清利头目的作用,主治头痛目眩,眼花。
2.配腕骨,为原络配穴法,有安神定志的作用,主治狂证,精神分裂症。
3.配内关、心俞,有宁神志调心气的作用,主治心悸,怔忡,悲恐畏人。
4.配廉泉、涌泉,有清心启闭开窍的作用,主治舌强,癔病性失音。
【文献摘要】
1.《铜人》:治悲恐,目眩,头痛。
2.《金鉴》:主心烦极甚,怔忡不宁。
【研究进展】
1.下颌关节炎　取双侧通里穴,进针得气后,边捻转针,边让患者作张口动作数次。
2.小儿遗尿　配大钟穴,出针后艾条灸3~5分钟。
3.对心脏功能的影响　据报道针刺正常人通里穴,对绝大多数受试者,心电图波型,有不同程度的影响,如无P波者出现P波,原有P波者P波升高或降低,QRS综合波有双向性改变,而以胸前导联为明显。也有报道针刺通里多引起心率加速。
4.对脑电图的影响　针刺通里穴,可使部分癫痫大发作患者脑电图趋于规则化。

6.阴郄　HT6　郄穴

【定位】　正坐,仰掌,在前臂掌侧,当尺侧腕屈肌腱的桡侧缘,腕横纹上0.5寸(图3-2-3)。

【局部层次解剖】　皮肤→皮下组织→尺侧腕屈肌腱桡侧缘→尺神经。浅层有前臂内侧皮神经,贵要静脉属支等分布。深层有尺动、静脉。

【刺灸法】　直刺0.3~0.5寸;可灸。

【主治】　腕痛;心痛,心悸,惊恐;骨蒸盗汗,吐血,衄血,失语。神经衰弱,鼻出血,胃出血,急性舌肌麻痹,子宫内膜炎。

【配伍】
1.配心俞、神道,有通阳行气,宁心定悸的作用,主治心痛,心悸,神经衰弱。
2.配尺泽、鱼际,有清热凉血止血的作用,主治衄血,吐血。
3.配后溪、三阴交,有清虚热,敛阴液的作用,主治阴虚盗汗,骨蒸劳热。

【文献摘要】
1.《甲乙经》:惊,心痛,手阴郄主之。
2.《铜人》:治失喑不能言。
3.《大成》:主鼻衄,吐血。

【研究进展】
1.肺结核盗汗　针刺用补法,有痠麻感到达掌侧和指根便出针,出针后艾炷灸3~5壮。
2.针刺阴郄穴,可使部分癫痫大发作患者的脑电图趋向规则化。
3.对膀胱功能有调整作用　当针刺该穴对膀胱功能有双向调节作用,可使张力低下者上升,张力紧张者松弛。

7. 神门 HT7 输穴 原穴

【定位】 正坐,仰掌,在腕部,腕掌侧横纹尺侧端,尺侧腕屈肌腱的桡侧凹陷处(图3-2-3)。

【局部层次解剖】 皮肤→皮下组织→尺侧腕屈肌腱桡侧缘。浅层有前臂内侧皮神经,贵要静脉属支和尺神经掌支等。深层有尺动、静脉和尺神经。

【刺灸法】 直刺0.3～0.4寸;可灸。

【主治】 掌中热;心痛,心烦,健忘失眠,怔忡,目黄胁痛,头痛;呕血,吐血,大便脓血,痴呆悲哭,癫狂,痫证,失音,喘逆上气。无脉症,神经衰弱,心绞痛,癔病,舌骨肌麻痹,产后失血,淋巴腺炎,扁桃体炎。

【配伍】
1. 配支正为原络配穴法,有益气、养心安神的作用,主治心神失养,健忘失眠,无脉症。
2. 配大椎、丰隆,有醒脑安神,豁痰开窍的作用,主治癫狂、痫证。
3. 配关元、中极,有安神益肾的作用,主治遗溺,遗精。
4. 配膈俞、血海,有活血止血的作用,主治呕血,吐血,便血。

【文献摘要】
1. 《甲乙经》:遗溺,关门及神门、委中主之。
2. 《铜人》:治疟心烦。
3. 《大成》:主心性痴呆,健忘。

【研究进展】
1. 失眠 针刺神门为主,治疗失眠效果良好。
2. 惊悸 据报道针刺神门穴,对精神刺激所致的惊悸有较好疗效。
3. 嗜眠症 据报道神门穴治疗嗜眠症效佳。
4. 对心功能的影响 针刺神门穴能改善冠心病患者的左心功能,能缓解心绞痛,改善心电图。
5. 应用辣根过氧化酶法(HRP),观察神门体表穴区传入及传出神经元的节段分布,结果提示神门穴区与心脏传入神经元的节段在T_1及T_2有互相交汇及重叠。另有注射或包埋HRP于神门穴区,则被穴区感觉神经纤维所摄取,并由轴浆运输逆行传递到胞体-脊神经节细胞内。
6. 通过针刺家兔神门、阴郄穴实验,发现该穴有减慢心率的效应,其传入神经为尺神经,中枢神经为迷走背核,传出神经为胸迷走神经。

8. 少府 HT8 荥穴

【定位】 正坐,在手掌面,第四、五掌骨之间,握拳时,当小指尖处(图3-2-4)。

【局部层次解剖】 皮肤→皮下组织→掌腱膜→环指的浅、深屈肌腱与小指的浅、深屈肌腱之间→第四蚓状肌→第四骨间背侧肌。浅层有尺神经掌支分布。深层布有指掌侧总动、静脉,指掌侧固有神经(尺神经分支)。

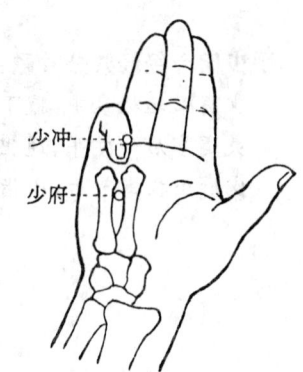

图3-2-4

【刺灸法】 直刺0.2～0.3寸;可灸。
【主治】 掌中热,手小指拘挛;心悸,胸痛,瘠疡,阴痒,阴挺,阴痛;善笑,悲恐善惊。阴道及阴部瘙痒,风湿性心脏病,心绞痛,心律不齐,癔病,肋间神经痛,臂神经痛等。
【配伍】
1.配心俞,有清心泻火,镇痛止痒的作用,主治瘠疡,阴肿,阴痒。
2.配内关、郄门,有宁神志,调心气的作用,主治悲恐善惊,心悸,胸痛,心绞痛。
【文献摘要】
1.《甲乙经》: 舌卷不能言,善笑。
2.《铜人》:主掌中热,手臂不伸。
3.《大成》:主阴挺出,阴痒阴痛。

9.少冲 HT9 井穴

【定位】 正坐,在手小指末节桡侧,距指甲角0.1寸(图3-2-4)。
【局部层次解剖】 皮肤→皮下组织→指甲根。布有尺神经的指掌固有神经指背支和指掌固有动、静脉指背支形成的动、静脉网。
【刺灸法】 斜刺0.1寸,或三棱针点刺出血;可灸。
【主治】 臑臂内后廉痛,胸胁痛;心痛心悸;癫狂,热病,中风昏迷。脑出血,休克,小儿惊厥,癔病,胸膜炎,肋间神经痛,喉炎。
【配伍】
1.配心俞、内关,有清心安神定志的作用,主治心痛,心悸,癫狂。
2.配百会、十宣穴,有醒脑开窍的作用,主治中风昏迷。
【文献摘要】
1.《甲乙经》:舌卷不能言,善笑,取井。
2.《大成》:主上气嗌干渴,目黄。
3.《图翼》:主心火炎上,眼赤。
4.《玉龙赋》:心虚热壅,少冲明于济夺。
【研究进展】 对血中CO含量的影响 针刺少冲、少商等穴,可使CO中毒的动物血中CO含量迅速减少,动物苏醒时间较对照组明显提前。

手少阴心经经穴分寸歌

少阴心起极泉中,腋下筋间动脉凭, 青灵肘上三寸觅,少海屈肘横纹头,
灵道掌后一寸半,通里腕后一寸同, 阴郄去腕五分的,神门肌腱桡侧逢,
少府小指本节后,小指内侧是少冲。

第三节 手厥阴心包经穴

Points of Pericardium Meridian of Hand- Jueyin,PC.

经脉循行 从胸中开始，出属心包络，向下通过膈肌，从胸至腹依次联络上、中、下三焦。

其外行支脉，从胸部乳旁浅出走向胁腋部，沿上臂内侧进入肘窝中，向下行于前臂掌侧面中间至中指末端。

其分支，从手掌中央分出，沿无名指出指端。

联系脏腑器官 心包、心、肺、胃、三焦。

本经腧穴，起于天池，止于中冲，左右各9个穴位（图3-3-1）。

主治概要 本经腧穴主治心、胸、胃、神志病以及经脉循行部位的其他病证。

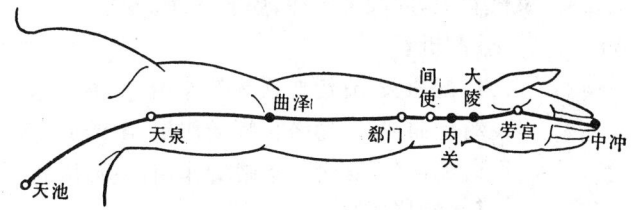

图3-3-1 心包经穴总图

1.天池 PC1

【定位】 正坐或仰卧位。在胸部，当第四肋间隙，乳头外1寸，前正中线旁开5寸（图3-3-2）。

【局部层次解剖】 皮肤→皮下组织→胸大肌→胸小肌。浅层有第四肋间神经外侧皮支，胸腹壁静脉的属支。如果是女性，除上述结构之外，皮下组织内还有乳腺等组织。深层有胸内、外侧神经，胸外侧动、静脉的分支或属支。

【刺灸法】 斜刺或平刺0.5～0.8寸；可灸。

【主治】 胸闷，胸痛，乳痈；气喘，瘰疬，腋下肿痛；咳嗽，头痛，疟疾。心绞痛，腋窝淋巴腺炎，肋间神经痛，乳腺炎，乳汁分泌不足。

【配伍】

1.配乳中，有活血散结的作用，主治乳痈。

2.配内关，有宽胸理气的作用，主治心绞痛。

3.配委阳、极泉，有散结消肿的作用，主治腋窝淋巴腺炎。

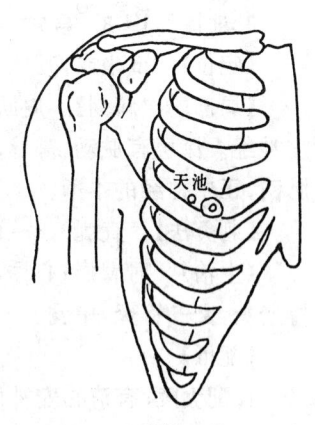

图3-3-2

【文献摘要】

1.《甲乙经》：手厥阴、足少阳脉之会。

2.《铜人》:治寒热胸膈烦满,头痛,四肢不举,腋下肿,上气胸中有声,喉中鸣。

3.《千金方》:寒热胸满颈痛,四肢不举,腋下肿,上气胸中有音,喉中鸣,天池主之。

4.《大成》:主胸中有声,胸膈烦满,热病汗不出,头痛,四肢不举,腋下肿,上气,寒热痎疟,臂痛,目䀮䀮不明。

2.天泉 PC2

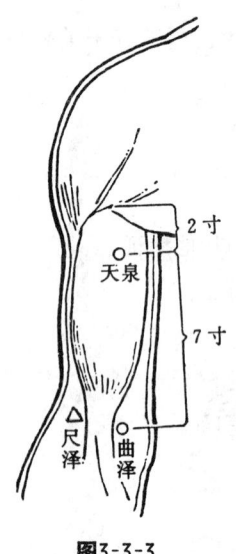

图3-3-3

【定位】 正坐或仰卧。在臂内侧,当腋前纹头下2寸,肱二头肌的长、短头之间(图3-3-3)。

【局部层次解剖】 皮肤→皮下组织→肱二头肌→肱肌→喙肱肌腱。浅层布有臂内侧皮神经的分支。深层有肌皮神经和肱动、静脉的肌支。

【刺灸法】 直刺0.5~0.8寸;可灸。

【主治】 上臂内侧痛;心悸,胸胁胀满;咳嗽,呃逆。心动过速,支气管炎,肋间神经痛,膈肌痉挛。

【配伍】

1.配内关,有活血通脉的作用,主治心悸。

2.配曲池,有通络止痛的作用,主治肘臂挛痛。

3.配期门,有理气活络的作用,主治胸胁胀满。

【文献摘要】

1.《铜人》:治心病,胸胁支满,咳逆,膺背胛间、臂内廉痛。

2.《大成》:主目䀮䀮不明,恶风寒,心病,胸胁支满,咳逆,膺背胛间、臂内廉痛。

3.《图翼》:主治恶风寒,胸胁痛,支满咳逆,膺背胛臂间痛。

3.曲泽 PC3 合穴

【定位】 正坐或仰卧。在肘横纹中,当肱二头肌腱的尺侧缘(图3-3-3)。

【局部层次解剖】 皮肤→皮下组织→正中神经→肱肌。浅层有肘正中静脉,前臂内侧皮神经。深层有肱动、静脉,尺侧返动、静脉的掌侧支与尺侧下副动、静脉前支构成的动、静脉网,正中神经的本干。

【刺灸法】 直刺0.8~1寸,或用三棱针刺血;可灸。

【主治】 肘臂痛;心悸,咳嗽,胃痛;呕吐,泄泻,热病。风湿性心脏病,小儿舞蹈病,急性胃肠炎,支气管炎,中暑。

【配伍】

1.配大陵,有清心安神的作用,主治心悸。

2.配内关、中脘,有调理肠胃的作用,主治呕吐,胃痛。

3.配委中、曲池,有清心泄热的作用,主治中暑。

【文献摘要】

1.《千金方》:曲泽、大陵,主心下澹澹,善惊。

2.《铜人》:治心痛,善惊身热,烦渴口干,逆气呕血,风疹,臂肘手腕善动摇。

3.《大成》：呕血，曲泽、神门、鱼际。

【研究进展】

1.冠心病 用艾温和灸治疗37例冠心病心绞痛患者，获得即时疗效。并于灸前、施灸15分钟和停灸后5分钟分别进行有关指标的测定，施灸局部穴区均为温热舒服感，患者胸闷减轻，心前区舒适。心功能等参数均改善。对冠心病心绞痛患者有一定疗效。

手足搐搦症 以疼痛性、痉挛性肌肉收缩为特征，常伴有麻木感觉异常的手足搐搦症患者，针刺后均取得满意疗效。

对急性缺血性心肌损伤有抑制作用 针刺动物（家兔）的曲泽、膈俞，对急性缺血性心肌损伤，有抑制损伤发展的作用，有抑制家兔心电图ST段升高效应。并在起针后，ST段电位值有自然下降的趋势，曲泽组与对照组相比，有统计学的意义。

4. 郄门 PC4 郄穴

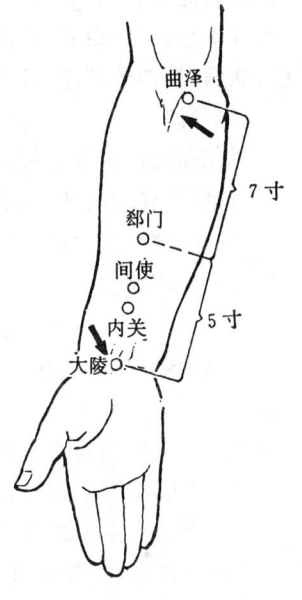

图3-3-4

【定位】 正坐或仰卧，仰掌。在前臂掌侧，当曲泽与大陵的连线上，腕横纹上5寸。掌长肌腱与桡侧腕屈肌腱之间（图3-3-4）。

【局部层次解剖】 皮肤→皮下组织→桡侧腕屈肌腱与掌长肌腱之间→指浅屈肌→指深屈肌→前臂骨间膜。浅层有前臂外侧皮神经，前臂内侧皮神经分支和前臂正中静脉。深层有正中神经。正中神经伴行动、静脉，骨间前动脉，神经。

【刺灸法】 直刺0.5～1寸；可灸。

【主治】 肘臂痛，腋肿；心悸，胃痛，咳血；呕吐，热病，癫狂。心肌炎，风湿性心脏病，心绞痛，胸膜炎，精神病，膈肌痉挛。

【配伍】

1.配尺泽、肺俞，有清营止血的作用，主治咳血。

2.配神门、心俞，有宁心安神的作用，主治心悸，心绞痛。

3.配膈俞，有宽胸利膈的作用，主治膈肌痉挛。

【文献摘要】

1.《甲乙经》：心痛，衄哕呕血，惊恐畏人，神气不足，郄门主之。

2.《千金方》：呕血，大陵及郄门主之。

3.《图翼》：主治呕血衄血，心痛呕哕惊恐，神气不足，久痔。

【研究进展】

1.胆绞痛 针刺得气后，施以强而持久的捻转手法，留针20～30分钟，在留针期间重复捻针2～3次，止痛效果较好。

2.乳腺炎 少量生理盐水注射患侧郄门穴，每日1次，也可每日2次。

3.针刺郄门穴，对冠心病心绞痛患者的心率有调整作用。针刺郄门及胃俞穴，对实验家兔、急性缺血性心肌损伤有恢复作用。表现在与对照组比较，心电图的STⅡ、STavF段升高不显著。出针后ST段恢复亦较快。

3.调整肺功能 针刺郄门穴对肺功能有调整作用，可改善开胸而引起的纵膈摆动。针刺郄门、曲池穴，对家兔实验性气胸的血氧饱和度有调整作用，可使动物血氧饱和度比对照组提高6.31%。另在开胸术中,看到手术侧虽有开放性气胸存在,肺脏萎缩,但动脉血氧分压升高,不致缺氧,仅二氧化碳有不同程度的升高。

5.间使 PC5 经穴

【定位】 正坐或仰卧仰掌。在前臂掌侧,当曲泽与大陵的连线上,腕横纹上3寸。掌长肌腱与桡侧腕屈肌腱之间(图3-3-4)。

【局部层次解剖】 皮肤→皮下组织→桡侧腕屈肌腱与掌长肌腱之间→指浅屈肌→指深屈肌→旋前方肌→前臂骨间膜。浅层有前臂内、外侧皮神经分支和前臂正中静脉。深层布有正中神经。正中神经伴行动、静脉,骨间前动脉、神经。

【刺灸法】 直刺0.5～1寸;可灸。

【主治】 肘臂痛;心悸,胃痛,呕吐;疟疾,月经不调,癫痫。心肌炎,风湿性心脏病,荨麻疹,癔病,精神分裂症,胃炎,子宫内膜炎。

【配伍】
1.配心俞,有益心气,宁神志的作用,主治心悸。
2.配大杼,有宣阳解表,驱邪截疟的作用,主治疟疾。
3.配三阴交,有活血化瘀的作用,主治月经不调,经闭。

【文献摘要】
1.《甲乙经》:热病烦心,善呕,胸中澹澹,善动而热,间使主之。
2.《千金方》:狂邪发无常,被头大唤欲杀人,不避水火,及狂言妄语,灸间使三十壮。
3.《大成》:治月水不调,血结成块。
4.《大成》:咽中如梗,间使、三间。
5.《金鉴》:主治脾寒证,九种心痛,脾疼,疟疾,口渴,及瘰疬久不愈。

【研究进展】 有报道间使穴对心脏功能影响较大 如对冠心病的治疗能增强心肌收缩力,减慢心率,改善心电图,使左心室舒张期终末压降低。另有实验证明,电针间使和内关,可使冠脉流量和心肌血氧供应量增加,使冠脉阻力、心肌氧提取率降低,最大冠状动脉血氧含量差值减少,心肌氧耗量降低,从而改善、调整心肌对氧的供求失衡,有利于濒危区缺血心肌损伤程度的减轻,使心肌坏死区减少。

6.内关 PC6 络穴 八脉交会穴 通阴维

【定位】 正坐或仰卧,仰掌。在前臂掌侧,当曲泽与大陵的连线上,腕横纹上2寸,掌长肌腱与桡侧腕屈肌腱之间(图3-3-4)。

【局部层次解剖】 皮肤→皮下组织→桡侧腕屈肌腱与掌长肌腱之间→指浅屈肌→指深屈肌→旋前方肌。浅层布有前臂内侧皮神经,前臂外侧皮神经的分支和前臂正中静脉。深层在指浅屈肌、拇长屈肌和指深屈肌三者之间有正中神经伴行动、静脉。在前臂骨间膜的前方有骨间前动、静脉和骨间前神经。

【刺灸法】 直刺0.5～1寸;可灸。

【主治】 肘臂挛痛;心悸,胸痛,胃痛;呕吐,呃逆,失眠,头痛,热病。风湿性心脏病,心肌炎,心绞痛,心动过速,心律不齐,胃炎,膈肌痉挛,急性胆囊炎,癔病,癫痫,甲状腺功能亢进,血管性头痛,血栓闭塞性脉管炎,疟疾。

【配伍】
1.配太渊,有益心安神,理气复脉的作用,主治无脉症。
2.配足三里、中脘,有和胃降逆,理气止痛的作用,主治胃脘痛。
3.配三阴交、合谷,有益气行血,化瘀通络的作用,主治心气不足之心绞痛。
4.配神门,有镇静安神的作用,主治失眠。
5.配公孙,为八脉交会穴,有和胃降逆的作用,主治呃逆。

【文献摘要】
1.《甲乙经》:心澹澹而善惊恐,心悲,内关主之。
2.《千金方》:凡心实者,则心中暴痛,虚则心烦,惕然不能动,失智,内关主之。
3.《大成》:主手中风热,失志,心痛,目赤,支满肘挛。实则心暴痛泻之,虚则头强补之。
4.《大成》:某夫人患危寒之疾,半月不饮食,目闭不开久矣,六脉仍有如无……针内关二穴,目即开,而即能食米饭,徐以乳汁调理而愈。

【研究进展】
1.休克 据报道抢救过敏性休克,有显著疗效。对预防过敏性休克的发生有一定作用。
2.急腹痛 针刺治疗急性腹痛200例,腹痛均有不同程度的减轻或消失,起效的时间最短者2～3分钟,长者30分钟。
3.心律失常 针刺内关,对各种心律失常患者均有一定疗效。
4.呕吐 对神经性呕吐、手术麻醉引起的恶心呕吐,疗效较好。
5.癔病 单针内关穴,治疗癔病效果良好。
6.高脂血症 用激光照射内关穴治疗高脂血症50例,其中37例有不同程度下降。
7.调整心功能 据报道针刺内关穴,可使减慢的心率明显加快,使之恢复正常,对心律失常患者,其调整作用极其明显,如窦性心动过速者常于针后3～5分钟,心率可由150～200次/分减至70～80次/分。
8.调整胃肠功能 实验表明针刺内关,对胃酸分泌、肠的运动有调整作用。

7.大陵 PC7 输穴 原穴

【定位】 正坐或仰卧仰掌。在腕横纹的中点处,当掌长肌腱与桡侧腕屈肌腱之间(图3-3-4)。

【局部层次解剖】 皮肤→皮下组织→掌长肌腱与桡侧腕屈肌腱之间→拇长屈肌腱与指浅屈肌腱、指深屈肌腱之间→桡腕关节前方。浅层布有前臂内、外侧皮神经,正中神经掌支,腕掌侧静脉网。深层在掌长肌与桡侧腕屈肌之间的深面可能刺中正中神经。

【刺灸法】 直刺0.3～0.5寸;可灸。

【主治】 手腕臂痛,腕下垂;喉痹,心悸,胸闷;癫狂,痫证,皮肤湿疹。心动过速,胃炎,扁桃腺炎,精神分裂症,腕关节及周围软组织疾患。

【配伍】
1.配神门、列缺,有舒畅经筋,通经活络的作用,主治腕下垂。
2.配心俞、膈俞,有通心络,祛瘀血的作用,主治心血瘀阻之心悸。
3.配丰隆、太冲,有疏肝理气,化痰醒脑的作用,主治气郁痰结型之癫狂。

【文献摘要】

1.《甲乙经》：两手挛不收伸，及腋偏枯不仁，手瘈偏小筋急，大陵主之。
2.《千金方》：主目赤，小便如血。
3.《铜人》：治热病汗不出，臂挛腋肿，善笑不休，心悬善饥，喜悲泣惊恐。
4.《大成》：短气，大陵、尺泽。

【研究进展】

1. 手痉挛　针刺大陵穴，有针感后，不移动针尖，在原处提插，以加强针感。
2. 跟骨骨刺　针刺大陵穴，边行针，边震跺患侧足跟，手法不宜太重。
3. 调整心功能　针刺大陵、神门等穴，对心脏患者心功能的影响，多数情况下心冲击图的收缩波增强，经X线示波摄影，针刺前表现为左心室与主动脉峰减低变形，收缩性弯曲变斜和舒张期隆起减弱等。针刺后，左心峰增大，收缩性偏斜减弱，舒张期隆起也加大，说明针后心肌收缩加强，心脏功能改善。另有针刺大陵穴，对部分癫痫大发作患者的脑电图，有使之规则化的倾向。

8. 劳宫　PC8　荥穴

【定位】　正坐或仰卧仰掌。在手掌心，当第二、三掌骨之间偏于第三掌骨，握拳屈指时中指尖处（图3-3-5）。

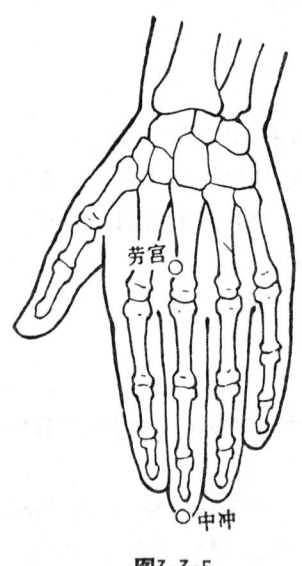

图3-3-5

【局部层次解剖】　皮肤→皮下组织→掌腱膜→分别在桡侧两根指浅、深屈肌腱之间→第二蚓状肌桡侧→第一骨间掌侧肌和第二骨间背侧肌。浅层布有正中神经的掌支和手掌侧静脉网。深层有指掌侧总动脉，正中神经的指掌侧固有神经。

【刺灸法】　直刺0.3～0.5寸；可灸。

【主治】　鹅掌风；口疮，口臭，鼻衄；中风昏迷，癫狂，中暑。心绞痛，口腔炎，小儿惊厥，癔病，精神分裂症，手掌多汗症，手指麻木，高血压。

【配伍】

1. 配曲泽、大陵，有清心泄热的作用，主治鹅掌风。
2. 配太冲、内庭，有清心疏肝和胃的作用，主治口疮，口臭。
3. 配人中、涌泉，有开窍泄热，清心安神的作用，主治中暑及中风昏迷。

【文献摘要】

1.《甲乙经》：风热善怒，中心喜悲，思慕歔欷，善笑不休，劳宫主之。
2.《千金方》：主大人小儿口中肿腥臭。
3.《千金翼》：心中懊憹痛，针劳宫入五分补之。
4.《大成》：口有疮蚀龈，臭秽气冲人，灸劳宫二穴，各一壮。
5.《金鉴》：主治痰火胸痛，小儿口疮及鹅掌风等证。

9. 中冲　PC₉　井穴

【定位】　正坐或仰卧。在手中指末节尖端中央(图3-3-5)。

【局部层次解剖】　皮肤→皮下组织。布有正中神经的指掌侧固有神经末梢,指掌侧固动、静脉的动、静脉网。皮下组织内富含纤维束。纤维束外连皮肤,内连远节指骨骨膜。

【刺灸法】　浅刺0.1寸;或用三棱针点刺出血。

【主治】　掌中热;心烦,舌强肿痛,中风昏迷,中暑,热病,小儿惊风。

【配伍】
1. 配劳宫、大陵,有清心泄热的作用,主治掌中热。
2. 配人中、廉泉,有清心开窍的作用,主治舌强肿痛。
3. 配少商、合谷,有开窍苏厥,清心泄热的作用,主治小儿惊风。

【文献摘要】
1. 《千金方》:主舌本痛。
2. 《铜人》:治热病烦闷汗不出,掌中热,身如火痛,烦满舌强。
3. 《图翼》:主治热病汗不出,头痛如破,身热如火,心痛烦满,舌强痛,中风不省人事。
4. 《大成》:惊风,灸中冲、印堂、合谷,各数十壮。
5. 《金鉴》:初中风跌倒,卒暴昏沉,痰盛不省人事,牙关紧闭,药水不下。

手厥阴心包经经穴分寸歌

心包穴起天池间,乳后旁一腋下三,　　天泉曲腋下二寸,曲泽肘内横纹端,
郄门去腕方五寸,间使腕后三寸安,　　内关去腕止二寸,大陵掌后两筋间,
劳宫屈中指尖取,中冲中指之末端。

第四章 手三阳经穴

第一节 手阳明大肠经穴
Points of Large Intestine Meridian of Hand-Yangming, LI.

经脉循行 从食指桡侧端开始,沿着食指的桡侧缘,向上经过第一、第二掌骨之间,进入伸拇长肌腱和伸拇短肌腱的中间,沿上肢外侧的前缘,到肩关节前上缘,向后到第七颈椎棘突下,再向前下行到锁骨上窝,深入体腔,联络肺脏,向下穿过膈肌,入属大肠。

其上行支,从锁骨上窝分出,上行颈部,贯串面颊部,进入下齿中,再回出来挟口两旁,左边经脉交叉到右边经脉去,右边的经脉交叉到左边来,然后上行挟着鼻孔到鼻翼两旁,再上行交会于足阳明胃经。

联系脏腑器官 大肠、肺、口、面颊、下齿、鼻。

本经腧穴,起于商阳,止于迎香,左右各20个穴位(图4-1-1)。

主治概要 本经腧穴主治头、面、目、鼻、齿、咽喉病,胃肠疾病,神志病,皮肤病,发热病。

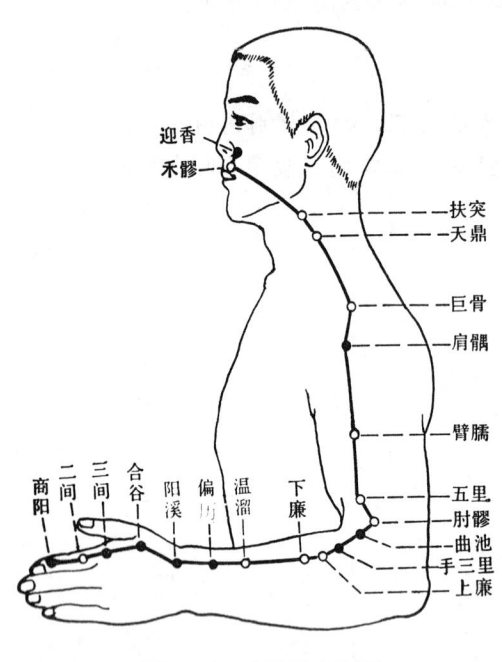

图4-1-1 大肠经穴总图

1.商阳 LI1 井穴

【定位】 伸食指。在食指末节桡侧,距指甲角0.1寸(指寸)(图4-1-2)。

【局部层次解剖】 皮肤→皮下组织→指甲根。有正中神经的指掌侧固有神经之指背支和示指桡侧动、静脉与第一掌背动、静脉分支所形成的动、静脉网。

【刺灸法】 向上斜刺0.2~0.3寸,或点刺出血;可灸。

【主治】 食指麻木;咽喉肿痛,颐颔肿,下齿痛,肩痛引缺盆,耳聋,耳鸣,喘咳;青盲,热病汗不出,昏厥,中风昏迷。腮腺炎,咽炎,急性扁桃体炎,口腔炎,急性胃肠炎。

【配伍】

1.配少商、中冲、关冲,有醒脑开窍的作用,主治中风,中暑。

2.配合谷、少商,有清热泻火的作用,主治咽喉肿痛,目赤肿痛。

3.配合谷、阳谷、侠溪、厉兑、劳宫、腕骨等。有发汗泻热邪的作用,主治热病汗不出。

【文献摘要】
1.《千金方》：商阳、巨髎、上关、承光、瞳子髎、络却，主青盲无所见。
2.《铜人》：喘咳支肿。
3.《循经》：指麻木。
4.《金鉴》：中风暴仆昏沉，痰塞壅。

2. 二间 LI2 荥穴

【定位】 侧腕对掌，半握拳。在食指本节（第二掌指关节）前，桡侧凹陷处（图4-1-2）。

【局部层次解剖】 皮肤→皮下组织→第一蚓状肌腱→示指近节指骨基底部。浅层，神经由桡神经的指背神经与正中神经的指掌侧固有神经双重分布，血管有第一掌背动、静脉的分支和示指桡侧动、静脉的分支。深层有正中神经的肌支。

【刺灸法】 直刺0.2～0.3寸；可灸。

【主治】 食指屈伸不利，疼痛；喉痹，颔肿，鼻衄，齿痛，口干，口眼歪斜，肩背痛振寒，大便脓血；身热，嗜睡，目痛、目黄。咽喉炎，扁桃体炎。

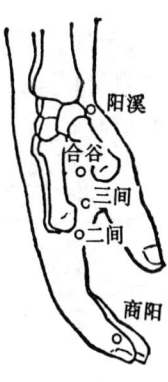

图4-1-2

【配伍】
1.配鱼际、合谷，有清热泻火的作用，主治咽喉肿痛，牙痛。
2.配二间、三间，有提神解困的作用，主治多卧喜睡。
3.配合谷，有散目翳作用，主治目翳。

【文献摘要】
1.《甲乙经》：多卧善睡，鼻鼽痛寒，鼻衄赤多血，浸淫起面，身热，喉痹如哽，目眦伤，忽振寒，肩疼。
2.《席弘赋》：牙齿肿痛，喉痹，二间、阳溪。
3.《图翼》：颔肿喉痹，肩臂臑痛，鼽衄齿痛，目黄口干，口眼歪斜，饮食不通，振寒伤寒水结。

3. 三间 LI3

【定位】 侧腕对掌，自然半握拳。在手食指本节（第二掌指关节）后，桡侧凹陷处（图4-1-2）。

【局部层次解剖】 皮肤→皮下组织→第一骨间背侧肌→第一蚓状肌与第二掌骨之间→示指的指浅、深屈肌腱与第一骨间掌侧肌之间。浅层，神经由桡神经的指背神经与正中神经的指掌侧固有神经双重分布，血管有手背静脉网，第一掌背动、静脉和示指桡侧动、静脉的分布支。深层布有尺神经深支和正中神经肌支。

【刺灸法】 直刺0.3～0.5寸；可灸。

【主治】 手指及手背肿痛；齿痛肿，鼻衄，唇焦口干，腹满，肠鸣洞泄，目痛，嗜眠。面神经麻痹，扁桃体炎，痢疾，肠炎，肩关节痛及周围软组织疾患。

【配伍】

1.配阳溪,有清利咽喉的作用,主治喉痹咽如哽。

2.配前谷,有清热泻火明目的作用,主治目急痛。

【文献摘要】

1.《甲乙经》:多卧善睡,胸满肠鸣,三间主之。

2.《千金方》:三间、前谷,主目急痛。

3.《金鉴》:主治牙齿疼痛,食物艰难,及偏风眼目诸疾。

4.合谷 LI4 原穴

【定位】 侧腕对掌、自然半握拳。在手背,第一、二掌骨间,第二掌骨桡侧的中点处(图4-1-3)。

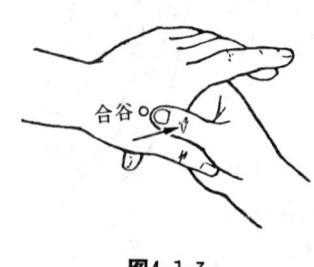

图4-1-3

【局部层次解剖】 皮肤→皮下组织→第一骨间背侧肌→拇收肌。浅层布有桡神经浅支,手背静脉网的桡侧部和第一掌背动、静脉的分支或属支。深层有尺神经深支的分支等结构。

【刺灸法】 直刺0.5～0.8寸;可灸。

【主治】 指挛,手指屈伸不利;头痛,眩晕,鼻衄,鼻渊,耳聋,齿痛,面肿,口眼㖞斜,痄腮,失喑,咳嗽,臂痛,上肢不遂,胃腹痛,便秘,痢疾;发热恶寒,无汗多汗,目赤肿痛,疔疮,疥疮,瘾疹,小儿惊风,牙关紧闭,滞产,疟疾。面神经麻痹,面肌痉挛,三叉神经痛,电光性眼炎,近视眼,腮腺炎,扁桃体炎,舌炎,牙龈炎,牙痛,流行性感冒,高血压,皮肤瘙痒,荨麻疹等。

【配伍】

1.配颊车、迎香,有通经活络止痛作用,主治牙痛,面痛,面瘫。有疏风解表,宣肺利窍的作用,主治感冒,头痛,发热,鼻塞。

2.配列缺,为原络配穴法。

3.配太冲,称为四关穴,有镇静安神,平肝熄风的作用,主治癫狂,头痛,眩晕,高血压。

4.配风池、大椎,有清热凉血,截疟的作用,主治皮肤瘙痒,荨麻疹,疔疮,疟疾。

5.配三阴交,有调经活血催产的作用,主治月经不调,痛经,经闭,滞产。

【文献摘要】

1.《铜人》:妇人妊娠不可刺之,损胎气。

2.《资生》:风疹,合谷、曲池。

3.《大成》:疔疮生面上与口角,灸合谷;小儿疳眼,灸合谷(二穴),各一壮。

【研究进展】

1.急性扁桃体炎 雄黄、大蒜适量贴敷合谷穴3～6小时(即起泡),此法能迅速止痛和减轻扁桃体的红肿。

2.呃逆 直刺合谷穴治疗呃逆40例,取得较好效果。

3.催产 合谷穴位注射催产素2u,治疗第二产程,子宫收缩无力产妇,经治后与对照组比较,合谷组平均第二产程时间1小时16分,对照组1小时40分,两组有明显差异,合谷组分娩有效率为80%,对照组为50%。又有合谷穴位注射催产素4u,治疗第二产程子宫收缩无力产妇,在注射后5分钟产妇子宫收缩加强,胎儿娩出的时间比对照组提前,产后出血量少。再有用合谷穴位注射与三角肌注射相同剂量的催产素,治疗第二产程子宫收缩无力的产妇,结果合谷组有明显增加宫缩力,延长宫缩持续时间,缩短产程。

4.镇痛作用 ①电针双侧合谷穴5分钟后,可使延脑的中缝大核神经元放电增加,并能减少因电刺激鼠尾所引起的疼痛反应。亦明显而持久地减少因电刺激牙髓所引起的疼痛性反应。②电针合谷穴,对来自牙髓引起的疼痛性反应的镇痛作用强于尾部引起的疼痛反应。③电针合谷穴作为麻醉,行食管镜检查了1507例患者,成功率为99%。其优点是镇痛效果显著、肌肉松弛良好、无副作用,是行之有效的方法。④以针刺四关穴为主,再根据头痛部位进行局部配穴,治疗391例头痛患者,有较好疗效。⑤扁桃体摘除术后疼痛:扁桃体摘除术后1~1.5小时及5小时各针刺合谷穴1次。针刺治疗第一天,白细胞总数低于对照组,伤口白膜开始生长时间早于对照组,自发性疼痛及吞咽疼痛均较对照组轻。表明针刺合谷穴有镇痛、消炎和加速伤口愈合的作用。

5.调理胃肠功能 据报道选胃切除术后肠胀气的患者,对比观察肛门排气的时间,结果针刺合谷、足三里加胃肠减压组,比单纯胃肠减压组,肛门排气平均提前20余小时。

5.阳溪 LI5 经穴

【定位】 侧腕对掌,伸前臂。在腕背横纹桡侧,手拇指向上翘起时,当拇短伸肌腱与拇长伸肌腱之间的凹陷中(图4-1-2)。

【局部层次解剖】 皮肤→皮下组织→拇短伸肌腱与拇长伸肌腱之间→桡侧腕长伸肌腱前方。浅层布有头静脉和桡神经浅支等。深层有桡动、静脉的分支或属支。

【刺灸法】 直刺0.3~0.5寸;可灸。

【主治】 臂腕痛,头痛,耳鸣,耳聋,咽喉肿痛,齿痛;热病心烦,目赤,目翳,癫狂,痫证。中风半身不遂,桡骨茎突狭窄性腱鞘炎,小儿单纯性消化不良,腕关节及其周围软组织疾患。

【配伍】

1.配阳谷,有清热泻火,消肿止痛的作用,主治目赤肿痛。

2.配列缺,有通经活络的作用,主治腕部腱鞘病。

3.配解溪,有宁心安神的作用,主治心悸怔忡。

【文献摘要】

1.《甲乙经》:痂疥,阳溪主之。

2.《千金方》:主臂腕外侧痛不举。

3.《金鉴》:主治热病烦心,瘾疹痂疥,厥逆头痛,牙痛,咽喉肿痛及狂妄,惊恐见鬼等证。

6.偏历 LI6 络穴

【定位】 侧腕对掌,伸前臂。屈肘,在前臂背面桡侧,当阳溪与曲池连线上,腕横纹上3寸(图4-1-4)。

【局部层次解剖】 皮肤→皮下组织→拇短伸肌→桡侧腕长伸肌腱→拇长展肌腱。浅层布有头静脉的属支,前臂外侧皮神经和桡神经浅支等结构。深层有桡神经的骨间后神经分支。

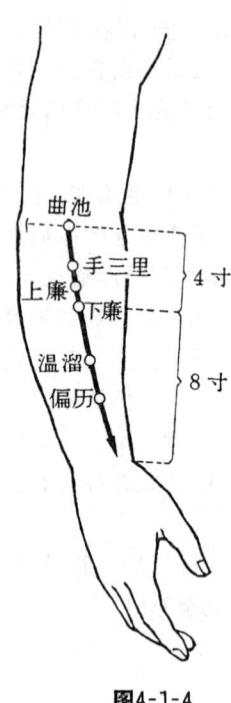

图4-1-4

【刺灸法】 斜刺0.3～0.5寸；可灸。

【主治】 肩臂肘腕疼痛；鼻衄，耳聋，耳鸣，口眼歪斜，喉痛；目赤，癫疾，水肿。扁桃体炎，癫痫，水肿，前臂神经痛等。

【配伍】

1．配太渊为原络配穴法，有疏风解表的作用，主治感冒，头痛，咽喉痛。

2．配水分、阴陵泉，有健脾利水的作用，主治水肿。

3．配阳溪、商阳、络却、腕骨、前谷，有疏散清热，行气利窍的作用，主治实邪耳鸣。

【文献摘要】

1．《灵枢》：实则龋聋，虚则齿寒痹膈，取之所别也。

2．《甲乙经》：风疟汗不出，偏历主之。

3．《金鉴》：肺经里之原穴太渊，大肠表之络穴偏历，二穴应刺之症，即胸胀溏泻，小便频数，洒洒恶寒，翕翕发热，咳嗽喘促，气短，皮肤、肩、背、缺盆麻木痠痛，皆肺、大肠经病也。

7．温溜　LI7　郄穴

【定位】 侧腕对掌，伸前臂。屈肘，在前臂背面桡侧，当阳溪与曲池连线上，腕横纹上5寸（图4-1-4）。

【局部层次解剖】 皮肤→皮下组织→桡侧腕长伸肌腱→桡侧腕短伸肌。浅层布有头静脉、前臂外侧皮神经和前臂后皮神经。深层，在桡侧腕长伸肌和桡侧腕短伸肌腱之前有桡神经浅支。

【刺灸法】 直刺0.5～0.8寸；可灸。

【主治】 上肢不遂，腕臂痛；头痛，面肿，鼻衄，口舌肿痛，咽喉肿痛，肩背痛，肠鸣腹痛；癫，狂，吐舌。腮腺炎，扁桃体炎，口腔炎，舌炎，面神经麻痹，腹痛，癫痫。

【配伍】

1．配曲池，有清热利咽的作用，主治喉痹不能言。

2．配足三里、上巨虚，有调理肠腑，行气止痛的作用，主治肠鸣，腹泻，腹痛。

3．配仆参，有豁痰宁神的作用，主治癫疾。

【文献摘要】

1．《甲乙经》：癫疾，吐舌鼓颔，狂言见鬼。

2．《千金方》：肠鸣而痛，温溜主之。

3．《千金翼》：狂癫哭泣，灸手逆注三十壮。

8．下廉　LI8

【定位】 侧腕对掌，伸前臂。在前臂背面桡侧，当阳溪与曲池连线上，肘横纹下4寸（图4-1-4）。

【局部层次解剖】 皮肤→皮下组织→肱桡肌→桡侧腕短伸肌→旋后肌。浅层布有前臂外侧皮神经和前臂后皮神经等。深层有桡神经深支的分支。

【刺灸法】 直刺0.5～0.8寸；可灸。
【主治】 肘臂痛；头风，眩晕，目痛，腹痛，食物不化；乳痈，上肢麻木及肿痛。
【配伍】
1.配头维、神庭，有清利头目的作用，主治头痛，眩晕，目痛。
2.配丘墟，有清热泻火的作用，主治狂言非常。
【文献摘要】
1.《铜人》：头风，臂肘痛。
2.《资生》：胸胁小腹痛；偏风，热风，冷痹不遂，风湿痹。
3.《循经》：脑风眩晕，腹痛如刺，狂言狂走。

9. 上廉 LI9
【定位】 侧腕对掌，伸前臂。在前臂背面桡侧，当阳溪与曲池连线上，肘横纹下3寸（图4-1-4）。
【局部层次解剖】 皮肤→皮下组织→桡侧腕长伸肌腱后方→桡侧腕短伸肌→旋后肌→拇长展肌。浅层有前臂外侧皮神经，前臂后皮神经和浅静脉等分布。深层有桡神经深支穿旋后肌。
【刺灸法】 直刺0.5～0.8寸；可灸。
【主治】 手臂肩膊酸痛麻木，偏瘫；头痛，腹痛，肠鸣，泄泻。肩臂神经痛，上肢麻木，瘫痪，肠炎。
【配伍】
1.配肩髃、合谷，有通经活络的作用，主治上肢麻木，疼痛，痿软。
2.配上廉、下廉，有通利小便的作用，主治小便难黄。
【文献摘要】
1.《甲乙经》：小便黄，肠鸣相逐。
2.《铜人》：脑风头痛，小便难黄赤，肠鸣气走，疰痛。
3.《聚英》：胸痛，偏风半身不遂，骨髓冷。

10. 手三里 LI10
【定位】 侧腕对掌，伸前臂。在前臂背面桡侧，当阳溪与曲池连线上，肘横纹下2寸（图3-1-4）。
【局部层次解剖】 皮肤→皮下组织→桡侧腕长伸肌→桡侧腕短伸肌→指伸肌的前方→旋后肌。浅层布有前臂外侧皮神经，前臂后皮神经。深层有桡侧返动、静脉的分支或属支以及桡神经深支。
【刺灸法】 直刺0.5～0.8寸；可灸。
【主治】 手臂麻痛，肘挛不伸，偏瘫；齿痛，失喑，颊肿，瘰疬，腹胀，吐泻；眼目诸疾。臂神经痛，腰扭伤，面神经瘫痪，咽喉痛。
【配伍】
1.配温溜、曲池、中渚、丰隆，有利咽喉，清热邪的作用，主治喉痹不能言。
2.配肩髃、合谷，有调理肠腑的作用，主治腹胀，吐泻。

3.配肾俞、委中,有通经活络的作用,主治急性腰扭伤。
【文献摘要】
1.《甲乙经》:肠痛时寒,腰痛不得卧,手三里主之。
2.《铜人》:治手臂不仁,肘挛不伸,瘰疬。
3.《杂病穴法歌》:手三里,治舌风舞。
【研究进展】 以手三里为主配局部穴,行穴位注射治疗肩周炎,有良好效果。并观察到多数肩周炎患者的患侧于手三里穴处有明显的压痛,当指压或针刺此处压痛点后,患者肩痛明显减轻。

11. 曲池 LI11 合穴

【定位】 侧腕,屈肘。在肘横纹外侧端,屈肘,当尺泽与肱骨外上髁连线中点(图4-1-5)。

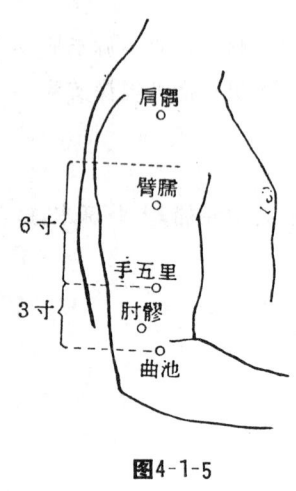

图4-1-5

【局部层次解剖】 皮肤→皮下组织→桡侧腕长伸肌和桡侧腕短伸肌→肱桡肌。浅层布有头静脉的属支和前臂后皮神经。深层有桡神经、桡侧返动、静脉和桡侧副动、静脉间的吻合支。

【刺灸法】 直刺0.8~1.2寸;可灸。

【主治】 手臂肿痛,上肢不遂,手肘无力;咽喉肿痛,齿痛,瘰疬,腹痛,吐泻,痢疾;疮,疥,瘾疹,丹毒,热病,心中烦满,疟疾,高血压,月经不调,瘾痂,癫狂,善惊。肩肘关节疼痛,流行性感冒,高血压,神经衰弱,荨麻疹,小儿麻痹后遗症,胸膜炎,甲状腺肿大,扁桃体炎。

【配伍】

1.配合谷、外关,有疏风解表,清热止痛的作用,主治感冒发热,咽喉炎,扁桃体炎,目赤。

2.配合谷、血海、委中、膈俞,有散风清热,调和营卫的作用,主治丹毒,荨麻疹。

3.配内关、合谷、血海、阳陵泉、足三里、太冲、昆仑、太溪、阿是穴,有温阳散寒,活血止痛的作用,主治血栓闭塞性脉管炎。

4.配合谷、血海、三阴交,有扶正解毒的作用,主治冬眠灵药物反应。

【文献摘要】

1.《甲乙经》:伤寒余热不尽。胸中满,耳前痛,齿痛,目赤痛,颈肿,寒热,渴饮辄汗出,不饮则皮干热。目不明,腕急身热惊狂,躄痿痹重,瘾痂。癫疾吐舌。曲池主之。

2.《千金方》:耳痛。举体痛痒如虫啮,痒而搔之,皮便脱落作疮,灸曲池二穴,随年壮,发即灸之神良。

3.《千金翼》:瘾疹,灸曲池二穴,随年壮神良。

4.《金鉴》:主治中风,手挛筋急,瘰风疟疾,先寒后热等证。

【研究进展】

1.原发性高血压 针刺后高血压患者的收缩压及舒张压均有不同程度的降低,对脑血流有不同程度的改善。

2.糖尿病 以曲池、三阴交、阳陵泉三穴为主,并结合分型配穴治疗糖尿病患者,经2个月的治疗,75%的患者血糖均有不同程度的降低。

3.荨麻疹及斑秃 于曲池穴注射胎盘组织液,或加服扑尔敏治疗荨麻疹,有较好的效果。在该穴和足三里注射维生素B_{12}治疗斑秃,取得良好效果。

12.肘髎 LI_{12}

【定位】 正坐屈肘,自然垂上臂。在肘外侧,屈肘,曲池上方1寸,当肱骨边缘处(图4-1-5)。

【局部层次解剖】 皮肤→皮下组织→肱桡肌→肱肌。浅层有前臂后皮神经。深层有桡侧副动、静脉的分支或属支。

【刺灸法】 直刺0.5～0.8寸;可灸。

【主治】 肘臂痛,拘挛,麻木,嗜卧。上肢瘫痪,臂神经痛,肱骨外上髁炎,肘关节及周围软组织疾患。

【配伍】
1.配手三里、肩髃,有通经活络的作用,主治肘痛,屈伸不利。
2.配曲池、手三里,有活血通络的作用,主治肱骨外上髁炎。

【文献摘要】
1.《甲乙经》:肩肘节痠重,臂痛,不可屈伸,肘髎主之。
2.《图翼》:肘节风痹,臂痛不举,麻木不仁,嗜卧。

13.手五里 LI_{13}

【定位】 正坐,自然垂上臂。在臂外侧,当曲池与肩髃连线上,曲池上五寸处(图4-1-5)。

【局部层次解剖】 皮肤→皮下组织→肱肌。浅层有臂外侧下皮神经和前臂后皮神经。深层有桡侧副动、静脉和桡神经。

【刺灸法】 直刺0.5～0.8寸;可灸。

【主治】 肘臂挛急,痠痛;咳嗽吐血,瘰疬;嗜卧身黄,疟疾。上肢麻木疼痛,肿胀,痿软。

【配伍】
1.配大钟、照海、二间,有解困醒神的作用,主治嗜睡。
2.配臂臑,有豁痰行瘀的作用,主治瘰疬。

【文献摘要】
1.《甲乙经》:禁不可刺。
2.《千金方》:瞳目䀮䀮,少气,灸五里,右取左,左取右。
3.《资生》:五里,治惊恐。

14.臂臑 LI_{14}

【定位】 正坐,自然垂上臂。在臂外侧,三角肌止点处,当曲池与肩髃连线上,曲池上7寸(图4-1-5)。

【局部层次解剖】 皮肤→皮下组织→三角肌。浅层有臂外侧上、下皮神经等分布。深层有肱动脉的肌支。

【刺灸法】 直刺0.5～1寸,或斜刺0.8～1.2寸;可灸。

【主治】 肩臂疼痛;颈项拘急,瘰疬,目疾。颈淋巴结核,肩关节周围炎。

【配伍】

1.配强间,有行气缓筋,活络止痛的作用,主治颈项强。

2.配手三里、大迎,有豁痰行瘀,温经散结的作用,主治颈部淋巴结核。

【文献摘要】

1.《甲乙经》:寒热,颈疬,适肩臂不可举,臂臑俞主之。

2.《图翼》:臂痛无力,寒热瘰疬,颈项拘急。

15.肩髃 LI15

【定位】 外展上臂平肩。肩臂活动困难者可自然垂臂。在肩部,三角肌上,臂外展,或向前平伸时,当肩峰前下方凹陷处(图4-1-6)。

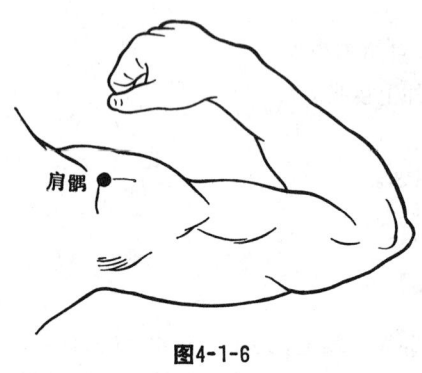

图4-1-6

【局部层次解剖】 皮肤→皮下组织→三角肌→三角肌下囊→冈上肌腱。浅层有锁骨上外侧神经,臂外侧上皮神经分布。深层有旋肱后动、静脉和腋神经的分支。

【刺灸法】 直刺0.5～0.8寸;可灸。

【主治】 肩臂痛,手臂挛急,肩中热,半身不遂;瘰疬诸瘿。肩周炎,上肢瘫痪,臂神经痛。

【配伍】

1.配肩髎、肩贞、臑俞,有活络止痛的作用,主治肩关节周围炎。

2.配阳溪,有疏风清热,调和营卫的作用,主治风疹。

3.配曲池、外关、合谷,有活血通络的作用,主治上肢不遂。

【文献摘要】

1.《铜人》:若灸偏风不遂,七七壮止,不宜多灸,恐手臂细,若风病筋骨无力久不瘥,当灸不畏细也。

2.《铜人》:唐鲁州刺史库狄嵌,风痹,不能挽弓,甄权针肩髃,针进即可射。

3.《外科大成》:乳痈,乳毒,乳岩。

【研究进展】 改善肢体血液循环 按揉肩髃穴前后,测肢体末端血流图比较,结果表明按揉该穴后能改善动脉弹性,增加肢体的血液循环,使血管的流通量增加,血管周围阻力减少。

16.巨骨 LI16

【定位】 正坐。在肩上部,当锁骨肩峰端与肩胛冈之间凹陷处(图4-1-7)。

【局部层次解剖】 皮肤→皮下组织→肩锁韧带→冈上肌。浅层有锁骨上外侧神经等分布。深层布有肩胛上神经的分支和肩胛上动、静脉的分布或属支。

【刺灸法】 直刺0.4～0.8寸,不可深刺,以免刺入胸腔造成气胸;可灸。

【主治】 肩背手臂疼痛,不得屈伸;瘰疬,瘿气;惊癫,吐血。淋巴结核,肩关节周围炎。

【配伍】

1.配前谷,有舒通经络的作用,主治臂不举。

2.配孔最、尺泽、鱼际,有降气止咳,清热止血的作用,主治咯血。

【文献摘要】

1.《甲乙经》:手阳明、蹻脉之会。

2.《千金方》:主肩中痛,不能动摇。

3.《铜人》:治肩髆痛,胸中有瘀血,肩背不得屈伸而痛。

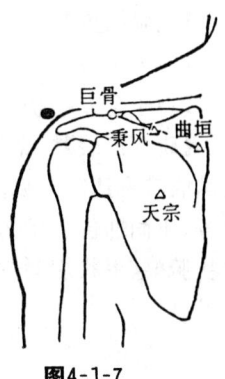

图4-1-7

17.天鼎 LI17

【定位】 正坐微仰头,或仰卧位。在颈外侧部,胸锁乳突肌后缘,当结喉旁,扶突与缺盆连线中点(图4-1-8)。

【局部层次解剖】 皮肤→皮下组织→胸锁乳突肌后缘→斜角肌间隙。浅层内有颈横神经、颈外静脉和颈阔肌等结构。深层有颈升动、静脉分支或属支,在斜角肌间隙内有臂丛等结构。

【刺灸法】 直刺0.3~0.5寸;可灸。

【主治】 咽喉肿痛,暴喑,气哽,瘿气,瘰疬。舌骨肌麻痹,吞咽困难,扁桃体炎。

【配伍】

1.配气舍、膈俞,有清热利咽,消肿止痛的作用,主治咽喉痹哽噎,咽肿不得消,食饮不下。

2.配间使,有宁心利窍的作用,主治失音。

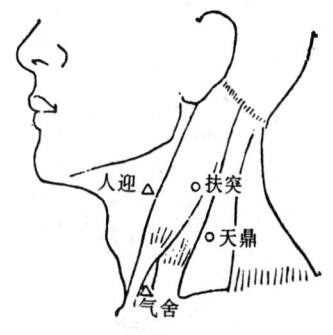

图4-1-8

【文献摘要】

1.《甲乙经》:暴喑气硬,喉痹咽痛不得息,食饮不下,天鼎主之。

2.《千金方》:天鼎、气舍、膈俞,主喉痹哽噎咽肿不得消,食饮不下。

18.扶突 LI18

【定位】 正坐微仰头,或仰卧位。在颈外侧部,结喉旁,当胸锁乳突肌的前、后缘之间(图4-1-8)。

【局部层次解剖】 皮肤→皮下组织→胸锁乳突肌的胸骨头与锁骨头之间→颈血管鞘的后缘。浅层内有颈横神经,颈阔肌等结构。深层有颈血管鞘。

【刺灸法】 直刺0.5~0.8寸;可灸。

【主治】 咳喘,气喘,咽喉肿痛,暴喑,瘿气,瘰疬。吞咽困难,甲状腺肿大,声带小结,声音嘶哑。

【配伍】

1.配大椎、合谷,有清热利咽的作用,主治暴喑,咽喉肿痛。

2.配天突、天溪,有行气利咽喉的作用,主治暴忤气哽。

【文献摘要】
1.《外台》：咳逆上气，咽喉鸣，喝喘息，暴喑，气哽。
2.《千金方》：扶突、大钟、窍阴，主舌本出血。

【研究进展】 据报道以针刺扶突透翳风穴，作为针刺麻醉颅脑手术，镇痛效果良好，手术成功率达90%以上，优良率达80%，且操作简便，容易掌握。对前颅凹、颞顶枕区、后颅凹等，不同部位手术的镇痛效果均优良。又采用针刺该穴配足三里、太冲，或配（腕针）作为甲状腺瘤、甲状腺囊腺瘤、甲状腺次全或全叶切除术的镇痛效果良好，针麻优良率达到90%以上。

19. 禾髎 LI19

【定位】 正坐或仰卧位。在上唇部、鼻孔外缘直下，平水沟穴（图4-1-9）。

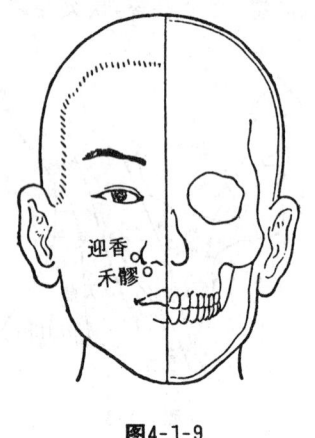

图4-1-9

【局部层次解剖】 皮肤→皮下组织→口轮匝肌。浅层有上颌神经的眶下神经分支。深层有上唇动、静脉和面神经颊支等分布。

【刺灸法】 直刺0.3～0.5寸；可灸。

【主治】 鼻疮息肉，鼻衄，鼻塞，鼻流清涕，口喎，口禁不开。鼻炎，嗅觉减退，面神经麻痹或痉挛等。

【配伍】
1. 配兑端、劳宫，有活血止血的作用，主治衄血不止。
2. 配地仓、颊车、四白、阳白，有祛风活络的作用，主治口喎，口禁不开，鼻塞。

【文献摘要】
1.《甲乙经》：鼻窒口僻，清涕出不可止，鼽衄有痈，禾髎主之。
2.《大成》：主尸厥及口不可开，鼻疮息肉，鼻塞不闻香臭，鼽衄不止。

20. 迎香 LI20

【定位】 正坐或仰卧。在鼻翼外缘中点旁，当鼻唇沟中（图4-1-9）。

【局部层次解剖】 皮肤→皮下组织→提上唇肌。浅层布有上颌神经的眶下神经分支。深层布有面神经颊支，面动、静脉的分支或属支。

【刺灸法】 直刺0.1～0.2寸，或斜刺0.3～0.5寸；可灸。

【主治】 鼻塞，不闻香臭，鼻衄，鼻渊，鼻息肉，口眼歪斜，面痒，面浮肿。嗅觉减退，面神经麻痹，面肌痉挛，胆道蛔虫。

【配伍】
1. 配印堂、合谷，有宣肺气，通鼻窍的作用，主治急慢性鼻炎。
2. 配四白、地仓、阳白，有祛风活血通络的作用，主治面神经瘫痪，面肌痉挛。
3. 配阳陵泉、丘墟，有驱蛔镇痛的作用，主治胆道蛔虫症。

【文献摘要】
1.《甲乙经》：鼻鼽不利，窒洞气塞，喎僻多涕，鼽衄有痈，迎香主之。

2.《圣惠方》：鼻息不闻香臭，偏风面痒及面浮肿。

【研究进展】

据报道，迎香穴是治疗鼻病的首选穴位，如用泼尼松龙在该穴位注射治疗过敏性鼻炎、鼻前庭炎；氦氖激光照射该穴治疗过敏性鼻炎；埋线治疗慢性鼻炎；针刺治疗慢性鼻炎等都取得满意的治疗效果。用该穴透刺四白穴治疗胆道蛔虫症，一般针刺半小时左右疼痛即可缓解，2小时左右疼痛消失。

手阳明大肠经经穴分寸歌

商阳食指内侧边，二间寻来本节前，三间握拳节后取，合谷虎口歧骨间，
阳溪腕上筋间是，偏历腕后三寸安，温溜腕后去五寸，池前四寸下廉看，
池前三寸上廉中，池前二寸三里逢，曲池屈肘纹头尽，肘髎大骨外廉近，
大筋中央寻五里，肘上三寸行向里，臂臑肘上七寸量，肩髃肩端举臂取，
巨骨肩尖端上行，天鼎扶下一寸真，扶突人迎后寸五，禾髎水沟旁五分，
鼻翼中点外迎香，大肠经穴是分明。

第二节　手太阳小肠经穴

Points of Small Intestine Meridian of Hand-Taiyang, SI.

经脉循行　从小指开始，经手背外侧至腕部，沿上肢外侧后边到肩关节，绕行肩胛部，经大椎向下进入缺盆，深入体腔联络心脏，穿过膈，经胃部，入属小肠。其上行的经脉，从缺盆沿着颈部，上经面颊到达目外眦，退回进入耳中。

另一支从面颊分出，上行目眶下，抵于鼻旁，至目内眦与足太阳膀胱经相接。

联系脏腑器官　小肠、心、胃、咽喉、鼻、目、耳。

本经腧穴，起于少泽，止于听宫，左右各19个穴位（图4-2-1）。

主治概要　本经腧穴主治头、项、耳、目、咽喉病，热病，神志病以及经脉循行部位的其他病证。

1.少泽　SI1　井穴

【定位】　俯掌。在手小指末节尺侧，距甲根角0.1寸（图4-2-2）。

【局部层次解剖】　皮肤→皮下组织→指

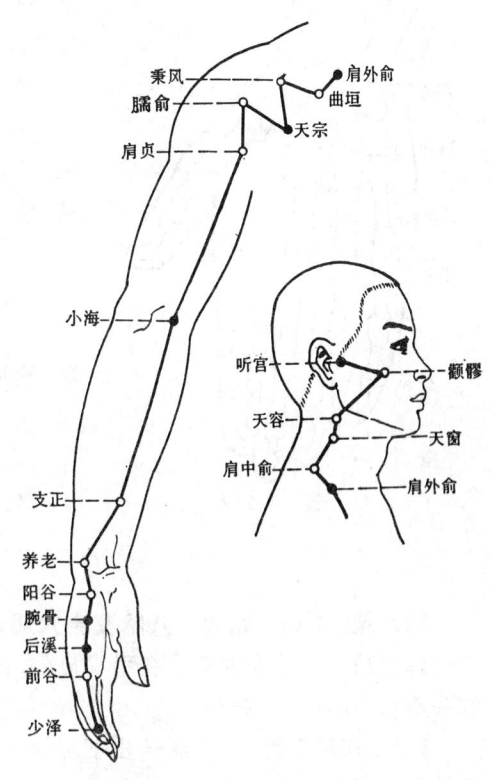

图4-2-1　小肠经穴总图

甲根。有尺神经指掌侧固有神经的指背支和小指尺掌侧动、静脉指背支形成的动、静脉网。

【刺灸法】 斜刺0.1寸;可灸。

【主治】 肩臂外后侧疼痛;头痛,项强,咽喉肿痛,热病昏迷,耳聋,耳鸣,乳痈,乳汁少。乳腺炎,乳汁分泌不足,神经性头痛,精神分裂症,中风昏迷。

【配伍】

1.配天容,有清热利咽的作用,主治咽喉肿痛,扁桃体炎。

2.配人中,有醒神开窍的作用,主治热病昏迷,休克。

【文献摘要】

1.《铜人》:目生肤翳覆瞳子,少泽主之。

2.《金鉴》:主鼻衄不止。

3.《玉龙歌》:妇人吹乳痈难消,吐血风痰稠似胶,少泽穴内明补泻,应时神效气能调。

【研究进展】 针刺少泽、膻中,可使缺乳妇女生乳素含量增加。电针少泽穴,可使催产素分泌增加。

2. 前谷 SI2 荥穴

【定位】 自然半握拳。在手尺侧,微握拳,当小指本节(第五掌指关节)前的掌指横纹头赤白肉际(图4-2-2)。

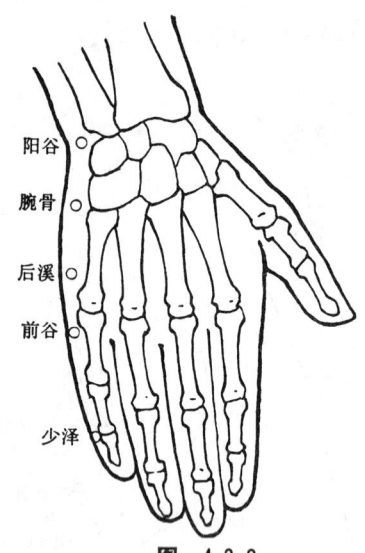

图 4-2-2

【局部层次解剖】 皮肤→皮下组织→小指近节指骨基底部。有尺神经的指背神经,尺神经的掌侧固有神经和小指尺掌侧动、静脉。

【刺灸法】 直刺0.2~0.3寸;可灸。

【主治】 手指麻木;肘挛,臂痛,耳鸣,目痛,目翳,头项急痛,颊肿,咽喉肿痛;产后无乳,热病汗不出,疟疾,癫痫,痫证。前臂神经痛,扁桃体炎,乳腺炎,腮腺炎。

【配伍】

1.配睛明、太阳,有清热明目的作用,主治目痛目翳。

2.配风池、大椎,有醒脑,安神,定志的作用,主治癫狂,痫证。

【文献摘要】

1.《甲乙经》:目中白翳,目痛泣出,前谷主之。

2.《大成》:主热病汗不出。

3.《金鉴》:主治癫痫。

3. 后溪 SI3 输穴 八脉交会穴通督脉

【定位】 自然半握拳。在手掌尺侧,微握拳,当小指本节(第五掌指关节)后的远侧掌横纹头赤白肉际(图4-2-2)。

【局部层次解剖】 皮肤→皮下组织→小指展肌→小指短屈肌。浅层布有尺神经手背支,尺神经掌支和皮下浅静脉等。深层有小指尺掌侧固有动、静脉和指掌侧固有神经。

【刺灸法】 直刺0.5~0.8寸;可灸。

【主治】 手指及肘臂挛急;头项强痛,耳聋,目赤目翳;热病,疟疾,癫狂,痫证,盗汗。角膜炎,角膜白斑,扁桃体炎,落枕,急性腰扭伤,精神分裂症,癔病。

【配伍】

1.配天柱,有通经活络,舒筋止痛的作用,主治颈项强痛,落枕。

2.配翳风、听宫,有聪耳通窍的作用,主治耳鸣耳聋。

【文献摘要】

1.《铜人》:治疟寒热。

2.《大成》:主胸满,颈项强,不得回顾。

3.《金鉴》:盗汗后,溪穴先砭。

【研究进展】

1.落枕 据报道电针双侧后溪,配合颈部旋转、屈伸活动,治疗215例,有很好疗效。针单侧后溪,用泻法捻转1～3分钟,配合左右摇头动作,治疗54例,有较好疗效。

2.腰扭伤 以后溪透合谷,配合腰部活动,治疗1000例,效果良好。辨证属足太阳经的腰扭伤,针刺手太阳经后溪穴,有较好疗效。

3.肌肉疲劳 据报道针后溪,治疗登山后致肌肉疲劳有很好疗效。

4.眼睑闭合不全 据报道后溪点刺放血,治疗面神经麻痹眼睑闭合不全,效果较好。

5.荨麻疹 点刺后溪放血,配针曲池、足三里。

6.麦粒肿 用麦粒艾炷,左病灸右,右病灸左,一般1～3壮即可。

7.惊厥 取后溪透劳宫,配足三里,用强刺激。

4.腕骨 SI4 原穴

【定位】 俯掌。在手掌尺侧,当第五掌骨基底与钩骨之间的凹陷处,赤白肉际(图4-2-2)。

【局部层次解剖】 皮肤→皮下组织→小指展肌→豆掌韧带。浅层布有前臂内侧皮神经,尺神经掌支,尺神经手背支和浅静脉等。深层有尺动、静脉的分支或属支。

【刺灸法】 直刺0.3～0.5寸;可灸。

【主治】 指挛臂痛;头痛,项强,耳鸣,目翳;黄疸胁痛,热病汗不出,疟疾,消渴,惊风,瘈疭。口腔炎,糖尿病。

【配伍】

1.配通里,为原络配穴法,有清热安神定惊的作用,主治高热,惊风,瘈疭。

2.配太冲、阳陵泉,有清肝利胆的作用,主治黄疸,胁痛,胆囊炎。

3.配足三里、三阴交,有健脾滋阴增液的作用,主治消渴。

【文献摘要】

1.《甲乙经》:消渴,腕骨主之。

2.《大成》:主头痛,惊风。

3.《金鉴》:主治臂腕五指疼痛。

【研究进展】

1.腰痛 配下巨虚,用导气手法,患者腰部有热感时出针。

2.增加肠蠕动,针刺腕骨穴可使不蠕动或蠕动减弱的结肠下部及直肠的蠕动增强。

5. 阳谷 SI5 经穴

【定位】 俯掌。在手腕尺侧,当尺骨茎突与三角骨之间的凹陷处(图4-2-2)。

【局部层次解剖】 皮肤→皮下组织→尺侧腕伸肌腱的前方。浅层有尺神经手背支,贵要静脉等分布。深层有尺动脉的腕背支。

【刺灸法】 直刺0.3～0.5寸;可灸。

【主治】 手腕痛;臂外侧痛,颈颔肿,齿痛,头眩,目赤肿痛,耳鸣,耳聋;癫狂妄言,痔漏。尺神经痛,腮腺炎,齿龈炎,精神病,癫痫。

【配伍】

1.配曲池、外关,有舒筋通络止痛的作用,主治腕痛,上肢痿痹。

2.配百会、涌泉,有醒脑安神定志的作用,主治精神分裂症,癫痫。

【文献摘要】

1.《甲乙经》:狂癫疾,阳谷及筑宾、通谷主之。

2.《铜人》:治齿龋痛,臂腕外侧痛不举。

3.《大成》:主寒热,耳鸣耳聋。

6. 养老 SI6 郄穴

【定位】 侧腕对掌。在前臂背面尺侧,当尺骨小头近端桡侧凹陷中(图4-2-3)。

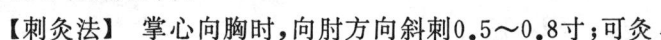

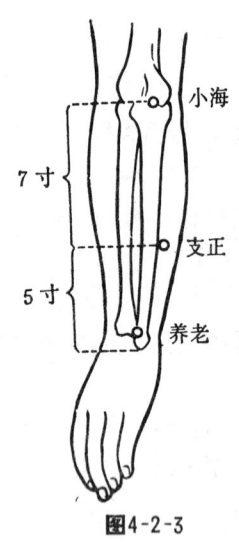

图4-2-3

【局部层次解剖】 皮肤→皮下组织→尺侧腕伸肌腱。浅层布有前臂内侧皮神经,前臂后皮神经,尺神经手背支和贵要静脉属支。深层有腕背动、静脉网。

【刺灸法】 掌心向胸时,向肘方向斜刺0.5～0.8寸;可灸。

【主治】 肩背肘臂痛;急性腰痛,头痛面痛;目视不明。急性腰扭伤,落枕,眼球充血,视力减退,半身不遂。

【配伍】

1.配肩髃,有舒筋活络的作用,主治肩、背、肘疼痛。

2.配风池,有祛风止痛的作用,主治头痛,面痛。

【文献摘要】

1.《甲乙经》:肩痛欲折,养老主之。

2.《铜人》:治目视不明。

3.《图翼》:张仲文传灸治仙法,疗腰重痛,不可转侧,起坐艰难,及筋挛,脚痹不可屈伸。

【研究进展】

1.落枕 针刺用强刺激手法,左病右取,右病左取,嘱患者活动颈部。也有针刺后用点按和揉法,按摩颈部疼痛点。

2.急性腰扭伤 针刺一侧养老穴,嘱患者活动腰部。

7. 支正 SI7 络穴

【定位】 侧腕对掌或掌心对胸。在前臂背面尺侧,当阳谷与小海的连线上,腕背横纹上5寸(图4-2-3)。

【局部层次解剖】 皮肤→皮下组织→尺侧腕屈肌→指深屈肌→前臂骨间膜。浅层有前臂内侧皮神经,贵要静脉属支。深层有尺动、静脉和尺神经。

【刺灸法】 直刺0.3~0.5寸;可灸。

【主治】 肘挛,手指痛;头痛,项强,目眩;消渴,癫狂,好笑善忘,惊恐悲愁。疥疮,麦粒肿,神经衰弱,神经性头痛,精神病。

【配伍】
1.配神门,为原络配穴法,有安神定志的作用,主治癫狂,精神病。
2.配肩髎,有舒筋通络的作用,主治肩臂,手指疼痛,挛急。

【文献摘要】
1.《铜人》:治头痛目眩。
2.《大成》:主惊、恐、悲、愁、癫狂。
3.《金鉴》:主治七情郁结不舒,消渴饮水不止。

【研究进展】 舌尖疼痛 取双侧支正穴,进针后用捻转提插泻法,间隔10分钟行针1次,留针30分钟。

8. 小海 SI8 合穴

【定位】 微屈肘。在肘外侧,当尺骨鹰嘴与肱骨内上髁之间凹陷处(图4-2-3)。

【局部层次解剖】 皮肤→皮下组织→尺神经沟内。浅层有前臂内侧皮神经尺侧支,臂内侧皮神经,贵要静脉属支。深层,在尺神经沟内有尺神经,尺神经的后外侧有尺侧上副动、静脉与尺动、静脉的尺侧返动、静脉后支吻合成的动、静脉网。

【刺灸法】 直刺0.3~0.5寸;可灸。

【主治】 肘臂疼痛;颈项肩臂外后侧痛,颊肿,头痛,目眩,耳鸣,耳聋;癫狂,痫证,疡肿。尺神经疼痛,麻痹,齿龈炎,癫痫,精神分裂症,舞蹈病。

【配伍】
1.配曲池、臂臑,有活血通络的作用,主治肘臂疼痛。
2.配合谷、颊车,有清热消炎的作用,主治颊肿,牙龈炎,咽喉炎。
3.配风池、大椎,有安神定志的作用,主治癫狂,痫证。

【文献摘要】
1.《甲乙经》:风眩头痛,小海主之。主疟,背膂振寒。
2.《铜人》:治寒热,齿龈肿。
3.《大成》:主肩臑,肘臂外后廉痛。

【研究进展】 据报道针刺小海穴,可使降结肠远端的迷走神经过敏现象减轻,故治疗过敏性结肠炎,有一定效果。

9. 肩贞 SI9

【定位】 正坐,自然垂臂。在肩关节后下方,臂内收时,腋后纹头上1寸(指寸)(图4-2-3)。

【局部层次解剖】 皮肤→皮下组织→三角肌后份→肱三头肌长头→大圆肌→背阔肌腱。浅层有第二肋间神经的外侧皮支和臂外侧上皮神经分布。深层有桡神经。

【刺灸法】 直刺0.4～1寸;可灸。
【主治】 肩胛痛,手臂麻痛,不能举;耳鸣,耳聋,头痛,缺盆中痛;瘰疬。上肢瘫痪,肩关节周围炎。
【配伍】
1.配肩髃,有舒筋活络止痛的作用,主治肩臂疼痛,上肢瘫痪。
2.配天井,有消结散瘀的作用,主治淋巴结炎。
3.配完骨,有聪耳通窍的作用,主治耳鸣。
【文献摘要】
1.《铜人》:治风痹,手臂不举。
2.《大成》:主伤寒寒热,耳鸣耳聋。
3.《图翼》:缺盆,肩中热痛。

10.臑俞 SI10

【定位】 正坐,自然垂臂。在肩部,当腋后纹头直上,肩胛冈下缘凹陷中(图4-2-4)。
【局部层次解剖】 皮肤→皮下组织→三角肌→冈下肌。浅层布有锁骨上外侧神经。深层有肩胛上动、静脉的分支或属支,旋肱后动、静脉的分支或属支。

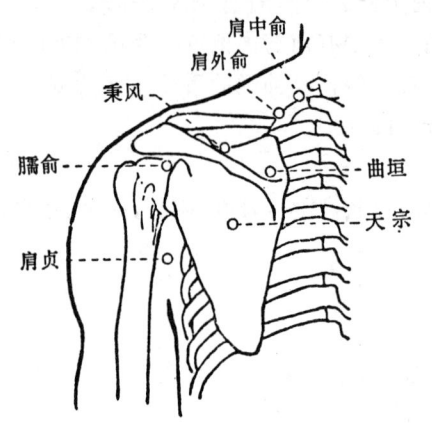

图4-2-4

【刺灸法】 直刺0.6～1寸;可灸。
【主治】 肩臂瘦痛无力,肩肿;气喘;乳痈;颈项瘰疬。肩周炎。
【配伍】
1.配臂臑,有祛风通络止痛的作用,主治肩臂瘦痛,肩周炎。
2.配肺俞,有降气止咳平喘的作用,主治咳嗽,气喘。
3.配肩井、膻中,有散结消肿的作用,主治乳痈。
【文献摘要】
1.《甲乙经》:手太阳、阳维、蹻脉之会。
2.《铜人》:治臂瘦无力。
3.《大成》:主寒热气肿胫(颈)痛。

【研究进展】
1.癫痫 配风市、大椎,埋肠线,有一定效果。
2.肩周炎 用焠刺臑俞治疗50例,有良好效果。但体虚者慎用。

11.天宗 SI11

【定位】 正坐,自然垂臂,在肩胛部,当冈下窝中央凹陷处,与第四胸椎相平(图4-2-4)。
【局部层次解剖】 皮肤→皮下组织→斜方肌→冈下肌。浅层有第四胸神经后支的皮支和伴行的动、静脉。深层布有肩胛上神经的分支和旋肩胛动、静脉的分支或属支。
【刺灸法】 直刺0.5～0.7寸;可灸。
【主治】 肩胛疼痛,咳嗽,气喘;肘臂外后侧痛,颊颔肿痛;乳痈。

【配伍】
1.配臑会,有舒筋通络止痛的作用,主治肩臂肘痛,肩关节周围炎。
2.配膻中,有理气散结消肿的作用,主治乳痈,乳腺增生。
【文献摘要】
1.《甲乙经》:肩重肘臂痛,不可举,天宗主之。
2.《外台》:胸胁支满,抢心咳逆。
3.《大成》:主颊颔肿。
【研究进展】
1.据报道,多数胆道感染和胆石症患者在右侧天宗穴有压痛,且压痛程度随疾病的好转而逐渐减轻以至消失。另有在检查时发现有一侧天宗穴压痛明显者,经X颈部摄片证实均有颈椎病变。
2.用皮内针刺入左侧天宗穴后30分钟,X线检查可见胆囊阴影缩小。另有针刺右侧天宗穴,治疗胆绞痛56例患者,有较好的镇痛作用。

12. 秉风 SI12
【定位】 正坐,自然垂臂。在肩胛部,冈上窝中央,天宗直上,举臂有凹陷处(图4-2-4)。
【局部层次解剖】 皮肤→皮下组织→斜方肌→冈上肌。浅层布有第二胸神经后支的皮支和伴行的动、静脉。深层有肩胛上神经的分支和肩胛上动、静脉的分支或属支分布。
【刺灸法】 直刺0.3寸;可灸。
【主治】 肩胛疼痛不举;上肢酸麻;咳嗽。冈上肌炎,肩周炎等。
【配伍】
1.配肩髃、外关,有舒筋通络活血的作用,主治上肢酸麻,肩关节周围炎。
2.配太渊、肺俞,有理肺止咳化痰的作用,主治咳嗽咯痰。
【文献摘要】
1.《甲乙经》:肩痛不可举,天容及秉风主之。
2.《大成》:主肩痛不能举。
3.《考穴编》:肩胛疼痛,项强不得回顾,腠理不得致密,风邪易入,咳嗽顽痰。

13. 曲垣 SI13
【定位】 正坐,自然垂臂。在肩胛部,冈上窝内侧端,当臑俞与第二胸椎棘突连线的中点处(图4-2-4)。
【局部层次解剖】 皮肤→皮下组织→斜方肌→冈上肌。浅层有第二、三胸神经后支的皮支和伴行的动、静脉。深层布有肩胛上神经的肌支和肩胛上动、静脉,肩胛背动、静脉的分支或属支。
【刺灸法】 直刺0.3~0.5寸;可灸。
【主治】 肩胛拘挛疼痛,肩背痛。冈上肌腱炎,肩周炎。
【配伍】 配大椎,有通阳舒筋活络的作用,主治肩背痛。
【文献摘要】
1.《甲乙经》:肩胛周痹。

2.《铜人》：治肩膊拘急疼闷。

3.《大成》：主肩痹热痛。

14.肩外俞 SI14

【定位】 正坐位，或伏俯位。在背部，当第一胸椎棘突下，旁开3寸(图4-2-4)。

【局部层次解剖】 皮肤→皮下组织→斜方肌→菱形肌。浅层有第一、二胸神经后支的皮支和伴行的动、静脉。深层分布有颈横动、静脉的分支或属支和肩胛背神经的肌支。

【刺灸法】 斜刺0.3～0.6寸；可灸。

【主治】 肩背瘘痛，颈项强直；上肢冷痛。肩胛区神经痛。

【配伍】 配大椎、后溪，有舒筋活络，解痉止痛的作用，主治颈项强直，颈、胸椎病，肩背瘘痛。

【文献摘要】

1.《圣惠方》：肩中痛，发寒热，引项急强，左右不顾。

2.《铜人》：治肩胛痛。

3.《大成》：主周痹寒至肘。

15.肩中俞 SI15

【定位】 正坐，或伏俯位，或俯卧位。在背部，当第七颈椎棘突下，旁开2寸(图4-2-4)。

【局部层次解剖】 皮肤→皮下组织→斜方肌→菱形肌。浅层有第八颈神经后支，第一胸神经后支的皮支分布。深层有副神经，肩胛背神经的分支和颈横动、静脉。

【刺灸法】 斜刺0.3～0.6寸；可灸。

【主治】 肩背疼痛，咳嗽，气喘；目视不明；唾血，寒热，落枕。

【配伍】 配肩髎、外关，有舒筋活络止痛的作用，主治肩背疼痛，肩周炎。

【文献摘要】

1.《铜人》：治寒热目视不明。

2.《大成》：主咳嗽，上气唾血。

3.《考穴编》：寒热劳嗽，肩胛痛疼。

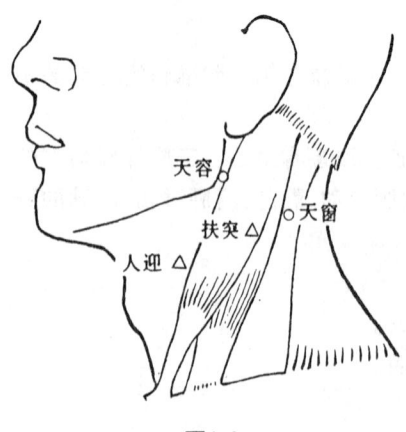

图4-2-5

16.天窗 SI16

【定位】 正坐。在颈外侧部，胸锁乳突肌的后缘，扶突后，与喉结平(图4-2-5)。

【局部层次解剖】 皮肤→皮下组织→胸锁乳突肌后缘→肩胛提肌→头、颈夹肌。浅层有耳大神经，枕小神经和颈外静脉。深层布有颈升动、静脉的分支或属支。

【刺灸法】 直刺0.3～0.5寸；可灸。

【主治】 颈项强直，咽喉肿痛，颈瘿；暴喑，耳鸣，耳聋；瘾疹，中风，癫狂。甲状腺肿大，口颊炎，齿龈炎，肋间神经痛等。

【配伍】
1.配天容、少商,有清热利咽的作用,主治咽喉肿痛,扁桃体炎。
2.配翳风、中渚,有通窍聪耳的作用,主治耳鸣,耳聋。
【文献摘要】
1.《铜人》:治耳鸣聋无所闻。
2.《大成》:主齿噤中风。
3.《图翼》:颈瘿肿痛。

17. 天容 SI17

【定位】 正坐。在颈外侧部,当下颌角的后方,胸锁乳突肌的前缘凹陷中(图4-2-5)。

【局部层次解剖】 皮肤→皮下组织→面动脉后方→二腹肌腱及茎突舌骨肌。浅层有耳大神经和颈外静脉。深层有面动、静脉,颈内静脉,副神经,迷走神经,舌下神经,颈上神经节。

【刺灸法】 直刺0.5~0.8寸;可灸。

【主治】 咽喉肿痛,颊肿;耳鸣,耳聋,头项痈肿;瘿气,瘰疬。扁桃体炎,颈项部扭伤。

【配伍】
1.配鱼际、少商,有清热利咽,消肿止痛的作用,主治咽喉肿痛,扁桃体炎,颊肿。
2.配听宫、中渚,有通窍聪耳的作用,主治耳鸣,耳聋。
3.配天突、天井,有理气活血散瘀的作用,主治瘿气,瘰疬。

【文献摘要】
1.《铜人》:治喉痹寒热,咽中如鲠。
2.《大成》:主瘿颈项痈。
3.《图翼》:治齿噤,耳鸣耳聋。

【研究进展】 针刺天容对奥狄括约肌有明显解痉作用,且能促进胆总管的收缩,有促进胆汁分泌和良好的镇痛作用。

18. 颧髎 SI18

【定位】 正坐,或仰卧位。在面部,当目外眦直下,颧骨下缘凹陷处(图4-2-6)。

【局部层次解剖】 皮肤→皮下组织→颧肌→咬肌→颞肌。浅层布有上颌神经的眶下神经分支,面神经的颧支、颊支、面横动、静脉的分支或属支。深层有三叉神经的下颌神经分支分布。

【刺灸法】 直刺0.2~0.3寸;可灸。

【主治】 口眼歪斜,颊肿;眼睑瞤动,齿痛,唇肿,面赤;目黄。面神经麻痹,面肌痉挛。

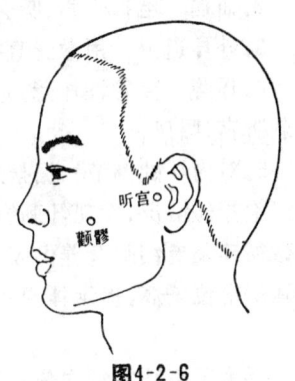

图4-2-6

【配伍】
1.配翳风、合谷,有清热镇痛的作用,主治三叉神经痛,齿痛。
2.配肝俞、太冲,有舒肝解痉止痛的作用,主治面肌痉挛,眼睑瞤动。

【文献摘要】

1.《甲乙经》:颔肿唇痈,颧髎主之。

2.《铜人》:治口㖞,面赤目黄。手少阳、太阳之会。

3.《大成》:主眼瞤动不止。

【研究进展】

1.三叉神经痛 进针2～2.5cm,如出现触电感,针感扩散更好。

2.针刺颧髎对三叉神经痛有明显疗效。其镇痛原理的研究表明,脑脊髓液中色氨酸、5-羟色胺、5-羟吲哚乙酸含量增高,去甲肾上腺素下降。

3.鼻炎 电针颧髎治疗鼻炎153例,有较好疗效。

19. 听宫 SI19

【定位】 正坐或仰卧。在面部,耳屏前,下颌骨髁状突的后方,张口时呈凹陷处(图4-2-6)。

【局部层次解剖】 皮肤→皮下组织→外耳道软骨。布有耳颞神经,颞浅动、静脉耳前支的分支或属支。

【刺灸法】 微张口,直刺0.5～1寸;可灸。

【主治】 耳鸣,耳聋,聤耳;齿痛;失音;癫疾,痫证。聋哑,中耳炎,下颌关节功能紊乱,声音嘶哑。

【配伍】

1.配翳风、外关,有聪耳开窍的作用,主治耳鸣耳聋。

2.配颊车、合谷,有清泻阳明之热的作用,主治牙龈炎,齿痛。

【文献摘要】

1.《甲乙经》:癫疾,狂,听宫主之。手足少阳、手太阳之会。

2.《铜人》:治耳聋。

3.《大成》:主治失音。

【研究进展】

1.三叉神经痛 针刺听宫,留针1至数小时,治疗63例,效果好。

2.面痛 电针听宫、听会、翳风,用连续波。

3.外耳道炎 用激光直接照射耳腔10分钟,听宫、听会各照射5分钟。

4.耳聋 突发性耳聋,先以右手拇指尖按压患侧听宫、翳风,使患者有痠麻感,然后再针刺听宫、翳风。

5.对内耳的调节 据报道针刺听宫穴,对实验性动物的耳聋与对照组比较,观察耳蜗毛细胞损伤情况,发现针刺组其损伤曲线在第二回,显著减轻,证明针刺能改善实验动物、耳蜗微循环及毛细胞营养供应,能减轻毛细胞坏死。又通过耳蜗电位变化,发现针刺组可使部分耳蜗电位增高,提示耳蜗功能有改善。

手太阳小肠经经穴分寸歌

小指端外为少泽,前谷外侧节前觅, 节后握拳取后溪,腕骨腕前骨陷侧,

锐骨下陷阳谷讨，腕后锐上觅养老，　支正腕后五寸量，小海肘踝鹰嘴中，
肩贞腋上一寸寻，臑俞贞上冈下缘，　天宗秉风下窝中，秉风冈上举有空，
曲垣冈端上内陷，外俞陶道三寸从。　中俞二寸大椎旁，天窗扶突后陷详，
天容耳下曲颊后，颧髎面鸠锐端量，　听宫耳中大如菽，此为小肠手太阳。

第三节　手少阳三焦经穴

Points of Sanjiao Meridian of Hand-Shaoyang, SJ.

经脉循行　从无名指末端开始，沿上肢外侧中线上行至肩，在第七颈椎处交会，向前进入缺盆，络于心包，通过膈肌，属上、中、下三焦。

其支脉从胸上行，出于缺盆，上走颈外侧，从耳下绕耳后，经耳上角，然后屈曲向下达面颊，直达眶下部。另一支脉，从耳后入耳中，出走耳前，与前脉交叉于面部，到达目外眦。

联系脏腑器官　三焦、心包、耳、眼、膈。

本经腧穴，起于关冲，止于丝竹空，左右各23个穴位（图4-3-1）。

主治概要　本经腧穴主治侧头、耳、目、胸胁、咽喉病，热病以及经脉循行部位的其他病证。

1. 关冲　SJ1　井穴

【定位】　正坐或仰卧俯掌。在手环指末节尺侧，距指甲根角0.1（指寸）（图4-3-2）。

【局部层次解剖】　皮肤→皮下组织→指甲根。皮下组织内有尺神经指掌侧固有神经的指背支的分支，指掌侧固有动、静脉指背支的动、静脉网。

【刺灸法】　浅刺0.1寸，或用三棱针点刺出血；可灸。

【主治】　头痛，目赤，咽喉肿痛；热病，中暑。喉炎，眼结膜炎，扁桃体炎，流行性腮腺炎。

【配伍】

1. 配少商、少泽，有泄热利咽的作用，主治咽喉肿痛。

2. 配人中、劳宫，有泄热开窍的作用，主治中暑。

3. 配风池、商阳，有退热解表的作用，主治热病无汗。

【文献摘要】

1《甲乙经》：肘痛不能自带衣，起头眩颔痛，面黑，风肩背痛不可顾，关冲主之。

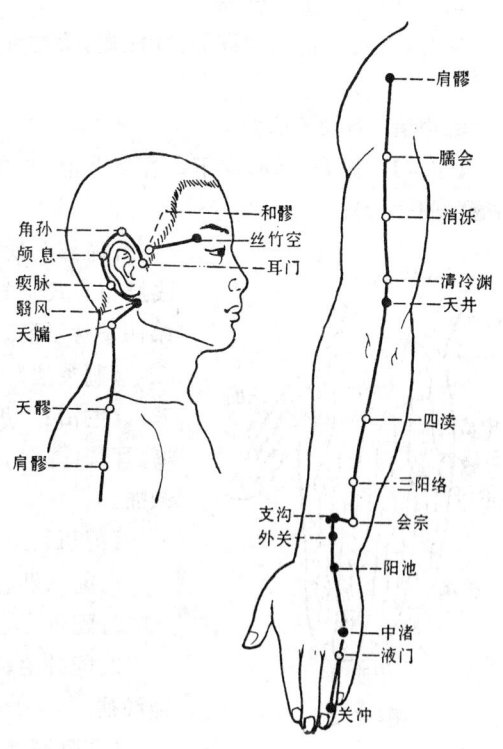

图4-3-1　三焦经穴总图

2.《千金方》:关冲、窍阴、少泽,主喉痹,舌卷口干。

3.《大成》:主喉痹喉闭,舌卷口干,头痛,霍乱,胸中气噎,不嗜食,臂肘痛不可举,目生翳膜,视物不明。

2.液门 SJ2 荥穴

【定位】 正坐或仰卧,俯掌。在手背部,当第四、五指间,指蹼缘后方赤白肉际处(图4-3-2)。

【局部层次解剖】 皮肤→皮下组织→第四与第五指近节指骨基底部之间→第四骨间背侧肌和第四蚓状肌。浅层布有尺神经的指背神经,手背静脉网。深层有指背动、静脉。

【刺灸法】 直刺0.3～0.5寸;可灸。

【主治】 手背痛;喉痹,头痛,目赤,耳鸣;疟疾,热病。咽喉炎,前臂肌痉挛,齿龈炎,角膜白斑。

【配伍】
1.配中渚、阳池,有通经活络的作用,主治手背痛。
2.配鱼际,有清利咽喉的作用,主治喉痹。
3.配外关、听宫,有清头目、利三焦的作用,主治耳鸣,头痛。

【文献摘要】
1.《甲乙经》:胆眩寒厥,手臂痛,善惊,妄言,面赤,泣出,液门主之。
2.《千金方》:主手臂痛。
3.《金鉴》:主治咽喉红肿,牙龈痛,手臂红肿,耳暴聋,不得眠等证。

3.中渚 SJ3 输穴

【定位】 俯掌,掌心向下。在手背部,当环指本节(掌指关节)的后方,第四、五掌骨间凹陷处(图4-3-2)。

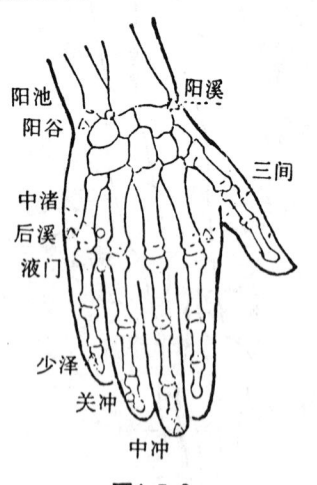

图4-3-2

【局部层次解剖】 皮肤→皮下组织→第四骨肌背侧肌。浅层布有尺神经的指背神经,手背静脉网的尺侧部。深层有第四掌背动脉。

【刺灸法】 直刺0.3～0.5寸;可灸。

【主治】 手指不能屈伸,肩背肘臂痠痛;头痛,目赤,耳鸣,耳聋;热病,消渴,疟疾。肘腕关节炎,神经性耳聋,肋间神经痛。

【配伍】
1.配八邪、外关,有舒筋活络的作用,主治手指不能屈伸。
2.配听宫、翳风,有开窍聪耳的作用,主治耳鸣,耳聋。
3.配外关、期门,有舒肝理气,活络止痛的作用,主治肋间神经痛。

【文献摘要】
1.《甲乙经》:耳聋,两颞颥痛,中渚主之。
2.《甲乙经》:疟发有四时,面上赤,肮肮无所见,中渚主之。

3.《大成》：咽肿，中渚、太溪。
4.《金鉴》：主治四肢麻木，战振踡挛无力，肘臂连肩红肿疼痛，手背痈毒等证。

【研究进展】
1.镇痛作用　有报道以中渚、列缺为主穴，眼科手术的镇痛效果较眼附近穴为优越。中渚穴对落枕镇痛效果亦较好。
2.调理胃肠功能　针刺中渚穴，可引起肠鸣音亢进。
3.肩周炎　先取鲜姜5片，擦患侧肩部，直到局部发红为止。再针刺健侧中渚穴，得气后持续运针，用强刺激法（体弱患者针刺从弱到强），针刺的同时，患者活动肩部，作外旋、外展、后伸等动作。

4.阳池　SJ4　原穴

【定位】　正坐或仰卧，俯掌。在腕背横纹中，当指伸肌腱的尺侧缘凹陷处（图4-3-2）。

【局部层次解剖】　皮肤→皮下组织→腕背侧韧带→指伸肌腱（桡侧）与小指伸肌腱之间→桡腕关节。浅层布有尺神经手背支、腕背静脉网，前臂后皮神经的末支。深层有尺动脉腕背支的分支。

【刺灸法】　直刺0.3～0.5寸；可灸。

【主治】　手腕痛，肘臂痛；目痛，咽喉肿痛；疟疾，消渴。腕关节炎，风湿热，糖尿病。

【配伍】
1.配外关、曲池，有行气活血，舒筋通络的作用，主治前臂肌痉挛或麻痹。
2.配少商、廉泉，有清热通络利咽的作用，主治咽喉肿痛。
3.配胰俞、脾俞、太溪，有疏调三焦，养阴润燥的作用，主治糖尿病。

【文献摘要】
1.《甲乙经》：肩痛不能自举，汗不出，颈痛，阳池主之。
2.《外台》：治寒热瘥疟，肩痛不能自举，汗不出，颈肿。
3.《图翼》：主治消渴口干烦闷，寒热疟，或因折伤，手腕提物不得，臂不能举。

5.外关　SJ5　络穴　八脉交会穴　通阳维

【定位】　正坐或仰卧，俯掌。在前臂背侧，当阳池与肘尖的连线上，腕背横纹上2寸，尺骨与桡骨之间（图4-3-3）。

【局部层次解剖】　皮肤→皮下组织→小指伸肌和指伸肌→拇长伸肌和示指伸肌。浅层布有前臂后皮神经，头静脉和贵要静脉的属支。深层有骨间后动、静脉和骨间后神经。

【刺灸法】　直刺0.5～1寸；可灸。

【主治】　手指疼痛，肘臂屈伸不利，肩痛；头痛，目赤肿痛，耳鸣，耳聋；热病，疟腮，胸胁痛，高血压，偏头痛，偏瘫，小儿麻痹后遗症。

【配伍】
1.配阳池、中渚，有通经活络的作用，主治手指疼痛，腕关节疼痛。

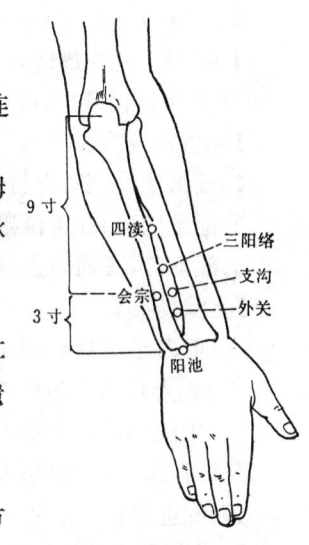

图4-3-3

2.配太阳、率谷,有祛风通络止痛的作用,主治偏头痛。
3.配后溪,有舒筋活络的作用,主治落枕。
4.配足临泣,为八脉交会穴,主治耳、目、颈项及肩部病证。
【文献摘要】
1.《甲乙经》:耳炖炖浑浑无所闻,外关主之。
2.《铜人》:治肘臂不得屈伸,手五指尽痛不能握物,耳聋无所闻。
3.《大成》:主耳聋,浑浑焊焊无闻,五指尽痛,不能握物。
【研究进展】
1.落枕 取健侧外关穴,亦可取双侧。进针后行泻法,得气后提插捻转2~3分钟后留针,并嘱患者活动颈部,有良好疗效。
2.急性腰扭伤 取患侧外关透三阳络穴,留针5~10分钟,留针期间行强刺激手法2~3次,并嘱患者作前俯后仰,下蹲起立,左右旋转,深呼吸等动作,有良好疗效。
3.踝关节扭伤 取患肢对侧外关穴,得气后反复捻转提插2~4次,在行针过程中,嘱患者活动患侧肢体(由轻到重),疼痛即可减轻。
4.近视眼 外关配光明穴,治疗青少年近视眼有效。
5.镇痛作用 据报道选家兔用钾离子透入法测痛阈,电针一侧外关及合谷,以弱刺激、强刺激两种,针刺20分钟后痛阈提高率分别为150%和140%,而弱刺激易被纳络酮所对抗,但强刺激不被纳络酮对抗,而且血浆皮质醇、去甲肾上腺素、环-磷酸腺苷都显著升高,与弱刺激组有显著差异。

6.支沟 SJ6 经穴

【定位】 正坐或仰卧,俯掌。在前臂背侧,当阳池与肘尖的连线上,腕背横纹上3寸,尺骨与桡骨之间(图4-3-3)。
【局部层次解剖】 皮肤→皮下组织→小指伸肌→拇长伸肌→前臂骨间膜。浅层布有前臂后皮神经,头静脉和贵要静脉的属支。深层有骨间后动、静脉和骨间后神经。
【刺灸法】 直刺0.5~1寸;可灸。
【主治】 手指震颤,肘臂痛;胁肋痛,耳鸣,耳聋,落枕;热病,呕吐,便秘。肋间神经痛,习惯性便秘,舌骨肌麻痹,产后血晕。
【配伍】
1.配阳池、八邪,有行气活血,舒筋通络的作用,主治手指震颤。
2.配足三里,有通调腑气的作用,主治便秘。
3.配章门,有通络止痛的作用,主治胁肋痛。
【文献摘要】
1.《甲乙经》:暴喑不能言,支沟主之。
2.《铜人》:治热病汗不出,肩臂疲重,胁腋痛,四肢不举,霍乱呕吐,口噤不开。
3.《大成》:产后血晕不识人,支沟、三里、三阴交。
4.《图翼》:凡三焦相火炽盛,及大便不通,胁肋疼痛者,俱宜泻之。
【研究进展】
1.治疗急性腰扭伤有明显效果。

2.急性跌扑闪挫引起的胁痛,针刺患侧穴位,两胁痛者取双穴,用泻法,强刺激,得气后,让患者站起作深呼吸、咳嗽或活动患部,每日1次,1周为1疗程。

7.会宗 SJ7 郄穴

【定位】 正坐或仰卧,俯掌。在前臂背侧,当腕骨横纹上3寸,支沟尺侧,尺骨的桡侧缘(图4-3-3)。

【局部层次解剖】 皮肤→皮下组织→尺侧腕伸肌→示指伸肌→前臂骨间膜。浅层有前臂后皮神经,贵要静脉的属支。深层有前臂骨间后动、静脉的分支或属支,前臂骨间后神经的分支。

【刺灸法】 直刺0.5~1寸;可灸。

【主治】 上肢痹痛;耳鸣,耳聋;痫证。胆囊炎。

【配伍】
1.配臂臑、曲池,有舒筋活络的作用,主治上肢痹痛。
2.配听会、翳风,有清三焦火,通经活络的作用,主治耳鸣,耳聋。
3.配大椎、百会,有熄风定痫的作用,主治小儿癫痫。

【文献摘要】
1.《外台》:主肌肉痛,耳聋,羊痫。
2.《铜人》:治肌肤痛,耳聋风痫。
3.《大成》:主五痫,肌肤痛,耳聋。

8.三阳络 SJ8

【定位】 正坐或仰卧,俯掌。在前臂背侧,腕背横纹上4寸,尺骨与桡骨之间(图4-3-3)。

【局部层次解剖】 皮肤→皮下组织→指伸肌→拇长展肌→拇短伸肌→前臂骨间膜。浅层布有前臂后皮神经,头静脉和贵要静脉的属支。深层有前臂骨间后动、静脉的分支或属支,前臂骨间后神经的分支。

【刺灸法】 直刺0.5~1寸;可灸。

【主治】 手臂痛;耳聋,暴喑,齿痛;失语,嗜卧,热病。肘关节炎。

【配伍举例】
1.配曲池、臂臑,有行气通络的作用,主治手臂痛。
2.配听宫、中渚,有开窍通络的作用,主治耳聋。
3.配大椎、百会,有振奋阳气的作用,主治嗜卧。

【文献摘要】
1.《甲乙经》:嗜卧,身体不能动摇,大温,三阳络主之。
2.《铜人》:治耳卒聋,齿龋,暴喑不能言。
3.《大成》:主暴喑哑,耳聋,嗜卧,四肢不欲动摇。

【研究进展】
1.据报道三阳络穴,对胸部手术有良好的镇痛作用。如对二尖瓣扩张术,三阳络透郄门,以电脉冲输出强度较大者效果好。肺切除术,以三阳络透郄门,对133例的针麻效应统计Ⅰ、Ⅱ级率为85.7%。

2.对21例正常人,针刺镇痛实验表明,血中内啡肽增高,针刺前后数值相比,有显著差异,其含量与镇痛效果有平行关系。针刺三阳络穴后,测痛,血中组胺不升高,而对照组(不针刺组)测痛,则明显升高。说明针刺三阳络,可抑制痛刺激引起的血中组胺升高。

9. 四渎 SJ9

【定位】 正坐或仰卧,俯掌。在前臂背侧,当阳池与肘尖的连线上,肘尖下5寸,尺骨与桡骨之间(图4-3-3)。

【局部层次解剖】 皮肤→皮下组织→小指伸肌与尺侧腕伸肌→拇长展肌和拇长伸肌。浅层布有前臂后皮神经,头静脉和贵要静脉的属支。深层有骨间后动、静脉和骨间后神经。

【刺灸法】 直刺0.5~1寸。

【主治】 前臂痛;咽喉肿痛,暴喑,暴聋;呼吸气短。偏头痛,上肢瘫痪,咽炎,肾炎。

【配伍】
1.配外关、曲池,有通经活络的作用,主治前臂痛。
2.配听宫、天牖,有通窍聪耳的作用,主治耳暴聋。
3.配液门、膻中,有宽胸利气的作用,主治呼吸气短。

【文献摘要】
1.《千金方》:主暴聋,呼吸气短,咽中如息肉状。
2.《资生》:耳暴聋,四渎、天牖。
3.《大成》:主暴气耳聋,下齿龋痛。

10. 天井 SJ10 合穴

【定位】 正坐或仰卧,屈肘。在臂外侧,屈肘时,当肘尖直上1寸凹陷处(图4-3-4)。

【局部层次解剖】 皮肤→皮下组织→肱三头肌。浅层布有臂后皮神经。深层有肘关节动、静脉网,桡神经肌支。

【刺灸法】 直刺0.5~1寸;可灸。

【主治】 肘臂痛;耳聋,偏头痛,胁肋痛;瘰疬,瘿气,癫痫。肘关节及周围软组织疾患,荨麻疹,忧郁症,颈淋巴结核。

【配伍】
1.配曲池、少海,有通经活络的作用,主治肘痛。
2.配天突、水突,有散结通络的作用,主治瘿气。
3.配翳风、耳门,有清泻三焦热邪的作用,主治耳聋。

【文献摘要】
1.《千金方》:天井、外关、曲池,主臂痿不仁。
2.《大成》:心恍惚,天井、巨阙、心俞。
3.《图翼》:主治头颈肩臂痛,耳聋,目锐眦痛,颊肿,肘臂痛不得捉物。
4.《金鉴》:主治瘰疬,瘾疹。

图4-3-4

11. 清冷渊 SJ11

【定位】 正坐或仰卧,屈肘。在臂外侧,屈肘,当肘尖直上2寸,即天井上1寸(图4-3-4)。

【局部层次解剖】 皮肤→皮下组织→肱三头肌。浅层布有臂后皮神经。深层有中副动、静脉,桡神经肌支。
【刺灸法】 直刺0.5~1寸;可灸。
【主治】 肩臂痛;头痛,目痛,胁痛;黄疸。肝炎,肠炎。
【配伍】
1.配肩髃、曲池,有行气通络的作用,主治肩臂痛。
2.配太阳、率谷,有疏风通络止痛的作用,主治头痛。
3.配内关、期门,有舒肝止痛的作用,主治胁痛。
【文献摘要】
1.《甲乙经》:头痛振寒,清冷渊主之。
2.《千金方》:清冷渊、阳谷,主肩不举不得带衣。
3.《图翼》:主治诸痹痛,肩臂肘臑不能举。

12. 消泺 SJ12
【定位】 正坐或侧卧,臂自然下垂。在臂外侧,当清冷渊与臑会连线的中点处(图4-3-4)。
【局部层次解剖】 皮肤→皮下组织→肱三头肌长头→肱三头肌内侧头。浅层有臂后皮神经分布。深层布有中副动、静脉和桡神经的肌支。
【刺灸法】 直刺0.8~1.2寸;可灸。
【主治】 肩臂痛,肩胛肿痛;头痛,齿痛,颈项强痛;癫痫。
【配伍】
1.配大椎、肩井,有行气活血的作用,主治肩臂痛。
2.配天柱、风池,有祛风活络止痛的作用,主治颈项强痛。
3.配四神聪、大椎,有安神醒脑活络的作用,主治癫疾。
【文献摘要】
1.《甲乙经》:头痛项背急,消泺主之。
2.《资生》:项痛,消泺、窍阴。
3.《大成》:主风痹,颈项急,肿痛寒热,头痛,癫疾。

13. 臑会 SJ13
【定位】 正坐或侧卧,臂自然下垂。在臂外侧,当肘尖与肩髎的连线上,肩髎下3寸,三角肌的后下缘(图4-3-4)。
【局部层次解剖】 皮肤→皮下组织→肱三头肌长头及外侧头→桡神经→肱三头肌内侧头。浅层有臂后皮神经。深层有桡神经,肱深动、静脉。
【刺灸法】 直刺0.8~1.2寸;可灸。
【主治】 肩臂痛,肩胛肿痛;瘿气,瘰疬。颈淋巴结炎,甲状腺肿。
【配伍】
1.配肩髃、臂臑,有行气通经活络的作用。主治肩臂痛。
2.配天宗,有通络止痛的作用,主治肩胛痛。

3.配天突、水突,有散结通络的作用,主治甲状腺肿。

【文献摘要】

1.《千金方》:臑会、支沟、曲池、腕骨、肘髎,主肘节痹臂瘘重,腋急痛,肘难屈伸。

2.《外台》:主项瘿,气瘤,臂痛,气肿腠理气。

3.《铜人》:治项瘿气痛瘤,臂痛不能举,气肿痉痛。

14. 肩髎 SJ14

【定位】 正坐或俯卧位。在肩髃后方,当臂外展时,于肩峰后下方呈现凹陷处(图4-3-4)。

【局部层次解剖】 皮肤→皮下组织→三头肌→小圆肌→大圆肌→背阔肌腱。浅层布有锁骨上外侧神经。深层有腋神经和旋肱后动、静脉。

【刺灸法】 直刺0.8～1.2寸;可灸。

【主治】 肩臂痛,肩重不能举;中风瘫痪,风疹。肩关节周围炎,肋间神经痛。

【配伍】

1.配肩井、天宗,有通经活络的作用,主治肩重不能举。

2.配风池、曲池,有疏风泄热,调和营卫的作用,主治风疹。

3.配外关、章门,有通络止痛的作用,主治肋间神经痛。

【文献摘要】

1.《甲乙经》:肩重不举,臂痛,肩髎主之。

2.《千金方》:臂痛,肩髎、天宗、阳谷。

3.《铜人》:治肩重不可举臂肘。

15. 天髎 SJ15

【定位】 正坐或俯卧。在肩胛部,肩井与曲垣的中间,当肩胛骨上角处(图4-3-5)。

【局部层次解剖】 皮肤→皮下组织→斜方肌→冈上肌。浅层布有锁骨上神经和第一胸神经后支外侧皮支。深层有肩胛背动、静脉的分支或属支,肩胛上动、静脉的分支和属支以及肩胛上神经。

【刺灸法】 直刺0.5～0.8寸;可灸。

【主治】 肩臂痛,颈项强痛;胸中烦满,热病。冈上肌腱炎。

【配伍】

1.配肩髃、曲池,有通经活络止痛的作用,主治肩臂痛。

2.配风池、百劳,有祛风通络的作用,主治颈项强痛。

3.配内关、膻中,有宽胸利气的作用,主治胸中烦满。

【文献摘要】

1.《甲乙经》:身热汗不出,胸中热满,天髎主之。

2.《甲乙经》:手少阳、阳维之会。

3.《铜人》:治肩肘痛引颈项急。

4.《大成》:主胸中烦闷,肩臂痠疼,缺盆中痛。

16. 天牖　SJ16

【定位】　正坐,侧伏或侧卧。在颈侧部,当乳突的后方直下,平下颌角,胸锁乳突肌的后缘(图4-3-6)。

【局部层次解剖】　皮肤→皮下组织→胸锁乳突肌与斜方肌之间→头、颈夹肌→头、颈半棘肌。浅层布有颈外静脉属支,耳大神经和枕小神经。深层有枕动、静脉的分支或属支,颈深动、静脉升支。

【刺灸法】　直刺0.5~1寸;可灸。

【主治】　项强,头痛,头晕;面肿,目痛,瘰疬;暴聋。颈肌痉挛。

【配伍】
1．配百劳、后溪,有活络止痛的作用,主治颈肌痉挛。
2．配睛明、太冲,有清热明目的作用,主治目痛。
3．配听会、四渎,有通络开窍的作用,主治暴聋。

【文献摘要】
1．《千金方》:天牖、四渎,主暴聋。
2．《铜人》:治头风面肿,项强不得回顾。
3．《大成》:主暴聋气,目不明,耳不聪,夜梦颠倒。
4．《图翼》:天牖穴不宜补,亦不宜灸,灸即令人面肿。

17. 翳风　SJ17

【定位】　正坐,侧伏或侧卧。在耳垂后方,当乳突与下颌角之间的凹陷处(图4-3-7)。

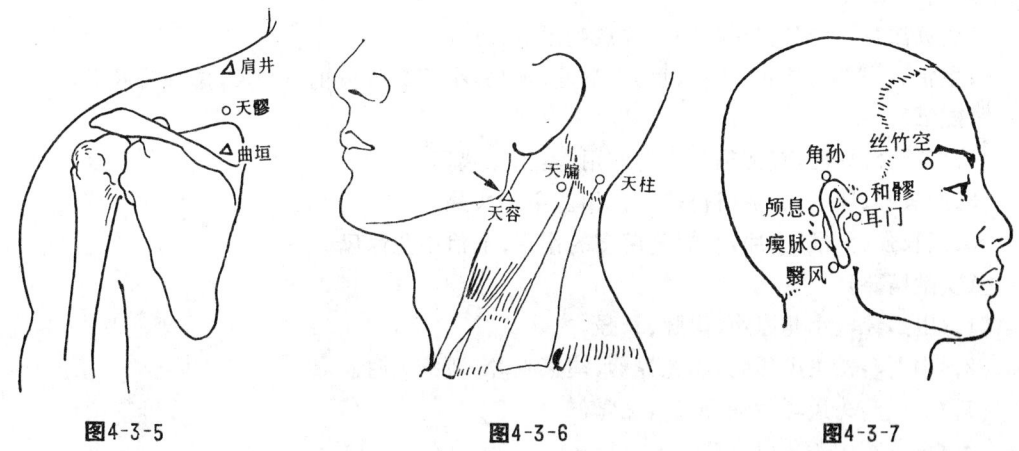

图4-3-5　　　　　　　　图4-3-6　　　　　　　　图4-3-7

【局部层次解剖】　皮肤→皮下组织→腮腺。浅层布有耳大神经和颈外静脉的属支。深层有颈外动脉的分支耳后动脉,面神经。

【刺灸法】　直刺0.8~1.2寸;可灸。

【主治】　耳鸣,耳聋,聤耳;口眼㖞斜,牙关紧闭,齿痛;瘰疬,颊肿。聋哑,腮腺炎,下颌关节炎,面神经麻痹,中耳炎。

【配伍】
1．配听宫、听会,有通窍复聪的作用,主治耳鸣,耳聋。

2.配地仓、颊车、阳白、承泣,有活血祛风通络的作用,主治面神经麻痹。
3.配下关、颊车、合谷,有活络消肿的作用,主治颊肿。
【文献摘要】
1.《甲乙经》:手足少阳之会。
2.《资生》:暴喑不能言,翳风、通里。
3.《大成》:主耳鸣耳聋,口眼㖞斜,脱颔颊肿,口噤不开,不能言。
【研究进展】
1.呃逆 以两手拇指按压翳风穴,力度要重而强,以患者胀痛难忍为度。
2.面神经炎 有报道针刺时,针尖向鼻尖方向进针,使患者有酸麻胀感扩散到面部为度。临床观察面瘫患者多在翳风穴有压痛,翳风穴压痛随病情好转逐次减轻。
3.偏头痛 针刺治疗偏头痛150例,效果较为显著。
4.调整大脑皮质功能 有人在实验性狗神经官能症基础上,针刺翳风,所有阳性条件反射均迅速提高,并稳定地恢复正常,刺激强度与反应之间的关系逐渐恢复,对分化刺激的鉴别逐渐达到完全。说明针刺翳风能恢复大脑皮质神经过程的平衡。
5.化脓性中耳炎 用悬灸法治疗急慢性中耳炎402例,效果良好。

18.瘈脉 SJ18

【定位】 正坐,侧伏或侧卧。在头部,耳后乳突中央,当角孙至翳风之间,沿耳轮连线的中、下1/3的交点处(图4-4-7)。

【局部层次解剖】 皮肤→皮下组织→耳后肌。布有耳大神经和面神经耳后支及耳后动、静脉。

【刺灸法】 平刺0.3～0.5寸,或点刺出血;可灸。

【主治】 耳鸣,耳聋;头痛,目疾;呕吐,泄痢,小儿惊风。视神经炎,急性胃肠炎。

【配伍】
1.配听会、耳门,有清热聪耳的作用,主治耳鸣耳聋。
3.配头维、印堂,有通络止痛的作用。主治头痛。
3.配长强、大椎、太冲,有熄风解痉的作用,主治小儿惊风。

【文献摘要】
1.《甲乙经》:小儿惊痫,瘈脉、长强。
2.《铜人》:治头风耳鸣,小儿惊痫,瘛疭呕吐,泄痢无时。
3.《资生》:头风耳后痛,瘈脉、完骨。
4.《图翼》:主治头风耳鸣。

19.颅息 SJ19

【定位】 正坐,侧伏或侧卧。在头部,当角孙至翳风之间,沿耳轮连线的上、中1/3的交点处(图4-3-7)。

【局部层次解剖】 皮肤→皮下组织→耳后肌。布有耳大神经,枕小神经,面神经耳后支,耳后动、静脉的耳支。

【刺灸法】 平刺0.3～0.5寸;可灸。

【主治】 耳鸣,耳聋;头痛,头晕;呕吐,小儿惊痫。中耳炎,甲状腺肿。
【配伍】
1.配听宫、听会、中渚,有开窍聪耳的作用,主治耳鸣,耳聋。
2.配角孙、头维、太阳,有行气活血止痛的作用。主治偏头痛。
3.配人中、中冲、合谷,有泄热镇惊的作用,主治小儿惊痫。
【文献摘要】
1.《甲乙经》:身热痛,胸胁痛不可反侧,颅息主之。
2.《大成》:主耳鸣痛,喘息,小儿呕吐涎沫,瘛疭发痫。
3.《铜人》:治身热头重,胁痛不得转侧。
4.《千金方》:主小儿痫喘不得。

20.角孙 SJ20
【定位】 正坐,侧伏或侧卧。在头部,折耳廓向前,当耳尖直上入发际处(图4-3-7)。
【局部层次解剖】 皮肤→皮下组织→耳上肌→颞筋膜浅层及颞肌。布有耳颞神经的分支,颞浅动、静脉耳前支。
【刺灸法】 平刺0.3～0.5寸;可灸。
【主治】 耳部肿痛,目赤肿痛,齿痛,偏头痛,项强。腮腺炎,角膜白斑,视神经炎。
【配伍】
1.配听宫、翳风,有清热消肿的作用,主治耳部肿痛。
2.配颊车、下关、合谷,有清泄阳明邪热的作用,主治牙痛。
3.配太阳、头维、太冲,有疏经通络镇痛的作用,主治偏头痛。
【文献摘要】
1.《甲乙经》:手、足少阳,手阳明之会。
2.《千金方》:角孙、颊车,主牙齿不能嚼。
3.《大成》:龈痛,角孙、小海。
4.《金鉴》:主治目中生翳。

21.耳门 SJ21
【定位】 正坐,侧伏或侧卧。在面部,当耳屏上切迹的前方,下颌骨髁突后缘凹陷处(图4-3-7)。
【局部层次解剖】 皮肤→皮下组织→腮腺。布有耳颞神经,颞浅动、静脉耳前支,面神经颞支。
【刺灸法】 直刺0.5～1寸;可灸。
【主治】 耳鸣,耳聋,聤耳;齿痛,颈颔痛,聋哑。中耳炎,下颌关节炎,口周肌肉痉挛。
【配伍】
1.配听宫、听会、翳风,有清热聪耳的作用,主治耳鸣,耳聋,聤耳。
2.配颊车、下关、合谷,有活络止痛的作用,主治齿痛。
3.配颧髎、颊车、翳风,有通经活络的作用,主治下颌关节炎。

【文献摘要】
1.《甲乙经》：耳聋鸣，头颔痛，耳门主之。
2.《外台》：治中风口㖞。
3.《大成》：主耳鸣如蝉声，聤耳脓汁出，耳生疮，重听无所闻。
4.《图翼》：主治耳聋，聤耳脓汁。

22. 和髎　SJ22

【定位】　正坐、侧伏或侧卧，正卧位。在头侧部，当鬓发后缘，平耳郭根之前方，颞浅动脉的后缘（图4-3-7）。

【局部层次解剖】　皮肤→皮下组织→耳前肌→颞筋膜浅层及颞肌。浅层布有耳颞神经，面神经颞支，颞浅动、静脉的分支或属支。深层有颞深前、后神经，均是三叉神经下颌神经的分支。

【刺灸法】　斜刺0.3～0.5寸；可灸。

【主治】　耳鸣；牙关拘急，颔肿，鼻准肿痛；头重痛。外耳道炎，面神经麻痹，面肌痉挛。

【配伍】
1. 配听宫、翳风，有清热聪耳的作用，主治耳鸣。
2. 配颊车、地仓、阳白，有祛风通络的作用，主治面神经麻痹。
3. 配太阳、印堂、足临泣，有祛风通络止痛的作用，主治偏头痛。

【文献摘要】
1.《甲乙经》：头重颔痛，引耳中，怓怓嘈嘈，和髎主之。
2.《甲乙经》：手足少阳、手太阳之会。
3.《铜人》：治牙车引急头重痛，耳中嘈嘈，颔颊肿。
4.《图翼》：主治头痛耳鸣，牙车引急，颈项肿，口僻㖞斜。

23. 丝竹空　SJ23

【定位】　正坐或仰卧。在面部，当眉梢凹陷处（图4-3-7）。

【局部层次解剖】　皮肤→皮下组织→眼轮匝肌。布有眶上神经，颧面神经，面神经颞支和颧支，颞浅动、静脉的额支。

【刺灸法】　平刺0.5～1寸；不灸。

【主治】　目眩，目赤肿痛，眼睑瞤动；头痛，齿痛；癫痫。眼结膜炎，电光性眼炎，视神经萎缩，面神经麻痹，偏头痛。

【配伍】
1. 配瞳子髎、睛明、攒竹，有活血消肿止痛的作用，主治目赤肿痛。
2. 配太阳、外关，有清头散风的作用，主治偏头痛。
3. 配通谷、太冲，有疏肝理气，清火宁神的作用，主治癫痫。

【文献摘要】
1.《甲乙经》：眩，头痛，刺丝竹空主之。
2.《千金方》：丝竹空、通谷，主风痫癫疾，涎沫狂烦满。
3.《金鉴》：主治头痛，颈项肿，口僻㖞斜。

4.《图翼》：主治头痛，目赤目眩，视物䀮䀮。

手少阳三焦经经穴分寸歌

无名指外端关冲，液门小次指陷中，中渚液门上一寸，阳池手表腕陷中，
外关腕后方二寸，腕后三寸支沟容，支沟横外取会宗，空中一寸用心攻，
腕后四寸三阳络，四渎肘前五寸着，天井肘外大骨后，骨罅中间一寸摸，
肘后二寸清冷渊，消泺对腋臂外落，臑会肩前三寸量，肩髎臑上陷中央，
天髎宊骨陷内上，天牖天容之后旁，翳风耳垂后方取，瘛脉耳后鸡足张，
颅息亦在青络上，角孙耳郭上中央，耳门耳缺前起肉，和髎耳后锐发乡，
欲知丝竹空何在，眉后陷中仔细量。

第五章 足三阳经穴

第一节 足阳明胃经穴
Points of Stomach Meridian of Foot-Yangming, ST.

经脉循行 起于鼻翼旁，在鼻根部左右侧交会，到眼内角与足太阳经相交会，向下沿鼻柱外侧，进入上齿中，复出环绕口唇，向下交会于颏唇沟处，再向后沿着腮后方，出于下颌大迎穴，沿下颌角上行耳前，到达前额。面部支脉，从大迎前下走人迎，沿喉咙，进入缺盆部，向下通过膈肌，属于胃，联络脾。缺盆部直行的经脉，经乳，向下挟脐旁，进入少腹两侧气冲。胃下口的支脉，沿着腹里向下到气冲会合，再由此下行经大腿前侧，沿胫骨外侧前缘，下经足跗，进入第二趾外侧端。胫部的支脉，从膝下三寸处分出，进入中趾外侧。足跗部的支脉，从跗上分出，进入大趾内侧端，与足太阴脾经相接。

联系脏腑器官 胃、脾、鼻、眼、口、上齿、乳房。

本经腧穴，起于承泣，止于厉兑，左右各45个穴位（图5-1-1）。

主治概要 本经腧穴主治胃肠病、头面、目、鼻、口齿痛、神志病及经脉循行部位的其他病证。

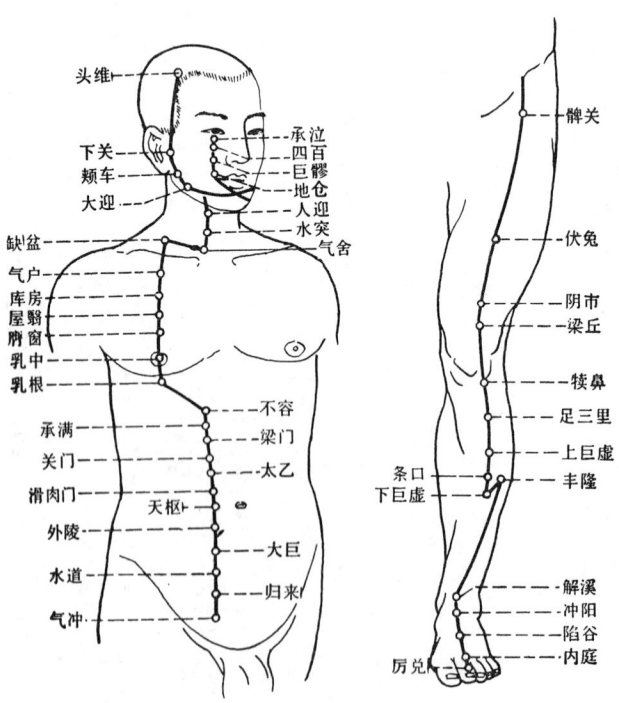

图5-1-1 胃经穴总图

1. 承泣 ST1

【定位】 正坐或仰靠,仰卧位。在面部,瞳孔直下,当眼球与眶下缘之间(图5-1-2)。

【局部层次解剖】 皮肤→皮下组织→眼轮匝肌→眶脂体→下斜肌。浅层布有眶下神经的分支,面神经的颧支。深层有动眼神经的分支,眼动、静脉的分支或属支。

【刺灸法】 紧靠眶下缘缓慢直刺0.3～0.7寸,不宜提插,以防刺破血管引起血肿,可灸。

【主治】 眼睑瞤动,目赤肿痛,迎风流泪,夜盲,口眼歪斜。急、慢性结膜炎,近视、远视,散光,青光眼,斜视,角膜炎,泪囊炎,白内障,视神经炎,视神经萎缩,视网膜色素变性,面神经麻痹,面肌痉挛。

【配伍】

1.配风池、睛明、耳尖放血,有疏风清热,泻火解毒的作用,主治目赤肿痛。

2.配足三里、合谷、攒竹、风池,有补益气血,祛风清热的作用,主治眼胞睑外翻及口眼歪斜。

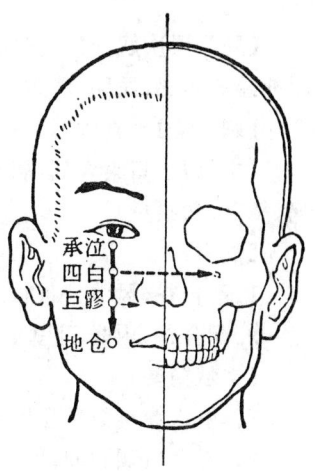

图5-1-2

【文献摘要】

1.《千金方》:目不明,泪出,目眩𥍍,瞳子痒,远视𥉂𥉂,昏夜无见,目瞤动,与项口参相引。㖞僻口不能言。

2.《外台》:禁不宜灸,无问多少,三日以后眼下大如拳,息肉长桃许大,至三十日即定,百日都不见物,或如升大。

3.《铜人》:禁不宜针,针之令人目乌色,可灸三壮,炷如大麦,忌如常法。

2. 四白 ST2

【定位】 正坐,或仰靠,或仰卧。在面部,瞳孔直下,当眶下孔凹陷处(图5-1-2)。

【局部层次解剖】 皮肤→皮下组织→眼轮匝肌,提上唇肌→眶下孔或上颌骨。浅层布有眶下神经的分支,面神经的颧支。深层在眶下孔内有眶下动、静脉和神经穿出。

【刺灸法】 直刺0.2～0.3寸;可灸。

【主治】 目赤痛痒,目翳,眼睑瞤动,迎风流泪,眩晕,头面疼痛,口眼歪斜。结膜炎,角膜炎,近视,胞睑下垂,青光眼,面神经麻痹,三叉神经痛,鼻炎,胆道蛔虫。

【配伍】

1.配丰隆、太白、太冲,有涤痰通络,疏肝明目的作用,主治目翳,眼睑瞤动,青光眼。

2.配颊车、攒竹、太阳,有通经活络的作用,主治口眼歪斜,角膜炎。

3.配涌泉、大杼,有滋阴潜阳的作用,主治头痛目眩。

【文献摘要】

1.《甲乙经》:目痛口僻,戾目不明,四白主之。

2.《图翼》:头痛目眩,目赤生翳,瞤动流泪,眼弦痒,口眼㖞僻不能言。

3.《铜人》:凡用针稳审方得下针,若针深,即令人目乌色。

3. 巨髎 ST3

【定位】 正坐,或仰靠,或仰卧位。在面部,瞳孔直下,平鼻翼下缘处,当鼻唇沟外侧(图5-1-2)。

【局部层次解剖】 皮肤→皮下组织→提上唇肌→提口角肌。布有上颌神经的眶下神经,面神经的颊支,面动、静脉和眶下动、静脉分支或属支的吻合支。

【刺灸法】 直刺0.3～0.6寸;可灸。

【主治】 口眼歪斜,唇颊肿,齿痛,眼睑瞤动,目翳,鼻衄。面神经麻痹,三叉神经痛,牙痛,鼻炎,角膜炎。

【配伍】

1.配合谷、风池、阳白、颊车,有祛风活血通络的作用,主治口眼㖞斜。

2.配合谷、内庭、下关,有祛风泻热,通络止痛的作用,主治齿痛,唇颊肿。

【文献摘要】

1.《甲乙经》:面目恶风寒,颔肿臃痛,招摇视瞻,瘈疭口僻。

2.《资生》:颊肿痛,巨髎、天窗。

4. 地仓 ST4

【定位】 正坐,或仰靠、或仰卧位。在面部,口角外侧,上直瞳孔(图5-1-2)。

【局部层次解剖】 皮肤→皮下组织→口轮匝肌→降口角肌。布有三叉神经的颊支和眶下支,面动、静脉的分支或属支。

【刺灸法】 直刺0.2寸,或向颊车方向平刺0.5～0.8寸;可灸。

【主治】 唇缓不收,口角㖞斜,流涎,齿痛颊肿,眼睑瞤动。面神经麻痹,三叉神经痛。

【配伍】

1.配颊车、巨髎、合谷,有祛风通络活血的作用,主治唇缓不收,齿痛。

2.配颊车、承浆、合谷,有通气滞利机关的作用,主治口噤不开。

【文献摘要】 《铜人》:失音,牙车疼痛,颔颊肿,项强不得回顾。

【研究进展】

1.单纯性流涎 地仓透颊车,治疗小儿单纯流涎(不包括其他口腔疾病引起的流涎),有较好效果。

2.面瘫 针刺地仓透颊车,用电针,效果均好。

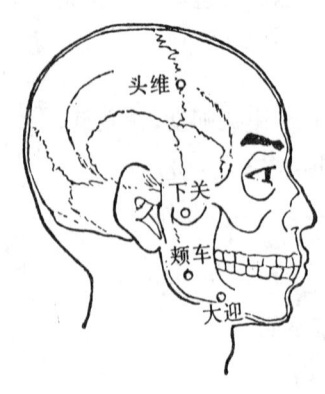

图5-1-3

5. 大迎 ST5

【定位】 正坐微仰头,或仰卧。在下颌角前方,咬肌附着部的前缘,当面动脉搏动处(图5-1-3)。

【局部层次解剖】 皮肤→皮下组织→降口角肌与颈阔肌→咬肌前缘。浅层布有三叉神经第三支下颌神经的颊神经,面神经的下颌缘支。深层有面动、静脉。

【刺灸法】 直刺0.2～0.3寸,或斜向地仓方向刺;可灸。

【主治】 面肿,颊肿,齿痛,牙关脱臼,牙关紧闭,口㖞,唇吻瞤动,瘰疬,颈痛。面神经麻痹,面肌痉挛,面颊肿,腮腺炎,三叉神经痛。

【配伍】

1.配下关、合谷、人中,有通关开窍的作用,主治牙关紧闭。

2.配颊车、合谷、内庭,有祛风通络,活血止痛的作用,主治面肿,齿痛,口㖞。

3.配颧髎、听会、曲池,有疏风清热,消肿止痛的作用,主治齿痛恶寒。

【文献摘要】

1.《甲乙经》:㖞口僻,失欠,下牙痛,颊肿,恶寒,口不收,舌不能言,不得嚼,大迎主之。

2.《外台》:主寒热,颈瘰疬,癫疾,口㖞,喘痉悸,口禁㖞,口僻失欠,下牙痛,颊肿恶寒,口不收,舌不能言,不得嚼。

6.颊车　ST6

【定位】　正坐,或仰卧。在面颊部,下颌角前上方约一横指,当咀嚼时咬肌隆起,按之凹陷处(图5-1-3)。

【局部层次解剖】　皮肤→皮下组织→咬肌。布有耳大神经的分支,面神经下颌缘支的分支。

【刺灸法】　直刺0.3~0.4寸,或向地仓方向斜刺0.5~0.7寸;可灸。

【主治】　口眼歪斜,颊肿,齿痛,牙关紧闭,颈项强痛,失音。三叉神经痛,颞颌关节炎,咬肌痉挛,腮腺炎,面神经麻痹。

【配伍】

1.配地仓、合谷、阳白、攒竹,有祛风活血通络的作用,主治口眼歪斜,颊肿,齿痛。

2.配合谷,有泻阳明热邪的作用,主治牙痛,颞颌关节炎。

【文献摘要】

1.《甲乙经》:颊肿,口急,颊车痛,不可以嚼。

2.《图翼》:颊车、地仓、水沟、承浆、听会、合谷,主口眼歪斜。

【研究进展】

1.颞下颌关节紊乱症　配下关、合谷、内庭,治疗250例,有较好疗效。

2.下颌关节损伤　配下关,针刺治疗效果好。

3.面瘫　是治疗面瘫的常用穴,可针、可针灸并用,可电针,均能改善患者口角歪斜,唇颊沟积食。

7.下关　ST7

【定位】　正坐或仰卧,在面部耳前,当颧弓与下颌切迹所形成的凹陷中(图5-1-3)。

【局部层次解剖】　皮肤→皮下组织→腮腺→咬肌与颞骨颧突之间→翼外肌。浅层布有耳颞神经的分支,面神经的颧支,面横动、静脉等。深层有上颌动、静脉,舌神经,下齿槽神经,脑膜中动脉和翼丛等。

【刺灸法】　直刺0.3~0.5寸;可灸。

【主治】　齿痛,牙关开合不利,面疼,口眼歪斜,耳聋,耳鸣,聤耳,眩晕。下颌关节炎,咬肌痉挛,中耳炎,面神经麻痹,聋哑。

【配伍】
1.配听宫、翳风、合谷,有泻热通络镇痛的作用,主治颞颌关节炎。
2.配颊车、合谷、外关,有通关活络的作用,主治牙关紧闭。
3.配阳溪、关冲、液门、阳谷,有清热泻火通窍的作用,主治耳鸣,耳聋。
【文献摘要】
1.《甲乙经》:足阳明、少阳之会。
2.《千金方》:牙齿龋痛,耳痛。
3.《铜人》:偏风,口目㖞,牙车脱臼。
【研究进展】
1.颞颌关节炎 配颊车、合谷,针刺加灸治疗颞颌关节炎;配合谷治疗颞颌关节炎;仅在该穴施灸治疗颞颌关节炎;配颊车注射氢化泼尼松龙治疗颞颌关节炎。上述多种方法治疗颞颌关节炎均取得满意效果。
2.三叉神经痛 用地塞米松注射此穴,治疗原发性三叉神经痛;用氢化泼尼松加普鲁卡因、维生素 B_{12} 在该穴注射,治疗三叉神经痛;针刺该穴治疗原发性三叉神经痛32例,均取得良好效果。
3.鼻炎 注射利多卡因和地塞米松,治疗113例鼻炎,对常年性鼻炎有较好效果。

8.头维 ST8
【定位】 正坐或仰卧。在头侧部,当额角发际上0.5寸,头正中线旁4.5寸(图5-1-3)。
【局部层次解剖】 皮肤→皮下组织→颞肌上缘的帽状腱膜→腱膜疏松结缔组织→颅骨外膜。布有耳颞神经的分支,面神经的颞支,颞浅动、静脉的额支等。
【刺灸法】 向下或向后,平刺0.5~0.8寸。
【主治】 头痛,眼痛,目眩,迎风流泪,眼睑瞤动,视物不明。神经血管性头痛,面神经麻痹,眼轮匝肌痉挛,精神分裂症。
【配伍】
1.配风池、率谷、合谷、列缺,有祛风活血,通络镇痛的作用,主治偏头痛,眼痛。
2.配合谷透后溪、太冲、涌泉,有镇静安神的作用,主治精神分裂症。
【文献摘要】
1.《素问》:王冰注:足少阳、阳明之会。
2.《甲乙经》:寒热头痛如破,目痛如脱,喘逆烦满,呕吐,流汗难言。
3.《金鉴》:头维、攒竹二穴,主治头风疼痛如破,目痛如脱,泪出不明。
【研究进展】
1.脱发 配百会、风池、通天、阿是穴,穴位注射三磷酸腺苷,每日1次,10次为1疗程,治疗36例,效果良好。
2.眩晕 配印堂、太阳,点刺放血,每日或隔日1次,治疗100例,效果良好,随着眩晕症状的消失,收缩压均有所下降。

9.人迎 ST9
【定位】 仰靠或仰卧。在颈部,结喉旁,当胸锁乳突肌前缘,颈总动脉搏动处(图5-1-4)。

【局部层次解剖】 皮肤→皮下组织和颈阔肌→颈固有筋膜浅层及胸锁乳突肌前缘→颈固有筋膜深层和肩胛舌骨肌后缘→咽缩肌。浅层布有颈横神经,面神经颈支。深层有甲状腺上动、静脉的分支或属支,舌下神经襻的分支等。

【刺灸法】 避开动脉直刺0.2～0.4寸。

【主治】 咽喉肿痛,饮食难下,瘰疬,瘿气;胸满喘息,头痛。颈淋巴结核,甲状腺肿大,支气管哮喘,高血压,低血压。

【配伍】
1.配天突、合谷、中封、内庭,有涤痰散结的作用,主治单纯性甲状腺肿。
2.配太冲、曲池、足三里,有平肝潜阳,健脾化痰的作用,主治高血压。

【文献摘要】
1.《甲乙经》:禁不可灸,刺入四分,过深不幸杀人。
2.《铜人》:治吐逆霍乱,胸满喘呼不得息。
3.《聚英》:足阳明、少阳之会。

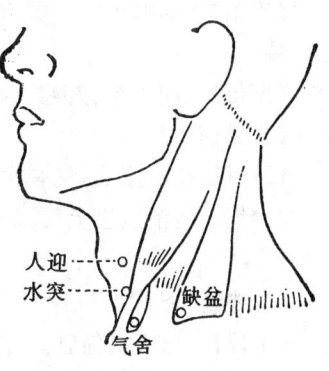

图5-1-4

10. 水突 ST10

【定位】 仰靠位或仰卧位。在颈部,胸锁乳突肌的前缘,当人迎与气舍连线的中点(图5-1-4)。

【局部层次解剖】 皮肤→皮下组织和颈阔肌→颈固有筋膜浅层及胸锁乳头肌→颈固有筋膜深层及肩胛舌骨肌,胸骨甲状肌。浅层有颈横神经。深层有甲状腺。

【刺灸法】 直刺0.3～0.4寸;可灸。

【主治】 咽喉肿痛,咳逆上气,喘息不得卧,瘿瘤,瘰疬。扁桃体炎,甲状腺肿,支气管炎,支气管哮喘。

【配伍】
1.配水突、气舍,有利咽消肿的作用,主治咽喉肿痛。
2.配膻中、巨阙、关元,有降气解痉挛的作用,主治发作性横膈膜痉挛。

【文献摘要】
1.《甲乙经》:咳逆上气,咽喉痛肿,呼吸短气,喘息不通,水突主之。
2.《千金方》:主喉咽肿。

11. 气舍 ST11

【定位】 仰靠或仰卧。在颈部,当锁骨内侧端的上缘,胸锁乳突肌的胸骨头与锁骨头之间(图5-1-4)。

【局部层次解剖】 皮肤→皮下组织和颈阔肌→胸锁乳突肌的胸骨头与锁骨头之间。浅层布有锁骨上内侧神经,颈横神经的分支和面神经颈支。深层有联络两侧颈前静脉和颈前静脉弓和头臂静脉。

【刺灸法】 直刺0.3～0.4寸;可灸。
【主治】 咽喉肿痛,瘿瘤,瘰疬,喘息,呃逆,颈项强痛,肩肿。支气管炎,支气管哮喘。
【配伍】 配扶突、人迎、合谷,有软坚散结,活血祛瘀的作用,主治瘿瘤。
【文献摘要】
1.《甲乙经》:瘿瘤,气舍主之。肩肿不得顾,气舍主之。
2.《铜人》:治咳逆上气,瘤瘿喉痹咽肿,颈项强不得回顾。

12. 缺盆 ST12

【定位】 正坐或仰卧。在锁骨上窝中央,距前正中线4寸(图5-1-4)。
【局部层次解剖】 皮肤→皮下组织和颈阔肌→锁骨与斜方肌之间→肩胛舌骨肌(下腹)与锁骨下肌之间→臂丛。浅层布有锁骨上中间神经,深层有颈横动、静脉,臂丛的锁骨上部等重要结构。
【刺灸法】 直刺0.2～0.4寸;可灸。
【主治】 咳嗽气逆,缺盆中痛,咽喉肿痛,瘰疬。
【配伍】 配膻中、巨阙,有宣肺止咳的作用,主治咳嗽。
【文献摘要】
1.《素问》:泻胸中之热。
2.《素问》:刺缺盆中内陷,气泄,令人喘咳逆。
3.《图翼》:孕妇禁针。

13. 气户 ST13

【定位】 仰卧。在胸部,当锁骨中点下缘,距前正中线4寸(图5-1-5)。

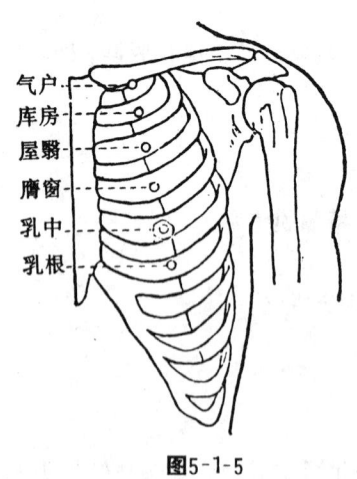

图5-1-5

【局部层次解剖】 皮肤→皮下组织→胸大肌。浅层布有锁骨上中间神经。深层有腋动脉和它的分支胸肩峰动脉。
【刺灸法】 直刺0.2～0.4寸;可灸。
【主治】 咳嗽,气喘,咳唾脓血,胸胁胀满。支气管炎,支气管哮喘,肋间神经痛,呃逆。
【配伍】
1.配气户、云门、天府、神门,有降气平喘的作用,主治喘逆上气,呼吸肩息。
2.配华盖,有宽胸利气的作用,主治胁肋疼痛。
【文献摘要】
1.《甲乙经》:胸胁支满,喘满上气,呼吸肩息,不知食味。
2.《大成》:主息奔,胸满,喘急。

14. 库房 ST14

【定位】 仰卧。在胸部,当第一肋间隙,距前正中线4寸(图5-1-5)。

【局部层次解剖】 皮肤→皮下组织→胸大肌→胸小肌。浅层布有锁骨上神经,肋间神经的皮支。深层有胸肩峰动、静脉的分支或属支,胸内、外侧神经的分支。

【刺灸法】 向内斜刺0.5～0.8寸;可灸。

【主治】 咳嗽,气逆,咳唾脓血,胸胁胀满。支气管炎,支气管哮喘,胸膜炎,肋间神经痛。

【配伍】

1.配肺俞、尺泽、孔最,有肃肺降气,清热凉血的作用,主治咳嗽,咯血。

2.配中府、周荣、尺泽,有降气活血,清热解毒的作用,主治咳逆上气,唾脓血。

【文献摘要】

1.《甲乙经》:胸胁支满,咳逆上气,呼吸多喘,浊沫脓血。

2.《循经》:若伤寒结胸,呕吐脓血。

15. 屋翳 ST15

【定位】 仰卧。在胸部,当第二肋间隙,距前正中线4寸(图5-1-5)。

【局部层次解剖】 皮肤→皮下组织→胸大肌→胸小肌。浅层布有第二肋间神经外侧皮支。深层有胸肩峰动、静脉的分支或属支,胸内、外侧神经的分支。

【刺灸法】 直刺0.2～0.4寸,任脉方向斜刺0.5～0.8寸;可灸。

【主治】 咳嗽,气喘,唾脓血痰,胸胁胀满。支气管炎,咯血,胸膜炎,肋间神经痛,乳腺炎。

【配伍】

1.配膻中、乳根、肩井、期门、足三里、太冲,有涤痰通络,疏肝解郁的作用,主治乳腺增生。

2.配尺泽、肺俞、膻中,有宣肺止咳平喘的作用,主治咳嗽气喘。

【文献摘要】

1.《千金方》:主身肿,皮肤不近衣。

2.《外台》:身体重。

3.《循经》:主气逆噎塞,乳中疼痛。

16. 膺窗 ST16

【定位】 仰卧。在胸部,当第三肋间隙,距前正中线4寸(图5-1-5)。

【局部层次解剖】 皮肤→浅筋膜→胸大肌→肋间肌。浅层布有肋间神经的外侧皮支,胸腹壁静脉的属支。深层有胸内、外侧神经,胸肩峰动、静脉的分支或属支,第三肋间神经和第三肋间后动、静脉。

【刺灸法】 直刺0.2～0.4寸,或向任脉方向斜刺0.5～0.8寸;可灸。

【主治】 咳嗽气喘,胸胁胀痛,乳痈,肋间神经痛。

【配伍】 配乳根、内关、大椎、曲池、足三里,有清热解毒,消肿止痛的作用,主治乳痈。

【文献摘要】
1.《甲乙经》：寒热，短气，卧不安。
2.《千金方》：胸肋痛肿，肠鸣泄注。

17.乳中 ST17

【定位】 仰卧。在胸部，当第四肋间隙，乳头中央，距正中线4寸（图5-1-5）。

【局部层次解剖】 乳头皮肤→皮下组织→胸大肌。浅层有第四肋间神经外侧皮支，皮下组织内男性主要由结缔组织构成，只有腺组织的迹象，而无腺组织的实质。深层有胸内、外侧神经的分支，胸外侧动、静脉的分支或属支。

【刺灸法】 不针不灸，只作胸部取穴定位标准。

【文献摘要】
1.《素问》：刺乳上，中乳房，为肿根蚀。
2.《甲乙经》：禁不可灸刺，灸刺之，不幸生蚀疮，疮中有脓血清汁者可治。疮中有息肉，若蚀疮者死。

18.乳根 ST18

【定位】 仰卧。在胸部，当乳头直下，乳房根部，第五肋间隙，距前正中线4寸（图5-1-5）。

【局部层次解剖】 皮肤→皮下组织→胸大肌。浅层有第五肋间神经外侧皮支，胸腹壁静脉的属支。深层有胸外侧动、静脉的分支或属支，胸内、外侧神经的分支，第五肋间神经，第五肋间后动、静脉。

【刺灸法】 斜刺0.5～0.8寸；可灸。

【主治】 咳嗽，胸闷胸痛，乳痛，乳汁少，噎膈。乳腺炎，乳汁分泌不足，肋间神经痛，风湿心脏病，冠心病心绞痛。

【配伍】
1.配少泽、足三里、血海，有补益气血，化生乳汁的作用，主治产后乳汁不足。
2.配乳中、俞府，有降气化痰，宽胸利气的作用，主治咳嗽痰哮。

【文献摘要】
1.《甲乙经》：胸乳下满痛，膺肿，乳根主之。
2.《金鉴》：小儿龟胸。

19.不容 ST19

【定位】 仰卧。在上腹部，当脐上6寸，距前正中线2寸（图5-1-6）。

【局部层次解剖】 皮肤→皮下组织→腹直肌鞘前壁→腹直肌。浅层布有第六、七、八胸神经前支的外侧皮支和前皮支及腹壁浅静脉。深层有腹壁上动、静脉的分支或属支，第六、七胸神经前支的肌支。

【刺灸法】 直刺0.5～0.8寸；可灸。

【主治】 腹胀，胃痛，呕吐，食欲不振，呕血喘咳，心痛，胸背肋痛。胃炎，胃或十二指肠溃疡，胃下垂，胃扩张。

【配伍】

1.配中脘、公孙,有行气和胃止痛的作用,主治胃痛,腹胀。

2.配期门,有疏肝理气和胃的作用,主治心痛,喜噫酸。

【文献摘要】

1.《甲乙经》:呕血,肩息,胁下痛,口干,心痛与背相引,不可咳,咳则肾痛。

2.《千金方》:脉不出。

20.承满 ST20

【定位】 仰卧。在上腹部,当脐中上5寸,距前正中线2寸(图5-1-6)。

【局部层次解剖】 皮肤→皮下组织→腹直肌鞘前壁→腹直肌。浅层布有第六、七、八胸神经前支的外侧皮支和前皮支及腹壁浅静脉。深层有腹壁上动、静脉的分支或属支,第六、七、八胸神经前支的肌支。

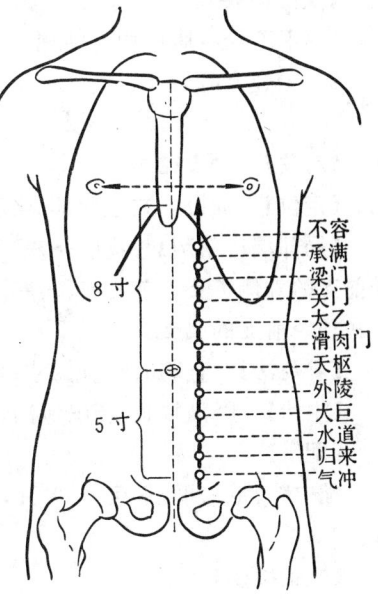

图5-1-6

【刺灸法】 直刺0.5~0.8寸;可灸。

【主治】 胃痛,呕吐,腹胀,肠鸣,食欲不振,喘逆,吐血,胁下坚满。胃炎,胃或十二指肠溃疡。

【配伍】

1.配中脘、胃俞、内关、太冲,有疏肝理气,和胃止痛的作用,主治胃痛,呕吐,腹胀。

2.配足三里、脾俞、三阴交,有健脾和胃,增进食欲的作用,主治食欲不振。

【文献摘要】

1.《甲乙经》:肠鸣相逐,不可倾倒。

2.《千金方》:肠中雷鸣,相逐痢下,灸承满。

21.梁门 ST21

【定位】 仰卧。在上腹部,当脐中上4寸,距前正中线2寸(图5-1-6)。

【局部层次解剖】 皮肤→皮下组织→腹直肌鞘前壁→腹直肌。浅层布有第七、八、九胸神经前支的外侧皮支和前皮支及腹壁浅静脉。深层有腹壁上动、静脉的分支或属支,第七、八、九胸神经前支的肌支。

【刺灸法】 直刺0.5~0.8寸;可灸。

【主治】 胃疼,呕吐,食欲不振,便溏。胃或十二指肠溃疡,急、慢性胃炎,胃下垂,胃神经官能症。

【配伍】

1.配公孙、足三里、内关,有和胃降逆止痛的作用,主治胃痛,腹胀,呕吐。

2.配胃俞、脾俞、肾俞、上巨虚,有温肾健脾的作用,主治便溏。

【文献摘要】
1.《甲乙经》:腹中积气结痛。
2.《千金方》:胸下积气。

22. 关门　ST22

【定位】　仰卧。在上腹部,当脐中上3寸,距前正中线2寸(图5-1-6)。

【局部层次解剖】　皮肤→皮下组织→腹直肌鞘前壁→腹直肌。浅层布有七、八、九胸神经前支的外侧皮支和前皮支,腹壁浅静脉。深层有腹壁上动、静脉的分支或属支,第七、八、九胸神经前支的肌支。

【刺灸法】　直刺0.8～1.2寸;可灸。

【主治】　腹痛腹胀,肠鸣泄泻,食欲不振,水肿,遗尿。急、慢性胃炎,急、慢性肠炎。

【配伍】
配中脘、足三里、下巨虚、关元,有健脾行气,和中消胀的作用,主治腹胀,腹痛,消化不良。

【文献摘要】
1.《甲乙经》:腹胀善满积气,关门主之。
2.《千金方》:关门、中府、神门,主遗尿。

23. 太乙　ST23

【定位】　仰卧。在上腹部,当脐中上2寸,距前正中线2寸(图5-1-6)。

【局部层次解剖】　皮肤→皮下组织→腹直肌鞘前壁→腹直肌。浅层布有八、九、十胸神经前支的外侧皮支和前皮支及腹壁浅静脉。深层有腹壁上动、静脉的分支或属支,第八、九、十胸神经前支的肌支。

【刺灸法】　直刺0.8～1.2寸;可灸。

【主治】　胃痛,消化不良;癫狂,心烦不宁。急、慢性胃炎,急、慢性肠炎。

【配伍】
1.配足三里、脾俞、胃俞,有健脾消食的作用,主治消化不良。
2.配滑肉门,有清心化痰宁神的作用,主治癫狂,吐舌。

【文献摘要】
1.《铜人》:治癫疾,心烦吐舌。
2.《大成》:主癫疾狂走,心烦吐舌。

24. 滑肉门　ST24

【定位】　仰卧。在上腹部,当脐中上1寸,距前正中线2寸(图5-1-6)。

【局部层次解剖】　皮肤→皮下组织→腹直肌鞘前壁→腹直肌。浅层布有八、九、十胸神经前支的外侧皮支和前皮支及脐周静脉网。深层有腹壁上动、静脉的分支或属支,第八、九、十胸神经前支的肌支。

【刺灸法】　直刺0.8～1.2寸;可灸。

【主治】　胃痛,呕吐;癫狂。急、慢性胃炎,急、慢性肠炎。

【配伍】 配中脘、足三里,有和胃止痛的作用,主治胃痛。
【文献摘要】
1.《外台》:主狂癫疾,吐舌。
2.《图翼》:癫狂,呕逆,吐血,重舌舌强。

25.天枢 ST25 大肠募穴
【定位】 仰卧。在腹中部,距脐中2寸(图5-1-6)。
【局部层次解剖】 皮肤→皮下组织→腹直肌鞘前缘→腹直肌。浅层布有九、十、十一胸神经前支的外侧皮支和前皮支及脐周围静脉网。深层有腹壁上、下动、静脉的吻合支,第九、十、十一胸神经前支的肌支。
【刺灸法】 直刺0.8～1.2寸;可灸。
【主治】 绕脐腹痛,腹胀肠鸣,肠痈痢疾,泄泻,呕吐,癥瘕,痛经,月经不调,疝气,水肿;热甚狂言。急、慢性胃炎,急、慢性肠炎,阑尾炎,肠麻痹,细菌性痢疾,消化不良。
【配伍】
1.配上巨虚,有解毒清热化湿的作用,主治急性细菌性痢疾。
2.配足三里,有和中止泻的作用,主治小儿腹泻。
3.配上巨虚、阑尾穴,有理气活血化瘀的作用,主治急性阑尾炎。
4.配大肠俞、足三里,有温通气机,调理肠腑的作用,主治肠麻痹。
5.配中极、三阴交、太冲,有疏肝理气,调经止痛的作用,主治月经不调,痛经。
【文献摘要】
1.《千金方》:小便不利……灸天枢百壮。天枢,主疟振寒,热盛狂言。天枢,主冬月重感于寒则泄,当脐痛,肠胃间游气切痛。
2.《大成》:妇人女子癥瘕,血结成块,漏下赤白,月事不时。
【研究进展】
1.小儿蛔虫性肠梗阻 用1%普鲁卡因穴位注射,配合胃肠减压、补液等,治疗后疼痛减轻较快,平均住院天数缩短。
2.针灸天枢穴为主,在治疗子宫颈癌时发现针或灸产生不同作用。在针刺天枢穴127次治疗中,有111次针后的第二天发生血崩现象。在艾灸天枢穴的197次治疗中,次日发生血崩者仅有3次。
3.据报道针刺家兔"天枢",针后1小时白细胞的吞噬活动开始增强,4小时达到高峰。

26.外陵 ST26
【定位】 仰卧。在下腹部,当脐中下1寸,距前正中线2寸(图5-1-6)。
【局部层次解剖】 皮肤→皮下组织→腹直肌鞘前壁→腹直肌。浅层布有第十、十一、十二胸神经前支的外侧皮支和前皮支及腹壁浅静脉。深层有腹壁下动、静脉的分支或属支,第十、十一、十二胸神经前支的肌支。
【刺灸法】 直刺0.8～1.2寸;可灸。
【主治】 腹痛,月经痛、疝气,心如悬,引脐腹痛。阑尾炎,输尿管结石。

【文献摘要】
1.《甲乙经》：腹中尽痛。
2.《铜人》：腹中痛，心如悬，引脐腹痛。

27. 大巨 ST27
【定位】 仰卧。在下腹部，当脐中下2寸，距前正中线2寸（图5-1-6）。
【局部层次解剖】 皮肤→皮下组织→腹直肌鞘前壁→腹直肌。浅层布有第十、十一、十二胸神经前支的外侧皮支和前皮支，腹壁浅动脉及腹壁浅静脉。深层有腹壁下动、静脉的分支或属支，第十、十一、十二胸神经前支的肌支。
【刺灸法】 直刺0.8～1.2寸；可灸。
【主治】 小腹胀满，疝气，小便不利，遗精，早泄；惊悸不眠，偏枯。腹直肌痉挛，肠梗阻，膀胱炎，尿潴留等。
【文献摘要】
1.《甲乙经》：偏枯，四肢不用，善惊。
2.《图翼》：烦渴，惊悸不眠。
【研究进展】 大巨穴向下透刺加626电针麻仪，对1549例腹式输卵管结扎术的镇痛优良率为98.4%。优点是手术时具有剖腹层次清楚，牵拉反应轻，术中呕吐少，术后恢复快。

28. 水道 ST28
【定位】 仰卧。在下腹部，当脐中下3寸，距前正中线2寸（图5-1-6）。
【局部层次解剖】 皮肤→皮下组织→腹直肌鞘前壁外侧缘→腹直肌外侧缘。浅层布有第十一、十二胸神经前支和第一腰神经前支的前皮支及外侧皮支，腹壁浅动、静脉。深层有第十一、十二胸神经前支的肌支。
【刺灸法】 直刺0.8～1.2寸；可灸。
【主治】 小腹胀满，疝气，痛经，小便不利。肾炎，膀胱炎，睾丸炎，尿潴留，子宫脱垂，卵巢炎。
【配伍】 配筋缩，有通经活络的作用，主治脊强。
【文献摘要】
1.《甲乙经》：三焦，大小便不通，水道主之。
2.《千金方》：三焦，膀胱，肾中热气，肩背痛。
3.《千金翼》：妊胎不成，若堕胎腹痛，漏胞见赤，灸胞门五十壮。关元左边二寸是也，右边名子户。子脏闭塞不受精，灸胞门五十壮；胞衣不出，或腹中积聚，皆针胞门入一寸，先补后泻。去关元左二寸；子死腹中及难产，皆针胞门。

29. 归来 ST29
【定位】 仰卧。在下腹部，当脐中下4寸，距前正中线2寸（图5-1-6）。
【局部层次解剖】 皮肤→皮下组织→腹直肌鞘前壁外侧缘→腹直肌外侧缘。浅层布有第十一、十二胸神经前支和第一腰神经前支的外侧皮支及前皮支，腹壁浅动、静脉的分支或属支。深层有腹壁下动、静脉的分支或属支和第十一、十二胸神经前支的肌支。

【刺灸法】 直刺0.8~1.2寸;可灸。

【主治】 少腹疼痛,疝气,经闭,阴挺,白带,茎中痛。睾丸炎,卵巢炎,子宫内膜炎,子宫脱垂,腹股沟疝。

【配伍】 配太冲,有温经理气的作用,主治疝气偏坠。

【文献摘要】

1.《甲乙经》:奔豚,卵上入,痛引茎;女子阴中寒。

2.《大成》:主小腹奔豚,卵上入腹,引茎中痛,七疝,妇人血脏,积冷。

30. 气冲　ST30

【定位】 仰卧。在腹股沟稍上方,当脐中下5寸,距前正中线2寸(图5-1-6)。

【局部层次解剖】 皮肤→皮下组织→腹外斜肌腱膜→腹内斜肌→腹横肌。浅层布有腹壁浅动、静脉,第十二胸神经前支和第一腰神经前支的外侧皮支及前皮支。深层,下外侧在腹股沟管内有精索(或子宫圆韧带)、髂腹股沟神经和生殖股神经生殖支。

【刺灸法】 直刺0.8~1.2寸。

【主治】 腹痛,疝气,外阴肿痛,阴茎中痛,阳痿,月经不调,不孕,胎产诸疾。

【配伍】 配曲泉、太冲,有温经理气的作用,主治疝气。

【文献摘要】

1.《素问》:刺气街,中脉,血不出为肿鼠仆。

2.《千金方》:主腹中满热,淋闭不得尿。

3.《铜人》:炷如大麦,禁不可针。

31. 髀关　ST31

【定位】 仰卧,伸下肢。在大腿前面;当髂前上棘与髌底外侧端的连线上,屈股时,平会阴,居缝匠肌外侧凹陷处(图5-1-7)。

【局部层次解剖】 皮肤→皮下组织→阔筋膜张肌与缝匠肌之间→股直肌→股外侧肌。浅层布有股外侧皮神经。深层有旋股外侧动、静脉的升支,股神经的肌支。

【刺灸法】 直刺0.6~1.2寸;可灸。

【主治】 髀股痿痹,足麻不仁,腰腿疼痛,筋急不得屈伸。下肢瘫痪,腹股沟淋巴结炎,股外侧皮神经炎,膝关节及其周围软组织疾患。

【配伍】

1.配环跳、风市、足三里、承扶,有通经活络的作用,主治下肢麻痹。

2.配风市、阳陵泉、足三里、解溪,有疏通经络的作用,主治下肢疼痛。

【文献摘要】

1.《甲乙经》:膝寒痹不仁,不可屈伸。

2.《大成》:主腰痛,足麻木,膝寒不仁,痿痹,股内筋络急,不屈伸,小腹引喉痛。

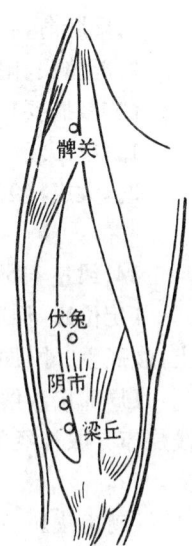

图5-1-7

32. 伏兔　ST32

【定位】　仰卧伸下肢，或正坐屈膝。在大腿前面，当髂前上棘与髌底外侧端的连线上，髌底上6寸（图5-1-7）。

【局部层次解剖】　皮肤→皮下组织→股直肌→股中间肌。浅层布有股外侧静脉，股神经前皮支及股外侧皮神经。深层有旋股外侧动、静脉的降支，股神经的肌支。

【刺灸法】　直刺0.6～1.2寸；可灸。

【主治】　腿膝寒冷，麻痹，脚气；腰胯疼痛，疝气，腹胀。下肢瘫痪，股外侧皮神经炎，膝关节炎及其周围软组织疾患等。

【配伍】　配髀关、犊鼻，有疏通经络的作用，主治腿膝疼痛。

【文献摘要】

1.《甲乙经》：寒疝，下至腹腠，膝腰痛如清水，大腹诸疝，按之至膝上。

2.《千金方》：狂邪鬼语，灸伏兔。

33. 阴市　ST33

【定位】　仰卧伸下肢，或正坐屈膝。在大腿前面，当髂前上棘与髌底外侧端的连线上，髌底上3寸（图5-1-7）。

【局部层次解剖】　皮肤→皮下组织→股直肌腱与股外侧肌之间→股中间肌。浅层布有股神经前皮支和股外侧皮神经。深层有旋股外侧动、静脉的降支和股神经肌支。

【刺灸法】　直刺0.5～1寸；可灸。

【主治】　腿膝麻痹，痠痛，屈伸不利，下肢不遂；腰痛，寒疝，腹胀腹痛。下肢瘫痪，膝关节及周围软组织疾患等。

【配伍】

1.配肝俞，有温经行气的作用，主治寒疝。

2.配髀关、阳陵泉、足三里，有温经散寒的作用，主治膝腿冷痛，无力。

【文献摘要】

1.《甲乙经》：阴市禁不可灸。

2.《大成》：寒疝腹痛，阴市、太溪、肝俞。

34. 梁丘　ST34　郄穴

【定位】　仰卧伸下肢，或正坐屈膝。屈膝，在大腿前面，当髂前上棘与髌底外侧的连线上，髌底上2寸（图5-1-7）。

【局部层次解剖】　皮肤→皮下组织→股直肌腱与股外侧肌之间→股中间肌腱的外侧。浅层布有股神经的前皮支和股外侧皮神经。深层有旋股外侧动、静脉的降支和股神经的肌支。

【刺灸法】　直刺0.5～0.8寸；可灸。

【主治】　膝肿，下肢不遂；胃痛，乳痈。急性胃炎，胃痉挛，乳腺炎，膝关节及其周围软组织疾患。

【配伍】

1.配曲泉、阳关，有舒经活络的作用，主治筋挛，膝关节不得屈伸。

2.配犊鼻、阳陵泉、膝阳关、阴陵泉,有舒筋活络的作用,主治膝关节痛。

【文献摘要】

1.《甲乙经》:膝不能屈伸,不可以行。

2.《圣惠方》:冷痹膝痛。

【研究进展】

1.急性胃脘痛 配胃俞、针刺得气后,实证用泻法,虚证用补法,留针25分钟,留针期间间隔捻转,经治73例,镇痛起效时间快,平均7～10分钟,疼痛减轻或消失约12～15分钟。

2.对胃电有调整作用 随着临床症状的好转,低下的胃电波幅也逐渐正常,部分患者针前胃电高于正常人,针后胃电波也下降。

35.犊鼻　ST35

【定位】 正坐屈膝约90°。在膝部,髌骨与髌韧带外侧凹陷中(图5-1-8)。

【局部层次解剖】 皮肤→皮下组织→髌韧带与髌外侧支持带之间→膝关节囊、翼状皱襞。浅层布有腓肠外侧皮神经,股神经前皮支,隐神经的髌下支和膝关节动、静脉网。深层是膝关节腔。

【刺灸法】 稍向髌韧带内方斜刺0.5～1.2寸;可灸。

【主治】 膝关节痛,脚气。下肢瘫痪,膝关节及其周围软组织疾患。

【配伍】

1.配膝关、三里、阳陵泉,有温经通络的作用,主治膝及膝下病。

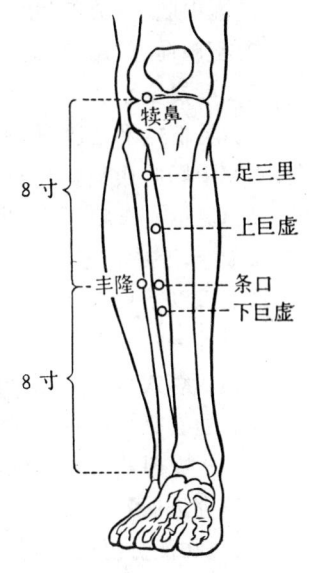

图5-1-8

2.配梁丘、阳陵泉,有舒经活络的作用,主治膝关节炎。

3.配阳陵泉、委中、承山,有行气活血的作用,主治髌骨脂肪垫劳损。

【文献摘要】

1.《素问》:刺膝髌出液为跛。

2.《资生》:膝及膝下病;膝膑痈肿。

36.足三里　ST36　合穴

【定位】 仰卧伸下肢,或正坐屈膝。在小腿前外侧,当犊鼻下3寸,距胫骨前缘一横指(图5-1-8)。

【局部层次解剖】 皮肤→皮下组织→胫骨前肌→小腿骨间膜→胫骨后肌。浅层布有腓肠外侧皮神经。深层有胫前动、静脉的分支或属支。

【刺灸法】 直刺0.5～1.5寸;可灸。

【主治】 膝胫痠痛,下肢不遂,脚气;胃痛,呕吐,腹胀,肠鸣,消化不良,泄泻,便秘,痢疾,疳疾,水肿,喘咳痰多,头晕,鼻疾,耳鸣,心悸气短,癫狂,妄笑,中风;产妇血晕,体虚羸瘦。急、慢性胃炎,胃或十二指肠溃疡,急、慢性胰腺炎,肝炎,消化不良,急、慢性肠炎,细菌性痢疾,阑尾炎,休克,神经性头痛,高血压,癫痫,神经衰弱,精神分裂症,动脉硬化,支气管哮喘,白细胞减少症,坐骨神经痛,下肢瘫痪,膝关节及周围软组织疾患。

【配伍】

1. 配冲阳、仆参、飞扬、复溜、完骨,有补益肝肾,濡润宗筋的作用,主治足痿失履不收。
2. 配天枢、三阴交、肾俞、行间,有调理肝脾,补益气血的作用,主治月经过多,心悸。
3. 配曲池、丰隆、三阴交,有健脾化痰的作用,主治头晕目眩。
4. 配梁丘、期门、内关、肩井,有清泻血热,疏肝理气,宽胸利气的作用,主治乳痈。
5. 配上巨虚、三阴交、切口两旁俞穴,有良好的镇痛作用,用于胃次全切除术。
6. 配阳陵泉、行间,有理脾胃,化湿浊,疏肝胆,清湿热的作用,主治急性中毒性肝炎。
7. 配中脘、内关,有和胃降逆,宽中利气的作用,主治胃脘痛。
8. 配脾俞、气海、肾俞,有温阳散寒,调理脾胃的作用,主治脾虚慢性腹泻。

【文献摘要】

1.《灵枢》:邪在脾胃,则病肌肉痛,阳气有余,阴气不足,则热中善饥,阴气不足,阳气有余,则寒中肠鸣腹痛。阴阳俱有余,若俱不足,则有寒有热。皆调于足三里。

2.《灵枢》:著痹不去,久寒不已,卒取其三里骨为干。肠中不便,取三里……善呕,呕有苦,长太息,心中憺憺,恐人将捕之,邪在胆,逆在胃,胆液泄则口苦,胃气逆则呕苦,故曰呕胆,取三里以下胃气逆。

3.《外台》:凡人年三十以上,苦不灸三里,令人气上眼暗,以三里下气。

4.《四总穴》:肚腹三里留。

5.《通玄指要赋》:三里却五劳之羸瘦;冷痹肾败,取足阳明之土。

6.《玉龙赋》:心悸虚烦,刺三里。

【研究进展】

1. 对唾液分泌的影响 对110例健康者针刺足三里穴,引起唾液淀粉酶含量显著增加。亦有实验表明,针刺足三里,当拇指向前捻转时,唾液淀粉酶含量骤然增加,拇指向后则降低。

2. 对胃蠕动的影响 针刺对健康者的胃蠕动具有双向调节作用。随机体功能状态不同,针刺反应胃功能也不同。从胃电图也显示出双向调整作用。针刺218例健康者的足三里穴,以观察其胃的张力、胃蠕动频率、胃的排空时间等,所得结果是,机体的功能状态不同,针刺反应也不同,是一种双向调整作用。已从正常与某些胃病患者,在针刺足三里穴时,胃电的变化中得到证实。当针刺足三里时,胃电频率和振幅均有双向的调整作用。

3. 对胃分泌的影响 针刺足三里穴,治疗消化系统病时,针刺对胃酸和胃蛋白酶有调整作用,原来水平高者,针刺后降低,而低者则升高,对营养不良患者低于正常的胃总酸、游离酸、胃蛋白酶、脂肪酶等指标,针刺后可恢复正常。

4. 对肠功能的影响 80例便秘患者,针刺后顺利排便;对腹泻患者有止泻作用。

5. 对呼吸功能的影响 40名健康男女青年,针刺足三里时,安静肺通气量比针前增加24.9%,耗氧量增强22.8%。

6. 对免疫功能的影响 ①针刺足三里可以促进乙肝表面抗原阴转率的提高。对免疫球蛋白中的IgG、IgA有一定影响。能提高补体C_3DHA值,从而控制发病。②配三阴交,温针治疗121例,因化疗引起的白细胞减少症,治疗6天后,白细胞升高的有效率为73.6%。

7. 调整铜锌失调 艾灸足三里,能调整老年人血中高铜与低锌。

8.对肠胃功能的影响 ①从大鼠、豚鼠、兔等动物的实验中可以看出针刺兔的"足三里穴",对小肠的运动以减弱为主,亦有部分动物表现先减弱后增强。并从另一实验中得到,当轻捻转与留针时,小肠运动以增强为主,重捻则运动减弱。②对兔小肠消化间期综合肌电有明显影响,可使小肠电周期缩短,Ⅲ相时程延长,即小肠分节运动周期缩短,每一次蠕动持续时间延长,有助于小肠对食糜的消化。③对引起肠运动效应的传导途径研究中得知,除神经的传导外,还有动脉壁上的一些结构参与,其中平滑肌的传导很可能参与这一效应。④当造成豚鼠外周性呕吐模型时,胃电出现异常紊乱,称为呕吐波,此时电针足三里穴,立即有镇呕效应,表现为呕吐的症状持续时间缩短。镇呕吐的机理,是通过迷走神经,当切断迷走神经后,电针镇呕吐的效应就消失。

9.对大鼠胃酸分泌有调整作用 调整的机理可能是电针能引起鼠内啡肽含量增加,而使胃酸排出量增加。当切除迷走神经支配时,并不影响针刺对胃酸分泌的调整作用。从另一实验也证实了电针"足三里"对胃酸的分泌有调整作用,当造成大鼠应激性胃溃疡时,针刺"足三里"穴能抑制胃酸分泌,对应激性溃疡起保护性的作用。

10.对大鼠胰蛋白酶的影响 当针"足三里"时,能明显降低大鼠胰蛋白浓度及排出量,即抑制胰酶分泌。对胰腺有保护性作用。这也许是针刺治疗急性胰腺炎取得良好效果的机理。

11.镇痛机理 据报道针刺大鼠"足三里"时,下丘脑室旁核、中脑导水管周围灰质β-内啡肽含量下降。

12.对免疫异常有调整作用,如对自发性高血压的胸腺细胞玫瑰花结形成率,初次抗体生成能力及血清溶血素,均有显著的促进作用。而对正常大鼠免疫功能无显著影响。

37.上巨虚 ST37 大肠下合穴

【定位】 仰卧伸下肢,或正坐屈膝。在小腿前外侧,当犊鼻下6寸,距胫骨前缘一横指(中指)(图5-1-8)。

【局部层次解剖】 皮肤→皮下组织→胫骨前肌→小腿骨间膜→胫骨后肌。浅层布有腓肠外侧皮神经。深层有胫前动、静脉和腓深神经。如深刺可能刺中胫后动、静脉和胫神经。

【刺灸法】 直刺0.5～1.2寸;可灸。

【主治】 中风瘫痪,脚气;肠中切痛,痢疾,泄泻,便秘,腹胀,肠鸣,肠痛。急性细菌性痢疾,急性肠炎,单纯性阑尾炎。

【配伍】 配天枢,有清利湿热的作用,主治细菌性痢疾。

【文献摘要】

1.《甲乙经》:风水膝肿,巨虚、上廉主之。大肠有热,肠鸣腹满,侠脐痛,食不化,喘不能久立,狂妄走善欠。

2.《千金方》:脚气初得脚弱,骨髓冷疼痛,小便难黄。

【研究进展】

1.急性腹泻 穴位注射注射用水1～2ml(左右穴交替),每日1次,连续3次为1疗程,治疗35例,效果较好。

2.婴幼儿腹泻 东莨菪碱(每次按0.006mg/kg计算,加生理盐水至2ml)双侧穴位注射治疗244例,效果良好。

3.便秘 配大肠俞,埋线治疗顽固性便秘29例,有较好的效果。

4.肠痈 配足三里,手法以重刺激为主,治疗165例,对瘀滞型、蕴热型效果好,热毒型效果欠佳。

38.条口 ST38

【定位】 仰卧伸下肢,或正坐屈膝。在小腿前外侧,当犊鼻下8寸,距胫骨前缘一横指(中指)(图5-1-8)。

【局部层次解剖】 皮肤→皮下组织→胫骨前肌→小腿骨间膜→胫骨后肌。浅层布有腓肠外侧皮神经。深层有胫前动、静脉和腓深神经。如深刺可能刺中腓动、静脉。

【刺灸法】 直刺0.5～0.9寸;可灸。

【主治】 小腿冷痛,麻痹,跗肿,转筋;脘腹疼痛;肩臂痛。膝关节炎,多发性神经炎,下肢瘫痪,肩关节周围炎。

【配伍】
1.配足三里、承山、承筋,有清热凉血的作用,主治足下热,不能久立。
2.配肩髃,有舒筋活络的作用,主治肩周炎。

【文献摘要】
1.《甲乙经》:胫痛足缓失履,湿痹,足下热不能久立。
2.《千金方》:胫寒不得卧;膝股肿,胻痠转筋。

39.下巨虚 ST39 小肠下合穴

【定位】 仰卧伸下肢,或正坐屈膝。在小腿前外侧,当犊鼻下9寸,距胫骨前缘一横指(中指)(图5-1-8)。

【局部层次解剖】 皮肤→皮下组织→胫骨前肌→小腿骨间膜→胫骨后肌。浅层布有腓肠外侧皮神经。深层有胫前动、静脉和腓深神经。

【刺灸法】 直刺0.5～0.9寸;可灸。

【主治】 下肢痿痹;小腹痛,腰脊痛引睾丸,乳痈,泄泻,大便脓血。细菌性痢疾,急、慢性肠炎,下肢瘫痪。

【配伍】
1.配幽门、太白,有清利湿热的作用,主治泄痢脓血。
2.配阳陵泉、解溪,有活血通络的作用,主治下肢麻木。

【文献摘要】
1.《灵枢》:小肠病者,小腹痛,腰脊控睾而痛,时窘之后,当耳前热,若寒甚,若独肩上热甚,及小指次指之间热,此其候也,手太阳病也,取之巨虚下廉。
2.《千金方》:脚气初得,脚弱;腰脚不遂,不能跪起;小便难黄。

【研究进展】 肩痛 针刺用泻法,留针10～15分钟,配合活动患肢,治疗92例止痛效果好。

40.丰隆 ST40 络穴

【定位】 仰卧伸下肢,或正坐屈膝。在小腿前外侧,当外踝尖上8寸,条口外,距胫骨前缘二横指(中指)(图2-9-8)。

【局部层次解剖】 皮肤→皮下组织→趾长伸肌→长伸肌→小腿骨间膜→胫骨后肌。浅层布有腓肠外侧皮神经。深层有胫前动、静脉的分支或属支和腓深神经的分支。

【刺灸法】 直刺0.5～1.2寸;可灸。

【主治】 下肢痿痛,痿痹;痰多,哮喘,咳嗽,胸疼,头痛,头晕,咽喉肿痛,大便难;癫狂,善笑,痫证。神经衰弱,精神分裂症,高血压,耳源性眩晕,支气管炎,支气管哮喘,腓肠肌痉挛。

【配伍】
1.配冲阳,有豁痰宁神的作用,主治狂妄行走,登高而歌,弃衣而走。
2.配肺俞、尺泽,有祛痰镇咳的作用,主治咳嗽,哮喘。
3.配照海、陶道,有涤痰醒神的作用,主治癫痫。

【文献摘要】
1.《甲乙经》:厥头痛,面浮肿,烦心,狂见鬼,善笑不休。
2.《千金方》:主胸痛如刺,腹若刀切痛。

【研究进展】 高脂血症 针刺双侧丰隆,经2周治疗后,空腹血脂大多数恢复正常,其中甘油三酯恢复正常较β-脂蛋白、胆固醇更明显。

41.解溪 ST41 经穴

【定位】 仰卧伸下肢,或正坐平放足底。在足背与小腿交界处的横纹中央凹陷中,当拇长伸肌腱与趾长伸肌腱之间(图5-1-9)。

【局部层次解剖】 皮肤→皮下组织→拇长伸肌腱与趾长伸肌腱之间→距骨。浅层布有足背内侧皮神经及足背皮下静脉。深层有腓深神经和胫前动、静脉。

【刺灸法】 直刺0.4～0.6寸;可灸。

【主治】 下肢痿痹;头面浮肿,面赤目赤,头痛,眩晕,眉棱骨痛,腹胀,便秘;癫疾,胃热,谵语。神经性头痛,消化不良,胃炎,肠炎,癫痫,面神经麻痹,足下垂,踝关节及其周围软组织疾患。

【配伍】
1.配条口、丘墟、太白,有通经活络止痛的作用,主治膝股肿痛,脚转筋。
2.配血海、商丘,有和胃降逆的作用,主治腹胀。
3.配商丘、丘墟、昆仑、太溪,有舒筋活络的作用,主治踝部痛。

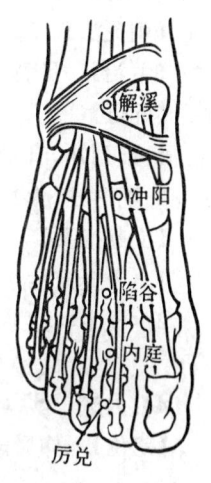

图5-1-9

【文献摘要】
1.《甲乙经》:白膜覆珠,瞳子无所见,风水面胕肿,颜黑。解溪主之。
2.《千金方》:腹大下重;厥气上柱腹大;膝重脚转筋,湿痹。
3.《图翼》:泻胃热。

42.冲阳 ST42 原穴

【定位】 仰卧或正坐平放足底。在足背最高处,当拇长伸肌腱与趾长伸肌腱之间,足背动脉搏动处(图5-1-9)。

【局部层次解剖】 皮肤→皮下组织→拇长伸肌腱与趾长伸肌腱之间→短伸肌→中间楔骨。浅层布有足背内侧皮神经,足背静脉网。深层有足背动、静脉和腓深神经。

【刺灸法】 避开动脉,直刺0.2～0.3寸;可灸。

【主治】 足痿无力,脚背红肿,胃痛腹胀,不嗜食,口眼㖞斜,面肿齿痛;善惊,狂疾。齿龈炎,癫痫,脉管炎。

【配伍】

1.配足三里、仆参、飞扬、复溜、完骨,有补益气血,润养经筋的作用,主治足痿失履不收。

2.配丰隆,有豁痰宁神的作用,主治狂妄行走,登高而歌,弃衣而走。

【文献摘要】

1.《素问》:刺跗上,中大脉,出血不止,死。

2.《甲乙经》:善啮颊齿唇,热病汗不出,口中热痛;胃脘痛,时寒热。

3.《铜人》:偏风口眼㖞斜,肘肿。

43. 陷谷 ST43 输穴

【定位】 仰卧或坐位,平放足底。在足背,当第二、三跖骨结合部前方凹陷处(图5-1-9)。

【局部层次解剖】 皮肤→皮下组织→趾长伸肌腱→趾短伸肌腱内侧→第二骨间背侧肌→收肌斜头。浅层布有足背内侧皮神经和足背静脉网。深层有第二跖背动、静脉。

【刺灸法】 直刺0.3～0.5寸;可灸。

【主治】 足背肿痛;肠鸣腹痛,面目浮肿,水肿。结膜炎,急慢性胃炎,急、慢性肠炎。

【配伍】

1.配列缺,有清热解毒的作用,主治面目痈肿。

2.配内庭、太冲,有清热消肿,活血止痛的作用,主治足跗肿。

【文献摘要】

1.《千金方》:热病,肠鸣而痛,腹大满,喜噫。

2.《资生》:主腹大满,善噫。

44. 内庭 ST44 荥穴

【定位】 仰卧或坐位,平放足底。在足背,当二、三趾间,趾蹼缘后方赤白肉际处(图5-1-9)。

【局部层次解剖】 皮肤→皮下组织→在第二与第三趾的趾长、短伸肌腱之间→第二、第三跖骨头之间。浅层布有足背内侧皮神经的趾背神经和足背静脉网。深层有趾背动、静脉。

【刺灸法】 直刺或斜刺0.3～0.5寸;可灸。

【主治】 足背肿痛;齿痛,口㖞,喉痹,鼻衄,腹痛,腹胀,泄泻,痢疾;热病。急、慢性胃炎,急、慢性肠炎,齿龈炎,扁桃体炎,趾跖关节痛等。

【配伍】

1.配合谷,有清泻邪热的作用,主治牙龈肿痛。

2.配上星、太阳、头维,有清利头目的作用,主治头痛,目赤肿痛。
【文献摘要】
1.《甲乙经》:胫痛,腹胀皮痛,善伸数欠,恶人与木音,振寒,嗌中引外痛,热病汗不出,下齿痛,恶寒目急,喘满寒栗,断口噤僻,不嗜食。
2.《马丹阳十二穴歌》:内庭次趾外,本属足阳明。能治四肢厥,喜静恶闻声,瘾疹咽喉痛,数欠及牙疼,疟疾不能食,针着便惺惺。

45.厉兑 ST45 井穴

【定位】 仰卧或正坐平放足底。在足第二趾末节外侧,距趾甲角0.1寸(指寸)(图5-1-9)。

【局部层次解剖】 皮肤→皮下组织→甲根。布有足背内侧皮神经的趾背神经和趾背动、静脉网。

【刺灸法】 向上斜刺0.2~0.3寸;可灸。

【主治】 足痛,足胫寒冷;面肿,口㖞,齿痛,鼻衄,鼻流黄涕,胸腹胀满;热病,梦魇,癫狂。精神分裂症,神经衰弱,消化不良,鼻炎,齿龈炎,扁桃体炎等。

【配伍】
1.配条口、三阴交,有温经散寒,活络止痛的作用,主治胫寒不得卧。
2.配隐白,有宁心安神的作用,主治梦魇不宁。
3.配隐白、中冲、大敦,有豁痰醒脑开窍的作用,主治中风昏迷。

【文献摘要】
1.《千金方》:头热;龋齿;喉痹;硬咽寒热;面浮肿;嗜卧;四肢不欲动摇;吐舌戾颈。
2.《大成》:疮疡从髭出者,厉兑、内庭、陷谷、冲阳、解溪。
3.《大成》:尸厥如死及不知人,灸厉兑三壮。

足阳明胃经经穴分寸歌

胃之经兮足阳明,承泣目下七分寻,四白目下方一寸 巨髎鼻孔旁八分,
地仓侠吻四分近,大迎颔前寸三分,颊车耳下曲颊陷,下关耳前颧弓下,
头维神庭旁四五,人迎喉旁一五真,水突筋前迎下在,气舍突下穴相乘,
缺盆舍外锁骨上,相去中线四寸明,气户锁骨下缘取,库房屋翳膺窗近,
均隔寸六到乳头,乳中正在乳头心,次有乳根出乳下,第五肋间细扪循,
不容巨阙旁二寸,以下诸穴与君陈,其下承满与梁门,关门太乙滑肉门,
上下一寸无多少,共去中行二寸寻,天枢脐旁二寸间,枢下一寸外陵安,
枢下二寸大巨穴,枢下三寸水道全,水下一寸归来好,共去中行二寸边,
气冲归来下一寸,髀关髂下对承扶,伏兔膝上六寸是,阴市膝上方三寸,
梁丘膝上二寸记,膝髌陷中犊鼻存,膝下三寸三里至,胫外一指需细温,
膝下六寸上廉穴,膝下八寸条口位,膝下九寸下廉看,条口之旁丰隆系,
却是踝上八寸量,解溪趾上系鞋处,冲阳跗上五寸唤,陷谷跖趾关节后,
内庭次趾外间陷,厉兑大次趾外端。

第二节 足太阳膀胱经穴

Points of Bladder Meridian of Foot-Taiyang, BL.

经脉循行 起于目内眦,上额交会于巅顶。巅顶部的支脉,从头顶部到达耳上角。巅顶部直行的经脉,从头顶入里联络于脑,回出来分开下行项后,沿着肩胛部内侧,挟着脊柱,到达腰部,从脊柱两旁肌肉进入体腔,联络肾,属于膀胱。腰部的支脉,向下通过臀部,进入腘窝中。后项的支脉,通过肩胛骨的内缘直下,经过臀部下行,沿着大腿后外侧,与腰部下来的支脉会合于腘窝中,从此向下经过小腿后侧,出于外踝的后面,沿着第五跖骨至小趾外侧端,与足少阴肾经相接。

联系脏腑器官 膀胱,肾、脑。

本经腧穴,起于睛明,止于至阴,左右各67个穴位(图5-2-1)。

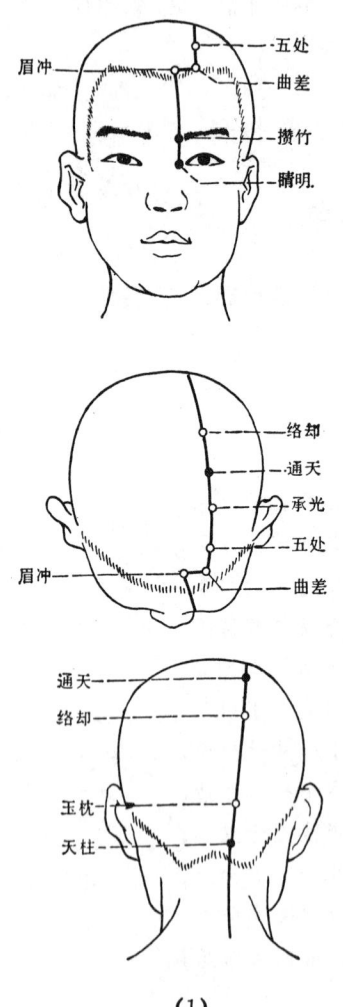

(1)

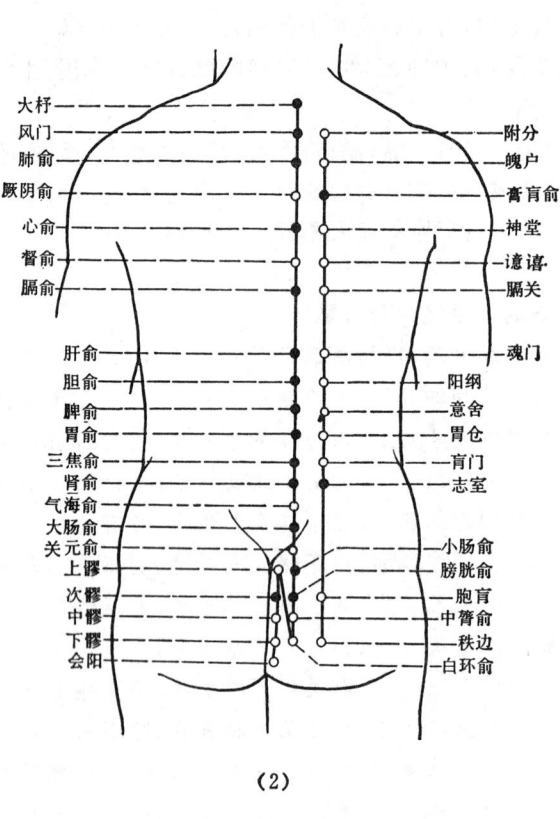

(2)

主治概要 本经腧穴主治头、项、目、背、腰、下肢部病证以及神志病,背部第一侧线的背俞穴及第二侧线相平的腧穴,主治与其相关的脏腑病证和有关的组织器官病证。

1. 睛明 BL1

【定位】 正坐或仰卧。在面部,目内眦角稍上方凹陷处(图5-2-2)。

【局部层次解剖】 皮肤→皮下组织→眼轮匝肌→上泪小管上方→内直肌与筛骨眶板之间。浅层布有三叉神经眼支的滑车上神经,内眦动、静脉的分支或属支。深层有眼动、静脉的分支或属支,眼神经的分支和动眼神经的分支。

【刺灸法】 嘱患者闭目,左手将眼球推向外侧固定,针沿眼眶边缘缓缓刺入0.3~0.5寸,不宜作大幅度提插、捻转;禁灸。

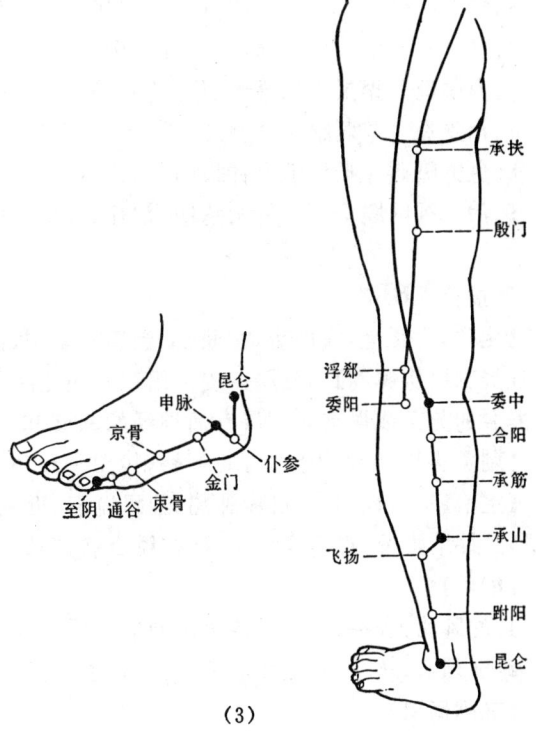

图5-2-1 膀胱经穴总图

【主治】 目赤肿痛,目眩,迎风流泪,**胬肉攀睛,目眦痒**痛,目翳,视物不明,近视,夜盲,色盲;鼻塞,头痛;腰痛,散光,视神经炎,视神经萎缩,视网膜炎,视网膜出血,翼状胬肉,早期轻度白内障。

【配伍】
1. 配合谷、风池,有清热疏风的作用,主治结膜炎,目痒。
2. 配肝俞、光明,有调肝养血明目的作用,主治夜盲,色盲,近视,散光。

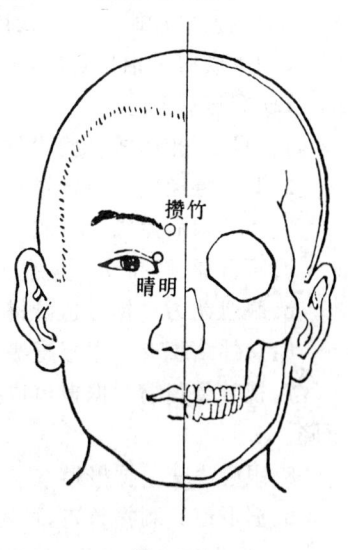

图5-2-2

【文献摘要】
1.《甲乙经》:手、足太阳,足阳明之会。
2.《铜人》:治攀睛,翳膜覆瞳子。
3.《大成》:主小儿疳眼,大人气眼冷泪。
4.《金鉴》:主治目痛,视不明,迎风流泪,胬肉攀睛,白翳眦痒,雀目诸疾。

【研究进展】
1. 功能性遗尿 针刺睛明穴,有较好疗效。
2. 坐骨神经痛 取患侧睛明、听宫,刺后活动患肢,治疗52例有较好疗效。
3. 近视 电梅花针叩刺睛明;针刺睛明,配合维生素 B_{12} 或当归液,于肝俞、肾俞穴位注射;针刺睛明,配合眼保健操和视力训练等法,对近视均有较好疗效。

4. 急性结膜炎　单刺睛明,治疗153例,有良好疗效。

5. 视神经萎缩　针刺睛明,治疗30例,有较好疗效。

6. 角膜炎　据报道用激光照射睛明等穴及角膜病灶处,治疗66只眼,有较好疗效。

7. 泪囊炎　单刺睛明,治疗21例,有良好疗效。

8. 色觉障碍　据报道电针睛明等,治疗300例,有较好疗效。

9. 治疗视网膜病变　针刺睛明,治疗150例,195只眼,有较好疗效。

2. 攒竹　BL2

【定位】　正坐,或仰卧。在面部,当眉头陷中,眶上切迹处(图5-2-2)。

【局部层次解剖】　皮肤→皮下组织→眼轮匝肌。浅层布有额神经的滑车上神经,眶上动、静脉的分支或属支。深层有面神经的颞支和颧支。

【刺灸法】　治疗眼病,可向下斜刺0.3~0.5寸;治疗头痛,面瘫,可平刺透鱼腰;可灸。

【主治】　目视不明,目赤肿痛,迎风流泪,近视,眼睑瞤动,目眩;头痛,面瘫。夜盲,视力减退,急性结膜炎,视网膜出血,视神经萎缩,角膜白斑,面肌痉挛。

【配伍】

1. 配风池、合谷,有祛风清热镇痛的作用,主治目赤肿痛,流泪。

2. 配列缺、颊车,有通经活络的作用,主治面瘫,面肌痉挛。

【文献摘要】

1. 《甲乙经》:头风痛,鼻鼽衄,攒竹主之。

2. 《铜人》:治眼中赤痛及睑瞤动。

3. 《大成》:治泪出目眩,瞳子痒。

【研究进展】

1. 呃逆　指压或针刺攒竹,治疗85例,有很好疗效。

2. 眶上神经痛　电针攒竹,治疗46例,有较好疗效。

3. 痔疮术后疼痛　针刺治疗75例,有很好疗效。

4. 腰背痛、腰扭伤　据报道针攒竹为主,治疗453例,有很好疗效。

5. 眼肌无力　据报道针攒竹等,治疗365例,有很好疗效。

6. 急性结膜炎　据报道攒竹配太阳放血,治疗253例,有较好疗效。

7. 视神经萎缩　据报道取攒竹等,治疗53例,69只眼,有较好疗效。跟踪1年,视力未再下降。

8. 眼睑痉挛　据报道取攒竹透鱼腰,有较好疗效。

9. 据报道针刺攒竹穴,可使心率减慢。

10. 据报道针刺攒竹,对眼部及内脏手术均有良好针麻效应。

3. 眉冲　BL3

【定位】　正坐或仰卧。在头部,当攒竹直上入发际0.5寸,神庭与曲差连线之间(图5-2-3)。

【局部层次解剖】　皮肤→皮下组织→枕额肌额腹。浅层布有滑车上神经和滑车上动、静脉。深层为腱膜下疏松组织和颅骨外膜。

【刺灸法】 平刺0.3～0.5寸；可灸。

【主治】 头痛,目眩；目痛,视物不明,鼻塞,鼻炎；癫痫。

【配伍】

1.配百会、风池,有平肝熄风,镇静止痛的作用,主治头痛,目眩。

2.配太阳、鱼腰,有清热明目镇痛的作用,主治视物不明,目痛。

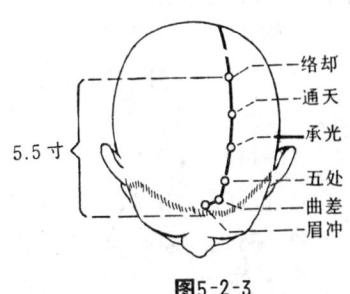

图5-2-3

【文献摘要】

1.《千金方》:苦头痛,针眉冲。

2.《大成》:主五痫,头痛鼻塞。

4. 曲差　BL4

【定位】 正坐或仰卧。在头部,当发际正中直上0.5寸,旁开1.5寸,即神庭与头维连线的内1/3与中1/3交点上(图5-2-3)。

【局部层次解剖】 皮肤→皮下组织→枕额肌额腹。浅层布有滑车上神经和滑车上动、静脉。深层为腱膜下疏松组织和颅骨外膜。

【刺灸法】 平刺0.3～0.5寸；可灸。

【主治】 头痛,目眩；视物不明,鼻塞,鼻衄。面神经麻痹,三叉神经痛等。

【配伍】 配百会、太冲,有平肝熄风镇痛的作用,主治头痛,目眩。

【文献摘要】

1.《甲乙经》:喘息不利,烦满,曲差主之。

2.《铜人》:治目视不明。

5. 五处　BL5

【定位】 正坐或仰卧。在头部,当前发际正中直上1寸,旁开1.5寸(图5-2-3)。

【局部层次解剖】 皮肤→皮下组织→枕额肌额腹。浅层布有滑车上神经和滑车上动、静脉。深层为腱膜下疏松组织和颅骨外膜。

【刺灸法】 平刺0.3～0.5寸；可灸。

【主治】 头痛,目眩；目视不明；痫证,小儿惊风。

【配伍】 配率谷、行间,有清利头目平肝的作用,主治头痛目眩。

【文献摘要】

1.《铜人》:治头风,目眩。

2.《大成》:主目不明。

6. 承光　BL6

【定位】 正坐或仰卧。在头部,当前发际正中直上2.5寸,旁开1.5寸(图5-2-3)。

【局部层次解剖】 皮肤→皮下组织→帽状腱膜。浅层布有眶上神经和眶上动、静脉。

深层为腱膜下疏松组织和颅骨外膜。

【刺灸法】 平刺0.3～0.5寸;可灸。

【主治】 头痛,目眩;目视不明,鼻塞,多涕,呕吐烦心;热病无汗。角膜白斑,鼻炎,感冒。

【配伍】
1.配肝俞、中封,有平肝熄风镇痛的作用,主治头痛,目眩。
2.配合谷、迎香,有清热祛风,通利鼻窍的作用,主治感冒,鼻塞流涕。
3.配承泣、太阳,有明目退翳的作用,主治视力减退,目翳。

【文献摘要】
1.《甲乙经》:热病汗不出,青盲远视不明。
2.《铜人》:治风眩头痛。
3.《大成》:主目生白翳。

7. 通天 BL7

【定位】 正坐或仰卧。在头部,当前发际正中直上4寸,旁开1.5寸(图5-2-3)。

【局部层次解剖】 皮肤→皮下组织→帽状腱膜。浅层布有眶上神经,眶上动、静脉和枕大神经,枕动、静脉与耳颞神经,颞浅动、静脉的神经间吻合和血管间的吻合网。深层为腱膜下疏松组织和颅骨外膜。

【刺灸法】 平刺0.3～0.5寸;可灸。

【主治】 头痛,头重,眩晕;口㖞,鼻多清涕,鼻衄,鼻炎;瘿气。口肌痉挛,慢性气管炎,三叉神经痛。

【配伍】
1.配风池、昆仑,有祛风清热镇痛的作用,主治头重眩晕。
2.配迎香、上星,有清热通利鼻窍的作用,主治鼻渊,鼻疮。
3.配人中、内关,有回阳固脱的作用,主治虚脱。

【文献摘要】
1.《甲乙经》:头项痛重,通天主之。
2.《铜人》:治偏风口㖞。

【研究进展】
1.中风后小便失禁 据报道取双侧通天透络却,有一定疗效。
2.据报道针刺通天,可使部分癫痫大发作患者的脑电图趋于规则化。

8. 络却 BL8

【定位】 正坐或仰卧。在头部,当前发际正中直上5.5寸,旁开1.5寸(图5-2-3)。

【局部层次解剖】 皮肤→皮下组织→帽状腱膜。浅层布有枕大神经和枕动、静脉。深层为腱膜下疏松组织和颅骨外膜。

【刺灸法】 平刺0.3～0.5寸;可灸。

【主治】 眩晕;耳鸣,鼻塞,视物不明,项肿,瘿瘤;癫狂,痫证。面神经麻痹,甲状腺肿,枕肌和斜方肌痉挛,白内障,精神病,忧郁症。

【配伍】

1.配率谷、列缺,有清热祛风镇静的作用,主治头痛,眩晕。

2.配天柱、后溪,有舒筋活络的作用,主治颈项强痛。

【文献摘要】

1.《甲乙经》:癫疾僵仆,络却主之。

2.《铜人》:治青风内障。

3.《大成》:主头旋耳鸣。

9. 玉枕　BL9

【定位】　正坐或俯卧。在后头部,当后发际正中直上2.5寸,旁开1.3寸,平枕外隆凸上缘的凹陷处(图5-2-4)。

【局部层次解剖】　皮肤→皮下组织→枕额肌枕腹。浅层有枕大神经,枕动、静脉。深层为腱膜下疏松结缔组织和颅骨外膜。

【刺灸法】　平刺0.3~0.5寸;可灸。

【主治】　头痛;目痛,不能远视,鼻塞,恶风,呕吐;癫疾。视觉减退,多汗症。

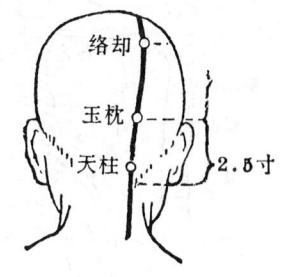

图5-2-4

【配伍】

1.配大杼、合谷,有疏风解表清热的作用,主治头痛,鼻塞,恶风。

2.配阳白、承泣,有清热明目的作用,主治目痛。

【文献摘要】

1.《甲乙经》:头重项痛,玉枕主之。

2.《千金翼》:多汗寒热。

3.《大成》:主目痛如脱。

10. 天柱　BL10

【定位】　正坐或俯卧。正坐,在颈部,大筋(斜方肌)外缘之后发际凹陷中,约当后发际正中旁开1.3寸(图5-2-4)。

【局部层次解剖】　皮肤→皮下组织→斜方肌→头夹肌的内侧→头半棘肌。浅层布有第三颈神经后支的内侧支和皮下静脉。深层有枕大神经。

【刺灸法】　直刺0.5~1寸;可灸。

【主治】　项强;头痛,眩晕,目赤肿痛,鼻塞,不知香臭,咽肿,肩背痛;足不任身。咽喉炎,癔病,神经衰弱。

【配伍】

1.配列缺、后溪,有舒筋通络的作用,主治头痛,项强。

2.配合谷、太阳,有清热明目的作用,主治目赤肿痛。

【文献摘要】

1.《甲乙经》:热病汗不出,天柱主之。

2.《铜人》：治足不任身体。
3.《大成》：主项强不可回顾。

11.大杼　BL11　骨会

【定位】 正坐或俯卧，在背部，当第一胸椎棘突下，旁开1.5寸(图5-2-5)。

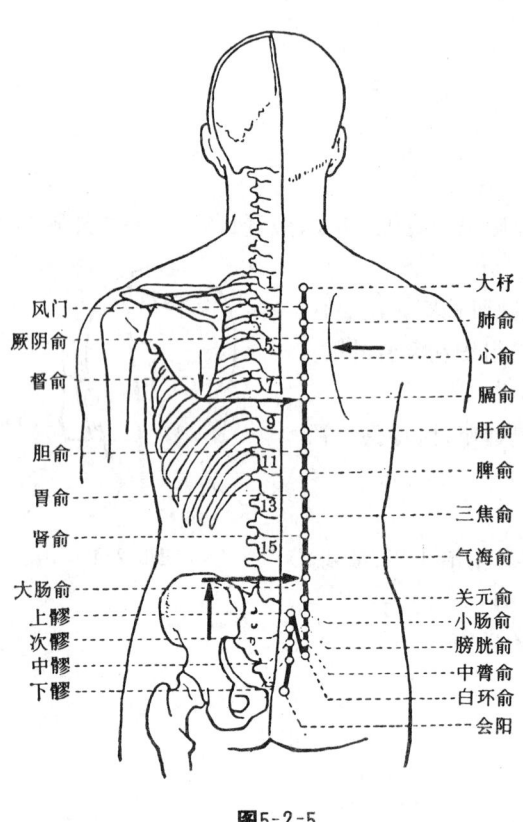

图5-2-5

【局部层次解剖】 皮肤→皮下组织→斜方肌→菱形肌→上后锯肌→颈夹肌→竖脊肌。浅层布有第一、二胸神经后支的内侧皮支和伴行的肋间后动、静脉背侧支的内侧皮支。深层有第一、二胸神经后支的肌支和相应的肋间后动、静脉背侧支的分支等。

【刺灸法】 斜刺0.5～0.8寸；可灸。

【主治】 咳嗽，肩胛酸痛，颈项强急；喉痹，鼻塞，头痛，目眩；中风，癫痫。颈椎病。

【配伍】
1.配夹脊、绝骨，有强筋骨，通经络，调气血的作用，主治颈椎病。
2.配列缺、尺泽，有理肺止咳平喘的作用，主治咳嗽，气喘。

【文献摘要】
1.《甲乙经》：足太阳、手太阳之会。
2.《素问》：大杼、膺俞（中府）、缺盆、背俞（风门），此八者，以泻胸中之热也。
3.《大成》：主筋挛癫疾。

【研究进展】

1.支气管哮喘　用白芥子、甘遂等敷贴大杼、肺俞等穴，冬发喘者于三伏贴，夏发喘者于三九贴，治疗3700例，有良好疗效。

2.慢性支气管炎　取大杼、风门等，敷药配合微波透入，治疗300例，有良好疗效。

3.甲状腺功能亢进症　配风门、肺俞等，用着肤灸、火针法，治疗30例，均有较好疗效。

4.坐骨神经痛　配神阙、命门，针刺放血，治疗54例，有较好疗效。

5.牙痛　据报道，对50例牙痛患者进行检查时，大杼穴均有压痛，针刺有较好疗效。

6.麦粒肿　针刺大杼4～6分深，出针放血。

7.对肺功能的调整作用　据报道针刺大杼穴可增加通气量。并可使针麻患者开胸后，肺的通气量代偿性增加。

8.对钙代谢的影响　据报道针刺大杼、飞扬、足三里等，留针7分钟，可使血钙增加1mg%，留针15分钟增加3mg%，再继续延长留针时间，血钙不再发生相应变动。

12. 风门　BL12

【定位】　正坐或俯卧,在背部,当第二胸椎棘突下,旁开1.5寸(图5-2-5)。

【局部层次解剖】　皮肤→皮下组织→斜方肌→菱形肌→上后锯肌→颈夹肌→竖脊肌。浅层布有第二、三胸神经后支的内侧皮支和伴行的肋间后动、静脉背侧支的内侧皮支。深层有第二、三胸神经后支的肌支和相应的肋间后动、静脉背侧支的分支等。

【刺灸法】　斜刺0.5～0.8寸;可灸。

【主治】　咳嗽,胸背痛,发背痈疽,胸中热;发热,头痛,目眩。感冒,支气管炎,肺炎,百日咳,荨麻疹。

【配伍】

1.配肩井、支沟,有舒筋通络镇痛的作用,主治肩背疼痛,肋间神经痛。

2.配合谷、外关,有解表清热的作用,主治发热,咳嗽。

3.配曲池、血海,有清热凉血的作用,主治荨麻疹。

【文献摘要】

1.《甲乙经》:督脉、足太阳之会。风眩头痛,风门主之。

2.《铜人》:治伤寒颈项强。

3.《大成》:主上气喘气。

【研究进展】　支气管哮喘　取风门、大杼,用化脓灸法治疗220例,有较好疗效。

13. 肺俞　BL13　背俞穴

【定位】　正坐或俯卧,在背部,第三胸椎棘突下,旁开1.5寸(图5-2-5)。

【局部层次解剖】　皮肤→皮下组织→斜方肌→菱形肌→上后锯肌→竖脊肌。浅层布有第三、四胸神经后支的内侧皮支和伴行的肋间后动、静脉背侧支的内侧皮支。深层有第三、四胸神经后支的肌支和相应的肋间后动、静脉背侧支的分支或属支。

【刺灸法】　斜刺0.5～0.8寸;可灸。

【主治】　咳喘,胸满;腰脊痛,喉痹;骨蒸潮热,盗汗吐血,黄疸,狂走,癫疾。皮肤瘙痒,荨麻疹,肺结核,肺炎。

【配伍】

1.配中府,为俞募配穴法,有疏风解表,宣肺止咳的作用,主治咳嗽。

2.配膏肓、三阴交,有补虚损清虚热的作用,主治骨蒸,潮热,盗汗。

3.配曲池、血海,有祛风邪,和营血,化瘀滞的作用,主治皮肤瘙痒,荨麻疹。

【文献摘要】

1.《素问》:五藏俞傍五,此十者,以泻五脏之热也。

2.《铜人》:治骨蒸劳,肺痿咳嗽。

3.《资生》:哮喘,按其肺俞穴,痛如锥刺。

4.《大成》:主咳嗽红痰。

【研究进展】

1.慢性支气管炎　取肺俞、心俞等穴,贴敷洋金花、甘遂等,治疗298例,有较好疗效。

2.对呼吸功能的调节　针肺俞可增强呼吸功能,使肺通气量、肺活量及耗氧量增加,明显减低气道阻力。

3.针肺俞,对冠状动脉粥样斑块的形成有一定的抑制作用。

14.厥阴俞 BL14 背俞穴

【定位】 正坐或俯卧。在背部,当第四胸椎棘突下,旁开1.5寸(图5-2-5)。

【局部层次解剖】 皮肤→皮下组织→斜方肌→菱形肌→竖脊肌。浅层布有第四、五胸神经后支的内侧皮支和伴行的肋间后动、静脉背侧支。深层有第四、五胸神经后支的肌支和相应的肋间后动、静脉背侧支的分支或属支。

【刺灸法】 斜刺0.5~0.8寸;可灸。

【主治】 胸满,心痛,心悸,咳嗽,烦闷,胃脘痛,呕吐。风湿性心脏病,神经衰弱,肋间神经痛。

【配伍】

1.配膻中,为俞募配穴法,有宽胸理气,活血止痛的作用,主治心痛心悸,胸满,烦闷。

2.配内关、胃俞,有利膈理气和胃的作用,主治胃痛,呕吐。

3.配间使、神门,有养心宁神的作用,主治心烦失眠,神经衰弱。

【文献摘要】

1.《素问》:热病气穴,四椎下间主鬲中热。

2.《铜人》:治呕吐心痛。

3.《大成》:脏腑皆有俞在背,独心包络无俞,何也?曰:厥阴即心包络俞也。

15.心俞 BL15 背俞穴

【定位】 正坐或俯卧位,在背部,当第五胸椎棘突下,旁开1.5寸(图5-2-5)。

【局部层次解剖】 皮肤→皮下组织→斜方肌→菱形肌下缘→竖脊肌。浅层布有第五、六胸神经后支的内侧皮支及伴行的动、静脉。深层有第五、六胸神经后支的肌支和相应肋间后动、静脉背侧支的分支或属支。

【刺灸法】 斜刺0.5~0.8寸;可灸。

【主治】 胸引背痛,心烦,心痛,咳嗽,吐血;健忘,失眠,梦遗;癫狂,痫证。冠心病,心绞痛,风心病,神经衰弱,肋间神经痛,精神分裂症,癔病。

【配伍】

1.配巨阙,为俞募配穴法,有行气活血的作用,主治心痛引背,冠心病,心绞痛。

2.配神门、三阴交,有调心脾,宁心神的作用,主治健忘,失眠,惊悸,梦遗。

3.配太渊、孔最,有清肺热理肺气的作用,主治咳嗽,咯血。

【文献摘要】

1.《素问》:热病气穴,五椎下间主肝热。

2.《外台》:主心痛,与背相引而痛。

3.《大成》:主呕吐不下食。

【研究进展】

1.冠心病 温灸心俞、厥阴俞等治疗44例,对异常症状、心电图、血脂均有不同程度的改善。贴药于心俞、巨阙等治420例,有较好疗效。对异常心电图有一定改善。

2.多寐症 取心俞、足三里等,针刺治疗26例,有一定疗效。

16.督俞 BL16
【定位】 正坐或俯卧,在背部,第六胸椎棘突下,旁开1.5寸(图5-2-5)。
【局部层次解剖】 皮肤→皮下组织→斜方肌→竖脊肌。浅层布有第六、七胸神经后支的内侧皮支及伴行的动、静脉。深层有第六、七胸神经后支的肌支和相应的肋间后动、静脉背侧支的分支或属支。
【刺灸法】 斜刺0.5～0.8寸;可灸。
【主治】 心痛;呃逆,腹痛,腹胀,肠鸣。心内膜炎,膈肌痉挛,乳腺炎,皮肤瘙痒,牛皮癣。
【配伍】
1.配合谷、足三里,有理气和胃的作用,主治胃痛,呃逆,腹胀。
2.配肩井、膻中,有清热活血,行气止痛的作用,主治乳痈,乳腺增生。
【文献摘要】
1.《圣惠方》:主腹中痛,雷鸣。
2.《大成》:治寒热心痛。

17.膈俞 BL17 血会
【定位】 正坐或俯卧位,在背部,当第七胸椎棘突下,旁开1.5寸(图5-2-5)。
【局部层次解剖】 皮肤→皮下组织→斜方肌→背阔肌→竖脊肌。浅层布有第七、八胸神经后支的内侧皮支和伴行的动、静脉。深层有第七、八胸神经后支的肌支和相应肋间后动、静脉背侧支的分支或属支。
【刺灸法】 斜刺0.5～0.8寸;可灸。
【主治】 背痛,脊强,胃脘胀痛,呕吐,呃逆,饮食不下;气喘,咳嗽,吐血;潮热,盗汗。贫血,慢性出血性疾病,膈肌痉挛,胃炎,肠炎,荨麻疹,小儿营养不良。
【配伍】
1.配中脘、内关,有宽胸利气的作用,主治胃痛,呃逆,呕吐,肠炎。
2.配肺俞、膻中,有调理肺气,止咳平喘的作用,主治咳嗽,气喘,肺炎。
3.配肝俞、脾俞,有健脾统血,和营补血的作用,主治贫血,白细胞及血小板减少。
4.配曲池、三阴交,有祛风清热,活血止痒的作用,主治荨麻疹,皮肤瘙痒。
【文献摘要】
1.《素问》:热病气穴,七椎下间主肾热。
2.《甲乙经》:癫疾多言。
3.《大成》:主吐食翻胃。
4.《金鉴》:更治一切失血症。
【研究进展】
1.糖尿病 据报道34例阴虚阳盛型针刺膈俞、脾俞,用泻法,有一定疗效。血糖逐渐下降,血液粘滞度降低,血流加速,微循环改善;对环核苷酸的含量有调整作用;对血清胰岛素有良好调节作用;T_3、T_4均有所下降。

2.青光眼 针刺膈俞、肝俞等,治疗青光眼合并高血压者120人次,治疗后眼压、血压均明显下降,临床症状明显改善。

3.偏头痛 三棱针点刺膈俞,然后拔罐放血,治疗38例,有很好疗效。

4.痤疮 火针膈俞、肺俞等,治疗94例,有良好疗效。

18.肝俞 BL18 背俞穴

【定位】 正坐或俯卧位,当第九胸椎棘突下,旁开1.5寸(图5-2-5)。

【局部层次解剖】 皮肤→皮下组织→斜方肌→背阔肌→下后锯肌→竖脊肌。浅层布有第九、十胸神经的后支的皮支及伴行的动、静脉。深层有第九、十胸神经后支的肌支和相应的肋间后动、静脉的分支或属支。

【刺灸法】 斜刺0.5～0.8寸;可灸。

【主治】 脊背痛,胁痛;目赤,目视不明,夜盲,眩晕,黄疸,吐血,衄血,癫狂,痫证。急、慢性肝炎,胆囊炎,视网膜出血,胃炎,胃痉挛,肋间神经痛,神经衰弱,精神病,月经不调。

【配伍】

1.配期门,为俞募配穴法,有清利肝胆湿热的作用,主治肝炎,胆囊炎,胁痛。

2.配百会、太冲,有平肝潜阳,清热明目的作用,主治头昏头痛、眩晕。

3.配肾俞、太溪,有滋阴养血补肾的作用,主治健忘,失眠。

4.配大椎、曲池,有清热泻火,安神定志的作用,主治癫痫,精神分裂症。

【文献摘要】

1.《甲乙经》:肝胀者,肝俞主之,亦取太冲。

2.《千金方》:肝俞、脾俞、志室,主两胁急痛。

3.《铜人》:治目生白翳。

4.《大成》:黄疸,鼻痠。

【研究进展】

1.胆石症 取肝俞、胆俞、脾俞等,用推按运经仪治疗63例,配合服用硫酸镁、稀盐酸、油煎鸡蛋,结果均有较好疗效。

2.胃脘痛 针灸肝俞、胆俞、脾俞等,治疗50例,有很好疗效。

3.淋巴结核 割治肝俞、膈俞,治疗211例,有较好疗效。

4.眼睑下垂 针灸肝俞、膈俞,有较好疗效。

19.胆俞 BL19 背俞穴

【定位】 正坐或俯卧,在背部,当第十胸椎棘突下,旁开1.5寸(图5-2-5)。

【局部层次解剖】 皮肤→皮下组织→斜方肌→背阔肌→下后锯肌→竖脊肌。浅层布有第十、十一胸神经后支的皮支和伴行的动、静脉。深层有第十、十一胸神经后支的肌支和相应的肋间后动、静脉的分支或属支。

【刺灸法】 斜刺0.5～0.8寸;可灸。

【主治】 胁痛,腋下肿痛;口苦,舌干,咽痛,呕吐,饮食不下;黄疸,肺痨,潮热,胆囊炎,胆道蛔虫,急慢性肝炎,胃炎,腋窝淋巴结炎,肋间神经痛。

【配伍】
1.配阳陵泉,太冲,有舒肝理气和胃的作用,主治呕吐,胃炎,胆道蛔虫。
2.配日月,为俞募配穴法,有疏肝利胆,清热除湿的作用,主治黄疸,胆囊炎。
3.配膏肓、三阴交,有养阴清热健脾的作用,主治咽痛,肺痨,潮热。
【文献摘要】
1.《甲乙经》:胸满呕无所出。
2.《铜人》:治食不下,目黄。
3.《大成》:主腋下肿胀。
【研究进展】 胆道疾病 慢性胆囊炎,取胆俞、肝俞,交替针刺治疗57例,有良好疗效。以胆俞为主埋线治疗胆囊炎、胆结石128例,有良好疗效。胆道蛔虫症,按摩胆俞治疗20例,有一定疗效。

20.脾俞 BL20 背俞穴
【定位】 俯卧,在背部,当第十一胸椎棘突下,旁开1.5寸(图5-2-5)。
【局部层次解剖】 皮肤→皮下组织→背阔肌→下后锯肌→竖脊肌。浅层布有第十一、十二胸神经后支的皮支和伴行的动、静脉。深层有第十一、十二胸神经后支的肌支和相应肋间、肋下动、静脉的分支或属支。
【刺灸法】 直刺0.5~0.8寸;可灸。
【主治】 背痛,胁痛,腹胀,呕吐,泄泻,痢疾,完谷不化;黄疸,水肿。胃溃疡,胃炎,胃下垂,神经性呕吐,肝炎,贫血,慢性出血性疾病,糖尿病。
【配伍】
1.配章门,为俞募配穴法,有健脾和胃的作用,主治胃痛,腹胀。
2.配膈俞、大椎,有扶脾统血,清热止血的作用,主治吐血,便血。
3.配足三里、三阴交,有清热利湿,健脾养肝的作用,主治黄疸,肝炎。
【文献摘要】
1.《千金方》:虚劳尿白浊,灸脾俞一百壮。脾俞、胃管,主黄疸。
2.《大成》:黄疸,善欠,不嗜食。
3.《金鉴》:小儿慢脾风证。
【研究进展】
1.胃病 取脾俞等埋线治疗胃炎和溃疡病166例,有很好疗效。取脾俞、胃俞,埋线治疗胃、十二指肠溃疡病245例,有很好疗效。
2.糖尿病 针刺脾俞等,治疗24例,有一定疗效。
3.腹泻 针刺脾俞等,配合电极板法,治疗80例,经1~8次治疗,有较好疗效。
4.紫癜 针刺脾俞等,治疗原发性血小板减少性紫癜37例,有一定疗效。

21.胃俞 BL21 背俞穴
【定位】 俯卧。在背部当第十二胸椎棘突下,旁开1.5寸(图5-2-5)。
【局部层次解剖】 皮肤→皮下组织→胸腰筋膜浅层和背阔肌腱膜→竖脊肌。浅层布有第十二胸神经和第一腰神经后支的皮支和伴行的动、静脉。深层有第十二胸神经和第一腰神经后支的肌支和相应的动、静脉的分支或属支。

【刺灸法】 直刺0.5～0.8寸;可灸。

【主治】 胸胁痛;胃脘痛,反胃,呕吐;肠鸣,完谷不化,噎膈,泄泻,痢疾。胃下垂,胃痉挛,胰腺炎,糖尿病。

【配伍】

1.配上巨虚、三阴交,有健脾利湿的作用,主治泄泻,痢疾。

2.配中脘,为俞募配穴法,有理气和胃的作用,主治胃痛,呕吐。

3.配内关、梁丘,有宽中和胃止痛的作用,主治胃痉挛,胰腺炎。

【文献摘要】

1.《甲乙经》:胃中寒胀。

2.《大成》:食多羸瘦,脾俞、胃俞。

3.《图翼》:小儿羸瘦食少。

【研究进展】

1.胃病 胃俞、脾俞等埋线,治疗慢性胃炎和溃疡病388例,有较好疗效。

2.电针狗"胃俞",可延长狗胃胃电图BER间期,刺激30分钟内AP期较针前短,提示电针胃俞可抑制胃收缩,止呕吐。

22.三焦俞 BL22 背俞穴

【定位】 俯卧,在腰部,当第一腰椎棘突下,旁开1.5寸(图5-2-5)。

【局部层次解剖】 皮肤→皮下组织→背阔肌腱膜和胸腰筋膜浅层→竖脊肌。浅层布有第一、二腰神经后支的皮支和伴行的动、静脉。深层有第一、二腰神经后支的肌支和相应腰动、静脉背侧支的分支或属支。

【刺灸法】 直刺0.5～1寸;可灸。

【主治】 腰脊强痛;腹胀,肠鸣,完谷不化,腹泻,痢疾,肩背拘急;小便不利,水肿,黄疸。尿潴留,胃炎,肠炎,肾炎,神经衰弱。

【配伍】

1.配身柱、命门,有温补肾阳,强壮腰膝的作用,主治腰脊强痛,脊柱炎。

2.配石门,为俞募配穴法,有利尿消肿的作用,主治水肿,小便不利。

【文献摘要】

1.《铜人》:肩背拘急,腰脊强。

2.《大成》:泄注下痢。

23.肾俞 BL23 背俞穴

【定位】 俯卧,在腰部,当第二腰椎棘突下,旁开1.5寸(图5-2-5)。

【局部层次解剖】 皮肤→皮下组织→背阔肌腱膜和胸腰筋膜浅层→竖脊肌。浅层布有第二、三腰神经后支的皮支和伴行的动、静脉。深层有第二、三腰神经后支的肌支和相应腰动、静脉背侧支的分支或属支。

【刺灸法】 直刺0.8～1寸;可灸。

【主治】 腰膝酸痛;目昏,耳鸣,耳聋,遗精,阳痿,遗尿,小便频数,月经不调,白带,小便不利,水肿,洞泄不化;咳喘少气,癫疾。肾炎,尿路感染,半身不遂。

【配伍】

1.配殷门、委中,有行气通经络的作用,主治腰膝痠痛。

2.配京门,为俞募配穴法,有温补肾阳的作用,主治遗精,阳痿,月经不调。

3.配听宫、翳风,有益肾气聪耳的作用,主治耳鸣,耳聋。

4.配关元、三阴交,有壮元阳,助运化,利水湿的作用,主治肾炎,小便不利,水肿。

【文献摘要】

1.《千金方》:肾俞、内关,主面赤热。

2.《铜人》:虚劳羸瘦。

3.《大成》:肾虚水肿。

4.《金鉴》:下元诸虚,精冷无子。

【研究进展】

1.尿毒症 据报道用生附片、川芎等敷贴肾俞、关元,治疗8例,肾功能多项指标有一定好转。

2.肾绞痛 针刺患侧肾俞等,治疗85例,对疼痛有较好疗效。

3.遗尿 取肾俞等,针灸加埋线,治疗250例,有很好疗效。

4.艾灸肾俞等,能使肾阳虚大鼠精子活力显著增强。

5.针刺家兔肾俞穴,引起膀胱内压上升占17.91%,下降占34.86%。

6.针刺健康人肾俞,可引起肾曲小管排泄量增加,对肾小球滤过值无影响。

7.用毫米微波照射正常家兔和急性缺血家兔的"肾俞穴"后,肾血流量皆较前明显升高。切断肾神经后,肾血流量增加的幅度大于未切断肾神经者($P<0.05$)。

24.气海俞 BL24

【定位】 俯卧,在腰部,当第三腰椎棘突下,旁开1.5寸(图5-2-5)。

【局部层次解剖】 皮肤→皮下组织→背阔肌腱膜和胸腰筋膜浅层→竖脊肌。浅层布有第三、四腰神经后支的皮支和伴行的动、静脉。深层有第三、四腰神经后支的肌支和相应腰动、静脉的分支或属支。

【刺灸法】 直刺0.8～1寸;可灸。

【主治】 腰痛;腰腿不利;痛经,崩漏,痔疮。腰骶神经根炎,功能性子宫出血,下肢瘫痪。

【配伍】

1.配殷门、昆仑,有舒筋通络止痛的作用,主治腰痛,下肢瘫痪。

2.配承山、三阴交,有理气活血,化瘀消痔的作用,主治痛经,痔疮。

【文献摘要】

1.《圣惠方》:理腰痛,痔痛。

2.《大成》:主腰痛,痔漏。

【研究进展】 坐骨神经痛 据报道针刺气海俞3～4寸,必要时配阳陵泉、绝骨,治疗200例,有较好疗效。

25. 大肠俞　BL25　背俞穴

【定位】　俯卧,在腰部,当第四腰椎棘突下,旁开1.5寸(图5-2-5)。

【局部层次解剖】　皮肤→皮下组织→背阔肌腱膜和胸腰筋膜浅层→竖脊肌。浅层布有第四、五腰神经后支的皮支和伴行的动、静脉。深层有第四、五腰神经后支的肌支和有关动、静脉的分支或属支。

【刺灸法】　直刺0.8~1寸;可灸。

【主治】　腰脊疼痛;腹痛,腹胀,肠鸣,泄泻,便秘,脱肛,痢疾,肠痈。骶髂关节炎,坐骨神经痛,阑尾炎,肠出血,脚气。

【配伍】

1.配至阳、腰阳关,有强筋骨,利腰膝的作用,主治腰脊骶髂疼痛。

2.配天枢,为俞募配穴法,有培土健中,消积滞的作用,主治胃肠积滞,肠鸣腹泻。

3.配上巨虚、承山,有调肠腑清积热的作用,主治便秘。

【文献摘要】

1.《千金翼》:主肠癖泄痢。

2.《铜人》:治腰痛,肠鸣,腹胀。

3.《大成》:主脊强不得俯仰。

【研究进展】　慢性结肠炎　大肠俞、天枢等埋线,治疗50例,有较好疗效。

26. 关元俞　BL26

【定位】　俯卧,在腰部,当第五腰椎棘突下,旁开1.5寸(图5-2-5)。

【局部层次解剖】　皮肤→皮下组织→胸腰筋膜浅层→竖脊肌。浅层布有第五腰神经和第一骶神经后支的皮支和伴行的动、静脉。深层有第五腰神经后支的肌支。

【刺灸法】　直刺0.8~1寸;可灸。

【主治】　腰痛;泄泻,小便不利,遗尿;消渴。慢性肠炎,糖尿病,贫血,慢性盆腔炎,膀胱炎。

【配伍】

1.配关元、复溜,有固本培元补肾的作用,主治腰痛,遗尿,贫血。

2.配中极、水道,有清热除湿,调理下焦的作用,主治小便不利。

【文献摘要】

1.《千金方》:治消渴,小便数。

2.《大成》:妇人瘕聚诸积。

27. 小肠俞　BL27　背俞穴

【定位】　俯卧,在骶部,当骶正中嵴旁1.5寸,平第一骶后孔(图5-2-5)。

【局部层次解剖】　皮肤→皮下组织→臀大肌内侧缘→竖脊肌腱。浅层布有臀中皮神经。深层布有臀下神经的属支和相应脊神经后支的肌支。

【刺灸法】　直刺0.8~1寸;可灸。

【主治】　腰腿痛,小腹胀痛;痢疾,泄泻,痔疾,疝气;遗精,遗尿,尿血,小便赤涩,白带。

骶髂关节炎,肠炎,盆腔炎,淋病,子宫内膜炎。
【配伍】
1.配大横、下巨虚,有清热健脾祛湿的作用,主治肠炎,泄泻,痢疾。
2.配关元,为俞募配穴法,有温阳固肾的作用,主治下元不足,遗精,遗尿。
3.配归来、地机,有清热利湿的作用,主治白带。
【文献摘要】
1.《甲乙经》:溺黄赤。
2.《千金方》:主泄痢脓血。
3.《大成》:主妇人带下。

28.膀胱俞 BL28 背俞穴
【定位】 俯卧,在骶部,当骶正中嵴旁1.5寸,平第二骶后孔(图5-2-5)。
【局部层次解剖】 皮肤→皮下组织→臀大肌→竖脊肌腱。浅层布有臀中皮神经。深层布有臀下神经的属支和相应脊神经后支的肌支。
【刺灸法】 直刺0.8~1寸;可灸。
【主治】 腰脊强痛;膝足寒冷无力,腹痛,泄泻,便秘,小便赤涩,癃闭,遗精,遗尿;女子瘕聚,阴部肿痛,生疮,淋浊。坐骨神经痛,痢疾,糖尿病,子宫内膜炎,膀胱炎,膀胱结石。
【配伍】
1.配中极,为俞募配穴法,有清热利湿的作用,主治水道不利,癃闭,小便赤涩。
2.配筋缩、犊鼻,有通经活络,健腰膝的作用,主治腰脊强痛,下肢无力。
3.配阴廉、血海,有祛风清热,活血止痒的作用,主治阴部瘙痒,淋浊。
【文献摘要】
1.《千金方》:坚结积聚。
2.《铜人》:治风劳腰脊痛。
3.《大成》:主小便赤黄,遗溺。
【研究进展】
1.泌尿系感染 针灸膀胱俞、中极等,治疗52例,有较好疗效。
2.前列腺炎 取膀胱俞、中极、三阴交等,用氦-氖激光治疗45例,治疗后检测前列腺液:磷脂体增加42.2%,白细胞减少40.9%,脓细胞下降68.4%,有较好疗效。
3.针刺膀胱俞等穴,可使平静状态的膀胱收缩,或使其节律收缩增强,非穴位对照点一般不影响膀胱功能。

29.中膂俞 BL29
【定位】 俯卧,在骶部,当骶正中嵴旁1.5寸,平第三骶后孔(图5-2-5)。
【局部层次解剖】 皮肤→皮下组织→臀大肌→骶结节韧带。浅层布有臀中皮神经。深层有臀上、下动、静脉的分支或属支及臀下神经的属支。
【刺灸法】 直刺0.8~1寸;可灸。
【主治】 腰脊骶强痛;痢疾,腹胀;疝气,消渴。坐骨神经痛;腰骶神经根炎,肠炎,糖尿病。

【配伍】
1.配委中、昆仑,有舒筋骨,通经络,祛瘀血的作用,主治腰脊强痛,坐骨神经痛。
2.配天枢、气海,有理气血,调肠腑的作用,主治腹胀,肠炎。
【文献摘要】
1.《甲乙经》:腰痛,不可俛仰。
2.《铜人》:治肠冷赤白痢。
3.《大成》:主肾虚消渴。
【研究进展】
1.痢疾　温针中膂俞,治疗慢性细菌性痢疾266例,有较好疗效。
2.勃起障碍　按虚实辨证施手法,深刺中膂俞、会阳,治疗75例,有较好疗效。

30.白环俞　BL30
【定位】　俯卧,在骶部,当骶正中嵴旁1.5寸,平第四骶后孔(图5-2-5)。
【局部层次解剖】　皮肤→皮下组织→臀大肌→骶结节韧带→梨状肌。浅层布有臀中和臀下皮神经。深层布有臀上、下动、静脉的分支或属支,骶神经丛和骶静脉丛。
【刺灸法】　直刺0.8～1寸;可灸。
【主治】　腰腿痛;白带,月经不调,遗精;疝气。坐骨神经痛,子宫内膜炎,小儿麻痹后遗症,下肢瘫痪。
【配伍】
1.配肾俞、三阴交,有补肾活血调经的作用,主治白带,月经不调,遗精。
2.配承山、二白,有清热消肿止血的作用,主治痔疮。
【文献摘要】
1.《铜人》:治腰脊挛急痛。
2.《大成》:主脚膝不遂。
3.《图翼》:手足不仁。
【研究进展】　术后尿潴留　针刺白环俞、关元,治疗肛肠术后尿潴留45例,有较好疗效。

31.上髎　BL31
【定位】　俯卧,在骶部,当髂后上棘与后正中线之间,适对第一骶后孔处(图5-2-5)。
【局部层次解剖】　皮肤→皮下组织→胸腰筋膜浅层→竖脊肌→第一骶后孔。浅层布有臀中皮神经。深层有第一骶神经和骶外侧动、静脉的后支。
【刺灸法】　直刺0.8～1寸;可灸。
【主治】　腰疼;月经不调,阴挺,带下,遗精,阳痿;大小便不利。骶髂关节炎,坐骨神经痛,下肢瘫痪,小儿麻痹后遗症。
【配伍】　配气海、血海,有调经止带的作用,主治月经不调,带下。
【文献摘要】
1.《甲乙经》:女子绝子,阴挺出,不禁白沥。
2.《铜人》:治腰膝冷痛。

3.《大成》：主小便不利。

32. 次髎　BL32
【定位】　俯卧，在骶部，当髂后上棘内下方，适对第二骶后孔处（图5-2-5）。
【局部层次解剖】　皮肤→皮下组织→竖脊肌→第二骶后孔。浅层布有臀中皮神经。深层有第二骶神经和骶外侧动、静脉的后支。
【刺灸法】　直刺0.8～1寸；可灸。
【主治】　腰痛，腰以下至足不仁；月经不调，赤白带下，痛经；疝气，小便赤淋。尿潴留，睾丸炎，卵巢炎，盆腔炎，子宫内膜炎。
【配伍】
1.配关元、三阴交，有调理下焦，活血调经的作用，主治月经不调，带下。
2.配商丘、涌泉，有健脾补肾，暖胞宫的作用，主治痛经，不孕。
【文献摘要】
1.《甲乙经》：脊腰背寒。
2.《铜人》：治小便赤淋。
3.《大成》：主妇人赤白带下。

33. 中髎　BL33
【定位】　俯卧，在骶部，当次髎下内方，适对第三骶后孔处（图5-2-5）。
【局部层次解剖】　皮肤→皮下组织→臀大肌→竖脊肌。浅层布有臀中皮神经。深层有第三骶神经和骶外侧动、静脉的后支。
【刺灸法】　直刺0.8～1寸；可灸。
【主治】　腰痛；月经不调，赤白带下；小便不利，便秘。下肢瘫痪，小儿麻痹后遗症。
【配伍】
1.配殷门、承山，有舒筋活络止痛的作用，主治腰痛，下肢瘫痪。
2.配关元俞、三阴交，有调经清热利湿的作用，主治月经不调，赤白带下。
3.配合谷、足三里，有理气和胃调肠的作用，主治腹胀，便秘。
【文献摘要】
1.《甲乙经》：腰尻中寒。
2.《铜人》：小便淋涩。
3.《大成》：月事不调。

34. 下髎　BL34
【定位】　俯卧，在骶部，当中髎下内方，适当第四骶后孔处（图5-2-5）。
【局部层次解剖】　皮肤→皮下组织→臀大肌→竖脊肌。浅层布有臀中皮神经，深层有臀上、下动、静脉的分支或属支，臀下神经，第四骶神经和骶外侧动、静脉的后支。
【刺灸法】　直刺0.8～1寸；可灸。
【主治】　腰痛；小腹痛，肠鸣，泄泻，便秘，小便不利；白带多，痛经。子宫内膜炎，盆腔炎,尿潴留,下肢瘫痪。

【配伍】

1.配风市、昆仑,有祛风除湿,通络止痛的作用,主治腰痛,下肢痿痹。

2.配筑宾、太溪,有补肾调经,和血止血的作用,主治痛经崩漏。

【文献摘要】

1.《甲乙经》:肠鸣泄注。

2.《铜人》:治腰痛不得转侧。

3.《图翼》:女子淋浊不禁。

35.会阳 BL35

【定位】 俯卧,在骶部,尾骨旁开0.5寸(图5-2-5)。

【局部层次解剖】 皮肤→皮下组织→臀大肌→提肛肌腱。浅层布有臀中皮神经。深层有臀下动、静脉的分支或属支和臀下神经。

【刺灸法】 直刺0.8~1寸;可灸。

【主治】 痔疾,便血;腿痛,带下,阳痿,痢疾,泄泻。阴部神经性皮炎,淋病,坐骨神经痛。

【配伍】

1.配曲池、血海,有祛风除湿,活血止痒的作用,主治阴部皮炎,瘙痒。

2.配百会、长强,有升阳固脱的作用,主治脱肛,痔疮。

【文献摘要】

1.《甲乙经》:肠澼便血。

2.《铜人》:久痔阳气虚乏。

3.《图翼》:腹中寒气。

【研究进展】 慢性前列腺炎 针刺会阳配肾俞,用泻法,治疗102例,有较好疗效。又有以会阳为中心,用激光照射治疗50例,有一定疗效。

36.承扶 BL36

【定位】 俯卧,在大腿后面,臀下横纹的中点(图5-2-6)。

【局部层次解剖】 皮肤→皮下组织→臀大肌→股二头肌长头及半腱肌。浅层布有股后皮神经及臀下皮神经的分支。深层有股后皮神经本干,坐骨神经及并行动、静脉。

【刺灸法】 直刺1.5~2.5寸;可灸。

【主治】 腰、骶、臀、股部疼痛;背痛,痔疾,下肢瘫痪。坐骨神经痛,小儿麻痹后遗症,尿潴留。

【配伍】

1.配环跳、悬钟,有舒筋活络止痛的作用,主治坐

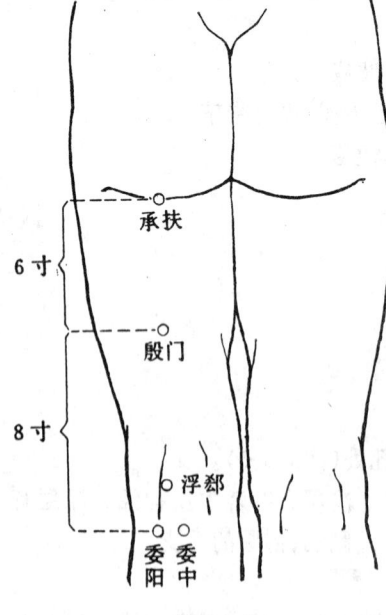

图5-2-6

骨神经痛,下肢瘫痪。
2.配秩边、承山,有清热通便的作用,主治便秘。
【文献摘要】
1.《甲乙经》:腰脊痛。
2.《铜人》:小便不利。
3.《大成》:久痔尻臀肿。

37.殷门　BL37

【定位】　俯卧,在大腿后面,当承扶与委中的连线上,承扶下6寸(图5-2-6)。

【局部层次解剖】　皮肤→皮下组织→股二头肌长头及半腱肌。浅层布有股后皮神经。深层有坐骨神经及并行动、静脉,股深动脉穿支等。

【刺灸法】　直刺1.5～2.5寸;可灸。

【主治】　大腿疼痛,股外侧肿;腰脊强痛,不可俯仰。坐骨神经痛,下肢麻痹,小儿麻痹后遗症。

【配伍】
1.配肾俞、委中,有健腰补肾,舒筋活络的作用,主治腰脊疼痛。
2.配风市、足三里,有利腰腿,祛风除湿的作用,主治下肢痿痹。

【文献摘要】
1.《甲乙经》:腰痛得俛不得仰。
2.《铜人》:举重恶血。
3.《大成》:外股肿。

38.浮郄　BL38

【定位】　俯卧,在腘横纹外侧端,委阳上1寸,股二头肌腱的内侧(图5-2-6)。

【局部层次解剖】　皮肤→皮下组织→股二头肌腱内侧→腓肠肌外侧头。浅层布有股后皮神经。深层有腓总神经,腓肠外侧皮神经和膝上外侧动、静脉。

【刺灸法】　直刺0.5～1寸;可灸。

【主治】　腘筋挛急;臀股麻木;便秘。急性胃肠炎;膀胱炎,尿闭。

【配伍】
1.配承山、昆仑,有舒筋通络的作用,主治臀股麻木,小腿挛急。
2.配尺泽、上巨虚,有理气和胃调肠的作用,主治急性胃肠炎。

【文献摘要】
1.《铜人》:髀枢不仁。
2.《大成》:霍乱转筋。
3.《图翼》:小腹膀胱热。

39.委阳　BL39　三焦下合穴

【定位】　俯卧,在腘横纹外侧端,当股二头肌腱的内侧(图5-2-6)。

【局部层次解剖】　皮肤→皮下组织→股二头肌→腓肠肌外侧头→腘肌起始腱和腘肌。

浅层布有股后皮神经。深层有腓总神经和腓肠外侧皮神经。

【刺灸法】 直刺0.5～1寸；可灸。

【主治】 腿足拘挛疼痛，痿厥不仁；腰脊强痛；小腹胀满；小便不利。腰背肌痉挛，腓肠肌痉挛，肾炎，膀胱炎。

【配伍】

1.配殷门、太白，有健脾祛湿，舒筋通络的作用，主治腰痛不可俯仰。

2.配三阴交、昆仑，有健脾，调三焦，利膀胱的作用，主治肾炎，小便不利。

【文献摘要】

1.《灵枢》：三焦病者，腹气满，小腹尤坚，不得小便，窘急溢则水留，即为胀，候在足太阳之外大络，大络在太阳少阳之间，亦见于脉，取委阳。

2.《甲乙经》：腰痛引腹。

3.《大成》：胸满膨膨。

40.委中 BL40 合穴

【定位】 俯卧，在腘横纹中点，当股二头肌腱与半腱肌肌腱的中间（图5-2-6）。

【局部层次解剖】 皮肤→皮下组织→腓肠肌内、外侧头之间。浅层布有股后皮神经和小隐静脉。深层有胫神经，腘动、静脉和腓肠动脉等。

【刺灸法】 直刺0.5～1寸，或三棱针点刺出血；可灸。

【主治】 腘筋挛急，下肢痿痹；腰痛，髋关节屈伸不利；中风昏迷，半身不遂，腹痛，吐泻，疟疾，癫疾反折，衄血不止，遗尿，小便难，自汗，盗汗，丹毒，疔疮。坐骨神经痛，中风后遗症，肠炎，痔疮，湿疹。

【配伍】

1.配肾俞，腰阳关，有强腰舒筋，活络止痛的作用，主治腰腿痛，坐骨神经痛。

2.配曲池、风市，有祛风清热，凉血解毒的作用，主治湿疹，疔疮。

3.配阳陵泉、悬钟，有补髓强筋，活血通络的作用，主治下肢痿痹。

【文献摘要】

1.《灵枢》：膀胱病者，小腹偏肿而痛，以手按之，即欲小便而不得，肩上热，若脉陷，及足小趾外廉及胫踝后皆热，取委中央。

2.《图翼》：大风眉发脱落，太阳疟从背起，先寒后热，熇熇然，汗出难已，头重转筋，腰脊背痛，半身不遂，遗溺，小腹坚，足软无力。凡肾与膀胱实而腰痛者，刺出血妙，虚者不宜刺，慎之。此穴主泻四肢之热。委中者，血郄也，凡热病汗不出，小便难，衄血不止，脊强反折，瘈疭癫疾，足热厥逆不得屈伸，取其经血立愈。

【研究进展】

1.腰背痛 针刺委中、昆仑，治腰痛587例，有很好疗效。又有用电火针委中、肾俞等穴，治疗102例，有很好疗效。还有在委中刺络拔罐，治疗腰背痛100例，有较好疗效。

2.针刺实验性细菌性腹膜炎家兔的"委中穴"，可使白细胞吞噬能力明显增强，灶区腹膜粘连减轻，炎性细胞渗出减少或停止，细菌培养转阴时间明显提前。

41. 附分　BL41

【定位】　俯卧,在背部,当第二胸椎棘突下,旁开3寸(图5-2-7)。

【局部层次解剖】　皮肤→皮下组织→斜方肌→菱形肌→上后锯肌→竖脊肌。浅层布有第二、三胸神经后支的皮支和伴行的动、静脉。深层有肩胛背神经,肩胛背动、静脉,第二、三胸神经后支的肌支和相应的肋间后动、静脉背侧支的分支或属支。

【刺灸法】　斜刺0.5～0.8寸;可灸。

【主治】　肩背拘急;颈项强痛;肘臂麻木不仁。颈部肌肉痉挛,肺炎,肋间神经痛。

【配伍】
1. 配风池、后溪,有祛风活络,舒筋镇痛的作用,主治颈项强痛。
2. 配大椎、肩髃,有散寒除湿,通经活络的作用,主治肩背拘急疼痛。

【文献摘要】
1.《千金方》:主背痛引头。
2.《大成》:颈痛不得回顾。

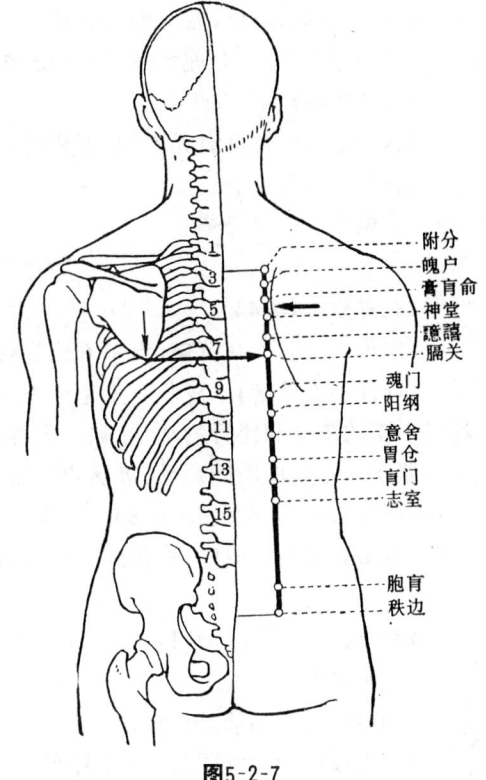

图5-2-7

42. 魄户　BL42

【定位】　俯卧,在背部,当第三胸椎棘突下,旁开3寸(图5-2-7)。

【局部层次解剖】　皮肤→皮下组织→斜方肌→菱形肌→上后锯肌→竖脊肌。浅层布有第三、四胸神经后支的皮支和伴行的动、静脉。深层有肩胛背神经,肩胛背动、静脉,第三、四胸神经后支的肌支和相应的肋间后动、静脉背侧支的分支或属支。

【刺灸法】　斜刺0.5～0.8寸;可灸。

【主治】　肺劳,咳嗽,气喘;项强,肩背痛。支气管炎,肺炎。

【配伍】　配肺俞、孔最,有降气平喘的作用,主治咳喘,哮喘。

【文献摘要】
1.《甲乙经》:项背痛引颈。
2.《铜人》:虚劳肺痿。

43. 膏肓　BL43

【定位】　俯卧,在背部,当第四胸椎棘突下,旁开3寸(图5-2-7)。

【局部层次解剖】　皮肤→皮下组织→斜方肌→菱形肌→竖脊肌。浅层布有第四、五胸神经后支的皮支和伴行的动、静脉。深层有肩胛背神经,肩胛背动、静脉,第四、五胸神经后支的肌支和相应的肋间后动、静脉背侧支的分支或属支。

【刺灸法】　斜刺0.5～0.8寸;可灸。

【主治】 肺痨,咳嗽,气喘,肩胛背痛;吐血,盗汗,健忘,遗精;完谷不化,四肢倦怠。肺结核,支气管炎,胸膜炎,神经衰弱,各种慢性虚损性疾病等。

【配伍】
1.配足三里、膈俞,有健脾生血补虚的作用,主治骨蒸劳热,盗汗。
2.配天突、大椎,有理肺降气平喘的作用,主治咳嗽,支气管哮喘。

【文献摘要】
1.《千金方》:膏肓俞无不治,主羸瘦虚损,梦中失精,上气咳逆,狂惑忘误。
2.《铜人》:发狂健忘。
3.《聚英》:传尸骨蒸。

44.神堂　BL44

【定位】 俯卧,在背部,当第五胸椎棘突下,旁开3寸(图5-2-7)。

【局部层次解剖】 皮肤→皮下组织→斜方肌→菱形肌→竖直肌。浅层布有第五、六胸神经后支的皮支和伴行的动、静脉。深层有肩胛背神经,肩胛背动、静脉,第五、六胸神经后支的肌支和相应的肋间后动、静脉背侧支的分支或属支。

【刺灸法】 斜刺0.5～0.8寸;可灸。

【主治】 咳嗽,气喘;胸腹满,脊背急强;肩痛。心脏病,神经衰弱,精神分裂症,肋间神经痛。

【配伍】 配内关、神门,有宁心神,调心气的作用,主治神经衰弱,精神分裂症。

【文献摘要】
1.《甲乙经》:肩痛胸腹满。
2.《大成》:腰背脊强急,不可俯仰。

45.譩譆　BL45

【定位】 俯卧,在背部,当第六胸椎棘突下,旁开3寸(图5-2-7)。

【局部层次解剖】 皮肤→皮下组织→斜方肌→菱形肌→竖脊肌。浅层布有第六、七胸神经后支的皮支和伴行的动、静脉。深层有肩胛背神经,肩胛背动、静脉,第六胸神经后支的肌支和相应的肋间后动、静脉的背侧支的分支和属支。

【刺灸法】 斜刺0.5～0.8寸;可灸。

【主治】 咳嗽,气喘;肩背痛,季胁引少腹痛;目眩,鼻衄,疟疾,热病汗不出。肋间神经痛,腋神经痛,腰背肌痉挛。

【配伍】
1.配定喘,膻中,有理气宽胸,止咳平喘的作用,主治咳嗽,气喘。
2.配大椎、外关,有解表清热截疟的作用,主治热病,疟疾。

【文献摘要】
1.《甲乙经》:喘逆鼽衄。
2.《铜人》:肩背痛目眩。

46. 膈关　BL46

【定位】　俯卧,在背部,当第七胸椎棘突下,旁开3寸(图5-2-7)。

【局部层次解剖】　皮肤→皮下组织→斜方肌→菱形肌→竖脊肌。浅层布有第七、八胸神经后支的皮支和伴行的动、静脉。深层有肩胛背神经,肩胛背动、静脉,第七、八胸神经后支的肌支和相应的肋间后动、静脉背侧支的分支和属支。

【刺灸法】　斜刺0.5～0.8寸;可灸。

【主治】　胸中噎闷,脊背强痛;饮食不下,呕吐,嗳气,多涎。肋间神经痛,膈肌痉挛,胃出血。

【配伍】

1.配天突、内关,有理气降逆止吐的作用,主治呕吐,嗳气,膈肌痉挛。

2.配足三里、公孙,有健脾消积,和胃理气的作用,主治饮食不下,胃痛,肠炎。

【文献摘要】

1.《千金方》:主背恶寒痛急强。

2.《铜人》:胸中噎闷。

47. 魂门　BL47

【定位】　俯卧,在背部,当第九胸椎棘突下,旁开3寸(图5-2-7)。

【局部层次解剖】　皮肤→皮下组织→背阔肌→下后锯肌→竖脊肌。浅层布有第九、十胸神经后支的外侧皮支和伴行的动、静脉。深层有第九、十胸神经后支的肌支和相应肋间后动、静脉背侧支的分支和属支。

【刺灸法】　斜刺0.5～0.8寸;可灸。

【主治】　背痛,胸胁胀痛;饮食不下,呕吐,肠鸣泄泻。

【配伍】　配中都、阳陵泉,有舒肝利胆,清热除湿的作用,主治胸胁胀痛。

【文献摘要】

1.《甲乙经》:胸胁胀满。

2.《大成》:胸背连心痛。

48. 阳纲　BL48

【定位】　俯卧,在背部,当第十胸椎棘突下,旁开3寸(图5-2-7)。

【局部层次解剖】　皮肤→皮下组织→背阔肌→下后锯肌→竖脊肌。浅层布有第十、十一胸神经后支的外侧皮支和伴行的动、静脉。深层有第十、十一胸神经后支的肌支和相应的肋间后动、静脉背侧支的分支或属支。

【刺灸法】　斜刺0.5～0.8寸;可灸。

【主治】　肠鸣,腹痛,泄泻;黄疸,消渴。胃炎,肝炎,胆囊炎。

【配伍】　配天枢、气海,有理中和胃,调肠止泻的作用,主治肠鸣,腹痛,泄泻。

【文献摘要】

1.《千金方》:肠鸣泻注。

2.《铜人》:身热目黄。

49. 意舍 BL49

【定位】 俯卧,在背部,当第十一胸椎棘突下,旁开3寸(图5-2-7)。

【局部层次解剖】 皮肤→皮下组织→背阔肌→下后锯肌→竖脊肌。浅层布有第十一、十二胸神经后支的外侧皮支和伴行的动、静脉。深层有第十一、十二胸神经后支的肌支和相应的肋间后动、静脉背侧支的分支或属支。

【刺灸法】 斜刺0.5～0.8寸;可灸。

【主治】 背痛;腹胀,肠鸣,泄泻,呕吐,饮食不下;黄疸,消渴。糖尿病。

【配伍】 配期门、阳陵泉,有舒肝利胆,清热除湿的作用,主治黄疸。

【文献摘要】

1.《甲乙经》:腹满胪胀,大便泄。

2.《铜人》:背痛恶风寒。

50. 胃仓 BL50

【定位】 俯卧,在背部,当第十二胸椎棘突下,旁开3寸(图5-2-7)。

【局部层次解剖】 皮肤→皮下组织→背阔肌→下后锯肌→竖脊肌→腰方肌。浅层布有第十二胸神经和第一腰神经后支的外侧皮支和伴行的动、静脉。深层有第十二胸神经和第一腰神经后支的肌支和相应的动、静脉背侧支的分支或属支。

【刺灸法】 斜刺0.5～0.8寸;可灸。

【主治】 脊背痛;胃脘痛,腹胀,便秘;水肿,小儿食积。胃炎,胃、十二指肠溃疡,肠炎。

【配伍】 配脾俞、四缝,有健脾消食化积的作用,主治腹胀,小儿疳疾。

【文献摘要】

1.《铜人》:背脊不得俯仰。

2.《循经》:恶寒脊痛,气攻腰胁。

51. 肓门 BL51

【定位】 俯卧,在腰部,当第一腰椎棘突下,旁开3寸(图5-2-7)。

【局部层次解剖】 皮肤→皮下组织→背阔肌腱膜→竖脊肌→腰方肌。浅层布有第一、二腰神经后支的外侧皮支和伴行的动静脉。深层有第一、二腰神经后支的肌支和第一腰动、静脉背侧支的分支或属支。

【刺灸法】 直刺0.8～1寸;可灸。

【主治】 腰痛;上腹痛;痞块,便秘;妇人乳疾。胃炎,脾肿大,下肢瘫痪。

【配伍】 配梁门、梁丘,有理气活血,和胃止痛的作用,主治胃痛,便秘。

【文献摘要】

1.《甲乙经》:妇人乳余疾。

2.《铜人》:治心下痛,大(便)坚。

52. 志室 BL52

【定位】 俯卧,在腰部,当第二腰椎棘突下,旁开3寸(图5-2-7)。

【局部层次解剖】 皮肤→皮下组织→背阔肌腱膜→竖脊肌→腰方肌。浅层布有第一、二腰神经后支的外侧皮支和伴行的动、静脉。深层有第一、二腰神经后支的肌支和相应的腰动、静脉背侧支的分支或属支。

【刺灸法】 直刺0.8～1寸；可灸。

【主治】 腰脊强痛；遗精，阳痿，阴痛下肿，小便淋沥；水肿。肾下垂，前列腺炎，阴囊湿疹，下肢瘫痪等。

【配伍】
1.配肾俞、关元，有补肾益精，壮阳固涩的作用，主治阳痿，遗精。
2.配命门、委中，有强壮腰膝，活血祛瘀的作用，主治腰膝疼痛。

【文献摘要】
1.《甲乙经》：腰痛脊急。
2.《铜人》：小便淋漓。
3.《大成》：梦遗失精。

53. 胞肓　BL53

【定位】 俯卧，在臀部，平第二骶后孔，骶正中嵴旁开3寸（图5-2-7）。

【局部层次解剖】 皮肤→皮下组织→臀大肌→臀中肌。浅层布有臀上皮神经和臀中皮神经。深层有臀上动、静脉，臀上神经。

【主治】 肠鸣，腹胀；大小便不利，阴肿；腰脊痛。

【配伍】 配命门、殷门，有活血通络止痛的作用，主治腰脊疼痛。

【文献摘要】
1.《甲乙经》：少腹满坚。
2.《聚英》：肠鸣淋沥。

54. 秩边　BL54

【定位】 俯卧，在臀部，平第四骶后孔，骶正中嵴旁开3寸（图5-2-7）。

【局部层次解剖】 皮肤→皮下组织→臀大肌→臀中肌→臀小肌。浅层布有臀中皮神经和臀下皮神经。深层有臀上、下动、静脉和臀上、下神经。

【刺灸法】 直刺1.5～3寸；可灸。

【主治】 腰骶痛，便秘，小便不利，阴痛；下肢痿痹；痔疾。膀胱炎，睾丸炎，坐骨神经痛。

【配伍】
1.配阳陵泉、委中，有行气活血，舒筋通络的作用，主治下肢痿痹。
2.配支沟、承山，有疏调三焦肠腑的作用，主治大小便不利。
3.配曲泉、阴廉，有舒肝胆，清湿热，理下焦的作用，主治阴痛，睾丸炎。

【文献摘要】
1.《甲乙经》：腰痛骶寒。
2.《千金方》：癃闭下重，大小便难。
3.《铜人》：五痔发肿。

【研究进展】
1. 截瘫　针灸秩边、殷门等,治疗374例,有较好疗效。
2. 癔病性瘫痪　先暗示,再取秩边用粗针直刺,有较好疗效。
3. 尿路结石　芒针刺秩边透归来,治疗32例,有一定疗效。
4. 前列腺炎　针秩边、三阴交,治疗100例,有很好疗效。
5. 急性腰扭伤　针秩边、养老,配合运动,治疗62例,有较好疗效。
6. 坐骨神经痛　针刺秩边、环跳,治疗258例,有很好疗效。

55. 合阳　BL55

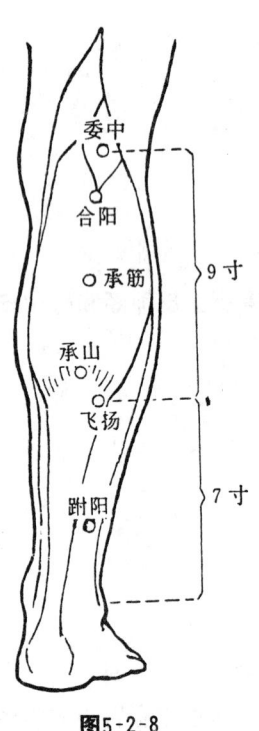

图5-2-8

【定位】　俯卧,在小腿后面,当委中与承山的连线上,委中下2寸(图5-2-8)。

【局部层次解剖】　皮肤→皮下组织→腓肠肌→跖肌。浅层布有小隐静脉,股后皮神经和腓肠内侧皮神经。深层有动、静脉和胫神经。

【刺灸法】　直刺0.5～1寸;可灸。

【主治】　下肢痿痛,麻痹;腰脊痛引腹;崩漏,疝痛。腓肠肌痉挛,子宫内膜炎,痔疾等。

【配伍】　配环跳、阳陵泉,有舒筋通络,活血止痛的作用,主治下肢疼痛,麻痹。

【文献摘要】
1.《甲乙经》:跟厥膝急,腰脊痛引腹。
2.《铜人》:寒疝阳偏痛。
3.《聚英》:带下。

【研究进展】　治疗腓肠肌痉挛　针刺合阳1.5寸深,使针感放射至足底部,治疗43例,有很好疗效。

56. 承筋　BL56

【定位】　在小腿后面,当委中与承山连线上,腓肠肌肌腹中央,委中下5寸(图5-2-8)。

【局部层次解剖】　皮肤→皮下组织→腓肠肌→比目鱼肌。浅层布有小隐静脉,腓肠内侧皮神经。深层有胫后动、静脉,腓动、静脉和胫神经。

【刺灸法】　直刺0.5～1寸;可灸。

【主治】　小腿痛;膝痠重,腰背拘急,霍乱转筋;痔疾。下肢麻痹,腓肠肌痉挛,坐骨神经痛。

【配伍】　配阳陵泉,足三里,有健脾舒经,活血通络的作用,主治下肢痿痹。

【文献摘要】
1.《甲乙经》:痹寒转筋。
2.《铜人》:腰背拘急霍乱。
3.《大成》:痔疮,胫痹不仁。

57. 承山　BL57

【定位】　在小腿后面正中,委中与昆仑之间,当伸直小腿或足跟上提时,腓肠肌肌腹下出现尖角凹陷处(图5-2-8)。

【局部层次解剖】　皮肤→皮下组织→腓肠肌→比目鱼肌。浅层布有小隐静脉和腓肠内侧皮神经。深层有胫神经和胫后动、静脉。

【刺灸法】　直刺0.7～1寸;可灸。

【主治】　腿痛转筋;腰背痛,腹痛,疝气,便秘,脚气,鼻衄;痔疾,癫疾。腓肠肌痉挛,坐骨神经痛,下肢瘫痪。

【配伍】
1.配环跳、阳陵泉,有舒筋活血通络的作用,主治腓肠肌痉挛,下肢痿痹。
2.配大肠俞、秩边,有理气清热,通调肠腑的作用,主治便秘。

【文献摘要】
1.《铜人》:霍乱转筋,大便难。
2.《大成》:脚气膝肿,胫痠脚跟痛。

【研究进展】
1.胃痉挛　针刺承山,有较好疗效。
2.腓肠肌痉挛　温针承山,治疗43例,有很好疗效。
3.顽固性肛周围瘙痒症　针刺承山,用透天凉手法,治疗多例有较好疗效。
4.习惯性便秘　针刺承山,有较好疗效。
5.痔疮　针刺承山,治疗100例,内痔及外痔均有很好疗效。

58. 飞扬　BL58　络穴

【定位】　俯卧,在小腿后面,当外踝后,昆仑穴直上7寸,承山外下方1寸处(图5-2-8)。

【局部层次解剖】　皮肤→皮下组织→小腿三头肌→长屈肌。浅层布有腓肠外侧皮神经,深层有胫神经和胫后动、静脉。

【刺灸法】　直刺0.7～1寸;可灸。

【主治】　腿软无力;腰背疼痛,痔篡痛,头痛,目眩,鼻塞,鼻衄;癫狂。腓肠肌痉挛,风湿性关节炎,肾炎,膀胱炎。

【配伍】
1.配百会、后溪,有醒脑开窍的作用;主治癫狂,痫证。
2.配太溪,为原络配穴法,有清利头目,滋阴养血的作用,主治头痛,目眩,鼻衄。

【文献摘要】
1.《千金方》:飞扬、太乙、滑肉门,主癫疾狂吐舌。
2.《铜人》:主目眩,逆气鼽衄。
3.《金鉴》:主步履艰难。

59. 跗阳　BL59　阳跷郄穴

【定位】　俯卧,在小腿后面,外踝后,昆仑穴直上3寸(图5-2-8)。

【局部层次解剖】　皮肤→皮下组织→腓骨短肌→长屈肌。浅层布有腓肠神经和小隐静脉。深层有胫神经的分支和胫后动、静脉的肌支。

【刺灸法】　直刺0.5～1寸;可灸。

【主治】　下肢瘫痪;外踝红肿,腰腿痛;头重,头痛,目眩。坐骨神经痛,腓肠肌痉挛。

【配伍】　配环跳、委中,有舒筋活血通络的作用,主治下肢痿痹。

【文献摘要】

1.《圣惠方》:腰痛不能久立,腿膝胫痠重。

2.《循经》:主瘫痪痿痹。

60. 昆仑　BL60　经穴

【定位】　在足部外踝后方,当外踝尖与跟腱之间的凹陷处(图5-2-9)。

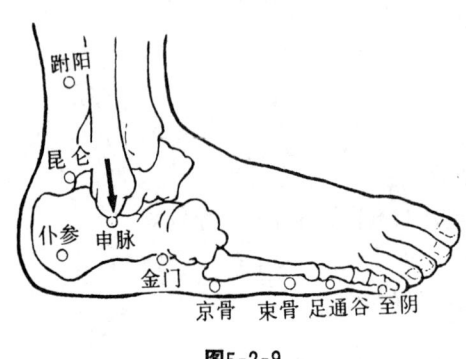

图5-2-9

【局部层次解剖】　皮肤→皮下组织→跟腱前方的疏松结缔组织中。浅层布有腓肠神经和小隐静脉。深层有腓动、静脉的分支或属支。

【刺灸法】　直刺0.5～1寸;可灸。

【主治】　脚跟肿痛;腰骶疼痛,肩背拘急,头痛,项强,目眩,鼻衄,疟疾;惊痫,难产。坐骨神经痛,下肢瘫痪,高血压,内耳性眩晕。

【配伍】

1.配风池、后溪,有清头目安神志的作用,主治头痛,惊痫。

2.配风市、阳陵泉,有舒筋活血通络的作用,主治下肢痿痹。

【文献摘要】

1.《甲乙经》:癫疾目眩眩,鼽衄。

2.《大成》:中风转筋拘急,行步无力疼痛,妊娠刺之落胎。

61. 仆参　BL61

【定位】　在足外侧部,外踝后下方,昆仑穴直下,跟骨外侧,赤白肉际处(图5-2-9)。

【局部层次解剖】　皮肤→皮下组织→跟骨。布有小隐静脉的属支,腓肠神经跟外侧支和腓动、静脉跟支。

【刺灸法】　直刺0.3～0.5寸;可灸。

【主治】　足跟痛;下肢痿弱,霍乱转筋,脚气膝肿;癫痫,晕厥。踝关节炎,下肢瘫痪。

【配伍】

1.配阳陵泉、承山,有舒筋活络止痛的作用,主治足跟痛。

2.配人中、十宣,有苏厥醒神开窍的作用,主治癫痫,晕厥。

【文献摘要】

1.《铜人》:脚痿转筋。

2.《大成》:尸厥癫痫。

62. 申脉　BL62　八脉交会穴　通阳蹻

【定位】　在足外侧部,外踝直下方凹陷中。

【局部层次解剖】　皮肤→皮下组织→腓骨长肌腱→腓骨短肌腱→距跟外侧韧带。布有小隐静脉,腓肠神经的分支和外踝前动、静脉。

【刺灸法】　直刺0.2~0.3寸;可灸。

【主治】　足胫寒,不能久坐;腰痛,目赤痛,项强,头痛,眩晕,失眠;痫证,癫狂。坐骨神经痛,内耳性眩晕,精神分裂症。

【配伍】　配阳陵泉、足三里,有舒筋的作用,主治下肢痿痹。

【文献摘要】

1.《甲乙经》:腰痛不能举足,少坐,若下车踬地,胫中燆燆然。

2.《大成》:洁古曰:痫病昼发,灸阳蹻。

【研究进展】

1. 失眠　据报道针刺申脉为主,每日1次或隔日1次,7日为1疗程,治疗200例,经1~4疗程,有很好疗效。又有上午泻申脉,下午补照海,治疗50例,效果好。

2. 眶下神经痛　针刺申脉、后溪,左病右取,右病左取,双侧痛取双侧,有较好疗效。

3. 小儿泄泻　灸申脉。

63. 金门　BL63　郄穴

【定位】　在足外侧,当外踝前缘直下,骰骨下缘处。(图5-2-9)。

【局部层次解剖】　皮肤→皮下组织→腓骨长肌腱及小趾展肌。布有足背外侧皮神经,足外侧缘静脉(小隐静脉)。

【刺灸法】　直刺0.3~0.5寸;可灸。

【主治】　外踝痛;下肢痹痛;腰痛;癫痫,小儿惊风。踝关节炎,腓肠肌痉挛。

【配伍】　配人中、中冲,有醒神镇惊开窍的作用,主治癫痫,惊风。

【文献摘要】

1.《甲乙经》:尸厥暴死、霍乱转筋。

2.《金鉴》:癫狂,羊痫风。

64. 京骨　BL64　原穴

【定位】　在足外侧,第五跖骨粗隆下方,赤白肉际处(图5-2-9)。

【局部层次解剖】　皮肤→皮下组织→小趾展肌。布有足背外侧皮神经,足外侧缘静脉。

【刺灸法】　直刺0.3~0.5寸;可灸。

【主治】　膝痛脚挛;腰腿疼,头痛,项强,目翳;癫痫。腰肌劳损,小儿惊风,神经性头痛。

【配伍】

1. 配风池、天柱,有祛风舒筋止痛的作用,主治头痛,项强。

【文献摘要】

1.《甲乙经》：癫疾，狂妄行，振寒。

2.《圣惠方》：善惊悸，不欲食，腿膝胫痠。

3.《循经》：寒湿脚气，两足燥裂，或湿痒生疮。

65. 束骨　BL65　输穴

【定位】　在足外侧，足小趾本节（第五跖趾关节）的后方，赤白肉际处（图5-2-9）。

【局部层次解剖】　皮肤→皮下组织→小趾展肌→小趾对跖肌腱→小趾短屈肌。浅层主要布有足背外侧皮神经，足背静脉弓的属支。深层主要有趾足底固有神经和趾底固有动、静脉。

【刺灸法】　直刺0.3~0.5寸；可灸。

【主治】　下肢后侧痛；腰背痛，头痛，颈强，目眩；癫狂。神经性头痛，精神分裂症，坐骨神经痛。

【配伍】

1.配殷门、昆仑，有舒筋活络止痛的作用，主治腰背痛，坐骨神经痛。

2.配百会、肝俞，有清头目，调营血，平肝风的作用，主治头痛，目眩。

【文献摘要】

1.《甲乙经》：暴病头痛，身热痛。

2.《铜人》：目眩项不可回顾。

3.《循经》：主本节肿疼，足心发热。

66. 足通谷　BL66　荥穴

【定位】　在足外侧部，足小趾本节（第五跖趾关节）的前方，赤白肉际处（图5-2-9）。

【局部层次解剖】　皮肤→皮下组织→小趾近节趾骨底的跖侧面。布有足背外侧皮神经，足背静脉弓的属支，趾足底固有动、静脉。

【刺灸法】　直刺0.2~0.3寸；可灸。

【主治】　头痛，项强，目眩，鼻衄；癫狂。精神病，功能性子宫出血。

【配伍】

1.配上星、内庭，有清热凉血通窍的作用，主治鼻衄。

2.配章门、丰隆，有健脾胃，祛痰湿，安神志的作用，主治癫痫，精神分裂症。

【文献摘要】

1.《甲乙经》：身疼痛，善惊，互引鼻衄。

2.《铜人》：头重目眩。

3.《大成》：肠澼，痿疝，小肠痛。

67. 至阴　BL67　井穴

【定位】　在足小趾末节外侧，距趾甲根角0.1寸（指寸）（图5-2-9）。

【局部层次解剖】　皮肤→皮下组织→甲根。布有足背外侧皮神经的趾背神经和趾背动、静脉网。

【刺灸法】 针0.2寸；可灸。

【主治】 足下热；头痛，鼻塞，鼻衄，目痛；胞衣不下，胎位不正，难产。神经性头痛，偏瘫。

【配伍】

1.配三阴交，有调冲任，理胞宫的作用，主治胞衣不下，难产。

2.配风池、攒竹，有祛风邪，清头目的作用，主治头痛，目痛。

【文献摘要】 《金鉴》：妇人横产，子手先出。

【研究进展】

1.矫正胎位 艾灸、激光针至阴，均可转胎位，成功率高。另又通过100例转位失败者分娩过程观察，发现有羊水过少、胎儿巨大、脐带过短、脐带绕颈或绕脚、双胎、子宫畸形及前置胎盘等因素，此种情况应采取其他方法。

2.胎盘滞留 针至阴，有较好效果。

3.针刺或艾灸人或家兔的"至阴穴"，可使子宫活动加强，宫缩频率加快，子宫紧张度升高，胎儿心率加快。转胎位一般横位成功率最高，臀位次之，足位较差。

足太阳膀胱经经穴分寸歌

足太阳是膀胱经，目内眦角始睛明，眉头头中攒竹取，眉冲直上旁神庭，
曲差入发五分际，神庭旁开寸五分，五处旁开亦寸半，细算却与上星平，
承光通天络却穴，相去寸五调匀看，玉枕挟脑一寸三，入发三寸枕骨取，
天柱项后发际中，大筋外廉陷中献，自此夹脊开寸五，第一大杼二风门，
三椎肺俞厥阴四，心五督六椎下治，膈七肝九十胆俞，十一脾俞十二胃，
十三三焦十四肾，气海俞在十五椎，大肠十六椎之下，十七关元俞穴椎，
小肠十八胱十九，中膂俞穴二十椎，白环廿一椎下当，以上诸穴可推之，
更有上次中下髎，一二三四骶后孔，会阳阴尾尻骨旁，又从臀下横纹取，
承扶居下陷中央，殷门扶下方六寸，浮郄委阳上一寸，委阳腘外两筋乡，
委中穴在腘纹中，第二侧线再细详，又从脊上开三寸，第二椎下为附分，
三椎魄户四膏肓，第五椎下神堂尊，第六譩譆膈关七，第九魂门阳纲十，
十一意舍之穴存，十二胃仓穴已分，十三肓门端正在，十四志室不须论，
十九胞肓廿一秩边，委中下二寻合阳，承筋合阳之下取，穴在腨肠之中央，
承山腨下分肉间，外踝七寸上飞扬，跗阳外踝上三寸，昆仑后跟陷中央，
仆参跟下脚边上，申脉踝下五分张，金门申前墟后取，京骨外侧骨际量，
束骨本节后肉际，通谷节前陷中强，至阴却在小趾侧，太阳之穴始周详。

第三节 足少阳胆经穴

Points of Gallbladder Meridian of Foot-Shaoyang, GB.

经脉循行 从外眼角开始，向上到头角，再向下到耳后，沿着头项下行至第七颈椎，退回来向前进入缺盆部。耳部的支脉，从耳后入耳中，出耳前，到目外眦后方。外眦部的支脉，从

目外眦处分出向下到大迎穴附近,和手少阳经相合于面颊部,下行到颈部,与前脉会合于缺盆,进入体腔,贯穿膈肌,联络肝,属胆,沿着胁内,出于少腹两侧腹股沟动脉部,经过外阴部毛际,横入髋部。缺盆直行的经脉,下行腋部,沿着侧胸部,经过胁肋,向下会合前脉于髋部,再向下沿着大腿外侧,膝关节外缘,行腓骨之前,直下腓骨下端浅出外踝前,沿着足背,进入足第四趾外侧到末端。足背部的支脉,从足背上分出,进入大趾之端,返回来贯爪甲,分布在足大趾背上的丛毛部。

联系脏腑器官　胆、肝、膈、耳、眼、咽喉。

本经腧穴,起于瞳子髎,止于足窍阴,左右各44个穴位(图5-3-1)。

主治概要　本经腧穴主治侧头、目、耳、咽喉病,神志病,热病及经脉循行部位的其他病证。

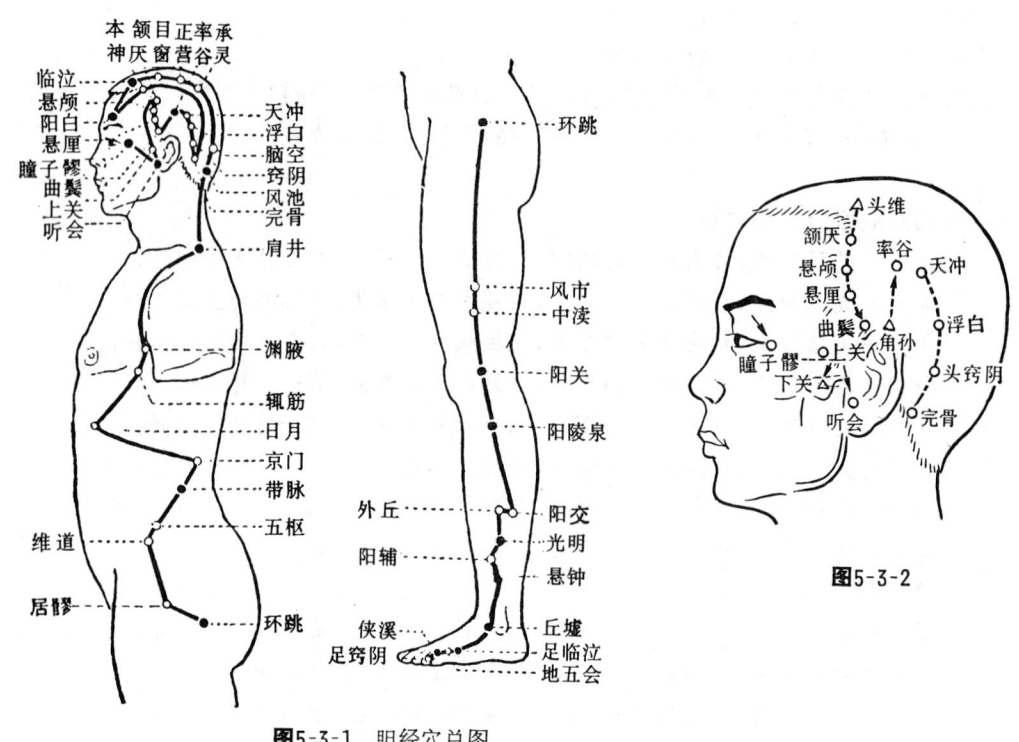

图5-3-1　胆经穴总图

1.瞳子髎　GB1

【定位】　正坐或仰卧。在面部,目外眦旁,当眶外侧缘处(图5-3-2)。

【局部层次解剖】　皮肤→皮下组织→眼轮匝肌→颞筋膜→颞肌。浅层布有颧神经的颧面支与颧颞支。深层有颞深前、后神经和颞深前、后动脉的分支。

【刺灸法】　平刺0.3～0.5寸;或用三棱针点刺出血。

【主治】　目痛,目赤,目翳;头痛,口眼㖞斜。角膜炎,视网膜出血,屈光不正,青少年近视眼,视神经萎缩,三叉神经痛,面神经麻痹。

【配伍】

1.配睛明、丝竹空、攒竹,有清热止痛的作用,主治目痛,目赤,目翳。

2.配头维、印堂、太冲,有疏散风热,活络止痛的作用,主治头痛。
3.配合谷、太阳、颧髎,有祛风活血、通络止痛的作用,主治三叉神经痛。
【文献摘要】
1.《甲乙经》:手太阳,手、足少阳之会。
2.《铜人》:治青盲无所见,远视䀮䀮,目中肤翳,白膜,头痛,目外眦赤痛。
3.《资生》:目中翳膜,针瞳子髎、丘墟。
4.《图翼》:妇人乳肿,针瞳子髎、少泽。

2.听会　GB2
【定位】　正坐或仰卧。在面部,当耳屏间切迹的前方,下颌骨髁突的后缘,张口有凹陷处(图5-3-2)。
【局部层次解剖】　皮肤→皮下组织→腮腺囊→腮腺。浅层布有耳颞神经和耳大神经。深层布有颞浅动、静脉和面神经丛等。
【刺灸法】　直刺0.5～0.8寸;可灸。
【主治】　耳鸣,耳聋,聤耳;齿痛,口眼㖞斜,面痛,头痛;中风。神经性耳鸣,聋哑症,面神经麻痹,咀嚼肌痉挛,半身不遂。
【配伍】
1.配听宫、翳风,有清热泻火,聪耳的作用,主治耳鸣,耳聋。
2.配颊车、地仓、阳白,有通调经络的作用,主治面神经麻痹。
3.配太阳、率谷、头维,有疏风止痛的作用,主治偏头痛。
【文献摘要】
1.《资生》:耳蝉声,听会、听宫。
2.《大成》:中风口眼㖞斜,听会、颊车、地仓。
3.《金鉴》:主治耳聋耳鸣,牙车脱臼,齿痛,中风瘛疭㖞斜等证。

3.上关　GB3
【定位】　正坐或仰卧。在耳前,下关直上,当颧弓的上缘凹陷处(图5-3-2)。
【局部层次解剖】　皮肤→皮下组织→颞浅筋膜→颞深筋膜→颞筋膜下疏松结缔组织→颞肌。浅层布有耳颞神经,面神经颞支和颞浅动、静脉。深层布有颞深前、后神经的分支。
【刺灸法】　直刺0.5～0.8寸;可灸。
【主治】　耳鸣,聤耳;面痛,齿痛,口眼㖞斜;偏头痛;惊痫,瘛疭。中耳炎,面神经麻痹,面肌痉挛。
【配伍】
1.配听宫、听会,有疏风清热的作用,主治耳鸣。
2.配巨髎、合谷,有祛风止痛,利牙关的作用,主治牙痛。
3.配太阳、丝竹空、外关,有泄热止痛的作用,主治偏头痛。
【文献摘要】
1.《甲乙经》:瘛疭,口沫出,上关主之。

2.《甲乙经》：手少阳、足阳明之会。
3.《资生》：偏风口目㖞,上关、下关。
4.《大成》：主唇吻强,口眼偏斜,青盲,瞇目䀮䀮……耳鸣耳聋,瘈疭沫出,寒热,痉引骨痛。

4. 颔厌　GB4

【定位】　正坐或仰卧。在头部鬓发上,当头维与曲鬓弧形连线的上1/4与下3/4交点处(图5-3-2)。

【局部层次解剖】　皮肤→皮下组织→耳上肌→颞筋膜→颞肌。浅层布有耳颞神经,颞浅动、静脉顶支。深层有颞深前、后神经的分支。

【刺灸法】　向后平刺0.3～0.4寸;可灸。

【主治】　偏头痛,目外眦痛；耳鸣,齿痛；眩晕,癫痫,瘈疭。鼻炎,神经性头痛,小儿惊风。

【配伍】
1.配太阳、列缺、风池,有清热散风止痛的作用,主治偏头痛。
2.配丝竹空、支沟、光明,有清头目泄火的作用,主治目眩。
3.配百会、大椎、腰奇,有镇静安神抗痫的作用,主治癫痫。

【文献摘要】
1.《甲乙经》：目眩无所见,偏头痛,引外眦而急,颔厌主之。
2.《甲乙经》：手少阳、足阳明之会。
3.《铜人》：治头风眩,目无所见,偏头痛引目外眦急,耳鸣多嚏,颈项痛。
4.《聚英》：偏头痛,头风目眩,惊痫。

5. 悬颅　GB5

【定位】　正坐或仰卧。在头部鬓发上,当头维与曲鬓弧形连线的中点处(图5-3-2)。

【局部层次解剖】　皮肤→皮下组织→耳上肌→颞筋膜→颞肌。浅层布有耳颞神经,颞浅动、静脉顶支。深层有颞深前、后神经的分支。

【刺灸法】　向后平刺0.5～0.8寸;可灸。

【主治】　偏头痛,面肿,目外眦痛；齿痛,䪼肿。三叉神经痛,角膜炎。

【配伍】
1.配风池、外关,有祛风止痛的作用,主治偏头痛。
2.配丝竹空、太阳、风池,有疏风明目的作用,主治目外眦痛。
3.配人中,有通经消肿的作用,主治面肿。

【文献摘要】
1.《甲乙经》：热病头痛,身重,悬颅主之。
2.《铜人》：治热病,烦满汗不出,头偏痛,引目外眦赤,身热齿痛,面肤赤痛。
3.《图翼》：主治头痛齿痛,偏头痛引目,热病汗不出。

6. 悬厘　GB6

【定位】　正坐或仰卧。在头部鬓发上，当头维与曲鬓弧形连线的上3/4与下1/4交点处（图5-3-2）。

【局部层次解剖】　皮肤→皮下组织→耳上肌→颞筋膜→颞肌。浅层布有耳颞神经，颞浅动、静脉顶支。深层有颞深前、后神经的分支。

【刺灸法】　向后平刺0.5～0.8寸；可灸。

【主治】　偏头痛，面肿，目外眦痛；耳鸣，上齿痛。三叉神经痛，结膜炎，鼻炎，精神病。

【配伍】

1．配外关、风池、太阳，有疏风止痛的作用，主治偏头痛。

2．配听宫、翳风，有清热泻火的作用，主治耳鸣。

3．配颊车、地仓、颧髎、人中，有祛风通络的作用，主治面瘫，面肿。

【文献摘要】

1．《甲乙经》：热病，头痛引目外眦而急。

2．《甲乙经》：手、足少阳，阳明之会。

3．《千金方》：主面皮赤痛。

4．《大成》：主面皮赤肿，头偏痛，烦心不欲食，中焦客热。

5．《图翼》：主治偏头痛，面肿，目锐眦痛。

7. 曲鬓　GB7

【定位】　正坐或仰卧。在头部，当耳前鬓角发际后缘的垂线与耳尖水平线交点处（图5-3-2）。

【局部层次解剖】　皮肤→皮下组织→耳上肌→颞筋膜→颞肌。浅层布有耳颞神经，颞浅动、静脉顶支。深层有颞深前、后神经的分支。

【刺灸法】　向后平刺0.5～0.8寸；可灸。

【主治】　偏头痛，颔颊肿；齿痛，目赤肿痛；暴喑，项强。颞肌痉挛，三叉神经痛，视网膜出血。

【配伍】

1．配太阳、头维，有通络止痛的作用，主治偏头痛。

2．配冲阳、颊车，有活络止痛的作用，主治齿痛。

3．配廉泉、合谷，有清热开窍的作用，主治暴喑。

【文献摘要】

1．《千金方》：口噤，齿龋。

2．《甲乙经》：颈颔支满，痛引牙齿，口噤不开，急痛不能言。

3．《大成》：主颔颊肿引牙车不得开，急痛，口禁不能言，颈项不得回顾，脑两角痛为颠风，引目眇。

【研究进展】

1．对血液流变学的影响　针刺曲鬓，能明显改善细胞聚集状态，降低血液粘度。

2．对脑血流图影响　针刺该穴可使脑血流图（近效应）平均波幅增高，流入时间缩短。说明针刺该穴有改善血管弹性，降低血液粘度的作用。

8. 率谷 GB8

【定位】 正坐侧伏或侧卧。在头部,当耳尖直上入发际1.5寸,角孙直上方(图5-3-2)。

【局部层次解剖】 皮肤→皮下组织→耳上肌→颞筋膜→颞肌。布有耳颞神经和枕大神经会合支及颞浅动、静脉顶支。

【刺灸法】 平刺0.5～1寸;可灸。

【主治】 偏头痛;目痛,眩晕;烦满,呕吐,小儿惊风。结膜炎,角膜炎,面神经麻痹。

【配伍】

1．配风池、太阳,有祛风止痛的作用,主治偏头痛。

2．配人中、曲池、太冲,有祛风清热镇惊的作用,主治小儿惊风。

3．配足三里、中脘,有和胃止呕的作用,主治呕吐。

【文献摘要】

1．《甲乙经》:醉酒风热,发两目眩痛,不能饮食,烦满呕吐,率谷主之。

2．《图翼》:主治脑病,两头角痛,胃膈寒痰,烦闷呕吐,酒后皮风肤肿。

3．《金鉴》:伤酒呕吐,痰眩。

9. 天冲 GB9

【定位】 正坐侧伏或侧卧。在头部,当耳根后缘直上入发际2寸,率谷后0.5寸处(图5-3-2)。

【局部层次解剖】 皮肤→皮下组织→耳上肌→颞筋膜→颞肌。布有耳颞神经和枕小神经以及枕大神经的会合支,颞浅动、静脉顶支和耳后动、静脉。

【刺灸法】 平刺0.5～1寸;可灸。

【主治】 头痛;齿龈肿痛,瘿气;惊恐,癫痫。甲状腺肿,癔病,齿龈炎。

【配伍】

1．配百会、头维,有通络止痛的作用,主治头痛。

2．配天突、水突,有软坚散结的作用,主治瘿气。

3．配百会、内关、太冲,有疏肝理气,宁心安神的作用,主治癔病。

【文献摘要】

1．《甲乙经》:头痛,天冲及目窗、风池主也。

2．《甲乙经》:足太阳、少阳之会。

3．《千金方》:主头痛,癫疾互引,数惊悸。

4．《大成》:主癫疾风痉,牙龈肿,善惊,恐头痛。

10. 浮白 GB10

【定位】 正坐俯伏或侧卧。在头部,当耳后乳突的后上方,天冲与完骨的弧形连线的中1/3与上1/3交点处(图5-3-2)。

【局部层次解剖】 皮肤→皮下组织→帽状腱膜。布有枕小神经和枕大神经的吻合支,以及耳后动、静脉。

【刺灸法】 平刺0.5～0.8寸;可灸。

【主治】 头痛,颈项强痛,耳鸣;齿痛,瘿气,瘰疬;胸中满,咳逆。支气管炎,扁桃体炎,甲状腺肿,下肢瘫痪。
【配伍】
1.配风池、太阳、百会,有疏风止痛的作用,主治头痛。
2.配颊车、下关、合谷,有活络止痛的作用,主治齿痛。
3.配天牖、天容、天突,有理气,软坚散结的作用,主治瘰疬。
【文献摘要】
1.《千金方》:主牙齿痛,不能言。
2.《大成》:主足不能行,耳聋耳鸣,齿痛,胸满不得息,胸痛,颈项瘿,痛肿不能言。
3.《图翼》:主治咳逆,胸满喉痹,耳聋齿痛,项瘿痰沫,不得喘息,肩臂不举,足不能行。

11. 头窍阴　GB11
【定位】　正坐俯伏或侧卧。在头部,当耳后乳突的后上方,天冲与完骨的中1/3与下1/3交点处(图5-3-2)。
【局部层次解剖】　皮肤→皮下组织→帽状腱膜。布有枕小神经和耳后动、静脉的分支。
【刺灸法】　平刺0.5～0.8寸;可灸。
【主治】　头痛,耳鸣,耳聋;颈项强痛,胸胁痛,瘿气;口苦,烦热,眩晕。支气管炎,喉炎,甲状腺肿,三叉神经痛。
【配伍】
1.配听宫、听会、翳风,有开窍聪耳的作用,主治耳鸣,耳聋。
2.配内关、阳陵泉,有疏肝理气的作用,主治胸胁痛。
3.配风池、侠溪、太冲,有平肝潜阳,清火熄风的作用,主治眩晕。
【文献摘要】
1.《千金方》:窍阴、强间,主头痛如锥刺,不可以动。
2.《大成》:主四肢转筋,目痛,头项颌痛引耳嘈嘈,耳鸣无所闻……手足烦热,汗不出,舌强胁痛,咳逆喉痹,口中恶苦之。
3.《图翼》:主治四肢转筋,目痛,头项痛,耳鸣,痈疽发热,手足烦热汗不出,咳逆喉痹,舌强胁痛口苦。

12. 完骨　GB12
【定位】　正坐侧伏或侧卧。在头部,当耳后乳突的后下方凹陷处(图5-3-2)。
【局部层次解剖】　皮肤→皮下组织→胸锁乳突肌→头夹肌→头最长肌。浅层布有枕小神经,耳后动、静脉的分支或属支。深层有颈深动、静脉。如果深刺可能刺中椎动脉。
【刺灸法】　斜刺0.5～0.8寸;可灸。
【主治】　头痛,颈项强痛,颊肿;喉痹,齿痛,口眼㖞斜;癫疾,疟疾,不寐。面神经麻痹,腮腺炎,中耳炎,扁桃体炎,失眠。
【配伍】
1.配风池、率谷,有祛风活络止痛的作用,主治偏头痛。
2.配天容、气舍、天突,有活络止痛的作用,主治喉痹。
3.配风池、大椎、内关,有宁心安神的作用,主治癫疾。

【文献摘要】
1.《甲乙经》：项肿不可俛仰，颊肿引耳，完骨主之。
2.《千金方》：主癫疾，僵仆，狂疟。
3.《铜人》：治头痛，烦心，癫疾，头面虚肿，齿龋，偏风，口眼㖞斜，颈项痛，不得回顾，小便赤黄，喉痹颊肿。
4.《图翼》：头痛头风，耳鸣齿龋……喉痹颊肿，瘿疾便赤，足痿不收。

13. 本神 GB13

【定位】 正坐或仰卧。在头部，当前发际上0.5寸，神庭旁开3寸，神庭与头维连线的内2/3与外1/3的交点处（图5-3-3）。

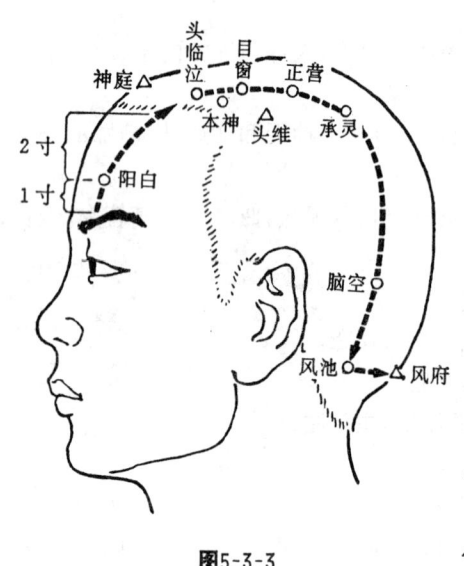

图5-3-3

【局部层次解剖】 皮肤→皮下组织→枕额肌额腹。布有眶上动、静脉和眶上神经以及颞浅动、静脉额支。

【刺灸法】 平刺0.5～0.8寸；可灸。

【主治】 头痛；目眩，颈项强痛，胸胁痛；癫痫，小儿惊风，半身不遂。神经性头痛，偏瘫，大脑发育不全。

【配伍】
1.配神庭、印堂，有疏风止痛的作用，主治前额头痛。
2.配颅息、内关，有宽胸理气止痛的作用，主治胸胁痛。
3.配前顶、囟会、天柱，有定惊解痉的作用，主治小儿惊风。

【文献摘要】
1.《甲乙经》：头痛目眩，颈项强急，胸胁相引，不得倾侧，本神主之。
2.《甲乙经》：足少阳、阳维之会。
3.《千金方》：本神、颅息，主胁相引，不得倾侧。
4.《大成》：主惊痫吐涎沫，颈项强急痛，目眩，胸相引不得转侧。

14. 阳白 GB14

【定位】 正坐或仰卧。在前额部，当瞳孔直上，眉上1寸（图5-3-3）。

【局部层次解剖】 皮肤→皮下组织→枕额肌额腹。布有眶上神经外侧支和眶上动、静脉外侧支。

【刺灸法】 平刺0.3～0.5寸；可灸。

【主治】 头痛，目赤肿痛，目眩，眼睑瞤动；口眼㖞斜，颈项强急；呕吐。眶上神经痛，眼睑下垂，近视，夜盲症，面神经麻痹。

【配伍】
1.配太阳、风池、外关，有祛风止痛的作用，主治偏头痛。

2.配颧髎、颊车、合谷,有祛风活血通络的作用,主治面神经麻痹。
3.配睛明、太阳,有清热止痛的作用,主治目赤肿痛。
【文献摘要】
1.《甲乙经》:头目瞳子痛,不可以视,挟项强急,不可以顾。阳白主之。
2.《甲乙经》:足少阳、阳维之会。
3.《千金方》:主目瞳子痛痒,远视肮肮,昏夜无所见。
4.《图翼》:头痛,目昏多眵,背寒栗,重衣不得温。

15.头临泣 GB15
【定位】 正坐或仰卧。在头部,当瞳孔直上入前发际0.5寸,神庭与头维连线的中点处(图5-3-3)。
【局部层次解剖】 皮肤→皮下组织→帽状腱膜→腱膜下疏松结缔组织。布有眶上神经和眶上动、静脉。
【刺灸法】 平刺0.3~0.5寸;可灸。
【主治】 头痛;目痛,目翳,鼻渊;小儿惊痫,热病,癫痫。急、慢性结膜炎,角膜白斑。
【配伍】
1.配百会、印堂、头维,为近部取穴法,主治头痛。
2.配攒竹、丝竹空、合谷,有清热明目止痛的作用,主治目赤痛。
3.配百会、人中、内关,有通窍醒神的作用,主治小儿惊痫。
【文献摘要】
1.《甲乙经》:足太阳、少阳、阳维之会。
2.《铜人》:治卒中风不识人,目眩鼻塞,目生白翳,多泪。
3.《大成》:白翳,临泣、肝俞。
4.《图翼》:主治鼻塞,目眩生翳,眵曚冷泪,眼目诸疾,惊痫反视,卒暴中风不识人,胁下痛,疟疾日西发。

16.目窗 GB16
【定位】 正坐或仰卧。在头部,当前发际上1.5寸,头正中线旁开2.25寸(图5-3-3)。
【局部层次解剖】 皮肤→皮下组织→帽状腱膜→腱膜下疏松结缔组织。布有眶上神经和颞浅动、静脉的额支。
【刺灸法】 平刺0.3~0.5寸;可灸。
【主治】 头痛;目眩,目赤肿痛,近视;小儿惊痫,重听,发热无汗。神经性头痛,眼结膜炎,视力减退。
【配伍】
1.配天冲、风池、印堂,有疏风清热止痛的作用,主治头痛。
2.配睛明、瞳子髎、大陵,有活络止痛的作用,主治目赤肿痛。
3.配百会、中冲、合谷,有开窍醒神的作用,治疗小儿惊痫。
【文献摘要】
1.《甲乙经》:足少阳、阳维之会。

2.《千金方》:目瞑,远视䀮䀮,目窗主之。
3.《铜人》:治头面浮肿,痛引目外眦赤痛,忽头旋,目䀮䀮远视不明。
4.《大成》:主目赤痛,忽头旋,目䀮䀮远视不明,头面浮肿,寒热,汗不出,恶寒。

17. 正营 GB17

【定位】 正坐或仰卧。在头部,当前发际上2.5寸,头正中线旁开2.25寸(图5-3-3)。

【局部层次解剖】 皮肤→皮下组织→帽状腱膜→腱膜下疏松结缔组织。布有眶上神经和枕大神经的吻合支,颞浅动、静脉的顶支。

【刺灸法】 平刺0.3～0.5寸;可灸。

【主治】 偏头痛;目眩,齿痛,头项强痛;恶心,呕吐。视神经萎缩,三叉神经痛。

【配伍】
1.配风池、头维、外关,有散风活络止痛的作用,主治偏头痛。
2.配颊车、下关、合谷,有活络止痛的作用,主治牙关不利,牙痛。
3.配风池、内关、印堂,有定眩止呕的作用,主治目眩,呕吐。

【文献摘要】
1.《甲乙经》:足少阳、阳维之会。
2.《甲乙经》:上齿龋痛,恶风寒,正营主之。
3.《大成》:主目眩瞑,头项偏痛,牙齿痛,唇吻急强,齿龋痛。
4.《图翼》:主治头痛目眩,齿龋痛,唇吻强急。

18. 承灵 GB18

【定位】 正坐或仰卧。在头部,当前发际上4寸,头正中线旁开2.25寸(图5-3-3)。

【局部层次解剖】 皮肤→皮下组织→帽状腱膜→腱膜下疏松结缔组织。布有枕大神经和枕动、静脉的分支。

【刺灸法】 平刺0.3～0.5寸;可灸。

【主治】 头痛;目痛,眩晕,鼻渊,鼻衄;发热,咳嗽。支气管炎。

【配伍】
1.配百会、太冲,有疏肝通络,活血止痛的作用,主治巅顶头痛。
2.配迎香、印堂,有通窍活络的作用,主治鼻渊。
3.配大椎、风池,有祛风清热的作用,主治发热,恶风寒。

【文献摘要】
1.《甲乙经》:足少阳、阳维之会。
2.《甲乙经》:脑风头痛,恶见风寒,鼽衄鼻窒,喘息不通,承灵主之。
3.《铜人》:治脑风,头疼恶风寒,鼻衄窒喘息不利。
4.《图翼》:脑风头痛,恶风,鼻窒不通。

19. 脑空 GB19

【定位】 正坐或俯卧。在头部,当枕外隆凸的上缘外侧,头正中线旁开2.25寸,平脑户(图5-3-3)。

【局部层次解剖】 皮肤→皮下组织→枕额肌枕腹。布有枕大神经,枕动、静脉,面神经耳后支。

【刺灸法】 平刺0.3～0.5寸;可灸。

【主治】 头痛;目赤肿痛,目眩,颈项强痛;癫痫,惊悸,热病。瘿病,青光眼,肩颈部痉挛。

【配伍】

1．配脑户、风池、昆仑,有祛风活络止痛的作用,主治后头痛。

2．配风池、支沟,有通络祛寒湿的作用,主治颈项强痛。

3．配神门、内关,有安神宁心的作用,主治惊悸。

【文献摘要】

1．《甲乙经》:脑风目瞑,头痛,风眩,目痛,脑空主之。

2．《甲乙经》:足少阳、阳维之会。

3．《图翼》:治头痛不可忍,项强不得顾,目瞑鼻衄,耳聋。

20．风池　GB20

【定位】 正坐俯伏或俯卧。在项部,当枕骨之下,与风府相平,胸锁乳突肌与斜方肌上端之间的凹陷处(图5-3-3)。

【局部层次解剖】 皮肤→皮下组织→斜方肌和胸锁乳突肌之间→头夹肌→头半棘肌→头后大直肌与头上斜肌之间。浅层布有枕小神经和枕动、静脉的分支或属支。深层有枕下神经。

【刺灸法】 向对侧眼睛方向斜刺0.5～0.8寸;可灸。

【主治】 头痛,眩晕,颈项强痛;目赤肿痛,鼻渊,耳鸣;中风,口眼歪斜,感冒。高血压,脑动脉硬化,电光性眼炎,视神经萎缩,颈肌痉挛,肩关节周围炎,半身不遂。

【配伍】

1．配大椎、后溪,有祛风活络止痛的作用,主治颈项强痛。

2．配睛明、太阳、太冲,有明目止痛的作用,主治目赤肿痛。

3．配阳白、颧髎、颊车,有行气活血的作用。主治口眼歪斜。

【文献摘要】

1．《甲乙经》:足少阳、阳维之会。

2．《千金方》:主喉咽偻引项挛不收。

3．《外台》:千金疗疟灸法,灸风池二穴三壮。

4．《大成》:主洒淅寒热,伤寒温病汗不出,目眩苦,偏正头痛,痎疟颈项如拔,痛不得回顾。

5．《金鉴》:肺受风寒,及偏正头风。

【研究进展】

1．突眼症　有报道以风池、上天柱(天柱穴上五分)为主穴行导气法,足三里、三阴交行补法,有一定疗效。并对突眼症的瘀血状态、微循环、血液流变学、血流动力学有明显改善。

2．足跟痛　针刺风池穴,治疗216例足跟痛,有较好效果。

3．视神经萎缩　针刺风池穴,治疗187只眼视神萎经缩患者,感传到眼区的73只眼。针感与疗效有关,针感到眼区者疗效好。

4.据报道针刺风池穴,能使胃酸及胃蛋白酶高者降低,低者升高。

21. 肩井 GB21

【定位】 正坐、俯伏或俯卧。在肩上,前直乳中,当大椎与肩峰端连线的中点上(图5-3-4)。

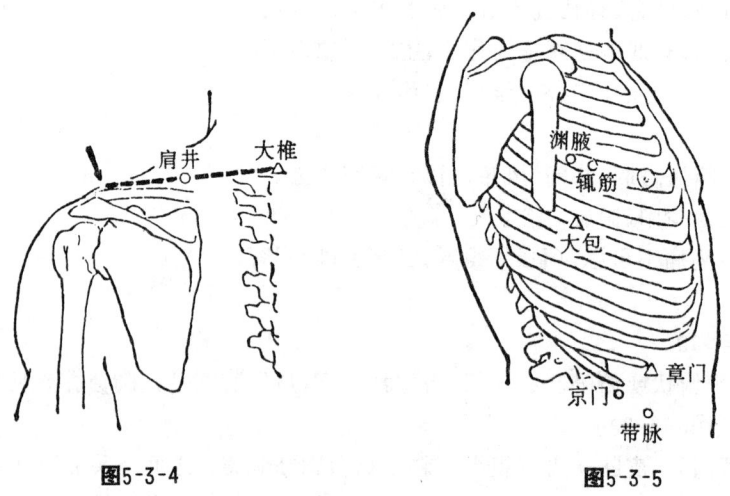

图5-3-4　　　　　图5-3-5

【局部层次解剖】 皮肤→皮下组织→有斜方肌→肩胛提肌。浅层布有锁骨上神经及颈浅动、静脉的分支或属支。深层有颈横动、静脉的分支或属支和肩胛背神经的分支。

【刺灸法】 直刺0.5～0.8寸,深部正当肺尖,慎不可深刺;可灸。

【主治】 肩背痹痛;手臂不举,颈项强痛,瘰疬;乳痈,中风,难产,疝气。高血压,脑血管意外,乳腺炎,功能性子宫出血,小儿麻痹后遗症。

【配伍】

1.配肩髃、天宗,有活血通络止痛的作用,主治肩背痹痛。

2.配乳根、少泽,有消炎通乳止痛的作用,主治乳汁不足,乳痈。

3.配合谷、三阴交,有活血利气催胎的作用,主治难产。

【文献摘要】

1.《千金方》:难产,针两肩井入一寸泻之,须臾即分娩。

2.《铜人》:手足少阳、阳维之会。

3.《大成》:主中风,气塞涎上不语,气逆,妇人难产。

4.《图翼》:孕妇禁针。

5.《金鉴》:主治扑伤,肘臂疼痛不举。

22. 渊腋 GB22

【定位】 仰卧或侧卧。在侧胸部,举臂,当腋中线上,腋下3寸,第四肋间隙中(图5-3-5)。

【局部层次解剖】 皮肤→皮下组织→前锯肌→肋间外肌。浅层布有第三、四、五肋间神经外侧皮支,胸长神经和胸外侧动、静脉。深层有第四肋间神经和第四肋间后动、静脉。

【刺灸法】 斜刺0.5～0.8寸;可灸。

【主治】 腋下肿;胸满,胁痛,臂痛不举。腋下淋巴结炎,胸膜炎,肋间神经痛。

【配伍】

1.配天宗、肩髃、臂臑,有通经活络止痛的作用,主治臂痛不举。

2.配章门、膻中,有开胸行气止痛的作用,主治胸满,胁痛。

【文献摘要】

1.《甲乙经》:马刀肿瘘,渊腋、章门、支沟主之。

2.《铜人》:治胸满无力,臂不举。

3.《大成》:主寒热,马刀疡,胸满无力,臂不举。

23.辄筋 GB23

【定位】 仰卧或侧卧。在侧胸部,渊腋前1寸,平乳头,第四肋间隙中(图5-3-5)。

【局部层次解剖】 皮肤→皮下组织→前锯肌→肋间外肌。浅层布有第三、四、五肋间神经外侧皮支和胸外侧动、静脉的分支或属支。深层有第四肋间神经和第四肋间后动、静脉。

【刺灸法】 斜刺0.5～0.8寸;可灸。

【主治】 腋肿,胸胁痛;肩臂痛;呕吐,吞酸,喘息。腋下淋巴结炎,肋间神经痛,胃炎。

【配伍】

1.配阳陵泉、支沟,有宽胸行气止痛的作用,主治胸胁疼痛。

2.配肺俞、定喘、孔最,有降逆平喘的作用,主治喘息不得卧。

【文献摘要】

1.《铜人》:治胸中暴满,不得卧,喘息也。

2.《大成》:主胸中暴满,不得卧,太息善悲,小腹热欲走,多唾,言语不正,四肢不收,呕吐宿汁吞酸。

3.《图翼》:太息多唾善悲,言语不正,四肢不收,呕吐宿汁吞酸,胸中暴满不得卧。

24.日月 GB24 募穴

【定位】 仰卧。在上腹部,当乳头直上,第七肋间隙,前正中线旁开4寸(图5-3-6)。

【局部层次解剖】 皮肤→皮下组织→腹外斜肌→肋间外肌。浅层布有第六、七、八肋间神经外侧皮支和伴行的动、静脉。深层有第七肋间神经和第七肋间后动、静脉。

【刺灸法】 斜刺0.5～0.8寸;可灸。

【主治】 胁肋疼痛;胃脘痛;呃逆,呕吐,吞酸,黄疸。急慢性肝炎,胆囊炎,胃溃疡。

【配伍】

1.配丘墟、阳陵泉、支沟,有疏肝理气止痛的作用,主治胁肋疼痛。

2.配内关、中脘,有降逆止呕的作用,主治呕吐。

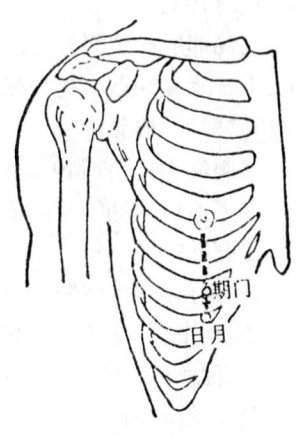

图5-3-6

3.配大椎、至阳、肝俞、阴陵泉,有清利湿热的作用,主治黄疸。
【文献摘要】
1.《甲乙经》:足太阴、少阳之会。
2.《甲乙经》:太息善悲,少腹有热,欲走,日月主之。
3.《铜人》:治太息善悲,小腹热,欲走多唾,言语不正,四肢不收。
4.《金鉴》:呕吐吞酸。

25.京门 GB25 募穴
【定位】 侧卧。在侧腰部,章门后1.8寸,当第十二肋骨游离端的下方(图5-3-5)。
【局部层次解剖】 皮肤→皮下组织→腹外斜肌→腹内斜肌→腹横肌。浅层布有第十一、十二胸神经前支的外侧皮支及伴行的动、静脉。深层有第十一、十二胸神经前支的肌支和相应的肋间、肋下动、静脉。
【刺灸法】 斜刺0.5～0.8寸;可灸。
【主治】 胁痛,腹胀;腰痛;泄泻,小便不利,水肿。肋间神经痛,肾炎,高血压。
【配伍】
1.配肾俞、三阴交,有补肾壮腰的作用,主治肾虚腰痛。
2.配天枢、中脘、支沟,有宽肠通腑气的作用,主治腹胀。
【文献摘要】
1.《甲乙经》:腰痛不可久立仰俯,京门及行间主之。
2.《千金方》:京门、照海,主尿黄,水道不通。
3.《大成》:主肠鸣,小腹痛,肩背寒、痉,肩胛内廉痛,腰背不得俯仰久立。
4.《图翼》:肠鸣洞泄,水道不利,少腹急痛,寒热腹胀,肩背腰髀引痛,不得俛仰久立。
【研究进展】 对肾脏泌尿功能的影响 针刺京门穴有抑制肾脏的泌尿作用,针后3小时的排尿量较正常组减少14.1%～14.4%。

26.带脉 GB26
【定位】 侧卧。在侧腹部,章门下1.8寸,当第十一肋骨游离端下方垂线与脐水平线的交点上(图5-3-5)。
【局部层次解剖】 皮肤→皮下组织→腹外斜肌→腹内斜肌→腹横肌。浅层布有第九、十、十一胸神经前支的外侧皮支和伴行的动、静脉。深层有第九、十、十一胸神经前支的肌支和相应的动、静脉。
【刺灸法】 直刺0.5～0.8寸;可灸。
【主治】 腹痛;月经不调,带下,腰胁痛。子宫内膜炎,附件炎,盆腔炎,带状疱疹。
【配伍】
1.配白环俞、阴陵泉、三阴交,有健脾渗湿止带的作用,主治带下病。
2.配中极、地机、三阴交,有行气活血,去瘀止痛的作用,主治痛经,闭经。
3.配血海、膈俞,有通经活血的作用,主治月经不调。
【文献摘要】
1.《素问》王注:足少阳、带脉二经之会。

2.《甲乙经》:妇人少腹坚痛,月水不通,带脉主之。
3.《大成》:妇人小腹痛,里急后重,瘛疭,月事不调。
4.《金鉴》:主治疝气,偏堕木肾,及妇人赤白带下等证。

27.五枢 GB27

【定位】 侧卧。在侧腹部,当髂前上棘的前方,横平脐下3寸处(图5-3-7)。

【局部层次解剖】 皮肤→皮下组织→腹外斜肌→腹内斜肌→腹横肌。浅层布有第十一、十二胸神经前支和第一腰神经前支的外侧皮支及伴行的动、静脉。深层有旋髂深动、静脉,第十一、十二胸神经,第一腰神经前支的肌支及相应的动、静脉。

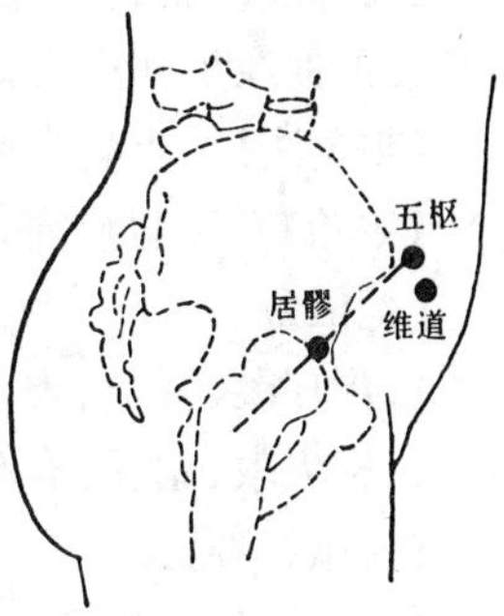

【刺灸法】 直刺0.8~1.5寸;可灸。

【主治】 少腹痛;阴挺,疝气,带下;月经不调,便秘。子宫内膜炎,睾丸炎。

【配伍】
1.配气海、三阴交,有调气温阳,散寒止痛的作用,主治少腹痛。

图5-3-7

2.配太冲、曲泉,有疏肝理气的作用,主治疝气。

【文献摘要】
1.《素问》王注:足少阳、带脉二经之会。
2.《甲乙经》:男子阴疝,两丸上下,小腹痛,五枢主之。
3.《千金方》:主阴疝,两丸上下,少腹痛。

【研究进展】 对下腹部麻醉效果较好,如对阑尾切除术采用五枢、脾俞、京门,手术针刺麻醉率(Ⅰ、Ⅱ级),达到69.49%。另对子宫全切术,以五枢透维道、气海俞、阳陵泉等穴,不但取得较好麻醉效果,而且还可促进唾液淀粉酶活性增高。

28.维道 GB28

【定位】 侧卧。在侧腹部,当髂前上棘的前下方,五枢前下0.5寸(图5-3-7)。

【局部层次解剖】 皮肤→皮下组织→腹外斜肌→腹内斜肌→腹横肌→髂腰肌。浅层布有旋髂浅动、静脉,第十一、十二胸神经前支和第一腰神经前支的外侧皮支及伴行的动、静脉。深层有旋髂深动、静脉,股外侧皮神经,第十一、十二胸神经前支和第一腰神经前支的肌支及相应的动、静脉。

【刺灸法】 向前下方斜刺0.8~1.5寸;可灸。

【主治】 少腹痛,腰胯痛;阴挺,带下,疝气;月经不调,水肿,肠痈。子宫内膜炎,附件炎,盆腔炎,子宫脱垂,肾炎,阑尾炎。

【配伍】
1.配巨髎,有活血止痛的作用,主治腰胯痛。
2.配脾俞、阴陵泉、关元,有调经止带的作用,主治月经不调,带下。

【文献摘要】
1.《甲乙经》:足少阳、带脉之会。

2.《甲乙经》：咳逆不止，三焦有水气，不能食。

3.《铜人》：呕逆不止，三焦不调，水肿，不嗜食。

4.《图翼》：主治呕逆不止，三焦不调，不食，水肿。

29.居髎 GB29

【定位】 侧卧。在髋部，当髂前上棘与股骨大转子最凸点连线的中点处（图5-3-7）。

【局部层次解剖】 皮肤→皮下组织→阔筋膜→臀中肌→臀小肌。浅层布有臀上皮神经和髂腹下神经外侧皮支。深层有臀上动、静脉的分支或属支和臀上神经。

【刺灸法】 直刺或斜刺1.5～2寸；可灸。

【主治】 腰腿痹痛，足痿；疝气，瘫痪。髋关节炎，膀胱炎，睾丸炎，中风偏瘫。

【配伍】

1.配环跳、肾俞、委中，有舒筋活络，宣痹止痛的作用，主治腰腿痹痛。

2.配大敦、中极，有疏肝理气止痛的作用，主治疝气。

【文献摘要】

1.《甲乙经》：阳蹻、足少阳之会。

2.《铜人》：治腰引少腹痛，肩引胸臂挛急，手臂不得举而至肩。

3.《图翼》：主治肩引胸臂挛急不得举，腰引小腹痛。

30.环跳 GB30

【定位】 俯卧或侧卧。在股外侧部，侧卧屈股，当股骨大转子最凸点与骶管裂孔连线的外1/3与中1/3交点处（图5-3-8）。

【局部层次解剖】 皮肤→皮下组织→臀大肌→坐骨神经→股方肌。浅层布有臀上皮神经。深层有坐骨神经，臀下神经，股后皮神经和臀下动、静脉等。

【刺灸法】 直刺2～2.5寸；可灸。

【主治】 腰胯疼痛；下肢痿痹，挫闪腰痛，膝踝肿痛；遍身风疹，半身不遂，脚气。坐骨神经痛，髋关节及周围软组织疾病。

【配伍】

1.配殷门、阳陵泉、委中、昆仑，有疏通经络，活血止痛的作用，主治坐骨神经痛。

2.配居髎、委中、悬钟，有祛风除湿散寒的作用，主治风寒湿痹证。

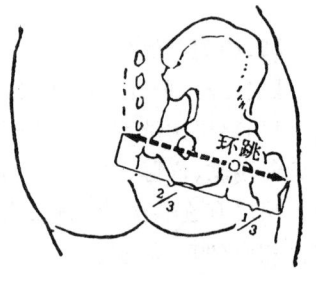

图5-3-8

3.配风池、曲池，有祛风活血止痒的作用，主治遍身风疹。

【文献摘要】

1.《素问》王注：足少阳、太阳二脉之会。

2.《甲乙经》：腰胁相引痛急，髀筋瘛胫，腰痛不可屈伸，痹不仁，环跳主之。

3.《铜人》：治冷风湿痹，风疹，偏风半身不遂，腰胯痛不得转侧。

4.《大成》：主冷风湿痹，不仁，风疹遍身，半身不遂，腰胯痛，蹇膝，不得转侧伸缩。

5.《金鉴》：主治腰、胯、股、膝中受风寒湿气，筋挛疼痛。
【研究进展】
1.腰痛　针刺环跳穴，治疗腰痛100例，效果良好。
2.带下病　针刺环跳穴治疗白带，用强刺激手法，若行针时针感能达到足跟，则能提高治疗效果。
3.调整胃液分泌功能　针刺环跳穴可使胃酸及胃蛋白酶高者降低，使低者升高。
4.调整甲状腺功能　有实验报道，用甲状腺粉或硫氧嘧啶分别造成小白鼠甲状腺功能亢进或减退后，电针环跳穴，能调整甲状腺功能。
5.抗炎作用　有实验报道，电针家兔坐骨神经"环跳穴"可使人工感染的腹膜炎渗出减少或停止。

31. 风市　GB31

【定位】　俯卧或侧卧。在大腿外侧部的中线上，当腘横纹上7寸。或直立垂手时，中指尖处（图5-3-9）。

【局部层次解剖】　皮肤→皮下组织→髂胫束→股外侧肌→股中间肌。浅层布有股外侧皮神经。深层有旋股外侧动脉降支的肌支和股神经的肌支。

【刺灸法】　直刺1～1.5寸；可灸。

【主治】　下肢痿痹、麻木；半身不遂；遍身瘙痒，脚气。中风后遗症，小儿麻痹后遗症，坐骨神经痛，膝关节炎，荨麻疹。

【配伍】
1.配阳陵泉、悬钟，有舒筋活络止痛的作用，主治下肢痿痹。
2.配风池、曲池、血海，有活血祛风止痒的作用，主治荨麻疹。
3.《大成》：腰疼难动，风市、委中、行间。
4.《玉龙赋》：腿脚乏力，风市、阴市。

【文献摘要】
1.《大成》：主中风腿膝无力，脚气，浑身瘙痒，麻痹，厉风疮。
2.《金鉴》：主治腿中风湿，疼痛无力，脚气，浑身瘙痒，麻痹等证。

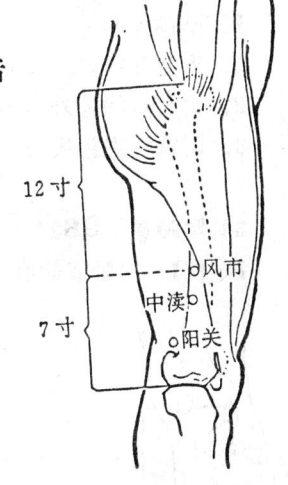

图5-3-9

32. 中渎　GB32

【定位】　俯卧或仰卧。在大腿外侧，当风市下2寸，或在横纹上5寸，股外侧肌与股二头肌之间（图5-3-9）。

【局部层次解剖】　皮肤→皮下组织→髂胫束→股外侧肌→股中间肌。浅层布有股外侧皮神经。深层有旋股外侧动、静脉降支的肌支和股神经的肌支。

【刺灸法】　直刺1～1.5寸；可灸。

【主治】　下肢痿痹、麻木；半身不遂，脚气。坐骨神经痛，中风后遗症。

【配伍】
1.配环跳、阳陵泉、足三里，有通经活络的作用，主治下肢痿痹。

2.配阴市,有通经祛寒止痛的作用,主治下肢外侧凉麻、疼痛。
【文献摘要】
1.《甲乙经》:寒气在分肉间,痛上下,痹不仁,中渎主之。
2.《铜人》:治寒气入于分肉之间,痛攻上下,筋痹不仁。
3.《大成》:痿,针中渎、环跳,灸足三里、肺俞。

33.膝阳关　GB33

【定位】　仰卧、俯卧或侧卧。在膝外侧,当阳陵泉上3寸,股骨外上髁上方的凹陷处(图2-11-9)。

【局部层次解剖】　皮肤→皮下组织→髂胫束后缘→腓肠肌外侧头前方。浅层布有股外侧皮神经。深层有膝上外侧动、静脉。

【刺灸法】　直刺0.8～1寸。

【主治】　膝膑肿痛;腘筋挛急,小腿麻木;脚气,鹤膝风。膝关节炎,坐骨神经痛。

【配伍】
1.配膝眼、阳陵泉,有利关节、通筋脉的作用,主治膝关节炎。
2.配委中、承山,有舒筋活络的作用,主治腘筋挛急。

【文献摘要】
1.《千金方》:阳关、环跳、承筋,主胫痹不仁。
2.《铜人》:治膝外痛不可屈伸,风痹不仁。
3.《图翼》:主治风痹不仁,股膝冷痛,不可屈伸。

34.阳陵泉　GB34　合穴　筋会

【定位】　仰卧或侧卧。在小腿外侧,当腓骨头前下方凹陷处(图5-3-10)。

【局部层次解剖】　皮肤→皮下组织→腓骨长肌→趾长伸肌。浅层布有腓肠外侧皮神经。深层有胫前返动、静脉,膝下外侧动、静脉的分支或属支和腓总神经分支。

【刺灸法】　直刺或斜向下刺1～1.5寸;可灸。

【主治】　膝肿痛,下肢痿痹、麻木;胁肋痛,半身不遂,呕吐;黄疸,脚气,小儿惊风。坐骨神经痛,肝炎,胆囊炎,胆道蛔虫症,膝关节炎,小儿舞蹈病。

【配伍】
1.配环跳、风市、委中、悬钟,有活血通络,疏调经脉的作用,主治半身不遂,下肢痿痹。
2.配阴陵泉、中脘,有和胃理气止痛的作用,主治胁肋痛。
3.配人中、中冲、太冲,有祛风镇静解痉的作用,主治小儿惊风。

【文献摘要】
1.《甲乙经》:胁下支满,呕吐逆,阳陵泉主之。
2.《铜人》:治膝伸不得屈,冷痹脚不仁,偏风半身不遂,脚冷无血色。

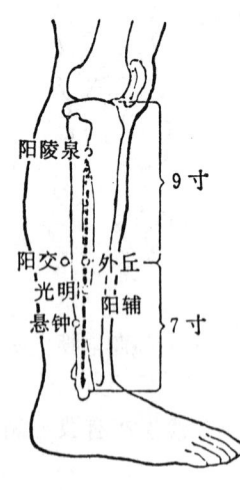

图5-3-10

3.《大成》：主膝股内外廉不仁，偏风半身不遂，脚冷无血色，苦嗌中介然，头面肿。
4.《图翼》：主治偏风，半身不遂，足膝冷痹不仁，无血色，脚气筋挛。

【研究进展】
1.胆囊炎、结石症　据报道针刺阳陵泉可使胆囊收缩。胆总管的规律性收缩，排出胆道造影剂，进入十二指肠。还能促进胆汁分泌，对奥狄括约肌有明显的解痉作用。对慢性胆囊炎、结石症有治疗效应。
2.肝脾脏疼痛　针刺阳陵泉透阴陵泉，治疗肝脾脏疼痛疗效较好，用强刺激法，得气后留针10～20分钟，捻转出针。
3.落枕　针刺阳陵泉，治疗落枕95例，效果很好。
4.肩关节周围炎　有报道针刺阳陵泉，治疗肩关节周围炎36例，效果良好。
5.调整脑血流量　针刺阳陵泉，对脑血流量有一定影响。对急性缺血性中风患者，通过针刺治疗取得良好疗效。实验研究，针刺右侧阳陵泉和曲池穴可影响到脑的血流动力学，使脑血流量增加，脑血管阻力降低，出针后脑血管阻力降低却不明显。而针刺对正常猫的脑血液动力学影响不大。

35.阳交　GB35　阳维郄穴
【定位】　仰卧或侧卧。在小腿外侧，当外踝尖上7寸，腓骨后缘（图5-3-10）。
【局部层次解剖】　皮肤→皮下组织→小腿三头肌→腓骨长肌→后肌间隔→拇长屈肌。浅层布有腓肠外侧皮神经。深层有腓动、静脉，胫后动、静脉和胫神经。
【刺灸法】　直刺0.5～0.8寸；可灸。
【主治】　膝胫痛，下肢痿痹；胸胁痛，面肿，癫狂，瘰疬。腓浅神经疼痛或麻痹，坐骨神经痛，胸膜炎，肝炎，精神病。
【配伍】
1.配足三里、阴陵泉、悬钟，有祛风湿，利关节的作用，主治膝胫痛。
2.配太冲，有疏肝理气的作用，主治胸胁痛。
3.配四神聪、大陵、内关，有宁神定志的作用，主治癫狂。
【文献摘要】
1.《千金方》：主胸满肿。
2.《铜人》：治寒厥惊狂，喉痹，胸满面肿，寒痹，膝胻不收。
3.《大成》：主胸满肿，膝痛足不收，寒厥惊狂，喉痹，面肿，寒痹，膝胻不收。

36.外丘　GB36　郄穴
【定位】　仰卧或侧卧。在小腿外侧，当外踝尖上7寸，腓骨前缘，平阳交（图5-3-10）。
【局部层次解剖】　皮肤→皮下组织→腓骨长、短肌→前肌间隔→趾长伸肌→拇长伸肌。浅层布有腓肠外侧皮神经。深层有腓浅神经，腓深神经和胫前动、静脉。
【刺灸法】　直刺0.5～0.8寸；可灸。
【主治】　下肢痿痹，脚气；颈项强痛，胸胁痛，癫痫。腓神经痛，胸膜炎。
【配伍】
1.配风池、后溪，有祛风活络止痛的作用，主治颈项强痛。

2.配太冲、肝俞、支沟,有疏肝理气止痛的作用,主治胸胁痛。
【文献摘要】
1.《铜人》:治肤痛痿痹,胸胁胀满,颈项痛,恶风寒,癫疾。
2.《大成》:主胸胀满,肤痛痿痹,颈项痛,恶风寒,猘犬伤毒不出。
3.《图翼》:主治颈项痛,胸满,痿痹癫风,恶犬伤毒不出。

37.光明　GB37　络穴
【定位】　仰卧或侧卧,在小腿外侧,当外踝尖上5寸,腓骨前缘(图2-11-10)。
【局部层次解剖】　皮肤→皮下组织→腓骨短肌→前肌间隔→趾长伸肌→拇长伸肌→小腿骨间膜→胫骨后肌。浅层布有腓浅神经和腓肠外侧皮神经。深层有腓深神经和胫前动、静脉。
【刺灸法】　直刺0.5～0.8寸;可灸。
【主治】　下肢痿痹,膝痛;目痛,夜盲,乳胀痛,颊肿。视神经萎缩,白内障。
【配伍】
1.配睛明、承泣、瞳子髎,有疏风清热泻火的作用,主治目痛。
2.配阳陵泉、昆仑,有舒筋活络止痛的作用,主治下肢痿痹。
【文献摘要】
1.《千金方》:主膝痛胫热,不能行,手足偏小。
2.《席弘赋》:睛明治眼未效时,合谷、光明安可缺。
3.《金鉴》:妇人少腹胞中疼痛,大便难,小便淋,好怒色青。
【研究进展】　配太冲,对青少年近视眼有效,针感到达眼部有38.2%。配外关、合谷为一组,配太冲为二组,两组交替使用,采用手法运针激发感传,可提高视力和改变屈光度。

38.阳辅　GB38　经穴
【定位】　仰卧或侧卧。在小腿外侧,当外踝尖上4寸,腓骨前缘稍前方(图5-3-10)。
【局部层次解剖】　皮肤→皮下组织→趾长伸肌→拇长伸肌→小腿骨间膜→胫骨后肌。浅层布有腓肠外侧皮神经和腓浅神经。深层有腓动、静脉。
【刺灸法】　直刺0.5～0.8寸;可灸。
【主治】　下肢外侧痛;腋下痛,胸胁痛,偏头痛,目外眦痛;瘰疬,疟疾。颈淋巴结炎,颈淋巴结核,坐骨神经痛,膝关节炎。
【配伍】
1.配环跳、阳陵泉,有舒筋活络的作用,主治下肢外侧痛。
2.配风池、太阳,有祛风止痛的作用,主治偏头痛。
3.配丘墟、足临泣,有活络消肿的作用,主治腋下肿。
【文献摘要】
1.《千金方》:主胸胁痛。
2.《资生》:风痹不仁,阳辅、阳关。
3.《金鉴》:主治膝胻痠疼,腰间寒冷,肤肿筋挛,百节痠疼,痿躄,偏风不遂等证。

39. 悬钟 GB39 髓会

【定位】 仰卧或侧卧,在小腿外侧,当外踝尖上3寸,腓骨前缘(图5-3-10)。

【局部层次解剖】 皮肤→皮下组织→趾长伸肌→小腿骨间膜。浅层布有腓肠外侧皮神经。深层有腓深神经的分支。如穿透小腿骨间膜可刺中腓动、静脉。

【刺灸法】 直刺0.5—0.8寸;可灸。

【主治】 腰腿痛,脚气;颈项强痛,胸胁疼痛,腋下肿;半身不遂,瘰疬。颈淋巴结核,坐骨神经痛,小儿舞蹈病,动脉硬化症。

【配伍】
1. 配肾俞、膝关、阳陵泉,有祛风湿,健腰膝的作用,主治腰腿痛。
2. 配风池、后溪,有祛风活络的作用,主治颈项强痛。
3. 配环跳、风市、阳陵泉,有通经活络,舒筋止痛的作用,主治坐骨神经痛。

【文献摘要】
1.《千金方》:治风,身重心烦,足胫痛。
2.《铜人》:治心腹胀满,胃中热不嗜食,膝胻痛,筋挛足不收履,坐不能起。
3.《图翼》:主治颈项痛,手足不收,腰膝痛,脚气筋骨挛。
4.《金鉴》:主治胃热腹胀,胁痛脚气,脚胫湿痹,浑身瘙痒,趾疼等证。

【研究进展】
1. 偏头痛 针刺悬钟穴,治疗偏头痛患者38例,效果良好。对久病者疗效尤佳。
2. 颈部软组织扭伤 左病右取,右病左取,施以重刺激,效果良好。
3. 高血压 针刺该穴对高血压,特别是Ⅱ期高血压疗效较好。
4. 影响红、白细胞变化 有报道认为该穴与红细胞生成有关。也是嗜酸性白细胞的敏感穴,对嗜酸性白细胞有特异性。
5. 影响肌电变化 有报道实验证明,针刺悬钟可使患者肌电幅度升高($P<0.05$),从针后5分钟开始,持续30分钟。

40. 丘墟 GB40 原穴

【定位】 仰卧。在足外踝的前下方,当趾长伸肌腱的外侧凹陷处(图5-3-11)。

【局部层次解剖】 皮肤→皮下组织→趾短伸肌→距跟外侧韧带→跗骨窦。布有足背浅静脉,足背外侧皮神经,足背中间皮神经,外踝前动、静脉。

【刺灸法】 直刺0.5～0.8寸;可灸。

【主治】 外踝肿痛,下肢痿痹;颈项痛,胸胁痛,目赤肿痛,疟疾,疝气,中风偏瘫。胆囊炎。

【配伍】
1. 配风池、太冲,有清肝明目的作用,主治目赤肿痛。
2. 配昆仑、申脉,有通经活络消肿止痛的作用,主治外踝肿痛。
3. 配阳陵泉、期门,有疏肝利胆的作用,主治胆囊炎。

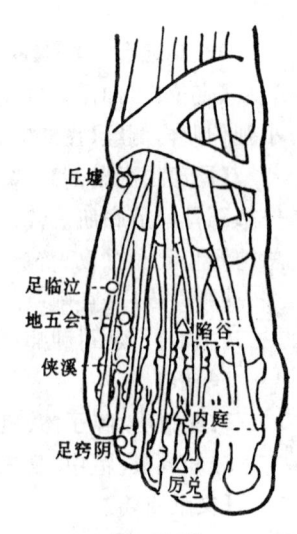

图5-3-11

【文献摘要】
1.《甲乙经》：目视不明，振寒，目瞤，瞳子不见，腰两胁痛，脚酸转筋，丘墟主之。
2.《千金方》：主胸痛如刺。主脚急肿痛，战掉不能久立，跗筋脚挛。
3.《大成》：胁痛，针丘墟、中渎。
4.《图翼》：主治胸胁满痛不得息，寒热，目生翳膜，颈肿，久疟振寒，痿厥，腰腿痠痛。髀枢中痛，转筋足胫偏细，小腹坚卒疝。

41. 足临泣　GB41　输穴　八脉交会穴　通带脉

【定位】　仰卧。在足背外侧，当足四趾本节（第四跖趾关节）的后方，小趾伸肌腱的外侧凹陷处（图5-3-11）。

【局部层次解剖】　皮肤→皮下组织→第四骨间背侧肌和第三骨间足底肌（第四与第五跖骨之间）。布有足背静脉网，足背中间皮神经，第四跖背动、静脉和足底外侧神经的分支等。

【刺灸法】　直刺0.5～0.8寸；可灸。

【主治】　足跗肿痛；偏头痛，目痛，乳痈，胁肋痛，瘰疬，疟疾，中风偏瘫。

【配伍】
1.配丘墟、解溪、昆仑，有通经活络，消肿止痛的作用，主治足跗肿痛。
2.配风池、太阳、外关，有祛风活络止痛的作用，主治偏头痛。
3.配乳根、肩井，有清热解毒，消肿止痛的作用，主治乳痈。

【文献摘要】
1.《甲乙经》：胸痹心痛，不得息，痛无常处，临泣主之。
2.《大成》：乳肿痛，足临泣。
3.《图翼》：主治胸满气喘，目眩心痛，缺盆中及腋下马刀疡，痹痛无常。
4.《金鉴》：中风手足举动难，麻痛发热，筋拘挛，头风肿痛连腮项，眼赤而疼合头眩。

42. 地五会　GB42

【定位】　仰卧。在足背外侧，当足四趾本节（第四跖趾关节）的后方，第四、五跖骨之间，小趾伸肌内侧缘（图5-3-11）。

【局部层次解剖】　皮肤→皮下组织→趾长伸肌腱→趾短伸肌腱外侧→第四骨间背侧肌→第三骨间足底肌。浅层布有足背中间皮神经，足背静脉网和跖背动、静脉。深层有趾足底总神经和趾底总动、静脉。

【刺灸法】　直刺或斜刺0.5～0.8寸；可灸。

【主治】　足跗肿痛；头痛，目赤痛，耳鸣，耳聋，胁痛，乳痈。

【配伍】
1.配睛明、瞳子髎、风池，有祛风明目止痛的作用，主治目赤痛。
2.配乳根、膻中、足三里，有清热泻火解毒的作用，主治乳痈。

【文献摘要】
1.《甲乙经》：内伤唾血不足，外无膏泽，刺地五会。
2.《铜人》：治内伤唾血，足外皮肤不泽，乳肿。

3.《大成》：主腋痛，内损唾血，足外无膏泽，乳痈。
4.《席宏赋》：配三里，治耳内蝉鸣，腰欲折。

43.侠溪　GB43　荥穴

【定位】　仰卧。在足背外侧，当第四、五趾间，趾蹼缘后方赤白肉际处（图5-3-11）。

【局部层次解剖】　皮肤→皮下组织→第四趾的趾长、短伸肌腱与第五趾的趾长、短伸肌腱之间→第四与第五趾的近节趾骨底之间。布有足背中间皮神经的趾背神经和趾背动、静脉。

【刺灸法】　直刺或斜刺0.3～0.5寸；可灸。

【主治】　足跗肿痛；膝股痛，胸胁痛，头痛，耳鸣，耳聋，目痛，颊肿；眩晕，惊悸，疟疾，中风。高血压，肋间神经痛，脑血管意外。

【配伍】
1.配太阳、率谷、风池，有祛风活络止痛的作用，主治少阳头痛。
2.配支沟、阳陵泉，有舒筋活络的作用，主治胸胁痛。
3.配听宫、翳风，有清热通经，活络聪耳的作用，主治耳鸣，耳聋。

【文献摘要】
1.《甲乙经》：胸胁支满，寒如风吹状，侠溪主之。
2.《千金方》：主少腹坚痛，月水不通。
3.《铜人》：治胸胁支满，寒热汗不出，目外眦赤目眩，颊颔肿耳聋，胸中痛不可转侧，痛无常处。

44.足窍阴　GB44　井穴

【定位】　仰卧。在足第四趾末节外侧，距趾甲角0.1寸（图5-3-11）。

【局部层次解剖】　皮肤→皮下组织→甲根。布有足背中间皮神经的趾背神经，趾背动、静脉和趾底固有动、静脉构成的动、静脉网。

【主治】　足跗肿痛；偏头痛，目赤肿痛，耳鸣，耳聋，喉痹，胸胁痛；热病，多梦。高血压，肋间神经痛。

【配伍】
1.配头维、太阳，有祛风止痛的作用，主治偏头痛。
2.配翳风、听会、外关，有清热泻火，通经活络聪耳的作用，主治耳鸣，耳聋。
3.配少商、商阳，有清热利咽的作用，主治喉痹。

【文献摘要】
1.《甲乙经》：胁痛，咳逆，不得息，窍阴主之。
2.《千金方》：主痈疽，头痛如锥刺，不可以动，动则烦心。
3.《金鉴》：主治胁痛，咳逆不得息，发热燥烦，痈疽口干，头痛喉痹，舌强，耳聋等证。

足少阳胆经经穴分寸歌

外眦五分瞳子髎，耳前陷中听会绕，　　上关颧弓上缘取，内斜曲角颔厌照，
悬颅悬厘等分取，曲鬓角孙前寸标，　　入发寸半率谷穴，天冲率后五分交，

浮白下行一寸是,乳突后上窍阴找,
阳白眉上一寸许,临泣入发五分考,
脑空池上平脑户,风池耳后发际标,
辄筋渊腋前一寸,日月乳下三肋间,
五枢髂前上棘前,前下五分维道还,
风市垂手中指寻,中渎膝上五寸陈,
阳交外丘骨后前,均在踝上七寸循,
踝上三寸悬钟是,丘墟外踝前下真,
关节之前侠溪至,四趾外端足窍阴。

完骨乳突后下取,本神庭旁三寸好,
目窗正营及承灵,一寸一寸寸半巧,
肩井大椎肩峰间,渊腋腋下三寸然,
京门十二肋骨端,带脉平脐肋下连,
居髎髂前转子取,环跳髀枢宛中陷,
阳关阳陵上三寸,骨头前下阳陵存,
踝上五寸光明穴,踝上四寸阳辅临,
节后筋外足临泣,地五会在筋内存,

第六章 足三阴经穴

第一节 足太阴脾经穴
Points of Spleen Meridian of Foot-Taiyin, SP.

经脉循行 起于足大趾末端,沿着大趾内侧赤白肉际,上行至内踝前边,沿胫骨内侧缘,上行经膝关节和大腿的内侧前缘,进入腹部,属脾、联络胃,向上穿过膈肌,挟咽两旁,连系舌根,散布舌下。

其支脉,再从胃出来,向上通过膈,流注于心中,与手少阴心经相接。

联系脏腑器官 脾、胃、心、咽、舌。

本经腧穴,起于隐白,止于大包,左右各21个穴位(图6-1-1)。

主治概要 本经腧穴主治脾胃病,妇科,前阴病及经脉循行部位的其他病证。

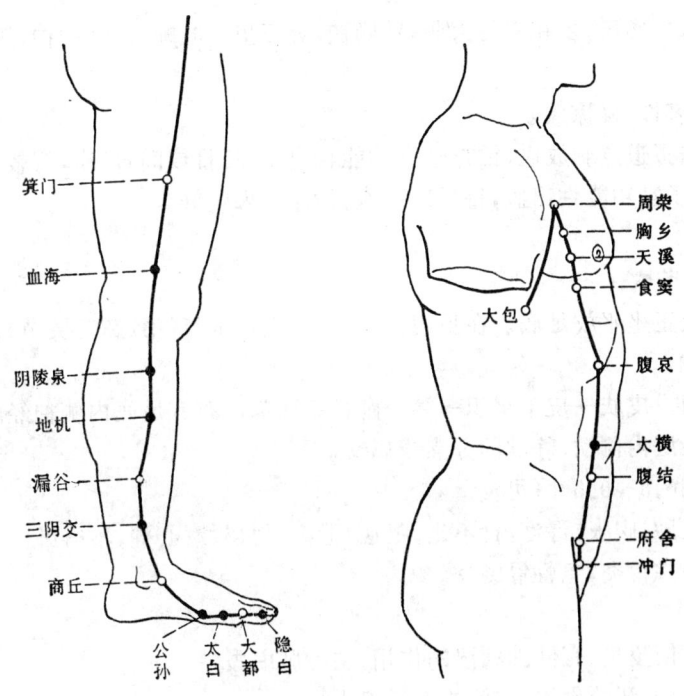

图6-1-1 脾经穴总图

1.隐白 SP1 井穴

【定位】 仰卧或正坐平放足底。在足趾末节内侧,距趾甲角0.1寸(指寸)(图6-1-2)。

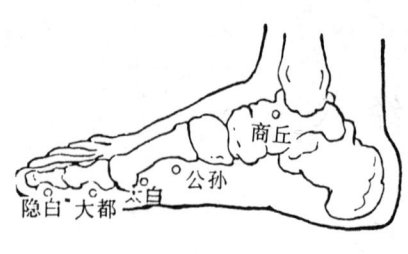

图6-1-2

【局部层次解剖】 皮肤→皮下组织→甲根。布有足背内侧皮神经的分支,趾背神经和趾背动、静脉。

【刺灸法】 斜刺0.1寸,或用三棱针点刺出血;可灸。

【主治】 足趾痛;月经过时不止,崩漏,吐血,衄血,尿血,便血,癫狂,多梦,梦魇,尸厥,烦心善悲,心痛,慢惊风,昏厥,腹胀,暴泄,善呕,胸满,咳吐,喘息。上消化道出血,功能性子宫出血,急性肠炎,精神分裂症,神经衰弱,休克等。

【配伍】
1. 配大敦,有醒脑开窍的作用,主治昏厥,中风昏迷。
2. 配脾俞、上脘、肝俞,有益气活血止血的作用,主治吐血,衄血。
3. 配气海、血海、三阴交,有益气活血止血的作用,主治月经过多。
4. 配厉兑,有健脾宁神的作用,主治梦多。

【文献摘要】
1.《甲乙经》:气喘、热病衄不止,烦心善悲,腹胀,逆息热气,足胫中寒,不得卧,气满胸中热,暴泄,仰息,足下寒,中闷,呕吐,不欲食饮,隐白主之;腹中有寒气,隐白主之;饮渴身伏多唾,隐白主之。
2.《大成》:下血,主肠风,多在胃与大肠,针隐白,灸三里;吐衄血,针隐白、脾俞、肝俞、上脘。
3.《聚英》:小儿客忤,慢惊风。

【研究进展】 据报道点刺放血,治疗子宫功能性出血,每日或间日1次,有较好效果;亦可在该穴施灸,治疗子宫功能性出血,每日1~5次,治疗效果较好。

2. 大都　SP2　荥穴

【定位】 仰卧或正坐平放足底。在足内侧缘,当足大趾本节(第1跖趾关节)前下方赤白肉际凹陷处(图6-1-2)。

【局部层次解剖】 皮肤→皮下组织→第一趾骨基底部。布有足底内侧神经的趾足底固有神经,浅静脉网,足底内侧动、静脉的分支或属支。

【刺灸法】 直刺0.3~0.5寸;可灸。

【主治】 足痛足肿;腹胀,胃疼,食不化,呕逆,泄泻,便秘,厥心痛,不得卧,心烦,体重肢肿;热病无汗。急、慢性胃炎,急性胃肠炎。

【配伍】
1. 配大都、商丘、阴陵泉,有健脾利湿的作用,主治脾虚腹泻。
2. 配经渠,有解热发汗的作用,主治热病汗不出。

【文献摘要】
1.《甲乙经》:热病汗不出且厥,手足清,暴泻,心痛腹胀,心尤痛甚,此胃心痛也;风逆暴四肢肿,湿则唏然寒,饥则烦心,饱则眩大都主之;疟不知所苦,大都主之。
2.《肘后方》:卒霍乱,下利不止。

3.《千金方》：后闭不通；目眩；目系急，目上插。

3. 太白　SP3　输穴　原穴

【定位】　仰卧或正坐平放足底。在足内侧缘，当足大趾本节（第一跖趾关节）后下方赤白肉际凹陷处（图6-1-2）。

【局部层次解剖】　皮肤→皮下组织→展肌→短屈肌。浅层布有隐神经，浅静脉网等。深层有足底内侧动、静脉的分支或属支，足底内侧神经的分支。

【刺灸法】　直刺0.3～0.5寸，可灸。

【主治】　足痛，足肿；胃痛，腹胀，腹痛，肠鸣，呕吐，泄泻，痢疾，便秘，痔漏，饥不欲食，善噫食不化，心痛脉缓，胸胁胀痛，痿证，体重节痛。急、慢性胃炎，急性胃肠炎，神经性呕吐，消化不良，胃痉挛。

【配伍】
1. 配公孙、大肠俞、三焦俞，有清利湿热的作用，主治肠鸣，腹泻。
2. 配复溜、足三里，有和胃调中的作用，主治腹胀。

【文献摘要】
1.《甲乙经》：热病，满闷不得卧，太白主之；胸胁胀，肠鸣切痛，太白主之；身重骨痿，不相知，太白主之。
2.《千金方》：头痛寒热，汗出不恶寒；膝股肿，䯒痠转筋。
3.《金鉴》：太白、丰隆二穴，应刺之症，即身重，倦怠，面黄，舌强而疼，腹满时作痛，或吐或泄，善饥不欲食，皆脾胃经病也。

【研究进展】
1. 胎位不正　对胎位异常者，艾灸太白可使腹部松弛，胎动活跃，有较好的转胎效果。
2. 小儿腹泻　配丰隆，每穴艾灸10分钟，经治疗后大便转为正常。

4. 公孙　SP4　络穴　八脉交会穴　通冲脉

【定位】　仰卧或正坐平放足底。在足内侧缘，当第一跖骨基底的前下方（图6-1-2）。

【局部层次解剖】　皮肤→皮下组织→展肌→短屈肌→长屈肌腱。浅层布有隐神经的足内缘支，足背静脉弓的属支。深层有足底内侧动、静脉的分支或属支，足底内侧神经的分支。

【刺灸法】　直刺0.5～0.8寸；可灸。

【主治】　足痛，足肿；胃疼，呕吐，饮食不化，肠鸣腹胀，腹痛，痢疾，泄泻，多饮，水肿，霍乱，肠风下血，烦心失眠，发狂妄言，嗜卧。食欲不振，消化不良，神经性呕吐，急慢性胃炎，急、慢性肠炎，腹水。

【配伍】
1. 配丰隆、中魁、膻中，有健脾化痰的作用，主治呕吐痰涎，眩晕不已。
2. 配解溪、中脘、足三里，有健脾化食，和中消积的作用，主治饮食停滞，胃脘疼痛。
3. 配束骨、八风，有通经活络的作用，主治足趾麻痛。

【文献摘要】
1.《千金方》：腹胀，食不化，鼓胀，腹中气大满；肠鸣。
2.《大全》：九种心疼；痰膈涎闷，胸中隐痛；脐腹胀满，气不消化；胁肋下痛；泄泻不止，里急后重;翻胃吐食。

3.《金鉴》:主痰壅胸膈,肠风下血,积块及妇人气蛊等证。

4.《八脉八穴主治症歌》:九种心痛延闷,结胸翻胃难停,酒食积聚肠鸣,水食气疾膈病,脐痛腹疼胁胀,肠风疟疾心疼,胎衣不下血迷心,泄泻公孙立应。

5. 商丘 SP5 经穴

【定位】 正坐平放足底或仰卧。在足内踝前下方凹陷中,当舟骨结节与内踝尖连线的中点处(图6-1-2)。

【局部层次解剖】 皮肤→皮下组织→内侧(三角)韧带→胫骨内踝。浅层布有隐神经,大隐静脉。深层有内踝前动、静脉分支或属支。

【刺灸法】 直刺0.3~0.5寸;可灸。

【主治】 足踝痛;腹胀,肠鸣泄泻,食不化,便秘,黄疸,怠惰嗜卧,癫狂,善笑,梦魇,不乐好太息,小儿痫瘈;咳嗽,痔疾。神经性呕吐,消化不良,急、慢性胃炎,急、慢性肠炎,腓肠肌痉挛,踝关节及周围软组织疾患等。

【配伍】

1.配阴陵泉、曲泉、阴谷,有和胃疏肝理气的作用,主治胃脘痛,腹胀。

2.配三阴交,有补脾益气的作用,主治脾虚便秘。

3.配天枢、阴陵泉,有健脾化湿的作用,主治腹泻,腹胀。

【文献摘要】

1.《甲乙经》:主寒热,善呕;心下有寒痛;阴股内痛,少腹痛,不可俯仰;小儿咳而泄,不欲食者,手足扰,目昏,口噤,溺黄。

2.《千金方》:痎疟热;寒疟腹中痛;癫疾呕沫,寒热痉互引;痫瘈;口噤不开;腹胀满不得息;血泄后重;脚挛。

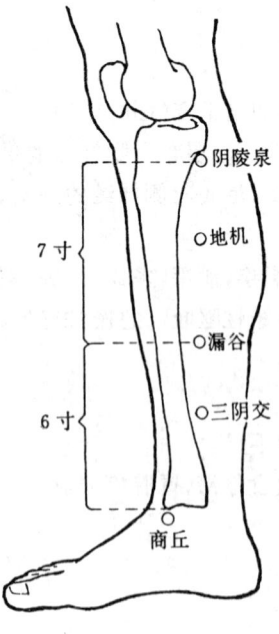

图6-1-3

6. 三阴交 SP6

【定位】 正坐或仰卧。在小腿内侧,当足内踝尖上3寸,胫骨内侧缘后方(图6-1-3)。

【局部层次解剖】 皮肤→皮下组织→趾长屈肌→胫骨后肌→长屈肌。浅层布有隐神经的小腿内侧皮支,大隐静脉的属支。深层有胫神经和胫后动、静脉。

【刺灸法】 直刺0.5~1寸;可灸。

【主治】 足痿痹痛,脚气;脾胃虚弱,肠鸣腹胀,飧泄,饮食不化,月经不调,崩漏,赤白带下,经闭,癥瘕,产后血晕,恶露不行,水肿,小便不利,遗尿,失眠,阴挺,梦遗,遗精,阳痿,阴茎痛,难产,疝气,睾丸缩腹。神经性皮炎,湿疹,荨麻疹,高血压,急、慢性肠炎,细菌性痢疾,功能性子宫出血,遗尿,性功能减退,神经衰弱,小儿舞蹈病,下肢神经痛或瘫痪。

【配伍】

1.配天枢、合谷,有清热除湿,健脾和中的作用,主治小儿急性肠炎。

2. 配中脘、内关、足三里,有活血化瘀的作用,主治血栓闭塞性脉管炎。

3. 配阴陵泉、膀胱俞、中极,有渗湿利尿的作用,主治癃闭。

4. 配中极、天枢、行间,有疏肝理气,活血化瘀的作用,主治月经不调,痛经。

5. 配阴陵泉、四白、足三里、脾俞、肝俞、肾俞、光明,有益气健脾生津,滋养肝肾,补肾填精的作用,主治神水将枯。

6. 配外麻点、切口旁针;太冲、下巨虚;内关、足三里,均有良好的镇痛作用,是剖腹产麻醉最常用的基本方。

【文献摘要】

1. 《甲乙经》:足下热,痛不能久坐,湿痹不能行;惊不得眠。

2. 《千金方》:卵偏大上入腹;梦泄精;女人漏下赤白及血;脾中痛不得行,足外皮痛;胫寒不得卧。

3. 《千金翼》:产难,月水不禁,横生胎动,牙车失欠蹉跌;脚疼。

4. 《聚英》:脾胃虚弱,心腹胀满,不思饮食……疝气,小便遗失……男子阴茎痛,元藏发动,脐下痛不可忍,小儿客忤,妇人临经行房羸瘦,癥瘕,漏血不止,月水不止;妊娠胎动,横生,产后恶露不行,去血过多,血崩晕,不省人事。如经脉闭塞不通,泻之立通;经脉虚耗不行者,补之,经脉益盛则通。

【研究进展】

1. 对输尿管蠕动的调整作用 电针狗的三阴交、照海、膀胱俞、肾俞等,当达到一定刺激量时,可使输尿管蠕动显著增加,引起输尿管蠕动增加的机理,一是针刺直接增强输尿管的蠕动,另一方面可能是增加尿量。

2. 对兔腘淋巴结,输出淋巴液及淋巴细胞的影响 针刺兔的"三阴交"30分钟时,腘淋巴结输出淋巴液平均升高3.24倍,淋巴细胞升高16.06倍,出针30分钟则逐渐恢复,此时淋巴液为针前的1.74倍。淋巴细胞为针前的4.15倍,通常淋巴液增加时淋巴细胞的密度亦相应增加。淋巴细胞如此迅速成倍的增加,可能与针刺改变了毛细血管后静脉的通透性有关。

3. 在静脉肾盂造影中,同时针刺双侧三阴交、昆仑、关元,对于显示尿路细小结石,腹膜后肿块,先天性畸形及早期炎症改变,均有独特的优点,可减轻患者痛苦,真实地显示病理改变,提高早期诊断率。

4. 据报道用针刺三阴交、气海、肾俞,治疗痛经125例,取得良好效果。

7. 漏谷 SP7

【定位】 正坐或仰卧。在小腿内侧,当内踝尖与阴陵泉的连线上,距内踝尖6寸,胫骨内侧缘后(图6-1-3)。

【局部层次解剖】 皮肤→皮下组织→小腿三头肌→趾长屈肌→胫骨后肌。浅层布有隐神经的小腿皮侧皮支和大隐静脉;深层有胫神经和胫后动、静脉。

【刺灸法】 直刺0.5~0.8寸;可灸。

【主治】 腿膝厥冷,麻木不仁,足踝肿痛,腹胀,肠鸣,小便不利,偏坠。消化不良,尿路感染,功能性子宫出血,癥病,脚气。

【配伍】
1.配曲泉,有活血祛瘀的作用,主治血瘕。
2.配阴陵泉、三阴交,有温经通络除湿的作用,主治下肢重痛。
【文献摘要】
1.《千金方》:久湿痹不行;肠鸣而痛;失精。
2.《铜人》:痃癖冷气,心腹胀满,食饮不为肌肤,湿痹不能久立。

8. 地机 SP$_8$

【定位】 正坐或仰卧。在小腿内侧,当内踝尖与阴陵泉的连线上,阴陵泉下3寸(图6-1-3)。

【局部层次解剖】 皮肤→皮下组织→腓肠肌→比目鱼肌。浅层布有隐神经的小腿内侧皮支和大隐静脉。深层有胫神经和胫后动、静脉。

【刺灸法】 直刺0.5~0.8寸;可灸。

【主治】 腿膝麻木,疼痛;腹胀,腹痛,食欲不振,泻泄,痢疾,水肿,小便不利,月经不调,女子癥瘕,痛经;腰痛不可俯仰,遗精。胃痉挛,细菌性痢疾,功能性子宫出血,精液减少症等。

【配伍】
1.配血海,有调经的作用,主治月经不调。
2.配肾俞、中极、三阴交,有补益气血,活血化瘀的作用,主治痛经。

【文献摘要】
1.《甲乙经》:溏瘕,腹中痛,脏痹。
2.《铜人》:女子血瘕,按之如汤沃股内至膝。丈夫溏泄,腹胁气胀水肿,腹坚不嗜食,小便不利。

【研究进展】 地机配血海,埋针治疗功能性子宫出血,效果良好。

9. 阴陵泉 SP$_9$

【定位】 正坐或仰卧。在小腿内侧,当胫骨内侧髁后下方凹陷处(图6-1-3)。

【局部层次解剖】 皮肤→皮下组织→半腱肌腱→腓肠肌内侧头。浅层布有隐神经的小腿内侧皮支,大隐静脉和膝降动脉分支。深层有膝下内侧动、静脉。

【刺灸法】 直刺0.5~0.8寸;可灸。

【主治】 膝痛;腹胀,暴泄,黄疸,水肿,小便不利或失禁,喘逆,妇人阴痛,阴茎痛,遗精。急、慢性肠炎,细菌性痢疾,腹膜炎,尿潴留,尿失禁,尿路感染,阴道炎,膝关节及周围软组织疾患。

【配伍】
1.配三阴交,有温中运脾的作用,主治腹寒。
2.配水分,有利尿行水消肿的作用,主治水肿。
3.配三阴交、日月、至阳、胆俞、阳纲,有清热利湿的作用,主治黄疸。

【文献摘要】
1.《千金方》:阴陵泉、关元,主寒热不节,肾病不可俯仰,气癃尿黄;阴陵泉、阳陵泉,主失禁遗尿不自知;阴陵泉、隐白,主胸中热,暴泄。

2.《百症赋》：阴陵、水分，去水肿之脐盈。
3.《大成》：霍乱，阴陵泉、承山、解溪、太白。

10. 血海 SP10

【定位】 仰卧或正坐屈膝。在大腿内侧，髌底内侧端上2寸（图6-1-4）。

【局部层次解剖】 皮肤→皮下组织→股内侧肌。浅层布有股神经前皮支，大隐静脉的属支。深层有股动、静脉的肌支和股神经的肌支。

【刺灸法】 直刺0.8～1寸；可灸。

【主治】 股内侧痛；月经不调，经闭，崩漏，痛经，小便淋涩，气逆腹胀；皮肤湿疹，瘾疹，瘙痒，丹毒。功能性子宫出血，睾丸炎，荨麻疹，湿疹，皮肤瘙痒，神经性皮炎，贫血，下肢内侧及膝关节疼痛。

【配伍】
1. 配带脉，有调经统血的作用，主治月经不调。
2. 配犊鼻、阴陵泉、阳陵泉，有舒筋活络，利关节的作用，主治膝关节疼痛。
3. 配合谷、曲池、三阴交，有疏风清热凉血的作用，主治荨麻疹。

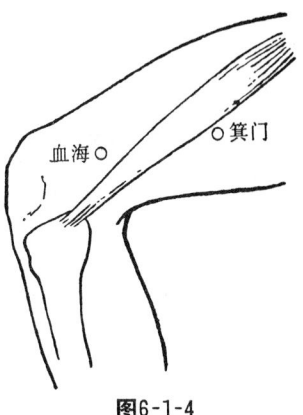

图6-1-4

【文献摘要】
1.《甲乙经》：若血闭不通，逆气胀，血海主之。
2.《大成》：暴崩不止，血海主之。
3.《图翼》：主带下，逆气，腹胀。

11. 箕门 SP11

【定位】 正坐或仰卧伸下肢。在大腿内侧，当血海与冲门连线上，血海上6寸（图6-1-4）。

【局部层次解剖】 皮肤→皮下组织→股内侧肌。浅层布有股神经前皮支，大隐静脉的属支。深层有股动、静脉，隐神经和股神经肌支。

【刺灸法】 直刺0.3～0.5寸。

【主治】 腹股沟肿痛；小便不通，遗溺，五淋。睾丸炎，性功能减退，腹股沟淋巴结炎，小儿麻痹后遗症等。

【配伍】
1. 配三阴交、中极，有温中散寒，利尿行水的作用，主治小便不通。
2. 配气冲、太冲，有理气通络的作用，主治腹股沟肿痛。

【文献摘要】
1.《素问》：刺阴股中大脉，血出不止死。
2.《千金方》：小便难。

【研究进展】 据报道以箕门穴为主，治疗因肛肠手术而致的尿潴留，70%患者在针刺后5～30分钟有尿排出，疗效显著，无副作用。

12. 冲门 SP12

【定位】 仰卧。在腹股沟外侧,距耻骨联合上缘中点3.5寸,当髂外动脉搏动处的外侧(图6-1-5)。

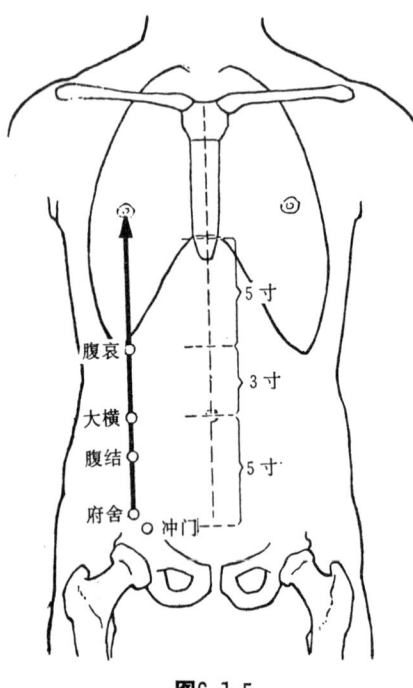

图6-1-5

【局部层次解剖】 皮肤→皮下组织→腹外斜肌腱膜→腹内斜肌→腹横肌→髂腰肌。浅层有旋髂浅动、静脉的分支或属支,第十一、十二胸神经前支和第一腰神经前支的外侧皮支。深层有股神经,第十一、十二胸神经前支和第一腰神经前支的肌支,旋髂深动、静脉。

【刺灸法】 直刺0.5～0.7寸;可灸。

【主治】 腹痛,疝气,痔痛,小便不利,胎气上冲。尿潴留,睾丸炎,精索神经痛,子宫内膜炎,子痫等。

【配伍】
1.配气冲,有燥湿止带的作用,主治带下。
2.配血海、天枢,有行气活血的作用,主治痃癖。

【文献摘要】
1.《甲乙经》:治寒气腹满,癃,身热,腹中积聚疼痛,又主阴疝。
2.《甲乙经》:足太阴、厥阴之会。
3.《千金方》:主乳难。

13. 府舍 SP13

【定位】 仰卧。在下腹部,当脐中下4寸,冲门上方0.7寸,距前正中线4寸(图6-1-5)。

【局部层次解剖】 皮肤→皮下组织→腹外斜肌腱膜→腹内斜肌→腹横肌。浅层布有旋髂浅动、静脉的分支或属支,第十一、十二胸神经前支和第一腰神经前支的外侧皮支。深层有第十一、十二胸神经前支和第一腰神经前支的肌支及伴行的动、静脉。

【刺灸法】 直刺0.5～0.8寸;可灸。

【主治】 腹痛,疝气,腹满积聚,霍乱吐泻。脾肿大,便秘,子宫附件炎,腹股沟淋巴结炎等。

【文献摘要】 《外台》:疝瘕,髀中急痛;厥逆霍乱。

14. 腹结 SP14

【定位】 仰卧。在下腹部,大横下1.3寸,距前正中线4寸(图6-1-5)。

【局部层次解剖】 皮肤→皮下组织→腹外斜肌→腹内斜肌。浅层布有第十、十一、十二胸神经前支的外侧皮支,胸腹壁静脉的属支。浅层有第十、十一、十二胸神经前支的肌支及伴行的动、静脉。

【刺灸法】 直刺0.8～1.2寸;可灸。

【主治】 绕脐腹痛,疝气,腹寒泄泻。细菌性痢疾。
【配伍】
1.配行间,有行气止痛的作用,主治腹痛,胃痛。
2.配足三里、天枢,有温脾止泻的作用,主治腹痛,腹泻。
【文献摘要】
1.《千金方》:绕脐痛抢心。
2.《铜人》:腹寒,咳逆。

15.大横 SP15
【定位】 仰卧。在腹中部,距脐中4寸(图6-1-5)。
【局部层次解剖】 皮肤→皮下组织→腹外斜肌→腹内斜肌→腹横肌,浅层布有第九、十、十一胸神经前支的外侧皮支和胸腹壁静脉属支。深层有第九、十、十一胸神经前支的肌支及伴行的动、静脉。
【刺灸法】 直刺0.8~1.2寸;可灸。
【主治】 小腹痛,虚寒,大便秘结。急、慢性肠炎,细菌性痢疾,习惯性便秘,肠麻痹,肠寄生虫病。
【配伍】
1.配四缝或足三里,有驱虫止痛,通调腑气的作用,主治肠道蛔虫症。
2.配天枢、中脘、关元、足三里、三阴交,有理气止痛,通调腑气的作用,主治腹疼痛,洞泄。
【文献摘要】
1.《甲乙经》:大风,逆气,多寒善悲。
2.《千金方》:少腹热,欲走,太息。
【研究进展】 儿童肠道蛔虫 配足三里中强刺激,不留针,大多数患儿在针后一天有虫排出。随针刺次数的增加排虫率亦增加,针刺次数与疗效有关。

16.腹哀 SP16
【定位】 仰卧。在上腹部,当脐中上3寸,距前正中线4寸(图6-1-5)。
【局部层次解剖】 皮肤→皮下组织→腹外斜肌→腹内斜肌→腹横肌。浅层布有第七、八、九胸神经前支的外侧皮支和胸腹壁静脉的属支。深层有七、八、九胸神经前支的肌支及伴行的动、静脉。
【刺灸法】 直刺0.5~0.8寸;可灸。
【主治】 饮食不振,绕脐痛,便秘,痢疾。消化不良,胃痉挛,胃及十二指肠溃疡,胃酸过多或减少,细菌性痢疾。

17.食窦 SP17
【定位】 仰卧。在胸外侧部,当第五肋间隙,距前正中线6寸(图6-1-6)。
【局部层次解剖】 皮肤→皮下组织→前锯肌→肋间外肌。浅层布有第五肋间神经外侧皮支和胸腹壁静脉。深层有胸长神经的分支,第五肋间神经和第五肋间后动、静脉。

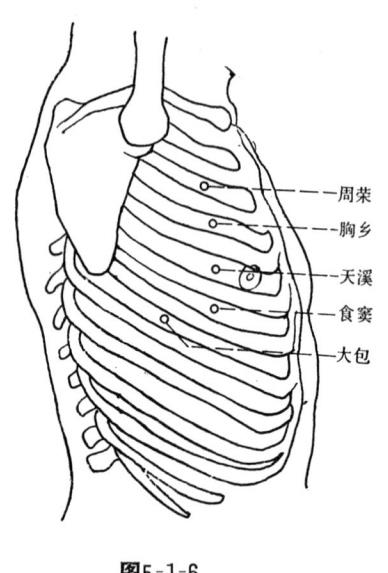

图5-1-6

【刺灸法】 斜刺0.5～0.8寸；可灸。
【主治】 腹胀肠鸣，反胃，食已即吐，噫气，水肿，胸胁胀痛。胃炎，腹水，肝区痛，肋间神经痛。
【文献摘要】
1.《千金方》：主膈中雷鸣，察察隐隐，常有水声；胸胁支满。
2.《图翼》：主咳唾逆气，饮不下。

18. 天溪　SP18

【定位】 仰卧。在胸外侧部，当第四肋间隙，距前正中线6寸（图6-1-6）。
【局部层次解剖】 皮肤→皮下组织→胸大肌→胸小肌。浅层布有第四肋间神经外侧皮支和胸腹壁静脉的属支。深层有胸内、外侧神经的分支，胸肩峰动、静脉的胸肌支和胸外侧动、静脉的分支或属支。
【刺灸法】 平刺0.5～0.8寸；可灸。
【主治】 咳嗽，胸部疼痛，乳痛，乳汁少，支气管炎，肺炎，肋间神经痛，乳汁分泌不足，乳腺炎。
【配伍】
1.配侠溪，有清热解毒，排脓去腐的作用，主治乳肿痈溃。
2.配内关、膈俞、肺俞、膻中，有宽中利气的作用，主治胸中满痛。
【文献摘要】
1.《千金方》：喉鸣，暴喑，气哽。
2.《外台》：胸中满痛，咳逆上气。
3.《资生》：吐逆上气，天溪、中府。

19. 胸乡　SP19

【定位】 仰卧。在胸外侧部，当第三肋间隙，距前正中线6寸（图6-1-6）。
【局部层次解剖】 皮肤→皮下组织→胸大肌→胸小肌。浅层布有第三肋间神经外侧皮支和胸腹壁静脉的属支。深层有胸内、外侧神经的分支，胸肩峰动、静脉的胸肌支和胸外侧动静脉的分支或属支。
【刺灸法】 斜刺0.5～0.8寸；可灸。
【主治】 胸胁胀痛，胸引背痛不得卧。支气管炎。
【文献摘要】 《外台》：胸胁胀满，却引背痛，卧不得转侧。

20. 周荣　SP20

【定位】 仰卧。在胸外侧部，当第二肋间隙，距前正中线6寸（图6-1-6）。
【局部层次解剖】 皮肤→皮下组织→胸大肌→胸小肌。浅层布有第二肋间神经的外侧皮支和浅静脉。深层有胸内、外侧神经和胸肩峰动、静脉的胸肌支。

【刺灸法】 斜刺或平刺0.5～0.8寸；可灸。
【主治】 咳嗽，气喘，胸胁胀满，胸胁痛，食不下。支气管炎，支气管扩张，肋间神经痛。
【配伍】 配大肠俞，有降气和中的作用，主治食不下，喜饮。
【文献摘要】 《外台》：胸胁支满，不得俯仰，饮食不下，咳唾陈脓。

21.大包 SP21 脾之大络

【定位】 侧卧举臂。在侧胸部，腋中线上，当第六肋间隙处（图6-1-6）。
【局部层次解剖】 皮肤→皮下组织→前踞肌。浅层布有第六肋间神经外侧皮支和胸腹壁静脉的属支。深层有胸长神经的分支和胸背动、静脉的分支或属支。
【刺灸法】 斜刺0.5～0.8寸；可灸。
【主治】 胸胁痛，气喘；全身疼痛，四肢无力。
【文献摘要】
1.《灵枢》：实则心尽痛，虚则百节尽皆纵，此脉若罗络之血者，皆取之脾之大络脉也。
2.《外台》：大气不得息，息即胸胁中痛，实则其身尽寒，虚则百节尽纵，大包主之。

足太阴脾经经穴分寸歌

大趾内侧端隐白，节前陷中求大都，　太白节后白肉际，节后一寸公孙呼，
商丘踝前下陷缝，踝上三寸三阴交，　踝上六寸漏谷是，阴陵下三地机朝，
胫髁起点阴陵泉，血海膝膑上内廉，　箕门穴在股肌尾，冲门曲骨旁三五，
冲上七分府舍求，舍上三寸腹结算，　结上寸三是大横，却与脐平莫胡乱，
建里之旁四寸处，便是腹哀分一段，　中庭旁六食窦穴，膻中去六是天溪，
再上一肋胸乡穴，周荣相去亦同然，　大包腋下有六寸，渊腋之下三寸悬。

第二节　足少阴肾经穴

Points of Kidney Meridian of Foot-Shaoyin, KI.

经脉循行　从足小趾开始，斜向足心绕过内踝，进入足跟，向上经过小腿，腘窝内侧，沿股内侧后缘，贯穿脊柱，属于肾脏，联络膀胱。浅出腹前，上行经腹、胸部，终止于锁骨下缘。肾脏部直行的经脉，从肾通过肝和横膈，进入肺中，沿喉咙挟于舌根部。肺部支脉联络心脏，注入胸中。肺部支脉，从肺部出来，联络心脏，流注于胸中与心包经相接。

联系脏腑器官　肾，膀胱，肝，肺，心，喉咙，舌。

本经腧穴，起于涌泉，止于俞府，左右各27个穴位（图6-2-1）。

主治概要　本经腧穴主治妇科病，前阴病，肾、肺、咽喉病及经脉循行部位的其他病证。

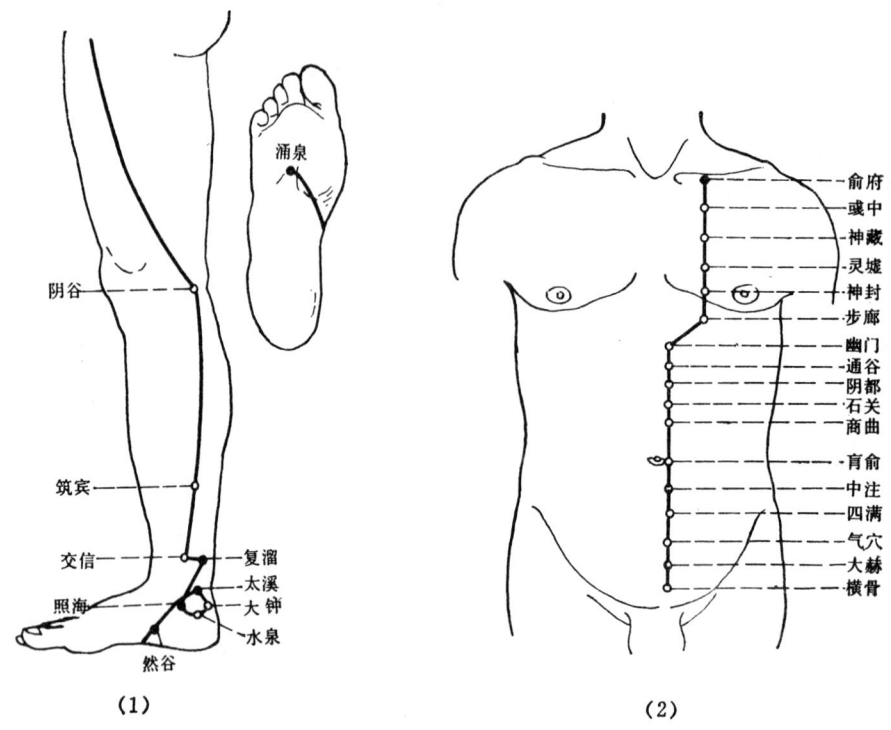

图6-2-1 肾经经穴总图

1. 涌泉 KI1 井穴

【定位】 正坐或仰卧,跷足。在足底部,卷足时足前部凹陷处,约当足底二、三趾趾缝纹头端与足跟连线的前1/3与后2/3交点上(图6-2-2)。

【局部层次解剖】 皮肤→皮下组织→足底腱膜(跖腱膜)→第二趾足底总神经→第二蚓状肌。浅层布有足底内侧神经的分支。深层有第二趾足底总神经和第二趾足底总动、静脉。

【刺灸法】 直刺0.5~0.8寸;可灸。

【主治】 足心热;下肢瘫痪,霍乱转筋,头顶痛,头晕,眼花,失眠,咽喉痛,舌干,失音;小儿惊风,癫痫,昏厥。神经衰弱,三叉神经痛,扁桃体炎,高血压,精神分裂症,癔病,中暑,休克等。

【配伍】
1.配百会、人中,有苏厥回阳救逆的作用,主治昏厥,癫痫,休克。
2.配四神聪、神门,有清心安神镇静的作用,主治头晕,失眠,癔病。

【文献摘要】

图6-2-2

1.《甲乙经》:热病挟脐急痛,胸胁满,取之涌泉与阴陵泉。
2.《铜人》:治腰痛大便难,心中结热,风疹风痫,心痛不嗜食。
3.《肘后歌》:顶心头痛眼不开,涌泉下针定安泰;伤寒痞气结胸中,两目昏黄汗不通,涌泉妙穴三分许,速使周身汗自通。
4.《通玄指要赋》:胸结身黄,取涌泉而即可。

【研究进展】

1.膈肌痉挛 据报道电针涌泉,治疗362例,有较好疗效。

2.传染性肝炎 据报道涌泉配至阳穴,重刺激。

3.癔病 针刺涌泉,结合语言诱导有较好疗效。

4.缺乳症 强刺激涌泉,针后立即用手挤乳并让婴儿吸吮。

5.小儿高热惊厥 针涌泉,必要时加十宣点刺出血。

6.偏头痛 取健侧涌泉向太冲方向透,配印堂、太阳、风池,有较好疗效。

7.防治呼吸道疾患易感儿 悬灸涌泉组、肺俞组,每穴灸20分钟,涌泉组治愈及显效略优于肺俞组。

8.心绞痛 按压或针刺涌泉、劳宫。

9.口腔疾患 用蓖麻散外敷涌泉,治疗婴儿鹅口疮34例,有较好疗效。用吴茱萸醋调敷贴涌泉,治疗口腔溃疡110例,有较好疗效。

10.高血压 据报道用桃仁、杏仁、栀子、胡椒、糯米捣细,鸡蛋清调敷涌泉,睡前敷,左右穴交替。另有艾灸涌泉可使高血压患者的收缩压有不同程度的下降。

11.对视上核神经分泌细胞核体积的影响 不同时辰针刺大白鼠"涌泉"其胞核变化不同,于卯、午时针刺,其左右侧视上核增大,而子、酉时则有减小趋势。

12.对肾脏的抗利尿作用 将速尿静脉注射于深度麻醉的狗,则引起持续而强的利尿,针刺一侧"涌泉"可引起对侧肾脏速尿利尿作用的深度抑制,而针刺"肾俞"则能对抗针刺"涌泉"穴的这种效应。

2.然谷 KI2 荥穴

【定位】 正坐或仰卧。在足内侧缘,足舟骨粗隆下方,赤白肉际(图6-2-3)。

【局部层次解剖】 皮肤→皮下组织→拇展肌→趾长屈肌腱。浅层布有隐神经的小腿内侧皮支。足底内侧神经皮支和足背静脉网的属支。深层有足底内侧神经和足底内侧动、静脉。

【刺灸法】 直刺0.5～0.8寸;可灸。

【主治】 足跗痛,下肢痿痹;月经不调,阴挺,阴痒,白浊,遗精,阳痿,小便不利,泄泻,胸胁胀痛;咳血,小儿脐风,口噤不开,消渴,黄疸。咽喉炎,肾炎,膀胱炎,睾丸炎,不孕症,糖尿病。

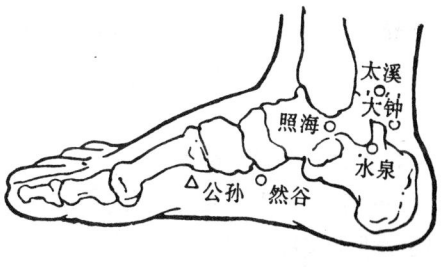

图6-2-3

【配伍】

1.配伏兔、足三里,有通络舒筋止痛的作用,主治下肢痿痹,足跗痛。

2.配血海、三阴交,有祛湿活血止痒的作用,主治阴痒,白浊。

【文献摘要】

1.《甲乙经》:痓互引身热,然谷主之。

2.《百症赋》:脐风须然谷而易醒。

3.《通玄指要赋》:然谷泻肾。

3. 太溪　KI3　输穴　原穴

【定位】　坐位平放足底,或仰卧。在足内侧,内踝后方,当内踝尖与跟腱之间的凹陷处(图6-2-3)。

【局部层次解剖】　皮肤→皮下组织→胫骨后肌腱、趾长屈肌腱与跟腱、跚肌腱之间→拇长屈肌。浅层布有隐神经的小腿内侧皮支,大隐静脉的属支。深层有胫神经和胫后动、静脉。

【刺灸法】　直刺0.5～0.8寸;可灸。

【主治】　内踝肿痛,足跟痛;下肢厥冷,腰脊痛,头痛目眩,咽喉肿痛,齿痛,耳鸣,耳聋,咳嗽,气喘,月经不调,失眠,健忘,遗精,阳痿,小便频数;咯血,消渴。支气管哮喘,肾炎,膀胱炎,慢性喉炎,神经衰弱,贫血,下肢瘫痪。

【配伍】
1.配少泽,有滋肾阴,清虚热的作用,主治咽喉炎,齿痛。
2.配飞扬,为原络配穴法,有滋阴补肾的作用,主治头痛目眩。
3.配肾俞、志室,有温肾壮阳的作用,主治遗精,阳痿,肾虚腰痛。

【文献摘要】
1.《甲乙经》:热病烦心,足寒清,多汗。
2.《大成》:主久疟咳逆,心痛如锥刺,心脉沉,手足寒至节。
3.《金鉴》:消渴,房劳,妇人水蛊,胸胁胀满。

【研究进展】
1.喉痹　以太溪为主,治疗阴虚咽喉肿痛,效果良好。
2.肾绞痛　据报道刺双侧太溪,以患者有发麻发胀感向足跟部放射为度,治疗23例,经针1～3次,疼痛基本消失18例。
3.对肾功能影响　据报道针刺太溪、列缺等穴,可使肾泌尿功能增强,酚红排出量增高,尿蛋白减少,对高血压患者有降压作用,这种效应维持约2～3小时,个别可达数日,浮肿亦减轻,对肾炎患者有一定治疗效果。

4. 大钟　KI4　络穴

【定位】　正坐平放足底,或仰卧。在足内侧,内踝后下方,当跟腱附着部的内侧前方凹陷处(图6-2-3)。

【局部层次解剖】　皮肤→皮下组织→跚肌腱和跟腱的前方→跟骨。浅层布有隐神经的小腿内侧皮支,大隐静脉的属支。深层有胫后动脉的内踝支和跟支构成的动脉网。

【刺灸法】　直刺0.3～0.5寸;可灸。

【主治】　足跟痛;腰脊强痛,咳血,气喘,二便不利,月经不调;痴呆,嗜卧。尿潴留,哮喘,咽痛,神经衰弱。

【配伍】
1.配中极、三阴交,有清热益肾的作用,主治尿闭。
2.配神门、太溪,有滋阴安神的作用,主治心悸,失眠。

【文献摘要】
1.《甲乙经》:咳,喉中鸣,咳唾血。

2.《千金方》:主惊恐畏人,神气不足;烦心满呕。

3.《循经》:足跟肿痛。

5.水泉 KI5 郄穴

【定位】 正坐平放足底,或仰卧。在足内侧,内踝后下方,当太溪直下1寸(指寸),跟骨结节的内侧凹陷处(图6-2-3)。

【局部层次解剖】 皮肤→皮下组织→跟骨内侧面。浅层布有隐神经的小腿内侧皮支,大隐静脉的属支。深层有胫后动、静脉,足底内、外侧神经和跟内侧支(均是胫神经的分支)。

【刺灸法】 直刺0.3~0.5寸;可灸。

【主治】 足跟痛;月经不调,痛经,阴挺,小便不利;目昏花,腹痛。闭经,子宫脱垂,附件炎,膀胱炎,前列腺炎等。

【配伍】

1.配气海、三阴交,有调经血,理下焦的作用,主治月经不调,痛经。

2.配承山、昆仑,有舒筋活络壮骨的作用,主治足跟痛。

【文献摘要】

1.《甲乙经》:目䀮䀮不可远视。

2.《铜人》:治月事不来,来即多,阴挺出,小便淋沥,腹中痛。

3.《循经》:踝骨痛,偏坠。

6.照海 KI6 八脉交会穴 通阴跷

【定位】 正坐平放足底。在足内侧,内踝尖下方凹陷处(图6-2-3)。

【局部层次解剖】 皮肤→皮下组织→胫骨后肌腱。浅层布有隐神经的小腿内侧皮支,大隐静脉的属支。深层有跗内侧动、静脉的分支或属支。

【刺灸法】 直刺0.5~0.8寸;可灸。

【主治】 脚气红肿;月经不调,痛经,赤白带下,阴挺,阴痒,疝气,小便频数,咽喉干燥,目赤肿痛,失眠,嗜卧;痫证,惊恐不宁。慢性咽喉炎,扁桃腺炎,子宫脱垂,便秘,神经衰弱,癔病,癫痫。

【配伍】

1.配合谷、列缺,有滋阴清热利咽的作用,主治咽喉肿痛。

2.配中极、三阴交,有调经活血止带的作用,主治月经不调,痛经,赤白带下。

【文献摘要】

1.《大成》:洁古曰:痫病夜发灸阴跷,照海穴也。

2.《通玄指要赋》:四肢之懈惰,凭照海以消除。

3.《灵光赋》:阴阳两跷和三里,诸穴一般治脚气。

4.《标幽赋》:阴跷、阳维而下胎衣。

【研究进展】

1.失眠 针照海、申脉,调理阴阳跷脉,治疗52例失眠症,有良好效果。

2.肋间神经痛 针照海1~1.5寸,用泻法,有较好疗效。

3.癃闭 照海配曲骨,先针照海,后针曲骨,以患者有尿意为佳,虚寒者配肾俞、膀胱俞,出针后令患者排尿。亦有以照海、肾俞、三阴交、中极透关元治疗尿闭。

4.足内翻 照海配交信、公孙、蠡沟、阳陵泉,治疗中风偏瘫足内翻30例,有较好疗效。

5.咽喉肿痛 以照海为主,治疗急慢性扁桃体炎、咽炎、鼻咽管炎,有很好疗效。

6.对肾泌尿功能的调节 据报道观察健康人,空腹饮水后3小时内,针刺组与对照组平均排尿量,针刺组较对照组增加19%。

7.肾炎 针刺照海、太溪,可使动脉压降低,尿量的减少,酚红排出量增加。

7.复溜 KI7 经穴

【定位】 正坐或仰卧。在小腿内侧,太溪直上2寸,跟腱的前方(图6-2-4)。

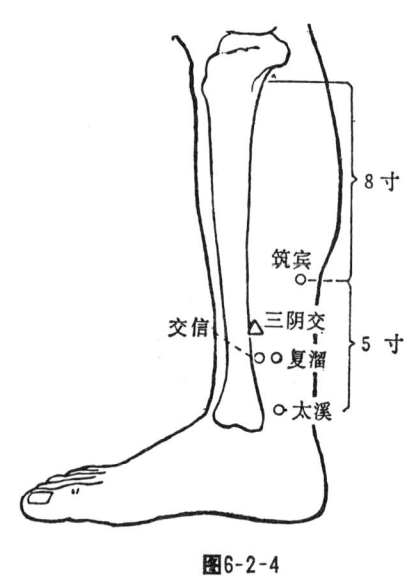

图6-2-4

【局部层次解剖】 皮肤→皮下组织→跖肌腱和跟腱前方→拇长屈肌。浅层布有隐神经的小腿内侧皮支,大隐静脉的属支。深层有胫神经和胫后动、静脉。

【刺灸法】 直刺0.8～1寸;可灸。

【主治】 足痿,腿肿;下肢痿痹,腰脊强痛,泄泻,肠鸣,水肿,腹胀;盗汗,脉微细时无,身热无汗。肾炎,睾丸炎,功能性子宫出血,尿路感染,下肢瘫痪。

【配伍】

1.配合谷,有调和营卫的作用,主治多汗,无汗或少汗。

2.配肝俞、脾俞,有舒肝益肾,健脾除湿的作用,主治泄泻,水肿。

3.配丰隆,有温经通络消肿的作用,主治四肢肿。

【文献摘要】

1.《大成》:主肠澼,腰脊内引痛,不得俯仰起坐。

2.《金鉴》:主治血淋,气滞腰痛。

3.《玉龙歌》:无汗伤寒泻复溜,汗多宜将合谷收,若然六脉皆微细,金针一补脉还浮。

【研究进展】

1.针刺健康人的复溜穴,出现抑制肾脏水排泄效应,排出量较正常减少。

2.针刺复溜,在X线下观察到对阑尾蠕动有加强效应,能促进阑尾腔内钡剂排空。

8.交信 KI8 阴跷郄穴

【定位】 正坐或仰卧。在小腿内侧,当太溪直上2寸,复溜前0.5寸,胫骨内侧缘的后方(图6-2-4)。

【局部层次解剖】 皮肤→皮下组织→趾长屈肌→胫骨后肌后方→拇长屈肌。浅层布有隐神经的小腿内侧皮支,大隐静脉的属支。深层有胫神经和胫后动、静脉。

【刺灸法】 直刺0.8～1寸;可灸。

【主治】 股膝胫内侧痛;月经不调,赤白带下,崩漏,阴挺,泄泻,大便难,睾丸肿痛,五淋;疝气,阴痒。功能性子宫出血,痢疾,肠炎。

【配伍】
1. 配百会、关元,有升阳益气固脱的作用,主治子宫脱垂,崩漏。
2. 配水道、地机,有健脾胃,理胞宫的作用,主治月经不调,赤白带下。
【文献摘要】
1.《甲乙经》:气癃,㿗疝阴急,股枢腨内廉痛。
2.《千金方》:主泄痢赤白漏血,又主气淋。
3.《图翼》:女子漏血不止,阴挺,月事不调,小腹痛,盗汗。

9. 筑宾　KI9　阴维郄穴

【定位】　正坐或仰卧。在小腿内侧,当太溪与阴谷的连线上,太溪上5寸,腓肠肌肌腹的下方(图6-2-4)。

【局部层次解剖】　皮肤→皮下组织→小腿三头肌。浅层布有隐神经的小腿内侧皮支和浅静脉。深层有胫神经和胫后动、静脉。

【刺灸法】　直刺0.5～1.2寸;可灸。

【主治】　小腿内侧痛;疝痛,小儿脐疝,呕吐;癫狂,痫证。肾炎,膀胱炎,睾丸炎,腓肠肌痉挛。

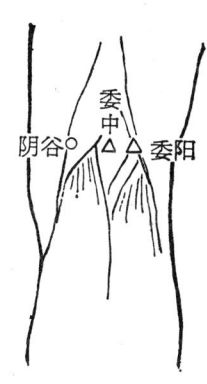

【配伍】
1. 配膀胱俞、三阴交,有调理下焦,清热利湿的作用,主治尿赤尿痛。
2. 配百会、人中,有醒脑开窍,安神定志的作用,主治癫狂,痫证。

【文献摘要】
1.《外台》:癫疾,呕吐。
2.《循经》:脚软无力。

图6-2-5

10. 阴谷　KI10　合穴

【定位】　正坐微屈膝。在腘窝内侧,屈膝时,当半腱肌与半膜肌之间(图6-2-5)。

【局部层次解剖】　皮肤→皮下组织→半腱肌腱与半膜肌腱之间→腓肠肌内侧头。浅层布有股后皮神经和皮下静脉。深层有膝上内侧动、静脉的分支或属支。

【刺灸法】　直刺0.5～1.2寸;可灸。

【主治】　膝股内侧痛;阳痿,疝痛,月经不调,崩漏,小便难,阴中痛;癫狂。泌尿感染,阴道炎,阴部瘙痒。

【配伍】
1. 配肾俞、关元,有补肾壮阳的作用,主治阳痿,小便难。
2. 配曲池、血海、曲骨,有祛风除湿,理下焦的作用,主治阴痛,阴痒。

【文献摘要】
1.《甲乙经》:狂癫,脊内廉痛,溺难,阴痿不用,少腹急引阴及脚内廉。
2.《大成》:主膝痛如锥,不得屈伸。
3.《循经》:阴囊湿痒,带漏不止。

【研究进展】

1.颈椎病 以双手中指点按阴谷穴,有痠麻胀痛感后,令患者缓慢且大幅度活动颈部,并提拿病变部位,有较好疗效。

2.据报道,针刺阴谷穴,可引起膀胱的收缩。另有针刺阴谷的利尿作用与照海相似,对健康人平均排尿量有所增加。

3.对肠道的作用:据报道针刺阴谷、公孙、足三里,主要抑制肠液分泌。

11. 横骨 KI11

【定位】 仰卧。在下腹部,当脐中下5寸,前正中线旁开0.5寸(图6-2-6)。

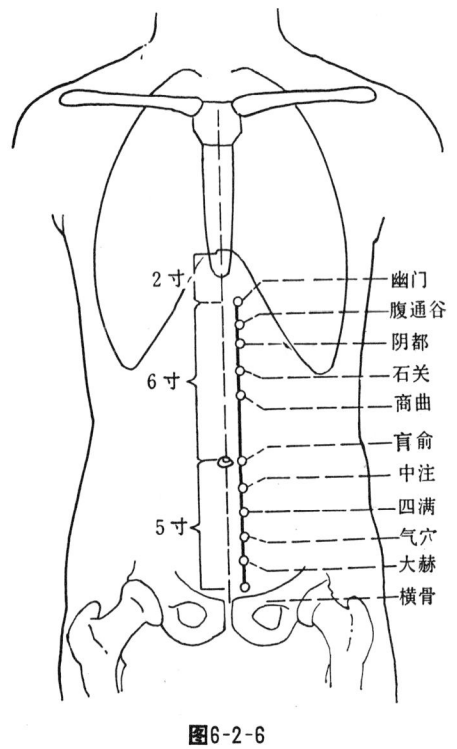

图6-2-6

【局部层次解剖】 皮肤→皮下组织→腹直肌鞘前壁→锥状肌→腹直肌。浅层布有髂腹下神经前皮支,腹壁浅静脉的属支。深层有腹壁下动、静脉的分支或属支和第十一、十二胸神经前支的分支。

【刺灸法】 直刺0.8～1.2寸;可灸。

【主治】 少腹痛;阴部痛,遗精,阳痿,遗尿,小便不通,疝气。尿道炎,盆腔炎,附件炎,尿潴留。

【配伍】

1.配阴陵泉、三阴交,有清下焦,利湿热的作用,主治小便不利,尿道炎。

2.配肾俞、关元,有温肾壮阳的作用,主治遗精,阳痿。

【文献摘要】

1.《甲乙经》:冲脉、足少阴之会。少腹痛,溺难。

2.《千金方》:脱肛历年不愈,灸横骨百壮。

3.《大成》:主五淋,小便不通,阴器下纵引痛,小腹满。

4.《席弘赋》:气滞腰痛不能立,横骨大都宜救急。

【研究进展】 对膀胱功能的调节作用 据报道对膀胱张力紧张者,能使张力降低,对膀胱张力松弛者,能使张力增高。并能使逼尿肌、肛门括约肌的肌电活动增加。

12. 大赫 KI12

【定位】 仰卧。在下腹部,当脐中下4寸,前正中线旁开0.5寸(图6-2-6)。

【局部层次解剖】 皮肤→皮下组织→腹直肌鞘前壁→锥状肌上外侧缘→腹直肌。浅层布有腹壁浅动、静脉的分支或属支,第十一,十二胸神经和第一腰神经前支的前皮支及伴行的动、静脉。深层有腹壁下动、静脉的分支或属支,第十一、十二胸神经前支的肌支和相应的肋间动、静脉。

【刺灸法】 直刺0.8～1.2寸;可灸。

【主治】 月经不调,带下,痛经,不妊;阴部痛,子宫脱垂,遗精;泄泻,痢疾。
【配伍】
1.配关元、三阴交,有益元气,理下焦的作用,主治月经不调,阴茎疼痛。
2.配命门、中封,有补命门益肝肾的作用,主治遗精,滑精,阳痿。
【文献摘要】
1.《甲乙经》:冲脉、足少阴之会。
2.《千金方》:主精溢,阴上缩。
3.《大成》:主虚劳失精,男子阴器结缩。茎中痛,目赤痛从内眦始,妇人赤带。
【研究进展】
1.不排卵症 取大赫穴,配中极、血海,于两次月经中间开始针刺,每日1次。治疗50例不排卵患者,经1~7个周期治疗后,有较好效果。
2.对卵巢功能的调节 据报道,针刺大赫、中极、关元或针刺与促黄体生成素释放激素并用,均可引起血浆黄体生成素、卵泡激素的水平发生变化,尤其同时并用变化更为显著。如果对上述穴位埋针,则可改善迟发排卵,黄体功能不全或两者并存障碍。

13. 气穴 KI13
【定位】 仰卧。在下腹部,当脐中下3寸,前正中线旁开0.5寸(图6-2-6)。
【局部层次解剖】 皮肤→皮下组织→腹直肌鞘前壁→腹直肌。浅层布有腹壁浅动、静脉的分支或属支,第十一、十二胸神经前支和第一腰神经前支的前皮支及伴行的动、静脉。深层有腹壁下动、静脉的分支或属支。第十一、十二胸神经前支的肌支和相应的肋间动、静脉。
【刺灸法】 直刺或斜刺0.8~1.2寸;可灸。
【主治】 月经不调,白带,小便不通;腰脊痛,阳痿;泄泻,痢疾。
【配伍】
1.配关元、三阴交,有益肾气,暖胞宫,调冲任的作用,主治闭经。
2.配天枢、上巨虚,有调胃肠,清利湿热的作用,主治泄泻,痢疾。
【文献摘要】
1.《甲乙经》:月水不通,奔豚,泄气,上下引腰脊痛。冲脉、足少阴之会。
2.《铜人》:月事不调。
3.《循经》:妇人子宫久冷,不能成孕,赤白淋沥。

14. 四满 KI14
【定位】 仰卧。在下腹部,当脐中下2寸,前正中线旁开0.5寸(图6-2-6)。
【局部层次解剖】 皮肤→皮下组织→腹直肌鞘前壁→腹直肌。浅层布有腹壁浅动、静脉的分支或属支,第十、十一、十二胸神经前支的前皮支和伴行的动、静脉。深层有腹壁下动、静脉的分支或属支,第十、十一、十二胸神经前支的肌支和相应的肋间动、静脉。
【刺灸法】 直刺0.8~1.2寸;可灸。
【主治】 小腹痛;月经不调,崩漏,带下,不孕,产后恶露不净,遗精,遗尿,疝气;便秘,水肿。

【配伍】 配太冲、膈俞,有疏肝调经活血的作用,主治月经不调。
【文献摘要】
1.《甲乙经》:冲脉、足少阴之会。
2.《聚英》:目内眦赤痛。
3.《循经》:男子遗精白浊,妇人血崩月病,恶血疔痛及小便不禁,气攻两肋疼痛。

15. 中注 KI15
【定位】 仰卧。在中腹部,当脐中下1寸,前正中线旁开0.5寸(图6-2-6)。
【局部层次解剖】 皮肤→皮下组织→腹直肌鞘前壁→腹直肌。浅层布有脐周皮下静脉网和第十、十一、十二胸神经前支的前皮支及伴行的动、静脉。深层有腹壁下动、静脉的分支或属支,第十、十一、十二胸神经前支的肌支及相应的肋间动、静脉。
【刺灸法】 直刺0.8～12寸;可灸。
【主治】 腰腹疼痛;月经不调,大便秘结;泄泻,痢疾。
【配伍】
1.配支沟、足三里,有调三焦,理肠腑的作用,主治腹痛,大便秘结。
2.配次髎、三阴交,有健脾活血,理胞宫的作用,主治月经不调。
【文献摘要】
1.《甲乙经》:冲脉、足少阴之会。
2.《千金方》:主少腹热,大便坚。
3.《大成》:主目内眦赤痛,女子月事不调。

16. 肓俞 KI16
【定位】 仰卧。在中腹部,当脐中旁开0.5寸(图6-2-6)。
【局部层次解剖】 皮肤→皮下组织→腹直肌鞘前壁→腹直肌。浅层布有脐周皮下静脉网,第九、十、十一胸神经前支的前皮支及伴行的动、静脉。深层有腹壁上、下动、静脉吻合形成的动、静脉网,第九、十、十一胸神经前支的肌支及相应的肋间动、静脉。
【刺灸法】 直刺0.8～1.2寸;可灸。
【主治】 腹痛绕脐,腹胀;腰脊痛,呕吐,泄泻,痢疾,便秘;月经不调;疝气。胃痉挛,肠炎,肠麻痹,膀胱炎等。
【配伍】
1.配大敦、归来,有疏肝调肠,理气活络的作用,主治疝气痛,腹痛。
2.配合谷、天枢,有清阳明热,疏调肠腑作用,主治便秘,泄泻,痢疾。
【文献摘要】
1.《甲乙经》:冲脉、足少阴之会。大肠寒中,大便干,腹中切痛。
2.《千金方》:大腹寒疝。
3.《聚英》:腹满响响然不便,心下有寒,目赤痛从内眦始。
4.《百症赋》:肓俞、横骨,泻五淋之久积。

17. 商曲　KI17

【定位】　仰卧。在上腹部，当脐中上2寸，前正中线旁开0.5寸(图6-2-6)。

【局部层次解剖】　皮肤→皮下组织→腹直肌鞘前壁→腹直肌。浅层布有腹壁浅静脉，第八、九、十胸神经前支的前皮支及伴行的动、静脉。深层有腹壁上动、静脉的分支或属支，第八、九、十胸神经前支的肌支和相应的肋间动、静脉。

【刺灸法】　直刺0.5~0.8寸；可灸。

【主治】　腹中积聚，腹痛；泄泻，便秘。胃痉挛，腹膜炎等。

【配伍】

1.配中脘、足三里，有理中气，调胃肠的作用，主治胃痛，腹痛。

2.配支沟、丰隆，有清三焦，调肠腑的作用，主治腹胀，便秘。

【文献摘要】

1.《甲乙经》：冲脉、足少阴之会。腹中积聚，时切痛。

2.《聚英》：目赤痛从内眦始。

3.《循经》：大便或泻或闭，时时切痛。

18. 石关　KI18

【定位】　仰卧。在上腹部，当脐中上3寸，前正中线旁开0.5寸(图6-2-6)。

【局部层次解剖】　皮肤→皮下组织→腹直肌鞘前壁→腹直肌。浅层布有腹壁浅静脉，第七、八、九胸神经前支及伴行的动、静脉。深层有腹壁上动、静脉的分支或属支，第七、八、九胸神经前支的肌支和相应的肋间动、静脉。

【刺灸法】　直刺0.5~0.8寸；可灸。

【主治】　腹痛，产后腹痛；妇人不孕，呕吐，便秘。食道痉挛，膈肌痉挛，胃痉挛等。

【配伍】　配内关、足三里，有宽中理气，调和胃肠的作用，主治胃痛，腹痛，呕吐，膈肌痉挛。

【文献摘要】

1.《甲乙经》：冲脉、足少阴之会。

2.《千金方》：大便闭，寒气结，心坚满。

3.《循经》：呕逆气喘，脾胃虚寒，饮食不消，翻胃吐食。

19. 阴都　KI19

【定位】　仰卧。在上腹部，当脐中上4寸，前正中线旁开0.5寸(图6-2-6)。

【局部层次解剖】　皮肤→皮下组织→腹直肌鞘前壁→腹直肌。浅层布有腹壁浅静脉，第七、八、九胸神经前支的前皮支及伴行的动、静脉。深层有腹壁上动、静脉的分支或属支，第七、八、九胸神经前支的肌支和相应的肋间动、静脉。

【主治】　腹胀，肠鸣，腹痛；便秘，妇人不孕，胸胁痛；疟疾，黄疸。

【配伍】　配建里、足三里，有理中气，和胃肠的作用，主治腹胀，肠鸣，腹痛。

【文献摘要】

1.《甲乙经》：冲脉、足少阴之会。

2.《大成》：肺胀膨膨，气胀胁下热满痛，阴都(灸)太渊、肺俞。

3.《集成》:盗汗不止。

20. 腹通谷 KI20
【定位】 仰卧。在上腹部,当脐中上5寸,前正中线旁开0.5寸(图6-2-6)。
【局部层次解剖】 皮肤→皮下组织→腹直肌鞘前壁→腹直肌。浅层布有腹壁浅静脉和第六、七、八胸神经前支的前皮支及伴行的动、静脉。深层有腹壁上动、静脉的分支或属支,第六、七、八胸神经前支的肌支和相应的肋间动、静脉。
【刺灸法】 直刺0.5~0.8寸;可灸。
【主治】 腹痛,腹胀,呕吐;心痛,心悸,胸痛;暴喑。急、慢性胃炎,哮喘,肺气肿,肋间神经痛,急性舌骨肌麻痹等。
【配伍】 配胃俞、足三里,有健脾理气调肠的作用,主治腹痛,腹胀。
【文献摘要】
1.《甲乙经》:冲脉、足少阴之会。
2.《千金方》:心中愦愦,数欠,癫,心下悸,咽中澹澹,恐。
3.《循经》:心气攻注,两肋疼痛,口吐清涎。

21. 幽门 KI21
【定位】 仰卧。在上腹部,当脐中上6寸,前正中线旁开0.5寸(图6-2-6)。
【局部层次解剖】 皮肤→皮下组织→腹直肌鞘前壁→腹直肌。浅层布有第六、七、八胸神经前支的前皮支及伴行的动、静脉。深层有腹壁上动、静脉的分支或属支,第六、七、八胸神经前支的肌支和相应的肋间动、静脉。
【刺灸法】 直刺0.5~0.8寸;可灸。
【主治】 腹痛;呕吐,善哕,消化不良;泄泻,痢疾。胃痉挛,慢性胃炎,胃溃疡,肋间神经痛。
【配伍】
1.配内关、梁丘,有理气和胃,调肠止痛的作用,主治胃痛,呃逆,腹痛。
2.配支沟、阳陵泉,有舒肝清热,理气活血的作用,主治胁痛,肋间神经痛。
【文献摘要】
1.《甲乙经》:冲脉、足少阴之会。
2.《循经》:妇人乳汁不通,乳痈,乳疖。
3.《图翼》:引神农经云:心下痞胀,饮食不化,积聚疼痛。

22. 步廊 KI22
【定位】 仰卧。在胸部,当第五肋间隙,前正中线旁开2寸(图6-2-7)。
【局部层次解剖】 皮肤→皮下组织→胸大肌。浅层布有第五肋间神经的前皮支,胸廓内动、静脉的穿支。深层有胸内、外侧神经的分支。
【刺灸法】 斜刺或平刺0.5~0.8寸,不可深刺,以免伤及内脏;可灸。
【主治】 胸痛;咳嗽,气喘,呕吐,不嗜食;乳痈。胸膜炎,肋间神经痛,支气管炎,腹直肌痉挛等。

【配伍】
1.配肺俞,有宽胸利气降逆的作用,主治咳喘,气喘。
2.配心俞、内关,有宁心安神,宽胸止痛的作用,主治心悸,怔忡,胸痛。

【文献摘要】
1.《甲乙经》:胸胁支满,膈逆不通,呼吸少气,喘息不得举臂。
2.《圣惠方》:鼻不通。
3.《循经》:伤寒过经不解,支满咳逆,喘息闭闷。

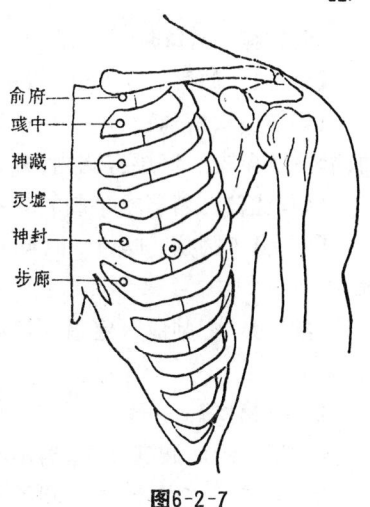

图6-2-7

23. 神封 KI23

【定位】 仰卧。在胸部,当第四肋间隙,前正中线旁开2寸(图6-2-7)。

【局部层次解剖】 皮肤→皮下组织→胸大肌。浅层布有第四肋间神经的前皮支,胸廓内动、静脉的穿支。深层有胸内、外侧神经的分支。

【刺灸法】 斜刺或平刺0.5～0.8寸;可灸。

【主治】 咳喘,气喘;胸胁支满,呕吐,不嗜食;乳痈,乳腺炎。

【配伍】
1.配肺俞、太渊,有宣肺理气,止咳平喘的作用,主治咳嗽。
2.配肝俞、阳陵泉,有疏肝利胆,镇静止痛的作用,主治胸胁疼痛。

【文献摘要】
1.《甲乙经》:胸胁支满,不得息,咳逆乳痈,洒淅恶寒。
2.《聚英》:呕吐。
3.《循经》:肺痈。

24. 灵墟 KI24

【定位】 仰卧。在胸部,当第三肋间隙,前正中线旁开2寸(图6-2-7)。

【局部层次解剖】 皮肤→皮下组织→胸大肌。浅层布有第三肋间神经的前皮支,胸廓内动、静脉的穿支。深层有胸内、外侧神经的分支。

【刺灸法】 斜刺或平刺0.5～0.8寸,内部为肺脏,切忌深刺;可灸。

【主治】 咳嗽,气喘,痰多;胸胁胀痛,呕吐;乳痈。

【配伍】
1.配肺俞、天突、丰隆,有宽胸利气,止咳祛痰的作用,主治咳嗽,咯痰,气喘。
2.配肩井、合谷,有清热化痰,活血散结的作用,主治乳腺炎,乳腺增生。

【文献摘要】
1.《甲乙经》:胸胁支满,痛引膺不得息,闷乱烦满不得饮食。
2.《铜人》:咳逆。
3.《循经》:胸膈满痛……痰涎壅塞,呕噎等证。

25. 神藏　KI25

【定位】　仰卧。在胸部,当第二肋间隙,前正中线旁开2寸(图6-2-7)。

【局部层次解剖】　皮肤→皮下组织→胸大肌。浅层有第二肋间神经的前皮支,胸廓内动、静脉的穿支。深层有胸内、外神经的分支。

【刺灸法】　斜刺或平刺0.5～0.8寸;可灸。

【主治】　胸痛,咳嗽,气喘;烦满,呕吐,不嗜食。支气管炎,胸膜炎,肋间神经痛等。

【配伍】　配肺俞、定喘,尺泽,有清肺化痰,止咳平喘的作用,主治胸痛,咳嗽,气喘。

【文献摘要】

1.《甲乙经》:胸满咳逆,喘不得呕吐,烦满不得饮食。

2.《大成》:主呕吐,咳逆喘不得息,胸满不嗜食。

26. 彧中　KI26

【定位】　仰卧。在胸部,当第一肋间隙,前正中线旁开2寸(图6-2-7)。

【局部层次解剖】　皮肤→皮下组织→胸大肌。浅层布有第一肋间神经的前皮支,锁骨上内侧神经和胸廓内动、静脉的穿支。深层有胸内、外神经的分支。

【刺灸法】　斜刺或平刺0.5～0.8寸;可灸。

【主治】　咳嗽,气喘,痰壅;胸胁胀痛,不嗜食。支气管炎,胸膜炎,肋间神经痛等。

【配伍】　配支沟、阳陵泉,有通三焦,清肝胆的作用,主治胁痛,肋间神经痛。

【文献摘要】

1.《甲乙经》:涎出多唾,呼吸喘哮,坐卧不安。

2.《铜人》:治胸胁支满,咳逆喘不能食饮。

3.《图翼》:胸胁支满,多唾,呕吐不食。

27. 俞府　KI27

【定位】　仰卧。在胸部,当锁骨下缘,前正中线旁开2寸(图6-2-7)。

【局部层次解剖】　皮肤→皮下组织→胸大肌。浅层布有锁骨上内侧神经,深层有胸内、外侧神经的分支。

【刺灸法】　斜刺或平刺0.5～0.8寸;可灸。

【主治】　咳嗽,气喘,胸痛;呕吐,不嗜食。气管炎,胸膜炎,肋间神经痛等。

【配伍】　配合谷、足三里,有理气降逆的作用,主治恶心呕吐。

【文献摘要】

1.《甲乙经》:咳逆上气,喘不得息,呕吐,胸满不得饮食。

2.《循经》久嗽吐痰,亦治骨蒸,及妇人血热妄行。

足少阴肾经经穴分寸歌

　　足掌心中是涌泉,然谷踝前大骨边,　太溪踝后跟腱前,大钟溪下五分见,

水泉溪下一寸觅,照海踝下一寸安,　复溜踝上前二寸,交信踝上二寸连,
二穴只隔筋前后,太阴之后少阴前,　筑宾内踝上腨分,阴谷膝内两筋间,
横骨大赫并气穴,四满中注亦相连,　五穴上行皆一寸,中行旁开半寸边,
肓俞上行亦一寸,俱在脐旁半寸间,　商曲石关阴都穴,通谷幽门五穴缠,
上下俱是一寸取,各开中行半寸间,　步廊神封灵墟穴,神藏彧中俞府安。
上行寸六旁二寸,穴穴均在肋隙间。

第三节　足厥阴肝经穴

Points of Liver Meridian of Foot-Jueyin, LR.

经脉循行　起于足大趾背上丛毛边际,向上沿足背到内踝前,上沿胫骨内缘,沿膝关节和大腿内侧,进入阴毛中,环绕阴器,到达小腹,挟胃旁,属肝脏,联络胆腑,向上通过横膈,分布于胁肋,沿着喉咙的后面,向上进入鼻咽部,连接于目系,向上出于额前,与督脉会于巅顶。其支脉,从目系下循颊里,环绕唇内。另一支脉从肝分出,通过横膈,向上流注于肺,与手太阴肺经相接。

联系脏腑器官　肝、胆、胃、肺、膈、眼、头部、咽喉。

本经腧穴,起于大敦,止于期门,左右各14个穴位(图6-3-1)。

主治概要　本经腧穴主治肝病,妇科、前阴病以及经脉循行部位的其他病证。

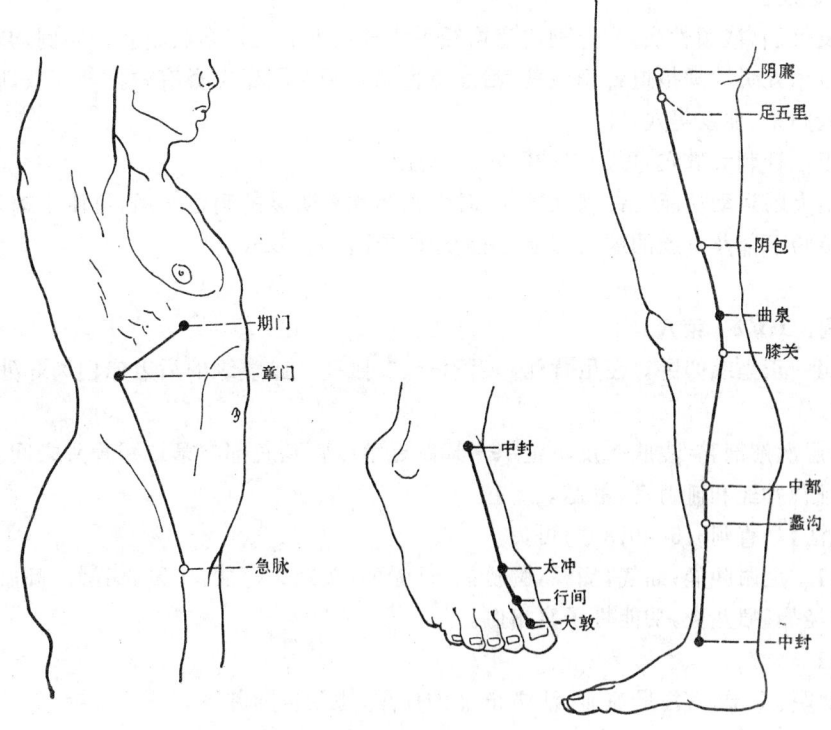

图6-3-1　肝经穴总图

1. 大敦 LR1 井穴

【定位】 正坐或仰卧。在足踇趾末节外侧,距趾甲角0.1寸(指寸)(图6-3-2)。

【局部层次解剖】 皮肤→皮下组织→甲根。布有腓深神经的背外侧神经和趾背动、静脉。

【刺灸法】 斜刺0.1～0.2寸,或用三棱针点刺出血;可灸。

【主治】 经闭,崩漏,阴挺,疝气,遗尿,癃闭;癫痫。功能性子宫出血,子宫脱垂,精索神经痛,阴茎痛,糖尿病。

【配伍】
1. 配太冲、气海、地机,有疏肝行气止痛的作用,主治疝气。
2. 配隐白,直接艾炷灸,有补益肝脾,调理冲任的作用,主治功能性子宫出血。
3. 配百会、三阴交、照海,有调补肝肾,益气固脱的作用,主治子宫脱垂。

【文献摘要】
1.《甲乙经》:卒心痛,汗出。
2.《千金方》:主目不欲视,太息。又主卒疝暴痛,阴跳上入腹,寒疝阴挺出偏大肿脐腹中。

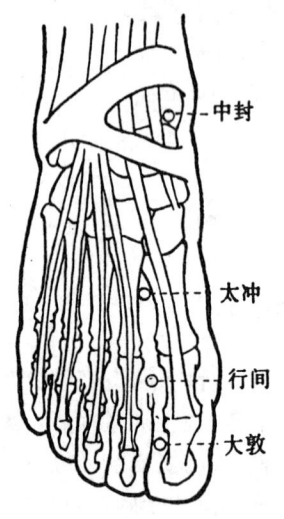

图6-3-2

3.《千金翼》:狂走癫厥如死人,灸足大敦九壮。
4.《铜人》:治卒疝,小便数,遗溺,阴头中痛……妇人血崩不止。

【研究进展】
1. 难复性疝(嵌顿性疝) 针刺治疗均经手法复位失败改用本法获效,共8例均获显效。
2. 急性睾丸炎 据报道针刺大敦,治疗急性睾丸炎及副睾丸炎有较显著疗效,临床常配太冲、气海、归来、曲泉等穴。
3. 降压 针刺大敦穴,可加强神门穴的降压效应。
4. 调整大肠运动功能 针刺大敦穴,对大肠运动有明显的调整作用,可使不蠕动或蠕动很弱的降结肠下部及直肠的蠕动加强,是治疗肠梗阻的有效穴。

2. 行间 LR2 荥穴

【定位】 正坐或仰卧。在足背侧,当第一、二趾间,趾蹼缘的后方赤白肉际处(图6-3-2)。

【局部层次解剖】 皮肤→皮下组织→踇趾近节趾骨基底部与第二跖骨头之间。布有腓深神经的趾背神经和趾背动、静脉。

【刺灸法】 直刺0.5～0.8寸;可灸。

【主治】 足跗肿痛;疝气,痛经,胸胁痛,目赤痛,头痛;癫痫,中风,崩漏。高血压,青光眼,肋间神经痛,睾丸炎,功能性子宫出血。

【配伍】
1. 配睛明、太阳,有清肝凉血,活络止痛的作用,主治目赤肿痛。
2. 配气海、地机、三阴交,有行气活血止痛的作用,主治痛经。
3. 配百会、风池、率谷,有祛风活血止痛的作用,主治偏头痛。

【文献摘要】
1.《甲乙经》：癫疾短气，呕血，胸背痛，行间主之。
2.《千金方》：主心痛，色苍苍然，如死灰状，然终日不得太息。
3.《大成》：主妇人小腹肿，面尘脱色，经血过多不止，崩中，小儿急惊风。
4.《金鉴》：治小儿急慢惊风，及妇人血蛊癥瘕，浑身肿，单腹胀等证。

3. 太冲　LR3　输穴　原穴

【定位】　正坐或仰卧。在足背侧，当第一跖骨间隙的后方凹陷处（图6-3-2）。

【局部层次解剖】　皮肤→皮下组织→踇长伸肌腱与趾长伸肌腱之间→踇短伸肌腱的外侧→第一骨间背侧肌。浅层布有足背静脉网，足背内侧皮神经等。深层有腓深神经和第一趾背动、静脉。

【刺灸法】　直刺0.5～0.8寸；可灸。

【主治】　足跗肿，下肢痿痹，头痛，疝气，月经不调，小儿惊风，胁痛，呕逆，目赤肿痛；眩晕，癃闭，癫痫。高血压，尿路感染，乳腺炎，精神分裂症。

【配伍】
1.配合谷，称为四关穴，有镇静安神，平肝熄风的作用，主治头痛，眩晕，小儿惊风，高血压。
2.配足三里、中封，有舒筋活络的作用，主治行步艰难。
3.配气海、急脉，有疏肝理气的作用，主治疝气。

【文献摘要】
1.《甲乙经》：痓互引善惊，太冲主之。
2.《千金方》：主黄疸，热中喜渴。
3.《铜人》：治胸胁支满，足寒大便难，呕血，女子漏血不止，小儿卒疝呕逆。
4.《大成》：女人漏下不止，太冲、三阴交。
5.《金鉴》：主治急慢惊风，羊痫风证，及咽喉疼痛，心胸胀满，寒湿脚气，行痛步难，小腹疝气，偏坠疼痛，两目昏暗，腰背疼痛等证。

【研究进展】
1.鼻衄　针刺双侧太冲穴，施泻法，不断行针5分钟，留针20分钟，一般5～10分钟可见到效果。
2.急性扁桃体炎　穴位注射，选用注射用水，成人每穴2ml，小儿1ml～1.5ml，每日1次。有一定效果。
3.有报道针刺太冲穴，对嗜酸性白细胞的调节作用很敏感。
4.配内关、素髎穴，对呼吸功能衰竭者有较好疗效。
5.近视　针刺太冲穴，对青少年近视眼有较好的治疗效果。

4. 中封　LR4　经穴

【定位】　正坐或仰卧。在足背侧，当足内踝前，商丘与解溪连线之间，胫骨前肌腱的内侧凹陷处（图6-3-2）。

【局部层次解剖】　皮肤→皮下组织→胫骨前肌腱内侧→距骨和胫骨内踝之间。布有足背内侧皮神经的分支,内踝前动脉,足背浅静脉。

【刺灸法】 直刺0.5～0.8寸;可灸。

【主治】 内踝肿痛、足冷;疝气,阴茎痛,腰痛,胸腹胀满;小便不利,遗精,黄疸。踝关节及周围软组织疾患,肝炎,膀胱炎。

【配伍】

1.配解溪、昆仑,有活血消肿的作用,主治内踝肿痛。

2.配气海、中极,有利水通淋的作用,主治小便不利。

3.配大赫、志室,有固摄精关的作用,主治遗精。

【文献摘要】

1.《甲乙经》:身黄时有微热,不嗜食,膝内踝前痛,少气,身体重,中封主之。

2.《千金翼方》:治失精筋挛,阴缩入腹,相引痛,灸中封五十壮。

3.《大成》:小腹胀满痛,中封、然谷、内庭、大敦。

4.《金鉴》:主治梦泄遗精,阴缩,五淋,不得尿,鼓胀,瘿气。

5.蠡沟 LR5 络穴

【定位】 正坐或仰卧。在小腿内侧,当足内踝尖上5寸,胫骨内侧面的中央(图6-3-3)。

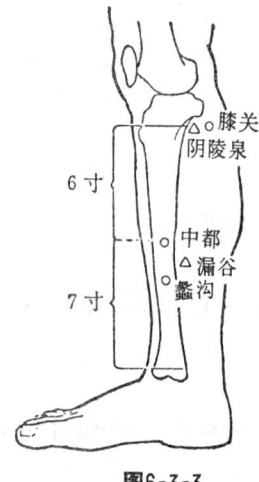

图6-3-3

【局部层次解剖】 皮肤→皮下组织→胫骨骨面。布有隐神经的小腿内侧皮支和大隐静脉。

【刺灸法】 平刺0.5～0.8寸;可灸。

【主治】 胫部痠痛;月经不调、赤白带下,阴挺,疝气,小便不利,睾丸肿痛,小腹满。子宫内膜炎,子宫脱垂。

【配伍】

1.配阴陵泉、三阴交,有活络止痛的作用,主治胫部痠痛。

2.配太冲、气海,有疏肝理气止痛的作用,主治疝气及睾丸肿痛。

3.配百会、关元,悬灸或隔附子饼灸,有温阳举陷提的作用,主治子宫脱垂。

【文献摘要】

1.《千金方》:主气噫恐悸,气不足,腹中悒悒。

2.《铜人》:治卒疝少腹肿,时少腹暴痛,小便不利如癃闭,数噫恐悸,少气不足,腹中痛悒悒不乐,咽中闷如有息肉状。背拘急不可俛仰。

3.《图翼》:主治疝痛,小腹满痛,癃闭脐下积气如石,数噫,恐悸少气。足胫寒痠,屈伸难。

6.中都 LR6 郄穴

【定位】 正坐或仰卧。在小腿内侧,当足踝尖上7寸,胫骨内侧面的中央(图6-3-3)。

【局部层次解剖】 皮肤→皮下组织→胫骨骨面。布有隐神经的小腿内侧皮支,大隐静脉。

【刺灸法】 平刺0.5～0.8寸;可灸。

【主治】 胫寒痹痛;胁痛,腹胀,疝气,小腹痛;崩漏,恶露不尽。急性肝炎,膝关节炎,功能性子宫出血。

【配伍】

1.配三阴交、阴陵泉,有散寒止痛的作用,主治胫寒痹痛。

2.配归来、太冲,有疏肝理气的作用,主治疝气。

3.配隐白、大敦,艾炷灸各穴,有温经止血的作用,主治崩漏。

【文献摘要】

1.《甲乙经》:崩中腹上下痛,中都主之。

2.《千金方》:治足下热,胫寒不能久立,湿痹不能行。

3.《铜人》:治妇人崩中,因产恶露不绝。

4.《大成》:四肢浮肿,中都、合谷、曲池、中渚、液门。

7. 膝关 LR7

【定位】 正坐或仰卧,屈膝。在小腿内侧,当胫骨内上髁的后下方,阴陵泉后1寸,腓肠肌内侧头的上部(图6-3-3)。

【局部层次解剖】 皮肤→皮下组织→腓肠肌。浅层布有隐神经的小腿内侧皮支,大隐静脉的属支。深层有腘动、静脉,胫神经等。

【刺灸法】 直刺0.8～1寸;可灸。

【主治】 膝膑肿痛,下肢痿痹;历节风痛,咽喉肿痛。膝关节炎,风湿性关节炎。

【配伍】

1.配梁丘、血海、膝眼,有消肿止痛的作用,主治膝膑肿痛。

2.配阳陵泉、膝眼、委中、鹤顶,有祛风活络,舒筋止痛的作用,主治膝关节炎。

【文献摘要】

1.《甲乙经》:膝内廉痛引膑,不可屈伸,连腹,引咽喉痛,膝关主之。

2.《千金方》:膝关在犊鼻下三寸陷者中。

3.《铜人》:治风痹,膝内痛引膑,不可屈伸,喉咽中痛。

4.《图翼》:主治风痹,膝内肿痛引膑,不可屈伸,及寒湿走注,白虎历节风痛,不能举动,咽喉中痛。

8. 曲泉 LR8 合穴

【定位】 正坐或仰卧,屈膝。在膝内侧,屈膝,当膝关节内侧面横纹内侧端,股骨内侧髁的后缘,半腱肌、半膜肌止端的前缘凹陷处(图6-3-4)。

【局部层次解剖】 皮肤→皮下组织→缝匠肌后缘→股薄肌腱后缘→半膜肌腱→腓肠肌内侧头。浅层布有隐神经,大隐静脉。深层有膝上内侧动、静脉的分支或属支。

【刺灸法】 直刺1～1.5寸;可灸。

【主治】 膝膑肿痛,下肢痿痹;月经不调,痛经,白带,阴挺,小便不利,头痛,目眩,阳痿;疝气,遗精,癫狂。子宫脱垂,阴道

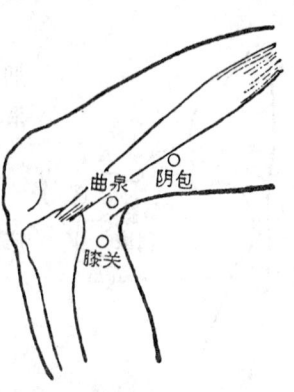

图6-3-4

炎,前列腺炎,肾炎,尿潴留,精神病。
【配伍】
1.配膝眼、梁丘、血海,有活血止痛的作用,主治膝膑肿痛。
2.配百会、气海,有温阳益气的作用,主治阴挺。
3.配中极、阴陵泉,有清利湿热的作用,主治小便不利。
【文献摘要】
1.《千金方》:主膝不可屈伸。
2.《千金翼》:男子失精,膝胫疼冷,灸曲泉百壮。
3.《大成》:主女子血瘕,按之如汤浸股内,小腹肿,阴挺出,阴痒。
4.《图翼》:主治㿉疝阴股痛,小便难,少气,泄痢脓血。

9.阴包　LR9

【定位】　正坐或仰卧。在大腿内侧,当股骨内上髁上四寸,股内肌与缝匠肌之间(图6-3-4)。

【局部层次解剖】　皮肤→皮下组织→缝匠肌与股薄肌之间→大收肌。浅层布有闭孔神经的皮支,大隐静脉的属支。深层有股神经的肌支,隐神经,股动、静脉。

【刺灸法】　直刺0.8～1寸;可灸。

【主治】　腹痛,腰骶痛,小便不利,遗尿;月经不调。骶髂关节炎,子宫内膜炎。

【配伍】
1.配气海、中极、肾俞,有补肾益气,固摄膀胱的作用,主治遗尿。
2.配关元、血海、三阴交,有活血通经的作用,主治月经不调。

【文献摘要】
1.《甲乙经》:腰痛,少腹痛,阴包主之。
2.《铜人》:治腰尻引中腹痛,遗溺不禁。
3.《聚英》:腰尻引小腹痛,小便难,遗尿,妇人月水不调。

10.足五里　LR10

【定位】　仰卧。在大腿内侧,当气冲直下3寸,大腿根部,耻骨结节的下方,长收肌的外缘(图6-3-5)。

【局部层次解剖】　皮肤→皮下组织→长收肌→短收肌→大收肌。浅层布有股神经的前皮支,大隐静脉。深层有闭孔神经的前支和后支,股深动、静脉的肌支,旋股内侧动、静脉的肌支。

【刺灸法】　直刺0.5～0.8寸;可灸。

【主治】　少腹胀痛,睾丸肿痛,小便不利;倦怠嗜卧。阴囊湿疹。

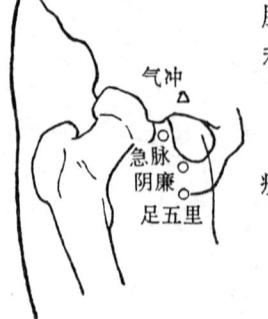

图6-3-5

【配伍】
1.配血海、三阴交、风市,有养血祛风的作用,主治阴囊湿疹。
2.配气海、太冲,有舒肝理气止痛的作用,主治睾丸肿痛。
3.配中极、阴陵泉,有清热利湿的作用,主治尿潴留。

【文献摘要】
1.《甲乙经》：少腹中满,热闭不得溺.足五里主之。
2.《千金方》：主心下胀满而痛上气。
3.《图翼》：主治肠风热闭不得溺,风劳嗜卧四肢不能举。

11. 阴廉　LR11

【定位】　仰卧。在大腿内侧,当气冲直下2寸,大腿根部,耻骨结节的下方,长收肌的外缘(图6-3-5)。

【局部层次解剖】　皮肤→皮下组织→长收肌→短收肌→小收肌。浅层布有股神经前皮支,大隐静脉和腹股沟浅淋巴结。深层有闭孔神经的前、后支,旋股内侧动、静脉的肌支。

【刺灸法】　直刺0.8～1寸;可灸。

【主治】　下肢挛急,股内侧痛,少腹疼痛;月经不调,赤白带下。子宫内膜炎,阴道炎。

【配伍】
1.配关元、三阴交、血海,有活血调经的作用,主治月经不调。
2.配归来、冲门,有理气止痛的作用,主治少腹疼痛。

【文献摘要】
1.《甲乙经》：妇人绝产,若未曾生产,阴廉主之。
2.《图翼》：妇人不妊,若经不调未有孕者。

12. 急脉　LR12

【定位】　仰卧。在耻骨结节的外侧,当气冲外下方腹股沟股动脉搏动处,前正中线旁2.5寸(图6-3-5)。

【局部层次解剖】　皮肤→皮下组织→耻骨肌→闭孔外肌。浅层布有股神经前皮支,大隐静脉和腹股沟浅淋巴结。深层有阴部外动、静脉旋股内侧动、静脉的分支或属支,闭孔神经前支。

【刺灸法】　直刺0.5～1寸;可灸。

【主治】　股内侧痛,少腹痛,阴茎痛;阴挺,疝气。

【配伍】
1.配太冲、曲泉,有疏肝行气止痛的作用,主治疝气。
2.配关元、归来,有理气止痛的作用。主治少腹痛。

【文献摘要】
1.《素问》：病疝,少腹痛。
2.《千金方》：妇人胞下垂注,阴下脱。

13. 章门　LR13　脾募穴　脏会穴

【定位】　仰卧。在侧腹部,当第十一肋游离端的下方(图6-3-6)。

【局部层次解剖】　皮肤→皮下组织→腹外斜肌→腹内斜肌→腹横肌。浅层布有第十及第十一胸神经前支的外侧皮支,胸腹壁

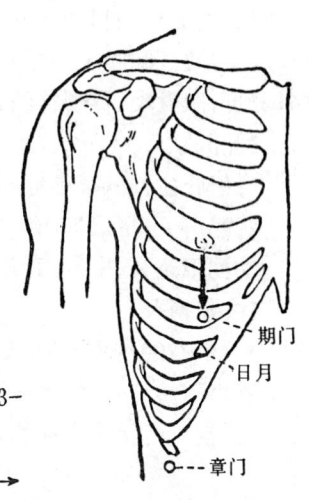

图6-3-6

浅静脉的属支。深层有第十及第十一胸神经和肋间后动、静脉的分支或属支。

【刺灸法】 斜刺0.5～0.8寸；可灸。

【主治】 胁痛，腹胀，肠鸣；泄泻，呕吐，痞块，黄疸。胸膜炎，肋间神经痛，肠炎，胃炎。

【配伍】

1.配足三里、梁门，有健脾和胃的作用，主治腹胀。

2.配内关、阳陵泉，有疏肝利气的作用，主治胸胁痛。

3.配足三里、太白，有健脾和胃止呕的作用，主治呕吐。

【文献摘要】

1.《甲乙经》：腰痛不得转侧，章门主之。

2.《甲乙经》：足厥阴、少阳之会。

3.《千金方》：主饮食不化，入腹不出，热中不嗜食，若吞而闻食臭，伤饱，身黄瘦痛羸瘦。

4.《图翼》：主治两胁积气如卵石，膨胀肠鸣，食不化，胸胁痛。

5.《金鉴》：主治痞块多灸左边，肾积灸两边。

【研究进展】

1.急性机械性肠梗阻 针刺用泻法或电针治疗，用疏密波，每日1～2次，每次持续20分钟至1小时，经治疗114例，疗效较好。

2.肝脾肿大 针刺章门，治疗肝脾大，有不同程度缩小。常配肝俞、脾俞、期门。

3.有抗组织胺作用 电针家兔双侧章门、足三里穴，能减轻组织胺引起的血管通透性增高，减轻的程度与对照组比较为17.4%～51%，色素渗出减少66.6%～75%，表明具有明显的抗组织胺作用。

14. 期门 LR14 肝募穴

【定位】 仰卧。在胸部，当乳头直下，第六肋间隙，前正中线旁开4寸（图6-3-6）。

【局部层次解剖】 皮肤→皮下组织→胸大肌下缘→腹外斜肌→肋间外肌→肋间内肌。浅层布有第六肋间神经的外侧皮支，胸腹壁静脉的属支。深层有第六肋间神经和第六肋间后动、静脉的分支或属支。

【刺灸法】 斜刺0.5～0.8寸；可灸。

【主治】 胸胁胀痛，胸中热；呕吐，呃逆，泄泻，饥不欲食，咳喘，奔豚，疟疾。肋间神经痛，肝炎，胆囊炎，胃肠神经官能症。

【配伍】

1.配肝俞、膈俞，有舒肝活血化瘀的作用，主治胸胁胀痛。

2.配内关、足三里，有和胃降逆的作用，主治呃逆。

3.配阳陵泉、中封，有舒肝利胆的作用，主治黄疸。

【文献摘要】

1.《甲乙经》：足太阴、厥阴、阴维之会。

2.《千金方》：主喘逆卧不安，咳胁下积聚。

3.《铜人》：治胸中烦热，贲豚上下，目青而呕，霍乱泄痢，腹坚硬，大喘不得安卧，胁下积气。

4.《大成》：胸连胁痛，期门、章门、丘墟、行间、涌泉。

【研究进展】

1. 慢性肝炎、肝硬化　用针或灸治疗早期肝硬化有一定疗效。对肝血流量有明显减少。从病理组织学方面证实,灸动物"期门穴",对药源性早期肝硬变有疗效。

2. 检查发现期门穴,有压痛的患者肝区均有压痛,肝血流图、肝功异常。

3. 对胆囊的影响　有报道针刺期门穴,可见胆管口括约肌紧张收缩,停针时松弛,并有助于胆囊运动。

4. 对膀胱的影响　针刺期门穴,当捻针时,可引起膀胱收缩,内压升高;捻针停止时,膀胱变为松弛,内压下降。

足厥阴肝经经穴分寸歌

足大趾端名大敦,行间大趾缝中存,　太冲本节后寸半,踝前一寸号中封,
蠡沟踝上五寸是,中都踝上七寸中,　膝关犊鼻下二寸,曲泉屈膝尽横纹。
阴包膝上方四寸,气冲下三足五里,　阴廉冲下有二寸,急脉阴旁二寸半,
章门直脐季肋端,肘尖尽处侧卧取,　期门又在乳直下,六肋间隙无差矣。

第七章 经外奇穴

第一节 头颈部穴
Points of Head and Neck, EX-HN.

1.四神聪 EX-HN₁

【定位】 正坐位。在头顶部,当百会前后左右各1寸,共4个穴位(图7-1-1)。

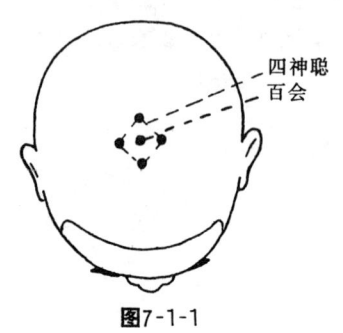

图7-1-1

【局部层次解剖】 皮肤→皮下组织→帽状腱膜→腱膜下疏松结缔组织。布有枕动、静脉,颞浅动、静脉顶支和眶上动、静脉的吻合网,有枕大神经,耳颞神经及眶上神经的分支。

【刺灸法】 平刺0.5～0.8寸;可灸。

【主治】 头痛,眩晕,失眠,健忘,偏瘫,癫狂,痫证。脑积水,大脑发育不全,休克,神经衰弱,精神分裂症,神经性头痛,脑血管意外引起的偏瘫等。

【配伍】
1.配神门、三阴交,有宁心安神的作用,主治失眠。
2.配太冲、风池,有通经活络的作用,主治头痛,头昏。

【文献摘要】
1.《圣惠方》:理头风目眩,狂乱风痫。
2.《图翼》:主治中风,风痫。
3.《集成》:主头风目眩,风痫狂乱。

【研究进展】 眩晕证 以四神聪为主穴,治疗眩晕128例,属肝阳上亢者加太冲、合谷;痰浊内阻者加丰隆、内关;气血亏虚肾精不足者加百会、足三里、三阴交;头痛加太阳点刺放血。针刺手法以强刺激为主,出针时开大针孔,使之出血更好,经临床观察,本法对实证眩晕效果较好,对虚证眩晕次之。

2.当阳 EX-HN₂

【定位】 正坐位,在头前部,当瞳孔直上,前发际上1寸(图7-1-2)。

【局部层次解剖】 皮肤→皮下组织→枕额肌额腹或帽状腱膜→腱膜下疏松结缔组织。布有眶上神经和眶上动、静脉的分支或属支。

【刺灸法】 沿皮刺0.5～0.8寸;可灸。

【主治】 偏、正头痛,头昏目眩,目赤肿痛,鼻塞;卒不识人。感冒,鼻炎,神经性头痛。

3. 印堂 EX-HN3

【定位】 正坐仰靠位或仰卧位。在额部,当两眉头之中间(图7-1-2)。

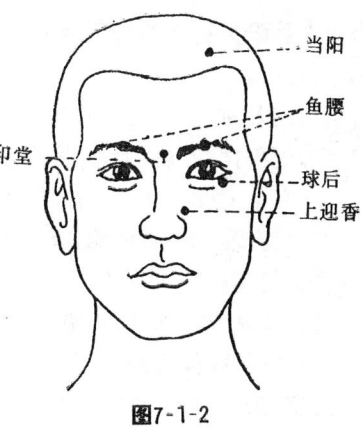

图7-1-2

【局部层次解剖】 皮肤→皮下组织→降眉间肌。布有额神经的分支滑车上神经,眼动脉的分支额动脉及伴行的静脉。

【刺灸法】 提捏局部皮肤,向下平刺0.3～0.5寸;或用三棱针点刺出血;可灸。

【主治】 头痛,头晕,鼻渊,鼻衄,目赤肿痛,重舌,颜面疔疮。神经性头痛,急性结膜炎,鼻炎,面神经麻痹,三叉神经痛,高血压,神经衰弱等。

【配伍】

1.配迎香、合谷,有清热宣肺,利鼻窍的作用,主治鼻渊,鼻塞。

2.配太阳、阿是穴、太冲,有平肝潜阳,行气止痛的作用,主治头痛眩晕。

3.配攒竹,有清利头目的作用,主治头重如石。

【文献摘要】

1.《素问》:刺疟者,必先问其病之所先发者,先刺之。先头痛及重者,先刺头上及两额两眉间出血。

2.《玉龙经》:小儿惊风,灸七壮,大哭者为效,不哭者难治。随症急慢补泻,急者慢补,慢者急泻。

【研究进展】 治疗过敏性鼻炎 沿皮向鼻准方向刺1寸,得气后留针20分钟,每5分钟行针1次,有较好疗效。

4. 鱼腰 EX-HN4

【定位】 正坐或仰卧位。在额部,瞳孔直上,眉毛中(图7-1-2)。

【局部层次解剖】 皮肤→皮下组织→眼轮匝肌→枕额肌额腹。布有眶上神经外侧支,面神经的分支和眶上动、静脉的外侧支。

【刺灸法】 平刺0.3～0.5寸。

【主治】 目赤肿痛,目翳,眼睑瞤动,眼睑下垂,口眼㖞斜。急性结膜炎,眶上神经痛,视网膜出血,面神经麻痹等。

5. 太阳 EX-HN5

【定位】 正坐或侧伏坐位。在颞部,当眉梢与目外眦之间,向后约一横指的凹陷处(图7-1-3)。

【局部层次解剖】 皮肤→皮下组织→眼轮匝肌→颞筋膜→颞肌。布有颧神经的分支颧面神经,面神经的颞支和颧支,下颌神经的颞神经和颞浅动、静脉的分支或属支。

【刺灸法】 直刺或斜刺0.3～0.5寸,或用三棱针点刺出血;可灸。

【主治】 偏正头痛,目赤肿痛,目眩,目涩,口眼㖞斜,牙痛。急性结膜炎,眼睑炎,视神经萎缩,视网膜出血,麦粒肿,神经血管性头痛,面神经麻痹,三叉神经痛,高血压等,并可应用于多种眼科手术的针刺麻醉。

【配伍】

1. 配太冲、委中、关冲、风池、合谷，有清热解毒，疏风散邪的作用，主治天行赤眼。

2. 配攒竹、肝俞、太冲、光明、肾俞、照海，有滋补肝肾，养肝明目的作用，主治视物易色。

3. 配头维、率谷、风池，有通经活络作用，主治偏头痛。

【文献摘要】

1.《圣惠方》：理风，赤眼头痛，目眩涩。

2.《集成》：偏头痛。

【研究进展】

1. 流行性结膜炎　点刺太阳穴为主治疗103例，效果较好。能调整非洲流行性结膜炎引起的血象异常，促进角膜溃疡穿孔的愈合，促进角膜近期瘢痕的吸收，缩小。

2. 头痛　配印堂，点刺放血治疗高血压引起的头痛50例，效果良好。

6. 耳尖　EX-HN6

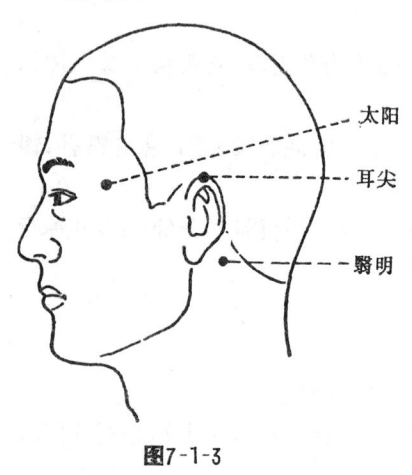

图7-1-3

【定位】　正坐或侧伏坐位。在耳郭的上方，当折耳向前，耳郭上方的尖端处（图7-1-3）。

【局部层次解剖】　皮肤→皮下组织→耳郭软骨。布有颞浅动、静脉的耳前支，耳后动、静脉的耳后支，耳颞神经耳前支、枕小神经耳后支和面神经耳支等。

【刺灸法】　直刺0.1～0.2寸；或用三棱针点刺出血。可灸。

【主治】　目赤肿痛，目翳，偏正头痛；麦粒肿，喉痹。沙眼，急性结膜炎，角膜炎等。

【配伍】

1. 配攒竹、风池、光明、合谷、委中、关冲、印堂，有清热凉血，泻火解毒，消肿止痛的作用，主治急性结膜炎，目赤肿痛，麦粒肿。

【文献摘要】《大成》：治眼生翳膜，用小艾炷灸五壮。

【研究进展】　眼病　耳尖放血治疗麦粒肿105例，结膜炎64例，霰粒肿36例，均有活血消肿，缓解疼痛的作用，并能促进疤痕及结节吸收。

7. 球后　EX-HN7

【定位】　仰靠坐位。当眶下缘外1/4与内3/4交界处（图7-1-2）。

【局部层次解剖】　皮肤→皮下组织→眼轮匝肌→眶脂体→下斜肌与眶下壁之间。浅层布有眶下神经，面神经的分支和眶下动、静脉的分支或属支。深层有动眼神经下支，眼动、静脉的分支或属支和眶下动、静脉。

【刺灸法】　沿眶下缘从外下向内上，向视神经孔方向刺0.5～1寸；可灸。

【主治】　视神经炎，视神经萎缩，视网膜色素变性，青光眼，早期白内障，近视。

8. 上迎香 EX-HN8

【定位】 仰靠坐位。在面部，当鼻翼软骨与鼻甲的交界处，近鼻唇沟上端处（图7-1-2）。

【局部层次解剖】 皮肤→皮下组织→提上唇鼻翼肌。布有眶下神经，滑车下神经的分支，面神经的颊支和内眦动、静脉。

【刺灸法】 向内上方斜刺0.3～0.5寸；可灸。

【主治】 头痛，鼻塞，鼻中息肉，暴发火眼，迎风流泪。鼻炎，鼻窦炎，过敏性鼻炎，结膜炎，泪囊炎等。

【配伍】
1. 配天府、肝俞，有疏肝宣肺的作用，主治久流冷泪。
2. 配印堂、合谷、肺俞，有宣通鼻窍的作用，主治鼻塞，鼻渊。

9. 内迎香 EX-HN9

【定位】 仰靠坐位。在鼻孔内，当鼻翼软骨与鼻甲交界的粘膜处（图7-1-4）。

【局部层次解剖】 鼻粘膜→粘膜下疏松组织。布有面动、静脉的鼻背支之动、静脉网和筛前神经的鼻外支。

【刺灸法】 用三棱针点刺出血。有出血体质者忌用。

【主治】 目赤肿痛、鼻疾、喉痹；热病，中暑，眩晕。急性结膜炎。

【配伍】
配合谷、风池、大椎，有疏风解表，宣通鼻窍的作用，用激光照射，主治过敏性鼻炎。

【文献摘要】
1. 《肘后方》：救卒中恶死方，一方取葱黄心刺其鼻，男左女右……若使鼻中血出佳。
2. 《玉龙经》：心血炎上两眼红，好将芦叶搐鼻中，若还血出真为美，目内清凉显妙功。内迎香在鼻孔内，用芦或箬叶作卷搐之血出为好，应合谷穴。

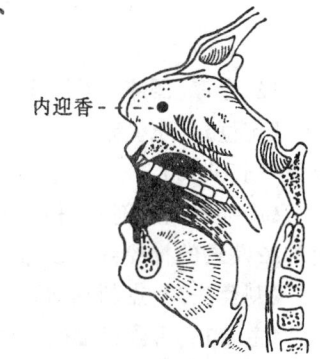

图7-1-4

10. 聚泉 EX-HN10

【定位】 正坐位，张口伸舌。在口腔内，当舌背正中缝的中点处（图7-1-5）。

【局部层次解剖】 舌粘膜→粘膜下疏松结缔组织→舌肌。布有下颌神经的舌神经，舌下神经和鼓索的神经纤维及舌动、静脉的动、静脉网。

【刺灸法】 直刺0.1～0.2寸；或用三棱针点刺出血。

【主治】 舌强，舌缓，食不知味；消渴，哮喘，咳嗽。舌肌麻痹，支气管哮喘，味觉减退等。

【文献摘要】 《大成》：若灸，侧不过七壮。灸法：用生姜切片如钱厚，搭于舌上穴中，然后灸之。如热嗽，用雄黄末

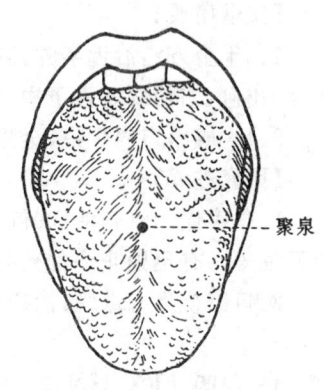

图7-1-5

少许和于艾炷中灸之;如冷嗽,用款冬花为末,和于艾炷中灸之。灸毕,以茶清连生姜细嚼咽下。又治舌胎,舌强亦可治,用小针出血。

11. 海泉 EX-HN11

【定位】 正坐张口,舌转卷向后方。在口腔内,当舌下系带中点处(图7-1-6)。

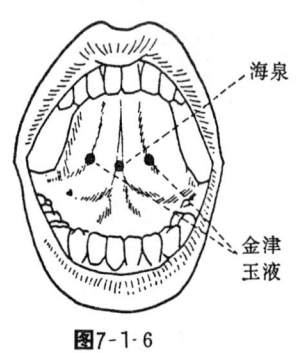

图7-1-6

【局部层次解剖】 粘膜→粘膜下组织→舌肌。布有下颌神经的舌神经,舌下神经和面神经鼓索的神经纤维及舌动脉的分支舌深动脉和舌静脉的属支舌深静脉。

【刺灸法】 用圆利针或细三棱针点刺出血。

【主治】 重舌肿胀,舌缓不收,喉闭;呕吐,呃逆,腹泻,消渴。

【文献摘要】

1.《大全》:重舌肿胀,热极难言……海泉一穴,在舌理中。

2.《大成》:治消渴,用三棱针出血。

12. 金津、玉液 EX-HN12

【定位】 正坐张口,舌转卷向后方,于舌面下,舌系带两旁之静脉上取穴。左称金津,右称玉液(图7-1-6)。

【局部层次解剖】 粘膜→粘膜下组织→颏舌肌。布有下颌神经的颌神经,舌下神经和面神经鼓索的神经纤维及舌动脉的分支舌深动脉,舌静脉的属支舌深静脉。

【刺灸法】 点刺出血。

【主治】 舌强,舌肿,口疮,喉闭;消渴,呕吐,腹泻,失语。急性扁桃体炎,口腔溃疡,舌炎,咽炎等。

【配伍】

1.配少商,有清热利咽,消肿解毒的作用,主治急性扁桃体炎。

2.配廉泉、风府,有醒脑开窍的作用,主治中风舌强语言蹇塞。

3.配承浆,有滋阴降火的作用,主治消渴病。

【文献摘要】

1.《千金方》:治舌卒肿,满口溢出如吹猪胞,气息不得通,须臾不治杀人方:刺舌下两边大脉,出血,勿使刺著舌下中央脉,出血不止杀人。

2.《大成》:口内生疮,金津、玉液。

【研究进展】

1.急腹症 点刺治100例急腹症(如胃痉挛,肠痉挛,急性胃炎,胃及十二指肠溃疡,肠功能紊乱等),有迅速止痛的效果。

2.口腔疾患 点刺,治疗舌炎,口角炎,口腔炎,有消炎止痛的作用。

13. 翳明 EX-HN13

【定位】 正坐位,头略前倾。在项部,当翳风后1寸(图7-1-3)。

【局部层次解剖】 皮肤→皮下组织→胸锁乳突肌→头夹肌→头最长肌。浅层布有耳大神经的分支。深层有颈深动、静脉。

【刺灸法】 直刺0.5～1寸;可灸。

【主治】 目疾,如近视。远视、雀目、青盲,早期白内障;头痛,眩晕,耳鸣,失眠,精神病。

14.颈百劳　EX-HN14

【定位】 正坐位或俯伏坐位。在颈部,当大椎直上2寸,后正中线旁开1寸(图7-1-7)。

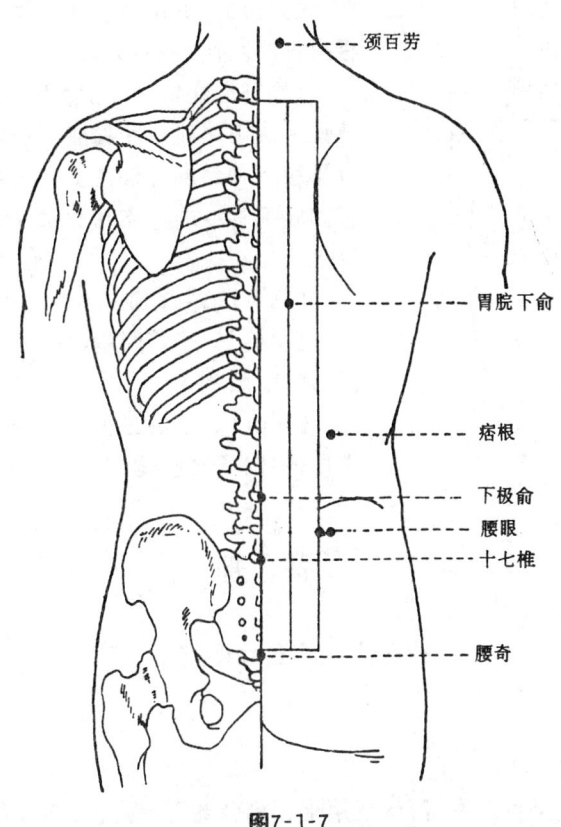

图7-1-7

【局部层次解剖】 皮肤→皮下组织→斜方肌→上后锯肌→头颈夹肌→头半棘肌→多裂肌。浅层布有第四、第五颈神经后支的皮支。深层有第四、第五颈神经后支的分支。

【刺灸法】 直刺0.5～1寸;可灸。

【主治】 颈项强痛,瘰疬,咳嗽,气喘;骨蒸潮热,盗汗自汗。支气管哮喘,慢性支气管炎,肺结核,百日咳,落枕,颈项部扭挫伤,**神经衰弱**等。

【文献摘要】 《资生》:妇人产后浑身疼,针百劳穴,遇痛处即针,避筋骨及禁穴。明下云,产后未满百日,不宜灸。

第二节 胸腹部穴

Points of chest and Abdomen, CA

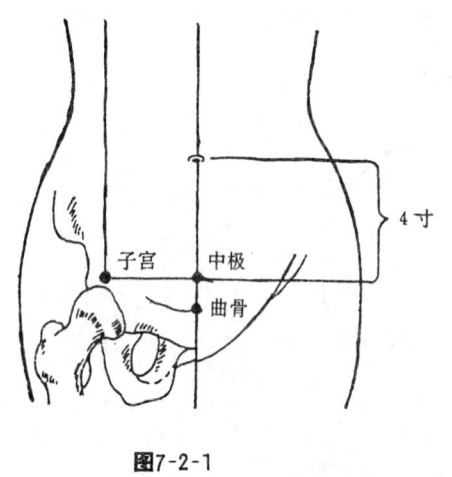

图7-2-1

1. 子宫 EX-CA1

【定位】 仰卧位。在下腹部,当脐中下4寸,中极旁开3寸(图7-2-1)。

【局部层次解剖】 皮肤→皮下组织→腹外斜肌腱膜→腹内斜肌→腹横肌→腹横筋膜。浅层主要布有髂腹下神经的外侧皮支和腹壁浅静脉。深层主要有髂腹下神经的分支和腹壁下动、静脉的分支或属支。

【刺灸法】 直刺0.8~1.2寸;可灸。

【主治】 子宫脱垂,痛经,崩漏,不孕,月经不调,疝气,腰痛。

【配伍】 配足三里,有培补中气,固摄胞宫的作用,主治子宫脱垂。

第三节 背部穴

Points of Back, B.

1. 定喘 EX-B1

【定位】 俯伏或伏卧位。在背部,在第七颈椎棘突下,旁开0.5寸(图7-3-1)。

【局部层次解剖】 皮肤→皮下组织→斜方肌→菱形肌→上后锯肌→颈夹肌→竖脊肌。浅层主要布有第八颈神经后支的内侧皮支。深层有颈横动、静脉的分支或属支及第八颈神经,第一胸神经后支的肌支。

【刺灸法】 直刺,或偏向内侧,0.5~1寸;可灸。

【主治】 落枕,肩背痛,上肢疼痛不举,哮喘,咳嗽;荨麻疹。慢性支气管炎,支气管哮喘,肺结核,肩背神经痛。

【配伍】

1. 配肺俞、中府,有降气平喘的作用,主治咳喘。
2. 配列缺、尺泽、合谷、膻中,有宣肺解表,理气化痰,降气平喘的作用,主治哮喘发作期。

【研究进展】 哮喘 以定喘、太渊,结合辨证配穴,在肺俞、中府埋针,治疗哮喘196例,较单纯针刺效果好,尤其是风寒型显效率高,对肺虚、肾虚型效果较差。

2. 夹脊　EX-B2

【定位】　俯伏或伏卧位。在背腰部,当第一胸椎至第五腰椎棘突下两侧,后正中浅旁开0.5寸,一侧17个穴位(图7-3-1)。

【局部层次解剖】　因各穴位置不同,其肌肉、血管、神经也各不相同。一般的层次结构是,皮肤→皮下组织→浅肌层(斜方肌、背阔肌、菱形肌、上后锯肌、下后锯肌)→深层肌(竖脊肌、横突棘肌)。浅层内分别布有第一胸神经至第五腰神经的内侧皮支和伴行的动、静脉。深层布有第一胸神经至第五腰神经后支的肌支,肋间后动、静脉或腰动、静脉背侧支的分支或属支。

【刺灸法】　直刺0.3～0.5寸,或用梅花针叩刺;可灸。

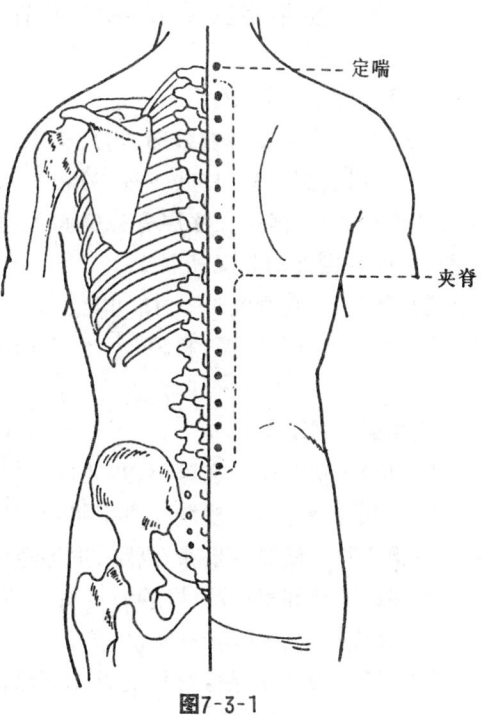

图7-3-1

【主治】　主治范围较广,其中上胸部穴位治疗心肺、上肢疾病,下胸部的穴位治疗胃肠疾病,腰部的穴位治疗腰、腹及下肢疾病。

【研究进展】　夹脊穴的应用　据报道,从古代文献中已证实夹脊能治疗相应脏腑的病变。现代研究认为夹脊穴能调节植物神经的功能,故采用该穴治疗与植物神经功能相关的一些病:①治疗血管性头痛;②肢端感觉异常症;③植物神经功能紊乱而致头晕、肢凉、半身麻木、多汗等;④中风(中经络);⑤红斑性肢痛症;⑥高血压等。收到良好效果。其机理是通过调节植物神经作用,调节了血管功能,改善了血液循环。

3. 胃脘下俞　EX-B3

【定位】　俯卧或伏卧位。在背部,当第八胸椎棘突下,旁开1.5寸(图7-1-7)。

【局部层次解剖】　皮肤→皮下组织→斜方肌→背阔肌→竖脊肌。浅层主要布有第八胸神经后支的皮支和伴行的动、静脉。深层有第八胸神经后支的肌支和第八肋间后动、静脉背侧的分支或属支。

【刺灸法】　斜刺0.3～0.5寸;可灸。

【主治】　胃痛,腹痛,胸胁痛;消渴,咳嗽,咽干。胰腺炎。

4. 痞根　EX-B4

【定位】　伏卧位。在腰部,当第一腰椎棘突下,旁开3.5寸(图7-1-7)。

【局部层次解剖】　皮肤→皮下组织→背阔肌→下后锯肌→髂肋肌。浅层主要布有第十二胸神经后支的外侧支和伴行的动、静脉。深层主要有第十二胸神经后支的肌支。

【刺灸法】　直刺0.5～1寸;可灸。

【主治】 腰痛,痞块,癥瘕;疝痛,反胃。肝脾肿大。

5.下极俞 EX-B5
【定位】 伏卧位。在腰部,当后正中线上,第三腰椎棘突下(图7-1-7)。
【局部层次解剖】 皮肤→皮下组织→棘上韧带→棘间韧带。浅层有第四神经后支的内侧支和伴行的动、静脉。深层有棘突间的椎外(后)静脉丛,第四腰神经的后支的分支和第四腰动、静脉背侧支的分支和属支。
【刺灸法】 直刺0.5～1寸;可灸。
【主治】 腰痛,腹痛,腹泻,小便不利,遗尿;下肢痿痛。

6.腰眼 EX-B6
【定位】 伏卧位。在腰部,当第四腰椎棘突下,旁开约3.5寸凹陷中(图7-1-7)。
【局部层次解剖】 皮肤→皮下组织→胸腰筋膜浅层和背阔肌腱膜→髂肋肌→胸腰筋膜深层→腰方肌。浅层主要布有臀上皮神经和第四腰神经后支的皮支。深层主要布有第四腰神经后支的肌支和第四腰动、静脉的分支或属支。
【刺灸法】 直刺0.5～1寸;可灸。
【主治】 腰痛,尿频,妇科疾患,虚劳羸瘦,消渴。

7.十七椎 EX-B7
【定位】 伏卧位。在腰部,当后正中线上,第五腰椎棘突下(图7-1-7)。
【局部层次解剖】 皮肤→皮下组织→棘上韧带→棘间韧带。浅层主要布有第五腰神经后支的皮支和伴行的动、静脉。深层主要有第五腰神经后支的分支和棘突间的椎外(后)静脉。
【刺灸法】 直刺0.5～1寸;可灸。
【主治】 腰骶痛,痛经,崩漏,遗尿,转胞;腿痛。

8.腰奇 EX-B8
【定位】 在骶部,当尾骨端直上2寸,骶角之间凹陷中(图7-1-7)。
【局部层次解剖】 皮肤→皮下组织→棘上韧带。布有第二、第三骶神经后支的分支及伴行的动、静脉。
【刺灸法】 向上平刺1～1.5寸;可灸。
【主治】 便秘;头痛;失眠;癫痫。
【配伍】
1.配照海、丰隆,有豁痰宁神的作用,主治癫痫。
2.配百会,有通经活络的作用,主治头痛。

第四节　上肢部穴

Points of Upper Extremites, UE

1. 肘尖　EX-UE1

【定位】　正坐屈肘约90度。在肘后部，屈肘，当尺骨鹰嘴的尖端（图7-4-1）。

【局部层次解剖】　皮肤→皮下组织→鹰嘴皮下囊→肱三头肌腱。布有前臂后皮神经和肘关节周围动、静脉网。

【刺灸法】　灸。

【主治】　痈疽，疔疮，肠痈，霍乱；瘰疬。

【文献摘要】　《千金方》：肠痈，屈两肘，正灸肘头锐骨各百壮，则下脓血即瘥。

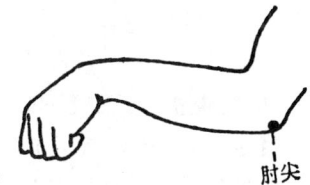

图7-4-1

2. 二白　EX-UE2

【定位】　伸腕仰掌。在前臂掌侧，腕横纹上4寸，桡侧腕屈肌腱的两侧，一侧2个穴位（图7-4-2）。

【局部层次解剖】　臂内侧穴：皮肤→皮下组织→掌长肌腱与桡侧腕屈肌之间→指浅屈肌→正中神经→拇长屈肌→前臂骨间膜。浅层布有前臂外侧皮神经和前臂正中静脉的属支。深层布有正中神经、正中动脉。

臂外侧穴：皮肤→皮下组织→桡侧腕屈肌与肱桡肌腱之间→指浅屈肌→拇长屈肌。浅层布有前臂外侧皮神经和头静脉的属支。深层有桡动、静脉。

【刺灸法】　直刺0.5～0.8寸；可灸。

【主治】　前臂痛；胸肋痛；痔疮，脱肛。

3. 中泉　EX-UE3

【定位】　伏掌。在腕背侧横纹中，当指总伸肌腱桡侧的凹陷处（图7-4-3）。

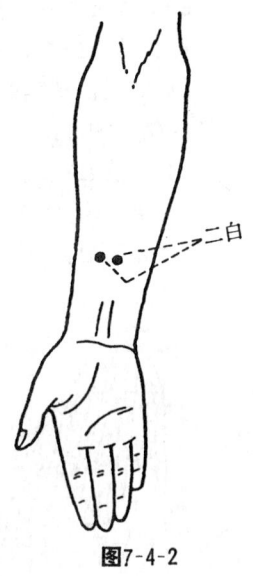

图7-4-2

【局部层次解剖】　皮肤→皮下组织→指伸肌腱与桡侧腕短伸肌腱之间。布有前臂后皮神经和桡神经浅支的分支，手背静脉网，桡动脉腕背支的分支。

【刺灸法】　直刺0.3～0.5寸；可灸。

【主治】　掌中热；腹胀腹痛，胃脘疼痛，胸胁胀满，咳嗽气喘，心痛，唾血，目翳。

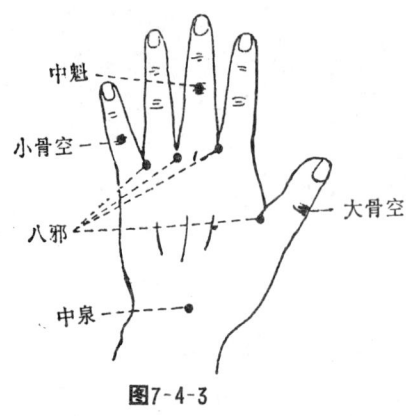

图7-4-3

4. 中魁 EX-UE4

【定位】 握拳,掌心向心。在中指背侧近侧指间关节的中点处(图7-4-3)。

【局部层次解剖】 皮肤→皮下组织→指背腱膜。布有指背神经,其桡侧支来自桡神经,其尺侧支来自尺神经。血管有来自掌背动脉的指背动脉和掌背静脉网的属支指背静脉。

【刺灸法】 灸。

【主治】 牙痛,鼻出血,噎膈,反胃,呕吐,呃逆,白癜风。

5. 大骨空 EX-UE5

【定位】 握拳,掌心向心。在拇指背侧指间关节的中点处(图7-4-3)。

【局部层次解剖】 皮肤→皮下组织→拇长伸肌腱。布有桡神经的指背神经,指背动脉和指背静脉。

【刺灸法】 灸。

【主治】 目痛,目翳,内障,吐泻,衄血。

6. 小骨空 EX-UE6

【定位】 握拳,掌心向心。在小指背侧指间关节中点处(图7-4-3)。

【局部层次解剖】 皮肤→皮下组织→指背腱膜。布有指背动、静脉的分支及属支和尺神经的指背神经的分支。

【刺灸法】 灸。

【主治】 指关节痛;目赤肿痛,目翳,喉痛。

【文献摘要】 《玉龙歌》:风眩目烂最堪怜,泪出汪汪不可言,大、小骨空皆妙穴,多加艾火疾应痊。

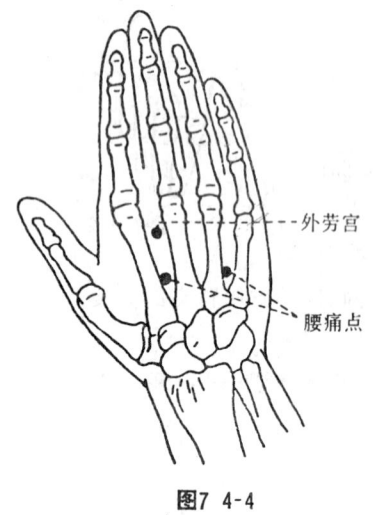

图7-4-4

7. 腰痛点 EX-UE8

【定位】 伏掌。在手背侧,当第二、三掌骨及第四、五掌骨之间,当腕横纹与掌指关节中点处,一侧二穴,左右共4个穴位(图7-4-4)。

【局部层次解剖】 一穴:皮肤→皮下组织指伸肌腱和桡侧腕短伸肌腱。另一穴:皮肤→皮下组织→小指伸肌腱与第四指伸肌腱之间。此二穴处布有手背静脉网和掌背动脉,有桡神经的浅支和布有尺神经的手背支。

【刺灸法】 直刺0.3～0.5寸;可灸。

【主治】 手背红肿疼痛;头痛,卒死,痰壅气促;急性腰扭伤,小儿急慢惊风。

8. 外劳宫 EX-UE8

【定位】 伏掌。在手背侧,第二、三掌骨之间,掌指关节后0.5寸(指寸)(图7-4-4)。

【局部层次解剖】 皮肤→皮下组织→第二骨间背侧肌→第一骨间掌侧肌。布有桡神经浅支的指背神经,手背静脉网和掌背动脉。

【刺灸法】 直刺0.5～0.8寸;可灸。

【主治】 手背红肿,手指麻木,五指不能屈伸;落枕,脐风。

9. 八邪 EX-UE7

【定位】 微握拳。在手背侧,微握拳,第一～五指间,指蹼缘后方赤白肉际处,左右共8个穴位(图7-4-3)。

【局部层次解剖】 皮肤→皮下组织→骨间背侧肌→骨间掌侧肌→蚓状肌。浅层布有掌背动、静脉或指背动、静脉和指背神经。深层有指掌侧总动、静脉或指掌侧固有动、静脉和指掌侧固有神经。

【刺灸法】 向上斜刺0.5～0.8寸;或点刺出血。可灸。

【主治】 手背肿痛,手指麻木;头项强痛,咽痛,齿痛,目痛,烦热;毒蛇咬伤。

10. 四缝 EX-UE9

【定位】 仰掌伸指。在第二～五指掌侧,近端指关节的中央,一侧4个穴位(图7-4-5)。

【局部层次解剖】 皮肤→皮下组织→指深屈肌腱。各穴的血管:指掌侧固有动、静脉的分支或属支和指皮下静脉。各穴的神经:示指和中指的四缝穴由正中神经的指掌侧固有神经分布,环指的四缝穴,桡侧的一支来自正中神经的指掌侧固有神经,尺侧的一支来自尺神经的指掌侧固有神经,小指四缝穴由来自尺神经的指掌侧固有神经分布。

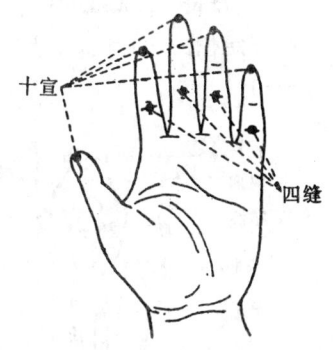

图7-4-5

【刺灸法】 直刺0.1～0.2寸,挤出少量黄白色透明样粘液或出血。

【主治】 小儿腹泻,咳嗽气喘;疳积,百日咳,肠虫症。

【配伍】 配足三里、中脘、脾俞、胃俞,有健脾和胃,消积化食的作用,主治小儿疳疾。

【文献摘要】 《大成》:治小儿猢狲劳等症。

【研究进展】 小儿低热 针刺四缝穴,治疗小儿低热120例,针刺0.1～0.5分,捻转3～5次,快速出针后加压,有黄白色油珠样液冒出为好,有良好的退热作用。有实验表明针刺四缝有抗炎作用,白细胞总数偏高降至正常,咽部充血消失,肿大的扁桃体缩小。另外,针刺四缝还能调节人体的体液成分。能促进血清钙、磷、胰蛋白酶、胰脂肪酶的含量增加,胆汁、胰液分泌加强,而碱性磷酸酶活性降低,D-木糖的排泄率明显升高,因此,能迅速改善消化不良,营养不良所致的低热。

11. 十宣 EX-UE10

【定位】 仰掌,十指微屈。在手十指尖端,距指甲游离缘0.1寸(指寸),左右共10个穴

位(图7-4-5)

【局部层次解剖】 皮肤→皮下组织。各穴的神经支配：拇指到中指的十宣穴由正中神经分布；环指的十宣穴由桡侧的正中神经和尺侧的尺神经双重分布；小指的十宣穴由尺神经分布。

【刺灸法】 直刺0.1~0.2寸；或用三棱针点刺出血。

【主治】 指端麻木；咽喉肿痛；昏迷，晕厥，中暑，热病，小儿惊厥。

【配伍】

1.配十二井穴，有开窍醒脑的作用，主治中风闭证。

2.配曲池，有泻热镇痉的作用，主治高热抽搐。

【文献摘要】《千金方》：卒忤死，灸手十指爪下各三壮。邪病大唤骂詈走，灸手十指端，一切病食痓，灸手小指头随年壮，男左女右。短气不得语，灸手十指头合十壮。

第五节 下肢部穴

Point of Lower Extremites, LE

1. 髋骨 EX-LE1

【定位】 仰卧。在大腿前面下部，当梁丘两旁各1.5寸，一侧二穴，左右共4个穴位(图7-5-1)。

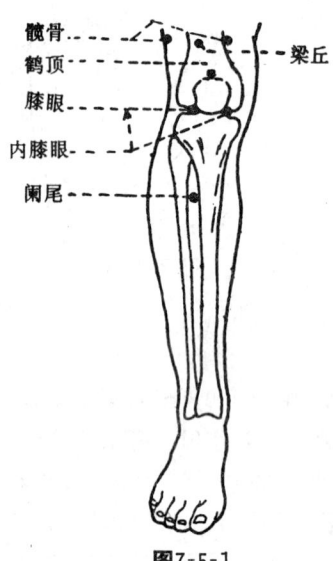

图7-5-1

【局部层次解剖】 外侧髋骨穴：皮肤→皮下组织→股外侧肌。浅层布有股神经前皮支和股外侧皮神经。深层有旋股外侧动、静脉降支的分支或属支。内侧髋骨穴：皮肤→皮下组织→股内侧肌、浅层布有股神经前皮支。深层有股深动脉的肌支等。

【刺灸法】 直刺0.5~1寸；可灸。

【主治】 下肢疾患，如腿痛，下肢瘫痪，鹤膝风。

2. 鹤顶 EX-LE2

【定位】 屈膝。在膝上部，髌底的中点上方凹陷处(图7-5-1)。

【局部层次解剖】 皮肤→皮下组织→股四头肌腱。浅层布有股神经前皮支和大隐静脉的属支。深层有膝关节的动、静脉网。

【刺灸法】 直刺0.5~0.8寸；可灸。

【主治】 膝关节痠痛，腿足无力，鹤膝风；脚气。

【文献摘要】

1.《医学纲目》：两足瘫痪，两腿无力。

2.《外科大成》：鹤膝风。

3.百虫窝 EX-LE3

【定位】 正坐屈膝或仰卧位。在大腿内侧,髌底内侧上3寸,即血海上1寸(图7-5-2)。

【局部层次解剖】 皮肤→皮下组织→股内侧肌。浅层布有股神经的前皮支,大隐静脉的属支。深层有股动、静脉的肌支和股神经的分支。

【刺灸法】 直刺0.5～1寸;可灸。

【主治】 皮肤瘙痒,风疹块,下部生疮;蛔虫病。

【文献摘要】

1.《大成》：治下部生疮。

2.《集成》：主肾脏风疮。

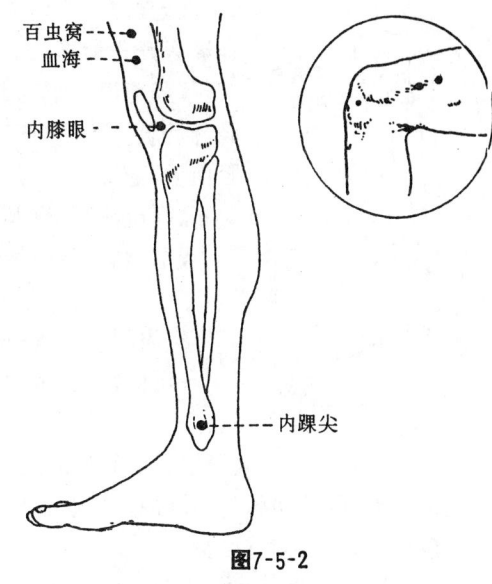

图7-5-2

4.内膝眼 EX-LE4

【定位】 在髌韧带内侧凹陷处(图7-5-2)。

【局部层次解剖】 皮肤→皮下组织→髌韧带与髌内侧支持带之间→膝关节囊、翼状皱襞。浅层布有隐神经的髌下支和股神经的前皮支。深层有膝关节的动、静脉网。

【刺灸法】 从前内向后外与额状面成45度角度斜刺0.5～1寸。

【主治】 膝关节痠痛,鹤膝风,腿痛及其周围软组织炎。

5.膝眼 EX-LE5

【定位】 屈膝,在髌韧带两侧凹陷处,在内侧的称内膝眼,在外侧的称外膝眼(图7-5-1)。

【局部层次解剖】 膝眼之内侧穴,称内膝眼,层次解剖参阅内膝眼。膝眼之外侧穴,即足阳明胃经的犊鼻穴,层次解剖参阅犊鼻穴。

【刺灸法】 向膝中斜刺0.5～1寸,或透刺对侧膝眼;可灸。

【主治】 膝关节痠痛,鹤膝风,腿痛;脚气。

【文献摘要】

1.《千金》：脚气。

2.《集成》：主治膝冷痛不已。

6.胆囊 EX-LE6

【定位】 正坐或侧卧位。在小腿外侧上部,当腓骨小头前下方凹陷处(阳陵泉)直下2寸(图7-5-3)。

【局部层次解剖】 皮肤→皮下组织→腓骨长肌。浅层布有腓肠外侧皮神经。深层有腓浅神经,腓深神经和胫前动、静脉。

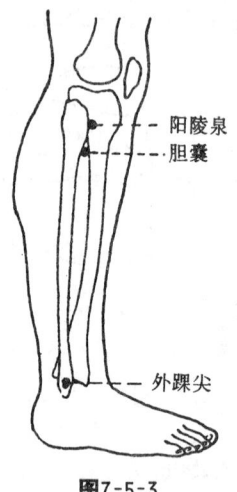

图7-5-3

【刺治灸】 直刺1～1.5寸;可灸。
【主治】 下肢萎痹;胁痛;急、慢性胆囊炎,胆石症,胆道蛔虫症,胆绞痛。

7.阑尾 EX-LE7

【定位】 正坐或仰卧屈膝。在小腿前侧上部,当犊鼻下5寸,胫骨前缘旁开一横指(图7-5-1)。

【局部层次解剖】 皮肤→皮下组织→胫骨前肌→小腿骨间膜→胫骨后肌。浅层布有腓肠外侧皮神经和浅静脉。深层有腓深神经和胫前动、静脉。

【刺灸法】 直刺0.5～1寸;可灸。
【主治】 下肢萎痹;胃脘疼痛,纳呆;急、慢性阑尾炎。

8.内踝尖 EX-LE8

【定位】 正坐位或仰卧位。在足内侧面,内踝的凸起处(图7-5-1)。

【局部层次解剖】 皮肤→皮下组织→内踝。布有隐神经的小腿内侧皮支的分支,胫前动脉的内踝网,内踝前动脉的分支和胫后动脉的内踝支。

【刺灸法】 禁刺;可灸。
【主治】 乳蛾,牙痛;小儿不语,霍乱转筋。

9.外踝尖 EX-LE9

【定位】 正坐位或仰卧位。在足外侧面,外踝的凸起处(图7-5-3)。

【局部层次解剖】 皮肤→皮下组织→外踝。布有胫前动脉的外踝网,腓动脉的外踝支和腓肠神经及腓浅神经的分支。

【刺灸法】 禁刺;可灸。
【主治】 十趾拘急,脚外廉转筋,脚气;卒淋,牙痛,小儿重舌,白虎历节风。

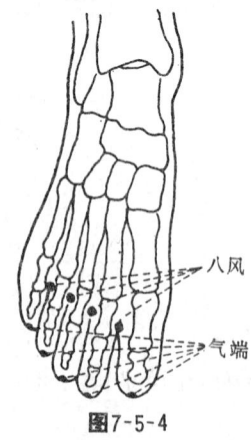

图7-5-4

10.八风 EX-LE10

【定位】 正坐位或仰卧位。在足背侧,第一～五趾间,趾蹼缘后方赤白肉际处,一侧四穴,左右共8个穴位(图7-5-4)。

【局部层次解剖】 趾与第二趾之间的八风穴,层次解剖同行间穴(足厥阴肝经)。第二趾与第三趾之间的八风穴,层次解剖同内庭穴(足阳明胃经)。第四趾与小趾之间的八风穴,层次解剖同侠溪穴(足少阳胆经)。第三趾与第四趾之间的八风穴的层次解剖是:皮肤→皮下组织→第三与第四趾的趾长、短伸肌腱之间→第三、四跖骨头之间。浅层布有足背中间皮神经的趾背神经和足背浅静脉网。深层有跖背动脉的分支趾背动脉,跖背静脉的属支趾背静脉。

【刺灸法】 斜刺0.5～0.8寸;或用三棱针点刺出血;可灸。
【主治】 毒蛇咬伤,足跗肿痛,脚弱无力,足趾青紫症;头痛,牙痛,疟疾。

11. 独阴 EX-LE11

【定位】 仰卧位。在足第二趾的跖侧远侧趾间关节的中点(图7-5-5)。

【局部层次解剖】 皮肤→皮下组织→趾短、长屈肌腱。布有趾足底固有神经,趾底固有动、静脉的分支或属支。

【刺灸法】 直刺0.1～0.2寸;可灸。

【主治】 胸胁痛,呕吐,吐血,死胎,胞衣不下,月经不调,疝气;卒心痛。

12. 气端 EX-LE12

【定位】 正坐或仰卧位。在足十趾尖端,距趾甲游离缘0.1寸(指寸),左右共10个穴位(图7-5-4)。

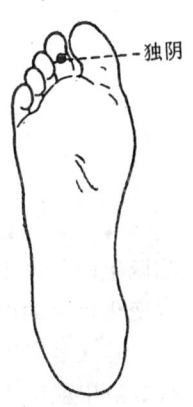

图7-5-5

【局部层次解剖】 皮肤→皮下组织。神经支配是:拇趾和第二趾由来自腓浅神经的趾背神经、腓深神经的趾背神经和胫神经的趾足底固有神经支配;第三、第四趾由来自腓浅神经的趾背神经和胫神经的趾足底固有神经支配;小趾由来自腓肠神经的趾背神经、腓浅神经的趾背神经和胫神经的趾足底固有神经支配。血管供应是来源于足底内、外动脉的趾底固有动脉和足背动脉的趾背动脉。

【刺灸法】 直刺0.1～0.2寸;可灸。

【主治】 足趾麻木,脚背红肿疼痛;中风急救。

第八章 耳 穴

耳穴是指分布在耳郭上的腧穴，也是人体各部分的生理病理变化在耳郭上的反应点。临床上除了采用各种方法通过耳穴进行治疗外，还可从耳穴的望诊、压诊、电测定等观察异常变化以协助诊断疾病。由于耳穴的适应证广，应用方便，故为医师和患者都乐于接受。

耳穴是在针灸学术的基本理论指导下，逐渐发展起来的。耳与身体其他部位的连系，在《内经》中就有十二经脉，三百六十五络之气都上达于耳的论述，称"耳者宗脉之所聚也"。继《内经》之后，历代文献也有很多关于以耳治病的记载。如《肘后备急方》中载："若卒得风耳中恍恍者，急取盐七升瓶蒸使热，以耳枕盐上，冷复易"，说明受风邪侵犯以后，可以用耳作为治疗部位。《世医得效方》中，以"蓖麻子、大枣肉、人乳和作枣核大，棉裹塞耳"，以治全身气血衰弱，耳聋，耳鸣。《卫生易简方》治耳聋"用苍术一块长七分，将一头截平，一头削尖，将尖头插耳内，于平头上安筋头大艾炷灸之，轻者七壮，重者灸十四炷，觉耳内有热气者效"。可见耳穴的刺灸方法也逐渐多样化。《针灸大成》用艾灸耳尖穴"治疗眼生翳膜"，属于直接灸疗法；《理瀹骈文》用"手摩耳轮，不拘遍数……此法也治不睡"，属于按摩疗法。从上述文献可以看出，古人已认识到耳在诊疗疾病中的重要作用，以耳为主的治疗方法也在不断创新和发展，为后世的耳穴、耳诊、耳针的形成奠定了理论基础和提供了实践依据。

法国医学博士P·Nogier对耳郭进行了比较深入的研究，于1957年发表了形如胚胎倒影的较为完整的耳穴图，并记载耳穴40多个，促进了耳穴的研究、普及与发展。

近年来，我国加强了耳穴的研究与应用，耳穴治疗的适应证不断扩大，已由几十种发展到一百余种，耳针麻醉在我国针麻领域中占有相当比重。1982年成立了耳针协作组，1987年成立了全国耳穴研究会。1992年，经国家中医药管理局提出，由国家技术监督局发布了中华人民共和国国家标准"耳穴名称与部位"，使耳穴得以基本定型。

第一节 耳郭结构及解剖

一、耳郭的结构

耳郭外被皮肤，内由形状复杂的弹性软骨作为支架，并附以韧带、脂肪、结缔组织及耳内肌（耳轮小肌、耳轮大肌、耳屏肌、对耳屏肌、耳郭横肌、耳郭斜肌）、耳外肌（耳上肌、耳前肌、耳后肌）等构成。耳郭皮下分布着丰富的神经、血管和淋巴管。耳郭上3/4～4/5部其基础是弹性软骨，下1/4～1/5部是含有脂肪与结缔组织的耳垂。

耳郭有表皮与真皮。表皮由生发层、颗粒层、透明层及角质层所组成。真皮较厚，是致密的结缔组织，其中分布有毛囊、汗腺、皮脂腺、血管、神经和淋巴管，还有一些散在的脂肪组织。毛和皮脂腺，一般在靠外耳道口较多，而在耳甲艇、耳甲腔等部分则较少。

在贴近软骨的皮下组织中，通行有较粗的神经与血管分支，越近表皮分支越细，最后成为游离的神经末梢及毛细血管延伸至皮脂腺及皮下组织中。

神经入耳后,贴近软骨循行,分布于软骨膜上的神经越近皮肤,分支越细;并于表层皮肤中形成深、浅神经丛,并以游离神经末梢及其他型末梢而终。三角窝、耳甲艇、耳甲腔处的神经分布较密,神经干较细。耳轮角起始部及外耳道口的神经干较粗。在耳轮附近软骨边缘的皮下组织中,神经环绕着软骨边缘而分布;在耳郭皮肤中,分布着游离丛状感觉神经末梢,毛囊感觉神经末梢及环层小体;在耳郭软骨中,分布着单纯型和复杂型丛状感觉神经末梢及环层小体;在耳肌及肌腱中存在有单纯型和复杂型丛状感觉神经末梢、高尔基腱器官、露霏尼(Ruffini)样末梢及肌棱。

二、耳郭的表面解剖名称

1．耳郭正面(图8-1-1)

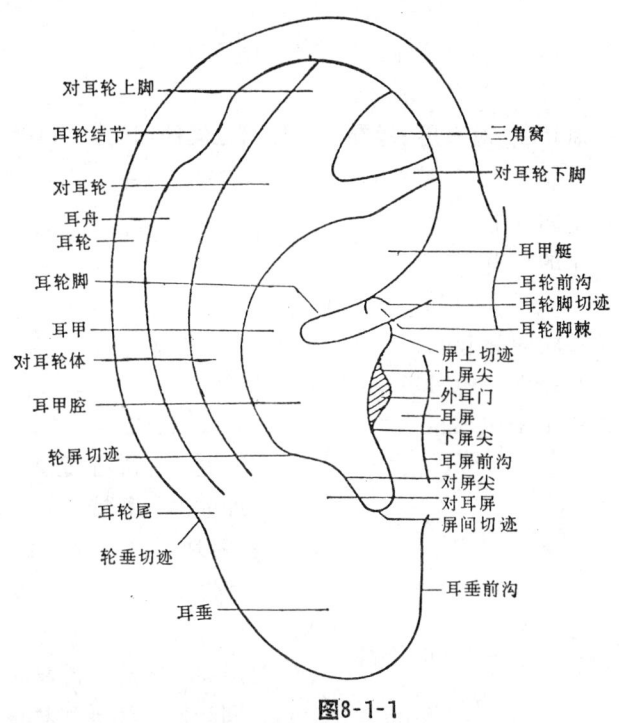

图8-1-1

(1)耳垂

耳垂　耳郭下部无软骨的部分。

耳垂前沟　耳垂与面部之间的浅沟。

(2)耳轮

耳轮　耳郭卷曲的游离部分。

耳轮脚　耳轮深入耳甲的部分。

耳轮脚棘　耳轮脚和耳轮之间的软骨隆起。

耳轮脚切迹　耳轮脚棘前方的凹陷处。

耳轮结节　耳轮后上部的膨大部分。

耳轮尾　耳轮向下移行于耳垂的部分。

耳垂切迹　耳轮和耳垂后缘之间的凹陷处。

耳轮前沟　耳轮与面部之间的浅沟。
(3)对耳轮
对耳轮　与耳轮相对呈"丫"字型的隆起部,由对耳轮体、对耳轮上脚和对耳轮下脚三部分组成;
对耳轮体　对耳轮下部呈上下走向的主体部分。
对耳轮上脚　对耳轮向上分支的部分。
对耳轮下脚　对耳轮向前分支的部分。
轮屏切迹　对耳轮与对耳屏之间的凹陷处。
(4)耳舟
耳舟　耳轮与对耳轮之间的三角形凹窝。
(5)三角窝
三角窝　对耳轮上、下脚与相应耳轮之间的三角形凹窝。
(6)耳甲
耳甲　部分耳轮和对耳轮、对耳屏、耳屏及外耳门之间的凹窝。由耳甲艇、耳甲腔两部分组成。
耳甲艇　耳轮脚以上的耳甲部。
耳甲腔　耳轮脚以下的耳甲部。
(7)耳屏
耳屏　耳郭前方呈瓣状的隆起。
屏上切迹　耳屏与耳轮之间的凹陷处。
上屏尖　耳屏游离缘上隆起部。

下屏尖　耳屏游离缘下隆起部。
耳屏前沟　耳屏与面部之间的浅沟。
(8)对耳屏
对耳屏　耳垂上方,与耳屏相对的瓣状隆。
对屏尖　对耳屏游离缘隆起部。
屏间切迹　耳屏和对耳屏之间的凹陷处。
(9)外耳门
外耳门　耳甲腔前方的孔窍。
2.耳郭背面(图8-1-2)
(1)耳郭背面　耳郭背部的平坦部分。
(2)耳郭尾背面　耳郭尾背部的平坦部分。
(3)耳垂背面　耳垂背部的平坦部分。
(4)耳舟隆起　耳舟在耳背呈现的隆起。
(5)三角窝隆起　三角窝在耳背呈现的隆起。
(6)耳甲艇隆起　耳甲艇在耳背呈现的

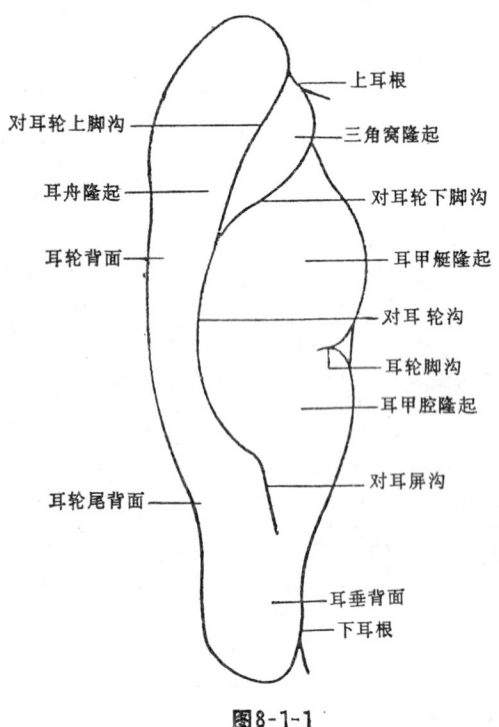

图8-1-1

隆起。

(7) 耳甲腔隆起　耳甲腔在耳背呈现的隆起。
(8) 对耳轮上脚沟　对耳轮上脚在耳背呈现的凹沟。
(9) 对耳轮下脚沟　对耳轮下脚在耳背呈现的凹沟。
(10) 对耳轮沟　对耳轮体在耳背呈现的凹沟。
(11) 耳轮脚沟　耳轮脚在耳背呈现的凹沟。
(12) 对耳屏沟　对耳屏在耳背呈现的凹沟。

3．耳根
(1) 上耳根　耳郭与头部相连的最上部。
(2) 下耳根　耳郭与头部相连的最下部。

第二节　耳与脏腑经络的关系

一、耳与脏腑的关系

人体的五脏六腑、五官九窍、四肢百骸是有机地整体，它们通过经络互相连系，通过气血灌注互相影响。就耳来说，它与脏腑的关系也是相当密切的。如《素问·金匮真言论》说："南方赤色，入通于心，开窍于耳，藏精于心。"《素问·藏器法时论》说："肝病者……虚则目䀮䀮无所见，耳无所闻……气逆则头痛，耳聋不聪"，"肺病者……虚则少气不能报息，耳聋嗌干"。《素问·玉机真藏论》说："夫子言脾为孤脏……其不及则令人九窍不通"，《灵枢·脉度》说："肾气通于耳，肾和则耳能闻五音矣"。后世医家在他们的著作中也有类似的记载，其中《厘正按摩要术》进一步将耳朵分为心、肝、脾、肺、肾五部，其云"耳珠属肾，耳轮属脾，耳上轮属心，耳皮肉属肺，耳背玉楼属肝"。以上引述的内容体现了耳与脏腑在生理方面是息息相关的，在病理方面是互为表里相达的。

二、耳与经络的关系

耳与经络有着密切的关系，《内经》中对耳与经脉、经别、经筋的关系都有较详细的论述，如手太阳小肠经、手少阳三焦经、足少阳胆经等经脉的支脉、经别都入耳中；足阳明胃经、足太阳膀胱经分别上耳前、至耳上角；六条阴经虽不直接入耳郭周围，但通过经别与阳经相合，因此十二经都直接或间接上达于耳。足阳明之筋，足少阳之筋，手太阳之筋，手少阳之筋则分别循耳前、耳后和入耳中。所以《灵枢·口问》说："耳者，宗脉之所聚也。"由此可见，耳与经络的关系在《内经》时期已奠定了基础。为近代的耳穴研究提供了理论依据。

第三节　耳穴的名称、部位与主治

耳穴在耳郭的分布有一定规律，耳穴在耳郭的分布犹如一个倒置在子宫内的胎儿，头部朝下臀部朝上。其分布的规律是：与面颊相应的穴位在耳垂；与上肢相应的穴位在耳舟；与躯干相应的穴位在耳轮体部；与下肢相应的穴位在对耳轮上、下脚；与腹腔相应的穴位在耳甲艇；与胸腔相应的穴位在耳甲腔；与消化管相应的穴位在耳轮脚周围等。

一、耳轮穴位

1. 耳中 HX_1
【部位】 在耳轮脚处,即耳轮1区。
【主治】 呃逆,荨麻疹,皮肤瘙痒,小儿遗尿症,咯血。

2. 直肠 HX_2
【部位】 在耳轮脚棘前上方的耳轮处,即耳轮2区。
【主治】 便秘,腹泻,脱肛,痔疮。

3. 尿道 HX_3
【部位】 在直肠上方的耳轮处,即耳轮3区。
【主治】 尿频,尿急,尿痛,尿潴留。

4. 外生殖器 HX_4
【部位】 在对耳轮下脚前方的耳轮处。即耳轮4区。
【主治】 睾丸炎,附睾炎,外阴瘙痒。

5. 肛门 HX_5
【部位】 在三角窝前方的耳轮处,即耳轮5区。
【主治】 痔核,肛裂。

6. 耳尖 $HX_{6、7}$
【部位】 在耳郭向前对折的上部尖端处,即耳轮6、7区交界处。
【主治】 发热,高血压,急性结膜炎,麦粒肿。

7. 结节 HX_8
【部位】 在耳轮结节处,即耳轮8区。
【主治】 头晕,头痛,高血压。

8. 轮1 HX_9
【部位】 在轮结节下方的耳轮处,即耳轮9区。
【主治】 扁桃体炎,上呼吸道感染,发热。

9. 轮2 HX_{10}
【部位】 在轮1区下方的耳轮处,即耳轮10区。
【主治】 扁桃体炎,上呼吸道感染,发热。

10. 轮3　HX_{11}
【部位】　在轮2区下方的耳轮处,即耳轮11区。
【主治】　扁桃体炎,上呼吸道感染,发热。

11. 轮4　HX_{12}
【部位】　在轮3区下方的耳轮处,即耳轮12区。
【主治】　扁桃体炎,上呼吸道感染,发热。

二、耳舟穴位

1. 指　SF_1
【部位】　在耳舟上方处,即耳舟1区。
【主治】　甲沟炎,手指疼痛和麻木。

2. 腕　SF_2
【部位】　在指区的下方处,即耳舟2区。
【主治】　腕部疼痛。

3. 风溪　$SF_1、Zi$
【部位】　在耳轮结节前方,指区与腕区之间,即耳舟1、2区交界处。
【主治】　荨麻疹,皮肤瘙痒,过敏性鼻炎。

4. 肘　SF_3
【部位】　在腕区的下方处,即耳舟3区。
【主治】　肱骨外上髁炎,肘部疼痛。

5. 肩　$SF_{4、5}$
【部位】　在肘区的下方处,即耳舟4、5区。
【主治】　肩关节周围炎,肩部疼痛。

6. 锁骨　SF_6
【部位】　在肩区的下方处,即耳舟6区。
【主治】　肩关节周围炎。

三、对耳轮穴位

1. 跟　AH_1
【部位】　在对轮上脚前上部,即对耳轮1区。
【主治】　足跟痛。

2. 趾 AH_2
【部位】 在耳尖下方的对耳轮上脚后上部,即对耳轮2区。
【主治】 甲沟炎,趾部疼痛。

3. 跟 AH_3
【部位】 在趾、跟区下方处,即对耳轮3区。
【主治】 踝关节扭伤。

4. 膝 AH_4
【部位】 在对耳轮上脚中1/3处,即对耳轮4区。
【主治】 膝关节肿痛。

5. 髋 AH_5
【部位】 在对耳轮上脚下1/3处,即对耳轮5区。
【主治】 髋关节疼痛,坐骨神经痛。

6. 坐骨神经 AH_6
【部位】 在对耳轮下脚的前2/3处,即对耳轮6区。
【主治】 坐骨神经痛。

7. 交感 AH_{6a}
【部位】 在对耳轮下脚末端与耳轮内缘相交处,即对耳轮6区前端。
【主治】 胃肠痉挛,心绞痛,胆绞痛,输尿管结石,植物神经功能紊乱。

8. 臀 AH_7
【部位】 在对耳轮下脚的后1/3处。
【主治】 坐骨神经痛,臀筋膜炎,即对耳轮7区。

9. 腹 AH_8
【部位】 在对耳轮体前部上2/5处,即对耳轮8区。
【主治】 腹痛,腹胀,腹泻,急性腰扭伤。

10. 腰骶椎 AH_9
【部位】 在腹区后方,即对耳轮9区。
【主治】 腰骶部疼痛。

11. 胸 AH_{10}
【部位】 在对耳轮体前部中2/5处,即对耳轮10区。
【主治】 胸胁疼痛,胸闷,乳腺炎。

12. 胸椎 AH_{11}
【部位】 在胸区后方,即对耳轮11区。
【主治】 胸胁疼痛,经前乳房胀痛,乳腺炎,产后泌乳不足。

13. 颈 AH_{12}
【部位】 在对耳轮体前部下1/5处,即对耳轮12区。
【主治】 落枕,颈项肿痛。

14. 颈椎 AH_{13}
【部位】 在颈区后方,即对耳轮13区。
【主治】 落枕,颈椎综合征。

四、三角窝穴位

1. 角窝上 TF_1
【部位】 在三角窝前1/3的上部。
【主治】 高血压。

2. 内生殖器 TF_2
【部位】 在三角窝前1/3的下部。
【主治】 痛经,月经不调,白带过多,功能性子宫出血,遗精,早泄。

3. 角窝中 TF_3
【部位】 在三角窝中1/3处。
【主治】 哮喘。

4. 神门 TF_4
【部位】 在三角窝后1/3的上部。
【主治】 失眠,多梦,痛证,戒断综合征。

5. 盆腔 TF_5
【部位】 在三角窝后1/3的下部。
【主治】 盆腔炎。

五、耳屏穴位

1. 上屏 TG_1
【部位】 在耳屏外侧面上1/2处。
【主治】 咽炎,鼻炎。

2. 下屏　TG$_2$
【部位】　在耳屏外侧面下1/2处。
【主治】　鼻炎,鼻塞。

3. 外耳　TG$_{10}$
【部位】　在屏上切迹前方近耳轮部。
【主治】　外耳道炎,中耳炎,耳鸣。

4. 屏尖　TG$_{1p}$
【部位】　在耳屏游离缘上部尖端。
【主治】　发热,牙痛。

5. 外鼻　TG$_{1、2i}$
【部位】　在耳屏外侧面中部。
【主治】　鼻前庭炎,鼻炎。

6. 肾上腺　TG$_{2p}$
【部位】　在耳屏游离缘下部尖端。
【主治】　低血压,风湿性关节炎,腮腺炎,间日疟,链霉素中毒性眩晕。

7. 咽喉　TG$_3$
【部位】　在耳屏内侧面上1/2处。
【主治】　声音嘶哑,咽喉炎,扁桃体炎。

8. 内鼻　TG$_4$
【部位】　在耳屏内侧面下1/2处。
【主治】　鼻炎,副鼻窦炎,鼻衄。

9. 屏间前　TG$_{21}$
【部位】　在屏间切迹前方耳屏最下部。
【主治】　口腔炎,上颌炎,鼻咽炎。

六、对耳屏穴位

1. 额　AT$_1$
【部位】　在对耳屏外侧面的前部。
【主治】　头痛,头晕,失眠,多梦。

2. 屏间后 AT_{11}
【部位】 在屏间切迹后方对耳屏前下部。
【主治】 额窦炎。

3. 颞 AT_2
【部位】 在对耳屏外侧面的中部。
【主治】 偏头痛。

4. 枕 AT_3
【部位】 在对耳屏外侧面的后部。
【主治】 头痛,头晕,哮喘,癫痫,神经衰弱。

5. 皮质下 AT_4
【部位】 在对耳屏内侧面。
【主治】 痛证,间日疟,神经衰弱,假性近视。

6. 对屏尖 $AT_{1、2、4i}$
【部位】 在对耳屏游离缘的尖端。
【主治】 哮喘,腮腺炎,皮肤瘙痒,睾丸炎,附睾炎。

7. 缘中 $AT_{2、3、4i}$
【部位】 在对耳屏游离缘上,对屏尖与轮屏切迹之中点处。
【主治】 遗尿,内耳眩晕症。

8. 脑干 $AT_{3、4i}$
【部位】 在轮屏切迹处。
【主治】 后头痛,眩晕,假性近视。

七、耳甲穴位

1. 口 CO_1
【部位】 在耳轮脚下方前1/3处。
【主治】 面瘫,口腔炎,胆囊炎,胆石症,戒断综合征。

2. 食道 CO_2
【部位】 在耳轮角下方前1/3处。
【主治】 食道炎,食道痉挛。

3. 贲门 CO_3
【部位】 在耳轮脚下方后1/3处。
【主治】 贲门痉挛,神经性呕吐。

4. 胃 CO_4
【部位】 在耳轮脚消失处。
【主治】 胃痉挛,胃炎,胃溃疡,失眠,牙痛,消化不良。

5. 十二指肠 CO_5
【部位】 在耳轮脚及部分耳轮与AB线之间的后1/3处。
【主治】 十二指肠溃疡,胆囊炎,胆石症,幽门痉挛。

6. 小肠 CO_6
【部位】 在耳轮脚及部分耳轮与AB线之间的中1/3处。
【主治】 消化不良,腹痛,心动过速,心律不齐。

7. 大肠 CO_7
【部位】 在耳轮脚及部分耳轮与AB线之间的前1/3处。
【主治】 腹泻,便秘,咳嗽,痤疮。

8. 阑尾 $CO_{6、7i}$
【部位】 在小肠区与大肠区之间。
【主治】 单纯性阑尾炎,腹泻。

9. 艇角 CO_8
【部位】 在对耳轮下脚下方前部。
【主治】 前列腺炎,尿道炎。

10. 膀胱 CO_9
【部位】 在对耳轮下脚下方中部。
【主治】 膀胱炎,遗尿症,尿潴留,腰痛,坐骨神经痛,后头痛。

11. 肾 CO_{10}
【部位】 在对耳轮下脚下方后部。
【主治】 腰痛,耳鸣,神经衰弱,肾盂肾炎,哮喘,遗尿症,月经不调,遗精,早泄。

12. 输尿管 $CO_{9、10i}$
【部位】 在肾区与膀胱区之间。
【主治】 输尿管结石绞痛。

13. 胰胆 CO_{11}
【部位】 在耳甲艇的后上部。
【主治】 胆囊炎,胆石症,胆道蛔虫症,偏头痛,带状疱疹,中耳炎,耳鸣,听力减退,急性胰腺炎。

14. 肝 CO_{12}
【部位】 在耳甲艇的后下部。
【主治】 胁痛,眩晕,经前期紧张症,月经不调,更年期综合征,高血压,假性近视,单纯性青光眼。

15. 艇中 $CO_{6、10i}$
【部位】 在小肠区与肾区之间。
【主治】 腹痛,腹胀,胆道蛔虫症,腮腺炎。

16. 脾 CO_{13}
【部位】 在BD线下方,耳甲腔的后上部。
【主治】 腹胀,腹泻,便秘,食欲不振,功能性子宫出血,白带过多,内耳眩晕症。

17. 心 CO_{15}
【部位】 在耳甲腔正中凹陷处。
【主治】 心动过速,心律不齐,心绞痛,无脉症,神经衰弱,癔病,口舌生疮。

18. 气管 CO_{16}
【部位】 在心区与外耳门之间。
【主治】 咳喘。

19. 肺 CO_{14}
【部位】 在心、气管区周围处。
【主治】 咳喘,胸闷,声音嘶哑,痤疮,皮肤瘙痒,荨麻疹,扁平疣,便秘,戒断综合征。

20. 三焦 CO_{17}
【部位】 在外耳门后下,肺与内分泌区之间。
【主治】 便秘,腹胀,上肢外侧疼痛。

21. 内分泌 CO_{18}
【部位】 在耳屏切迹内,耳甲腔的前下部。
【主治】 痛经,月经不调,更年期综合征,痤疮,间日疟。

八、耳垂穴位

1.牙 LO_1
【部位】 在耳垂正面前上部。
【主治】 牙痛,牙周炎,低血压。

2.舌 LO_2
【部位】 在耳垂正面中上部。
【主治】 舌炎,口腔炎。

3.颌 LO_3
【部位】 在耳垂正面后上部。
【主治】 牙痛,颞颌关节功能紊乱。

4.垂前 LO_4
【部位】 在耳垂正面前中部。
【主治】 神经衰弱,牙痛。

5.眼 LO_5
【部位】 在耳垂正面中央部。
【主治】 假性近视。

6.内耳 LO_6
【部位】 在耳垂正面后中部。
【主治】 内耳眩晕症,耳鸣,听力减退。

7.面颊 $LO_{5、6i}$
【部位】 在耳垂正面眼区与内耳区之间。
【主治】 周围性面瘫,三叉神经痛,痤疮,扁平疣。

8.扁桃体 $LO_{7、8、9}$
【部位】 在耳垂正面下部。
【主治】 扁桃体炎,咽炎。

九、耳背穴位

1.耳背心 P_1
【部位】 在耳背上部。

【主治】 心悸,失眠,多梦。

2. 耳背肺 P_2
【部位】 在耳背中内部。
【主治】 咳喘,皮肤瘙痒。

3. 耳背脾 P_3
【部位】 在耳背中央部。
【主治】 胃痛,消化不良,食欲不振。

4. 耳背肝 P_4
【部位】 在耳背中外部。
【主治】 胆囊炎,胆石症,胁痛。

5. 耳背肾 P_5
【部位】 在耳背下部。
【主治】 头痛,头晕,神经衰弱。

6. 耳背沟 PS
【部位】 在对耳轮沟和对耳轮上、下脚沟处。
【主治】 高血压,皮肤瘙痒。

十、耳根穴位

1. 上耳根 R_1
【部位】 在耳根最上处。
【主治】 鼻衄。

2. 耳迷根 R_2
【部位】 在耳轮脚后沟的耳根处。
【主治】 胆囊炎,胆石症,胆道蛔虫症,鼻塞,心动过速,腹痛,腹泻。

3. 下耳根 R_3
【部位】 在耳根最下处。
【主治】 低血压。

第八章 耳穴

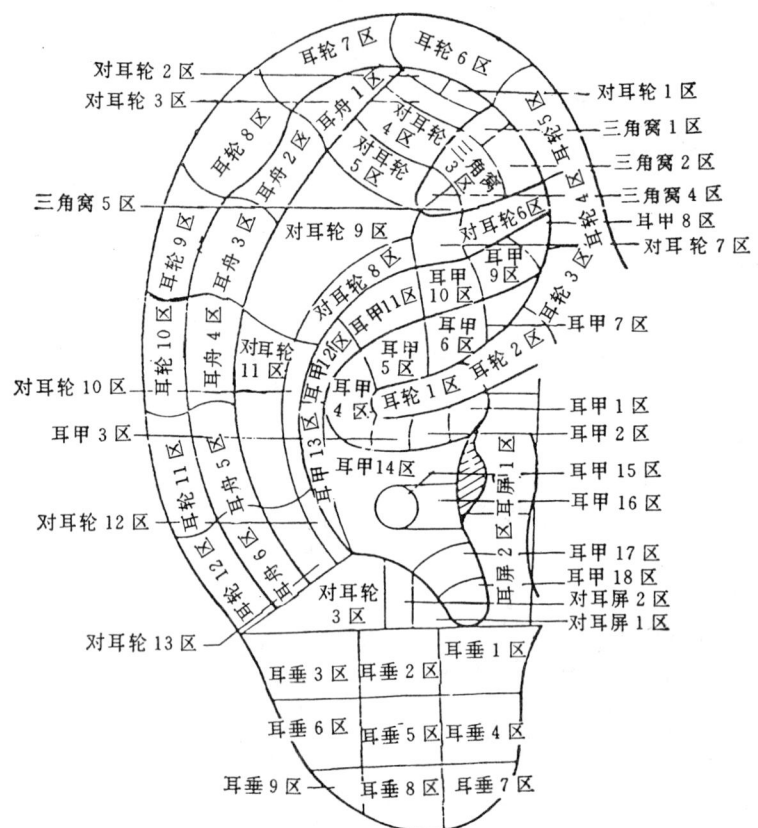

图8-3-1 耳郭方位示意图（正面）

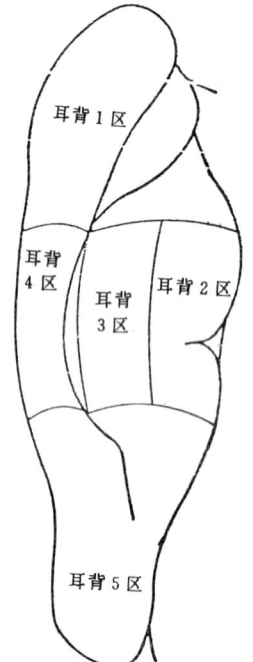

图8-3-2 耳郭分区示意图（背面）

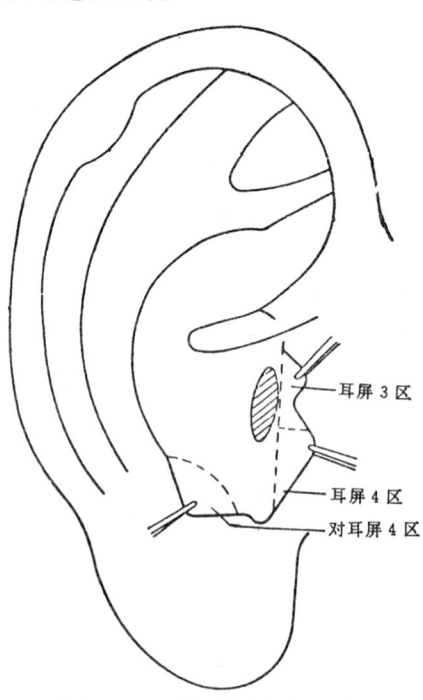

图8-3-3 耳郭分区示意图（内侧面）

第三节 耳穴的名称、部位与主治

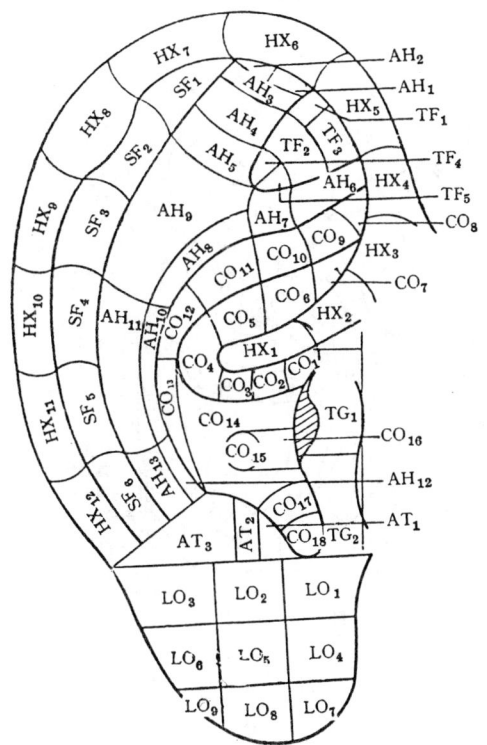

图8-3-4 耳郭分区代号示意图（正面）

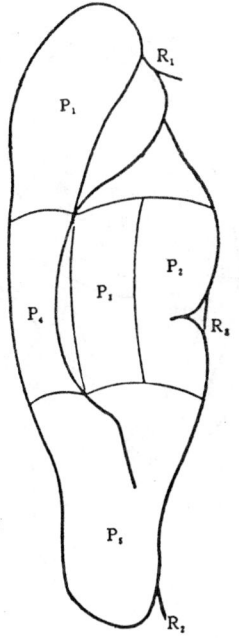

图8-3-5 耳郭分区代号示意图（背面）

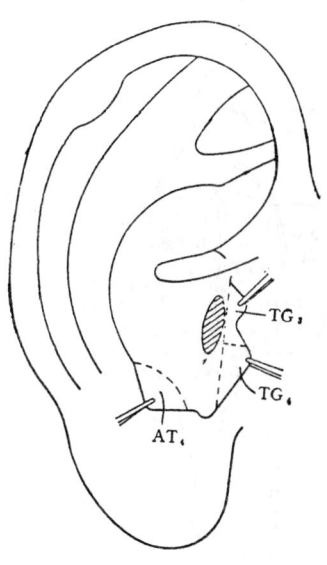

图8-3-6 耳郭分区代号示意图（内侧面）

第八章 耳穴

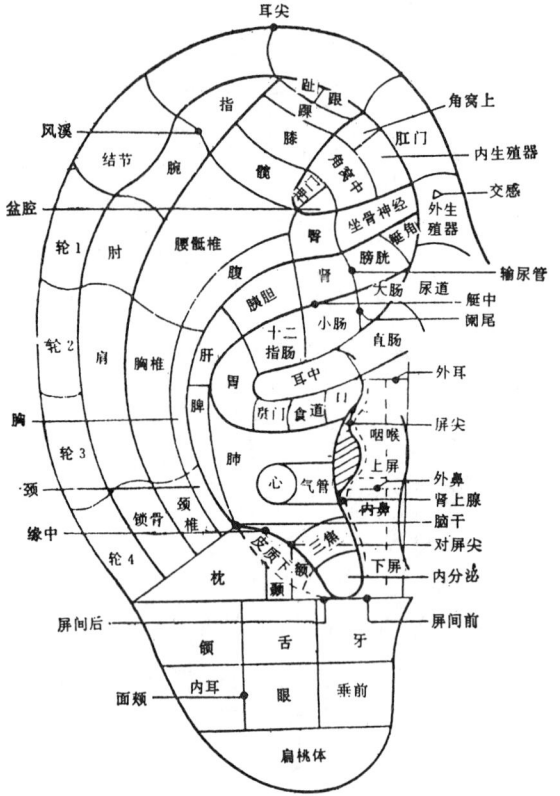

图8-3-7 耳穴定位示意图(正面)

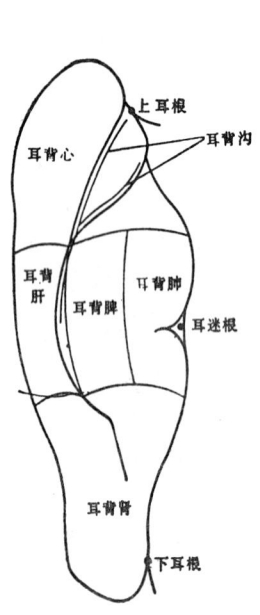

图8-3-8 耳穴定位示意图(背面)

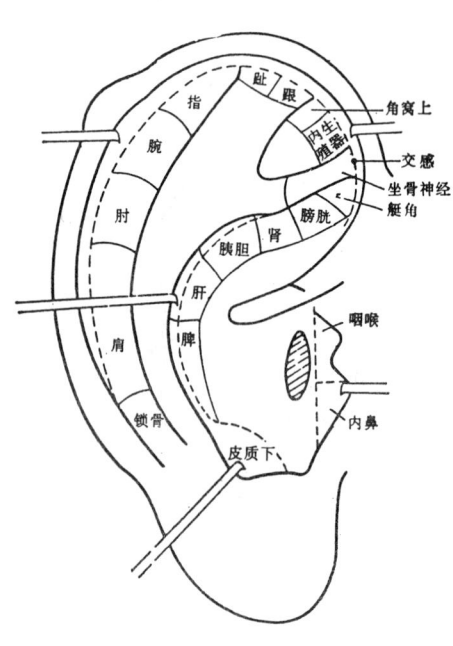

图8-3-9 耳穴定位示意图(内侧面)

第四节 耳穴在诊治疾病上的应用

一、在诊断方面的应用

当人体内脏或躯体某些部位发生病变时,往往会在耳郭上相应区域出现各种反应,这种病理性反应可表现为变形、变色、脱屑、丘疹、压痛敏感、皮肤电阻低等。这些现象出现在耳穴,可作为辅助诊断的依据。医生利用这些现象,结合患者的症状和体征,可作出临床诊断。如头痛、头晕的患者常在耳郭的耳屏区、2 区、3 区出现压痛敏感;胃痛在耳轮脚 1 区及耳轮脚消失处等都有可能出现明显的压痛敏感点。又如不少胃溃疡患者,在耳郭的耳轮脚 1 区出现小点状圆形丘疹,并与周围皮肤有别。

耳穴辅助诊断方法,主要是望诊(直接观察法)、测痛(即压痛法)、皮肤电阻测定(即电测定法)等。使用耳穴辅助诊断时,应注意以下两点:①各区反应与全身的联系。"心主神明",神经和精神系统的病症在耳甲 15 区有反应;"肺主皮毛",皮肤有病时可能在气管区出现糠皮样脱屑;脾胃为表里关系,为胃及十二指肠溃疡,消化不良等病,在耳甲 4、5、6 区出现反应的同时,耳甲 13 区也可能有反应。②与正常反应点的区别。健康人的耳郭上也会有不同的反应。其鉴别方法是一看二压。即先观察有无反应点,再在反应点上压一压,如系假阳性,则压之不痛。此外,如耳郭上的色素沉着、疣痣、白色结节、小脓疮、冻疮疤痕等均宜注意鉴别。

二、在治疗方面的应用

(一) 适应范围

1. **各种疼痛性病症** 如对头痛、偏头痛、三叉神经痛、肋间神经痛、带状疱疹、坐骨神经痛等神经性疼痛;扭伤、挫伤、落枕等外伤性疼痛;五官、颅脑、胸腹、四肢各种外科手术后所产生的伤口痛;胆石症、泌尿系结石、胃痛等内脏痛;麻醉后头痛、腰痛等手术后遗痛均有较好的止痛作用。

2. **各种炎症性病症** 如对急性结膜炎、中耳炎、牙周炎、咽喉炎、扁桃体炎、腮腺炎、气管炎、肠炎、风湿性关节炎、面神经炎、末梢神经炎等有一定的消炎止痛作用。

3. **一些功能紊乱性疾病** 如对眩晕、心律不齐、高血压、多汗症、肠功能紊乱、月经不调、遗尿、神经衰弱、癔病等具有良好的调节作用,促进病症的缓解和痊愈。

4. **过敏与变态反应性疾病** 如对过敏性鼻炎、哮喘、过敏性结肠炎、荨麻疹等能消炎、脱敏,改善免疫功能。

5. **内分泌代谢性疾病** 如单纯性甲状腺肿、甲状腺功能亢进、绝经期综合证等,耳针有改善症状,减少药量等辅助治疗作用。

6. **传染病** 如对菌痢、疟疾、青年扁平疣等,耳针能恢复和提高机体的免疫力,从而加速疾病的痊愈。

7. **各种慢性病** 如腰腿痛、肩周炎、消化不良、肢体麻木等,耳针可以改善症状,减轻痛苦。

许多针灸医生对上述的多种病症进行了广泛大量的治疗,均取得了较好疗效。除上述病症外,耳针还可以用于针刺麻醉、妇科疾病,预防感冒、晕车、晕船以及处理输液反应。还可用于戒烟、减肥。

(二)耳穴治疗的选穴原则

1. **辨证选穴** 根据中医脏腑、经络学说的理论辨证选用相关耳穴。如皮肤病,按"肺主皮毛"的理论,可选用气管穴。

2. **经验选穴** 根据临床实践经验,选用有效耳穴。如耳中穴可用于治疗膈肌痉挛、血液病和皮肤病;胃穴除用于消化系统疾病外,还可用于神经系统疾病;止痛、镇静、安神取神门穴。

3. **根据现代医学的生理、病理知识选用有关耳穴** 如月经病选用内分泌,神经衰弱选皮质下等。

4. **按病变部位选穴** 根据临床诊断属某一部位的疾病,即选用相应的耳穴。如眼病选眼胃痛选胃穴;妇科病选内生殖器等。

附　录

一、常用腧穴歌诀选

（一）骨度分寸歌
用针取穴必中的，全身骨度君宜悉；　　前后发际一尺二，完骨之间九寸别；
天突下九到胸歧，歧至脐中八寸厘，　　脐至横骨五等分，两乳之间八寸宜；
脊柱腧穴椎间取，腰背诸穴依此列，　　横度悉依同身寸，胛边脊中三寸别；
腋肘横纹九寸设，肘腕之间尺二折，　　横辅上廉一尺八，内辅内踝尺三说，
髀下尺九到膝中，膝至外踝十六从，　　外踝尖至足底下，骨度折作三寸通。

（二）井荥输原经合歌[1]
少商鱼际与太渊，经渠尺泽肺相连；　　商阳二三间合谷，阳溪曲池大肠牵。
隐白大都太白脾，商丘阴陵泉要知；　　厉兑内庭陷谷胃，冲阳解溪三里随。
少冲少府属于心，神门灵道少海寻；　　少泽前谷后溪腕，阳谷小海小肠经。
涌泉然谷与太溪，复溜阴谷肾所宜；　　至阴通谷束京骨，昆仑委中膀胱知。
中冲劳宫心包络，大陵间使传曲泽；　　关冲液门中渚焦，阳池支沟天井索。
大敦行间太冲看，中封曲泉属于肝；　　窍阴侠溪临泣胆，丘墟阳辅阳陵泉。

（三）十二经治症主客原络歌[2]
肺之主大肠客
　　太阴多气而少血，心胸气胀掌发热，　　喘咳缺盆痛莫禁，咽肿喉干身汗越，
　　肩内前廉两乳疼，痰结膈中气如缺，　　所生病者何穴求，太渊偏历与君说。
大肠主肺之客
　　阳明大肠侠鼻孔，面痛齿疼腮颊肿，　　生疾目黄口亦干，鼻流清涕及血涌，
　　喉痹肩前痛莫当，大指次指为一统，　　合谷列缺取为奇，二穴针之居病总。
脾主胃客
　　脾经为病舌本强，呕吐胃翻疼腹脏，　　阴气上冲噫难瘳，体重不摇心事妄，
　　疟生振栗兼体羸，秘结疸黄手执杖，　　股膝内肿厥而疼，太白丰隆取为尚。
胃主脾客
　　腹膜心闷意凄怆，恶人恶火恶灯光，　　耳闻响动心中惕，鼻衄唇㖞疟又伤，

---

[1] 明·刘纯：《医经小学》。
[2] 明·杨继洲：《针灸大成》。

　　　　　弃衣骤步身中热，痰多足痛与疮疡，　　气盅胸腿疼难止，冲阳公孙一刺康。
真心主小肠客
　　　　　少阴心痛并干嗌，渴欲饮兮为臂厥，　　生病目黄口亦干，胁臂疼兮掌发热，
　　　　　若人欲治勿差求，专在医人心审察。　　惊悸呕血及怔忡，神门支正何堪缺。
小肠主真心客
　　　　　小肠之病岂为良，颊肿肩疼两臂旁，　　项颈强疼难转侧，嗌颌肿痛甚非常，
　　　　　肩似拔兮臑似折，生病耳聋及目黄，　　臑肘臂外后廉痛，腕骨通里取为详。
肾之主膀胱客
　　　　　脸黑嗜卧不欲粮，目不明兮发热狂，　　腰痛足疼步难履，若人捕获难躲藏，
　　　　　心胆战兢气不足，更兼胸结与身黄，　　若欲除之无更法，太溪飞扬取最良。
膀胱主肾之客
　　　　　膀胱颈病目中疼，项腰足腿痛难行，　　痫疟狂颠心胆热，背弓反手颔眉棱，
　　　　　鼻衄目黄筋骨缩，脱肛痔漏腹心膨，　　若要除之无别法，京骨大钟任显能。
三焦主包络客
　　　　　三焦为病耳中聋，喉痹咽干目肿红，　　耳后肘疼并出汗，脊间心后痛相从，
　　　　　肩背风生连膊肘，大便坚闭及遗癃，　　前病治之何穴愈，阳池内关法理同。
包络主三焦客
　　　　　包络为病手挛急，臂不能伸痛如屈，　　胸膺胁满腹肿平，心中淡淡面色赤，
　　　　　目黄善笑不肯休，心烦心痛掌热极，　　良医达士细推详，大陵外关病消释。
肝主胆客
　　　　　气少血多肝之经，丈夫㿗疝苦腰疼，　　妇人腹膨小腹肿，甚则嗌干面脱尘。
　　　　　所生病者胸满呕，腹中泄泻痛无停，　　癃闭遗溺疝瘕痛，太冲二穴即安宁。
胆主肝客
　　　　　胆经之穴何病主？胸胁肋疼足不举，　　面体不泽头目疼，缺盆腋肿汗如雨，
　　　　　颈项瘿瘤坚似铁，疟生寒热连骨髓，　　以上病症欲除之，须向丘墟蠡沟取。

(四) 十五络穴歌[1]

　　　　　人身络穴一十五，我今逐一从头举，　　手太阴络为列缺，手少阴络即通里，
　　　　　手厥阴络为内关，手太阳络支正是，　　手阳明络偏历当，手少阳络外关位，
　　　　　足太阳络号飞扬，足阳明络丰隆记，　　足少阳络为光明，足太阴络公孙寄，
　　　　　足少阴络名大钟，足厥阴络蠡沟配，　　阳督之络号长强，阴任之络号尾翳，
　　　　　脾之大络为大包，十五络脉君须记。

按：本篇原出《针灸大全》，名《十五络脉歌》。现从《聚英》引载，文字略有改动。

(五) 十二背俞穴歌

　　　　　三椎肺俞厥阴四，心五肝九十胆俞，　　十一脾俞十二胃，十三三焦椎旁居，
　　　　　肾俞却与命门平，十四椎外穴是真，　　大肠十六小十七，膀胱俞与十九平。

---

〔1〕明·高武：《针灸聚英》。

(六)十二募穴歌

天枢大肠肺中府,关元小肠巨阙心, 中极膀胱京门肾,胆日月肝期门寻,
脾募章门胃中脘,气化三焦石门针, 心包募穴何处取?胸前膻中觅浅深。

(七)十六郄穴歌

郄义即孔隙,本属气血集; 肺向孔最取,大肠温溜别;
胃经是梁丘,脾属地机穴; 心则取阴郄,小肠养老列;
膀胱金门守,肾向水泉施; 心包郄门刺,三焦会宗持;
胆郄在外丘,肝经中都是; 阳跷跗阳走,阴跷交信期;
阳维阳交穴,阴维筑宾知。

(八)八会穴歌

腑会中脘脏章门,髓会绝骨筋阳陵, 血会膈俞骨大杼,脉太渊气膻中存。

(九)下合穴歌

胃经下合三里乡,上下巨虚大小肠, 膀胱当合委中穴,三焦下合属委阳,
胆经之合阳陵泉,腑病用之效必彰。

(十)八脉交会穴歌[1]

公孙冲脉胃心胸,内关阴维下总同, 临泣胆经连带脉,阳维目锐外关逢,
后溪督脉内眦颈,申脉阳跷络亦通, 列缺任脉行肺系,阴跷照海膈喉咙。

(十一)八脉八穴治症歌[2]

公孙

九种心疼延闷,结胸翻胃难停, 酒食积聚胃肠鸣,水食气疾膈病。
脐痛腹疼胁胀,肠风疟疾心疼, 胎衣不下血迷心,泄泻公孙立应。

内关

中满心胸痞胀,肠鸣泄泻脱肛, 食难下膈酒来伤,积块坚横胁抢。
妇女胁疼心痛,结胸里急难当, 伤寒不解结胸膛,疟疾内关独当。

后溪

手足拘挛战掉,中风不语痫癫, 头疼眼肿泪连连,腿膝背腰痛遍。
项强伤寒不解,牙齿腮肿喉咽, 手麻足麻破伤牵,盗汗后溪先砭。

申脉

腰背屈强腿肿,恶风自汗头疼, 雷头赤目痛眉棱,手足麻挛臂冷。
吹乳耳聋鼻衄,痫癫肢节烦憎, 遍身肿满汗头淋,申脉先针有应。

临泣

手足中风不举,痛麻发热拘挛, 头风痛肿项腮连,眼肿赤疼头旋。

---

[1] 明·徐凤:《针灸大全》。
[2] 明·杨继洲:《针灸大成》。

齿痛耳聋咽肿,浮风瘙痒筋牵, 腿疼胁胀肋肢偏,临泣针时有验。
外关
　　肢节肿疼膝冷,四肢不遂头风, 背胯内外骨筋攻,头项眉棱皆痛。
　　手足热麻盗汗,破伤眼肿睛红, 伤寒自汗表烘烘,独会外关为重。
列缺
　　痔疟便肿泄痢,唾红溺血咳痰, 牙疼喉肿小便难,心胸腹疼噎咽。
　　产后发强不语,腰痛血疾脐寒, 死胎不下膈中寒,列缺乳痈多散。
照海
　　喉塞小便淋涩,膀胱气痛肠鸣, 食黄酒积腹脐并,呕泻胃番便紧。
　　难产昏迷积块,肠风下血常频, 膈中快气气核侵,照海有功必定。

(十二)四总穴歌[1]

肚腹三里留,腰背委中求,头项寻列缺,面口合谷收。

后人更增:"心胸取内关,小腹三阴谋[2],痠痛阿是穴,急救刺水沟"四句。

(十三)回阳九针歌[3]

哑门劳宫三阴交,涌泉太溪中脘接,环跳三里合谷并,此是回阳九针穴。

(十四)天星十二穴并治杂病歌[4]

三里内庭穴,曲池合谷接;委中配承山,太冲昆仑穴,环跳与阳陵,通里并列缺。合担用法担,合截用法截,三百六十穴,不出十二诀。

1. 三里　三里膝眼下,三寸两筋间。能通心腹胀,善治胃中寒,肠鸣并泄泻,腿肿膝胻痠,伤寒羸瘦损,气蛊及诸般。年过三旬后,针灸眼便宽。取穴当审的,八分三壮安。

2. 内庭　内庭次指外,本属足阳明。能治四肢厥,喜静恶闻声,瘾疹咽喉痛,数欠及牙疼,疟疾不能食,针着便惺惺。

3. 曲池　曲池拱手取,屈肘骨边求。善治肘中痛,偏风手不收,挽弓开不得,筋缓莫梳头,喉闭促欲死,发热更无休,偏身风癣癞,针著即时瘳。

4. 合谷　合谷在虎口,两指歧骨间。头痛并面肿,疟病热还寒,齿龋鼻衄血,口噤不开言。针入五分深,令人即便安。

5. 委中　委中曲𬸘里,横纹脉中央。腰痛不能举,沉沉引脊梁,痠痛筋莫展,风痹复无常,膝头难伸屈,针入即安康。

6. 承山　承山名鱼腹,腨肠分肉间。善治腰疼痛,痔疾大便难,脚气并膝肿,展转战疼痠,霍乱及转筋,穴中刺便安。

7. 太冲　太冲足大趾,节后二寸中。动脉知生死,能治惊痫风,咽喉并心胀,两足不能行,七疝偏坠肿,眼目似云朦,亦能疗腰痛,针下有神功。

---

[1] 明·朱权:《乾坤生意》(引自《针灸大全》)。
[2] 三阴:指足太阴脾经的三阴交穴。
[3] 明·高武:《针灸聚英》。
[4] 明·徐凤:《针灸大全》。

8. 昆仑　昆仑足外踝,跟骨上边寻。转筋腰尻痛,暴喘满冲心,举步行不得,一动即呻吟,若欲求安乐,须于此穴针。

9. 环跳　环跳在髀枢,侧卧屈足取。折腰莫能顾,冷风并湿痹,腿胯连腨痛,转侧重欷歔,若人针灸后,顷刻病消除。

10. 阳陵泉　阳陵居膝下,外臁一寸中。膝肿并麻木,冷痹及偏风,举足不能起,坐床似衰翁,针入六分止,神功妙不同。

11. 通里　通里腕侧后,去腕一寸中。欲言声不出,懊侬及怔忡,实则四肢重,头腮面颊红,虚则不能食,暴喑面无容,毫针微微刺,方信有神功。

12. 列缺　列缺腕侧上,次指手交叉。善疗偏头患,遍身风痹麻,痰涎频上壅,口噤不开牙,若能明补泻,应手即如拿。

(十五)十三鬼穴歌[1]

百邪癫狂所为病,针有十三穴须认。凡针之体先鬼宫,次针鬼心无不应。
一一从头逐一求,男从左起女从右。一针人中鬼宫停,左边下针右出针。
第二手大指甲下,名鬼信刺三分深。三针足大指甲下,名曰鬼垒入二分。
四针掌后大陵穴,入寸五分为鬼心。五针申脉为鬼路,火针三下七锃锃。
第六却寻大杼上,入发一寸名鬼枕。七刺耳垂下五分,名曰鬼床针要温。
八针承浆名鬼市,从左出右君须记。九针间使鬼市上,十针上星名鬼堂。
十一阴下缝三壮,女玉门头为鬼藏。十二曲池名鬼臣,火针仍要七锃锃。
十三舌头当舌中,此穴须名是鬼封。手足两边相对刺,若逢孤穴只单通。
此是先师真口诀,狂猖恶鬼走无踪。

按:古代认为精神疾患是由鬼邪作祟,故将治疗精神疾患的腧穴称为鬼穴。

二、古代体表部位名称解释(图1)

首　又称头。人体颈项部以上部位总称。头者,精明之府,为诸阳之会。内装脑髓,为元神之府。手足三阳经经脉,手少阴心经,足厥阴肝经,任脉,督脉,冲脉,阳维脉,阴阳蹻脉等均上行至头。

颠　又写作巅。巅,顶也,为头之最高处,又称巅,俗称头顶。足太阳膀胱经,足厥阴肝经,督脉均上行至巅。

囟(xìn信)　巅顶之前为囟,又称囟顶。即现代解剖学上的前囟。婴儿额骨与左右顶骨未闭合时称为囟门,可触及动脉搏动。闭合后称作囟骨,即今前囟部。为督脉所过。

发际　头发的边缘。覆于全头之发其周皆有边际,位于前额者称前发际;位于后项者称后发际;位于耳后者称耳后发际;位于耳前者称耳前发际。是定取头部腧穴的重要标志。足三阳经,督脉,阳蹻脉及阳维脉均过发际。

额　又写额作,又名颡,俗称额头、前额,又称额颅。前发际下眉上之处为额。足阳明,足太阳,足厥阴,督脉,阳蹻脉,阳维脉等均行经额。

---

[1] 明·徐凤:《针灸大全》。

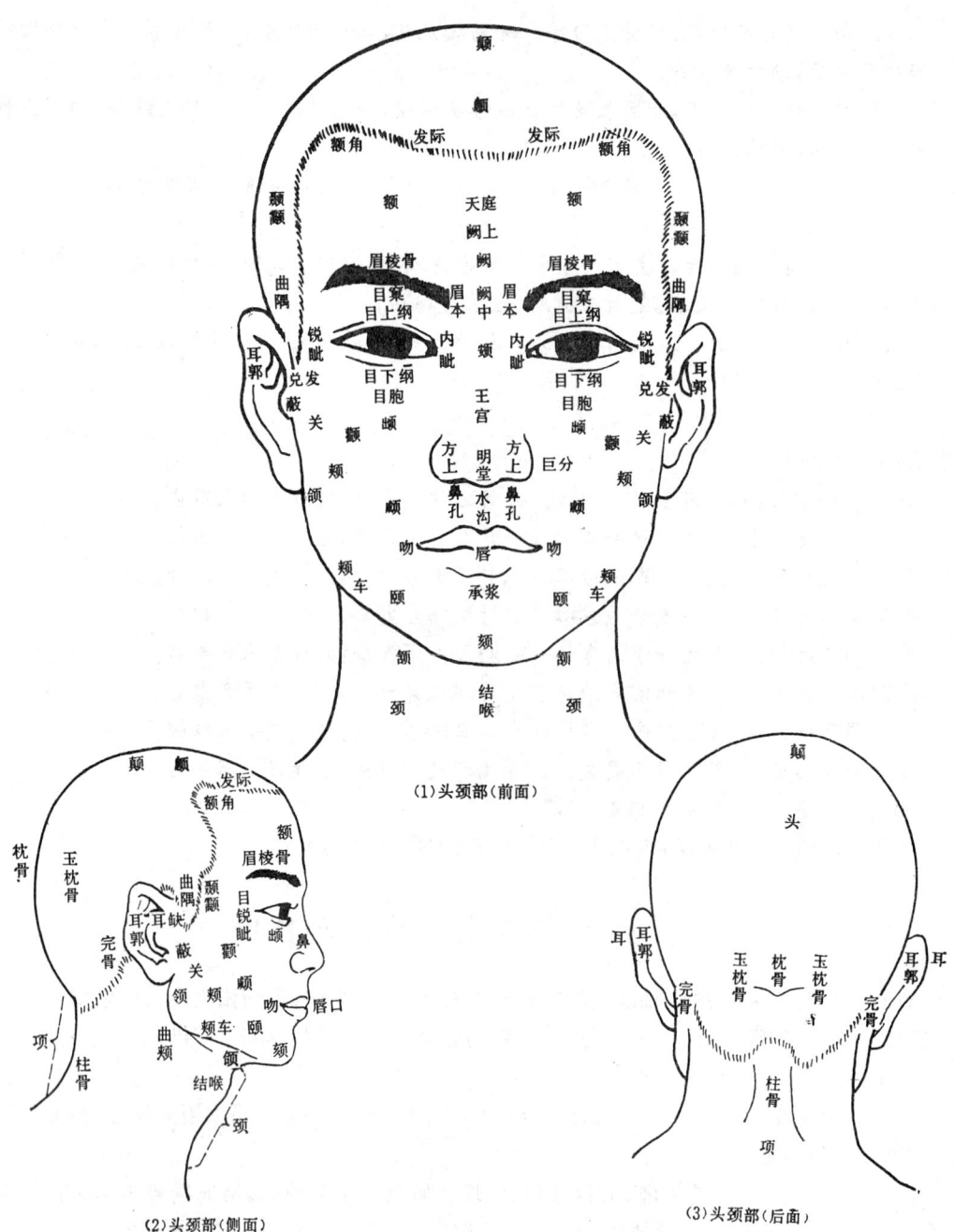

(1) 头颈部（前面）

(2) 头颈部（侧面）

(3) 头颈部（后面）

额角 又称头角，简称角。即前发际在左右两端弯曲下垂所呈的角度。足阳明胃经，足少阳胆经，手少阳三焦经等均行经额角。

颜 前额之中央部为颜，又称天庭，简称庭。一说指左右眉目之间，一说指面部前中央。为督脉所过处。

阙（quē缺） 又称阙中，一名印堂，俗称眉心。即两眉之间。阙之上称阙上。为督脉所过

二、古代体表部位名称解释

之处。

眉棱骨 眉毛处之皮下有骨隆起者似棱,故称眉棱骨。即今额骨的眉弓。为足太阳膀胱经等所过。奇穴鱼腰即位于眉弓中点处。

眉本 又称眉头,即眉的内侧端。足太阳膀胱经所过处。

目胞 一名目窠,一名目裹,俗称眼胞,现称眼睑。上眼胞称上眼睑,下眼胞称下眼睑。

目纲 纲,或作网,又称眼弦,现称睑缘。即眼睑边缘生毛处。上眼弦为目上纲,足太阳经筋所主;下眼弦为目下纲,足阳明经筋所主。

目内眦 又称大眦,即内眼角。足太阳膀胱经,足阳明胃经,手太阳小肠经的支脉,阴蹻脉、阳蹻脉均经过目内眦。

目锐眦 又称小眦,目外眦,即外眼角。足少阳胆经,手太阳小肠经,手少阳三焦经等经过目锐眦。

頞(è扼) 又名下极,俗称鼻梁、山根,现称鼻根。即两目之间,鼻柱之上凹陷处。足阳明胃经之所起。

王宫 又称明堂骨,俗称鼻柱,即鼻根之下,鼻尖之上。一说指鼻根部。督脉所过。

明堂 又名鼻准、面王,俗称鼻尖、鼻头、准头。手阳明、足阳明、手太阳经脉及督脉之所过。鼻之下方两孔称鼻孔,鼻孔之上称方上,现称鼻翼。

頔(zhuō拙) 指眼眶下缘的骨。相当于现代解剖学上的上颌骨和颧骨构成眼眶的部分。手太阳小肠经,手少阳三焦经,足阳明胆经行于頔。

頄(qiú求) 亦称颧,即颧骨,为眼眶外下侧之高骨,或指頔内鼻旁间的部位。手太阳小肠经,足阳明胃经,任脉,蹻脉等上行至頄。

顑(kǎn砍) 俗称腮。即口角旁颊之前方空软处,为口腔粘膜之外壁。

巨分 现称鼻唇沟。指由鼻翼外缘向口角外侧伸延的皮肤皱纹沟。为手、足阳明经所过。迎香穴居其中。

頏颡(hāng sǎng杭嗓) 指上腭与鼻相通的部位,相当于鼻咽部。足厥阴肝经,冲脉等行经頏颡。

水沟 亦称人中。鼻下唇上中央之凹陷成沟形之处。为督脉之所过。手阳明大肠经交于人中。

承浆 唇下颏上中央凹陷处。为任脉之所过。足阳明胃经交于承浆。

颏(kē) 又称地阁,俗称下巴,现称下颌骨体。为足阳明经与冲、任脉所过。

吻 指口唇。一说指两口角。手阳明大肠经,足阳明胃经,足厥阴肝经,任脉,督脉,冲脉等行经。

颐 口角外下方,腮部前方。足阳明胃经等所过。

颞颥(niè rú聂如) 俗称太阳,现称翼点。眉弓外侧,颧骨弓上方,为手足少阳经等所过。

曲隅 又名曲角、曲周,俗称鬓角。位于额角外下方,耳前上方的发际呈弯曲下垂的部分。为手、少阳经所过处。

蔽 俗称耳门,现称耳屏。

耳缺 即耳屏上切迹。

颌 又名辅车。即下颌骨支,为下颌骨的耳下部分。足阳明胃经等所过。

曲牙 即下牙床。因其弯曲向前故名。手太阳经筋上行曲牙。

曲颊　指下颌角部。足阳明胃经所过。

颊车　指下颌骨。足阳明胃经，足少阳胆经等行于颊车。

舌本　即舌根。足太阴脾经，足少阴肾经，任脉等连系舌本。

会厌　即会厌软骨。覆盖在喉的上端。

嗌　咽喉部之总称。咽嗌即指咽头部；喉嗌即指喉头部。手太阴肺经，任脉，冲脉，阴蹻脉上行于咽。足太阴脾经，手少阴心经，阴维脉沿行于咽的两旁。足阳明胃经，足少阴肾经，任脉循行于喉咙。足厥阴肝经循行于喉咙之后。

颔(hàn汉)　颏下结喉上，两侧肉之空软处。即下颌底与甲状软骨之间。足阳明胃经，任脉所过。

结喉　又称喉结。与现代解剖学同名。即甲状软骨前上方隆起处。任脉所过。足阳明胃经在结喉两旁。

颈　头下肩上部位的统称。或指舌骨至胸骨体上缘的部位。手、足阳明经，手少阴心经，手太阳小肠经，足少阴肾经，手、足少阳经，足厥阴肝经，任脉，阴维脉，阳蹻脉等行经颈部。

项　肩上头下之后部，即从枕骨到大椎之间。手、足少阳经，足太阳膀胱经，督脉，阳维脉，阳蹻脉等行经项部。

枕骨　与现代解剖学同名。指后头中央隆起之骨。俗称后山骨。为足太阳膀胱经，足少阳胆经，督脉等所过。

玉枕骨　简称玉枕。为枕外隆凸两旁高起之骨，现称枕骨上项线。足太阳膀胱经，足少阳胆经等所过。

耳郭　俗称耳朵。为外耳道以外全部耳壳的统称。足太阳经支脉，手、足少阳经，手太阳经等行经耳郭。

完骨　又名寿台骨，俗称耳根台。指耳后之高骨，现称乳突。手少阳三焦经，足少阳胆经等经过完骨。

柱骨　又名天柱骨、颈骨。为颈椎的统称。手阳明大肠经上出于柱骨之会上。督脉所过。

缺盆　颈下之两侧，于巨骨之上凹陷处。即今锁骨上窝部。足阳明胃经，足少阳胆经，手阳明大肠经，手太阳小肠经，手少阳三焦经，阳蹻脉等均行经缺盆。

巨骨　又称缺盆骨，现称锁骨。

两叉骨　指肩胛骨与锁骨相接之处，相当于肩锁关节部。古书称巨骨穴，在两叉骨间。

髃骨　简称髃。亦写作髃。又名肩髃、肩端骨，俗称肩头。相当于肩胛冈之肩峰突。手阳明大肠经等行髃骨前缘。

肩解　指肩端之骨节解处，现称肩关节。手太阳小肠经出行肩解。

肩　与现代解剖学同名。颈项之下，左右两侧都称之。是上肢和躯干的连属处。足少阳胆经，手阳明大肠经，手太阳小肠经，手少阳三焦经，阳维脉，阳蹻脉等所过。

胸　缺盆下，腹之上的部位。十二经脉除膀胱经外均行经前胸部。

膺　胸前两旁肌肉隆起处。相当于胸大肌处。手太阴肺经，足阳明胃经，足太阴脾经等所过。

膻中　两乳之间的部位。手少阳三焦经，任脉等所过。

髑骬(hé yū 合于)　又写作髑骭。又称鸠尾、前蔽骨。胸骨下端蔽心之骨。现称胸骨剑

二、古代体表部位名称解释

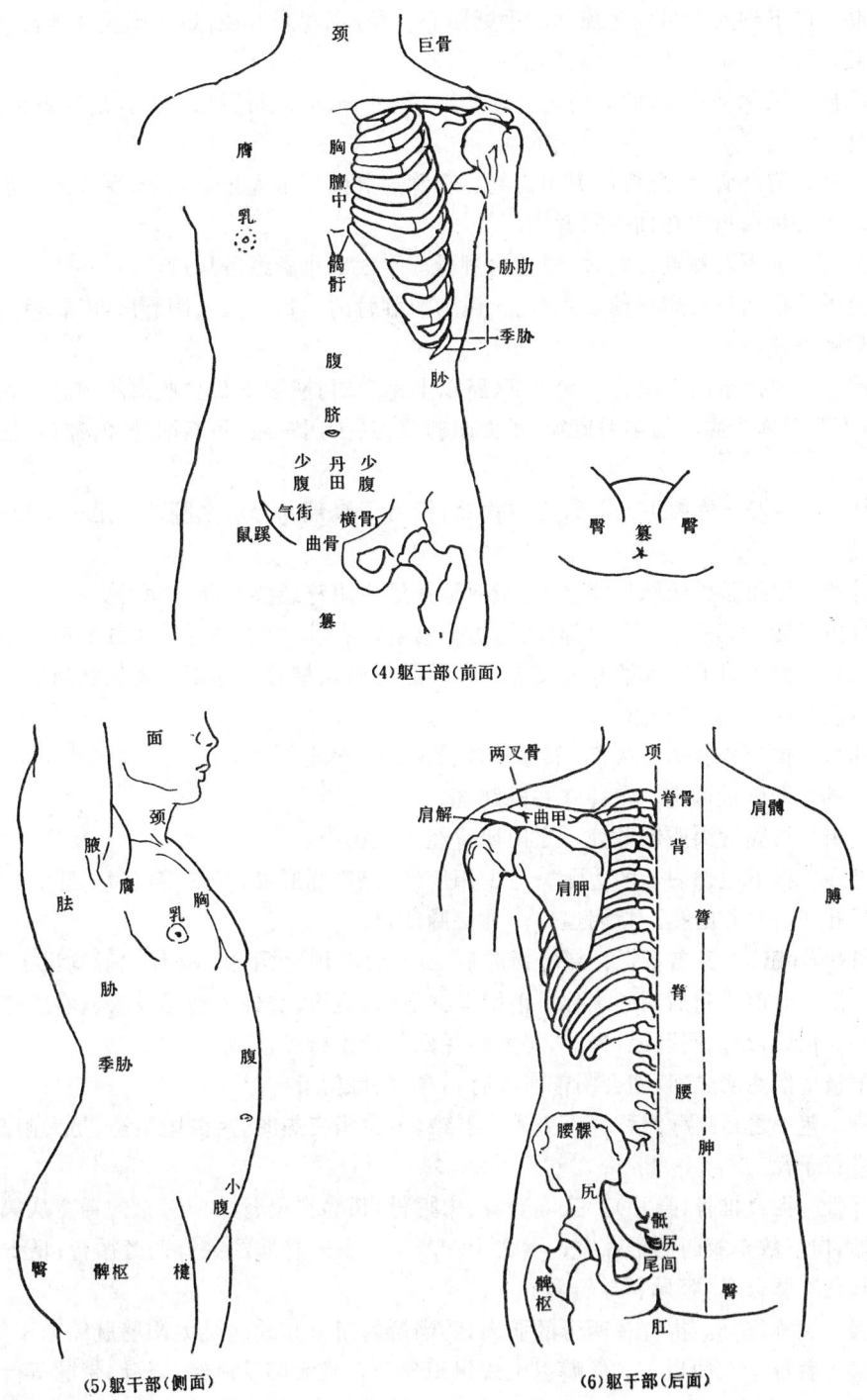

(4) 躯干部（前面）

(5) 躯干部（侧面）　　(6) 躯干部（后面）

突。任脉所过。

腋　肩下胁上之陷窝，俗称胳肢窝。手太阴肺经，手少阴心经，手厥阴心包经，足少阳胆经等行于腋。

胁　腋下到肋骨尽处之统称。手厥阴心包经，足厥阴肝经，足少阳胆经等行于胁。

胠(qū区)　腋下胁上，是胁肋的总称。

季胁　又称季肋、软肋。胁之下软肋部，即十一、十二肋所在部位。足少阳胆经，带脉行经季胁。

曲甲　肩胛骨上1/3弯曲突出之处。现称肩胛冈。手太阳小肠经，手少阳三焦经等行经曲甲。古书称曲垣穴在曲甲陷者中。

肩胛　肩下背侧成片之骨，现称肩胛骨。手太阳小肠经等所过。

肩膊　指两肩及肩之偏后部分。一说为肩胛骨的别称。足太阳膀胱经循肩膊内侧；阳蹻脉循肩膊外侧。

腹　与现代解剖学同名。胸以下，脐以上称上腹；脐以下称少腹或小腹。一说脐下称小腹；脐下两旁称少腹。足阳明胃经，足太阴脾经，足少阴肾经，足厥阴肝经，冲脉，任脉等行于腹。

䏚(miǎo秒)　季胁下无肋骨之空软处。相当于腹部九分法之腰部。足少阳经筋"上乘䏚季胁"。

神阙　即肚脐。任脉贯穿脐中央；冲脉并足少阴肾经挟行脐之两旁。

丹田　指脐下三寸左右的部位，是男子精室，女子胞宫所在处。为任脉等所过。

横骨　少腹以下与大腿股前交界处有横起之骨名横骨。相当于现代解剖学上的耻骨。为足厥阴肝经，任脉等所过。

曲骨　位于横骨的中央部，现称耻骨联合。任脉等所过。

鼠蹊　即腹股沟部。气冲穴在鼠蹊部。

气街　指腹股沟股动脉处。足阳明胃经入气街中。

毛际　指下腹部阴毛的边际。足少阳胆经，足厥阴肝经，任脉等经过毛际。

廷孔　一写作庭孔。指阴道口。为督脉所过。

篡(cuàn窜)　又名下极、屏翳，指前后二阴之间，即会阴部。督任二脉均出于篡。

二阴　即前阴和后阴的统称。前阴又称下阴，是男、女外生殖器及尿道的总称。后阴即肛门部。任脉，足厥阴肝经，督脉，足太阳经别等分别行经前、后二阴。

下极　指两阴之间，即会阴部。亦有指鼻根、肛门者。

背　躯干之后统称为背。手太阳小肠经，手少阳三焦经，足少阳胆经，足太阳膀胱经，督脉等皆行于背。

脊骨　指脊椎骨(脊柱)。又名膂骨、中膂骨，俗名脊梁骨。中医指的脊多从第一胸椎棘突开始，向下数至第四骶椎棘突，共二十一节。足太阳膀胱经挟脊两旁循行；足少阴肾经贯脊；冲、任二脉分支，督脉行于脊骨。

膂　又称膂筋。指脊柱两旁的肌肉，约当骶棘肌分布处。足太阳膀胱经循于膂。

腰　背部十二肋以下，髂嵴以上软组织部分。足太阳膀胱经，督脉，带脉等行于腰部。

胂(shēn申)　泛指脊柱两侧的肌群，或指髂嵴以下的肌肉部分。

腰髁　指腰部两旁凸起之骨。系指腰部与髋骨部之总称。

尻(kāo考)　尾骶骨部分统称。为足太阳膀胱经，督脉等所过。

骶端　又称骶、尾骶。指尻骨的末节，即尾骨。督脉行经。古书称长强穴位于骶端。

臀　指骶骨部两旁隆起之臀大肌部分。足太阳膀胱经贯臀。

二、古代体表部位名称解释

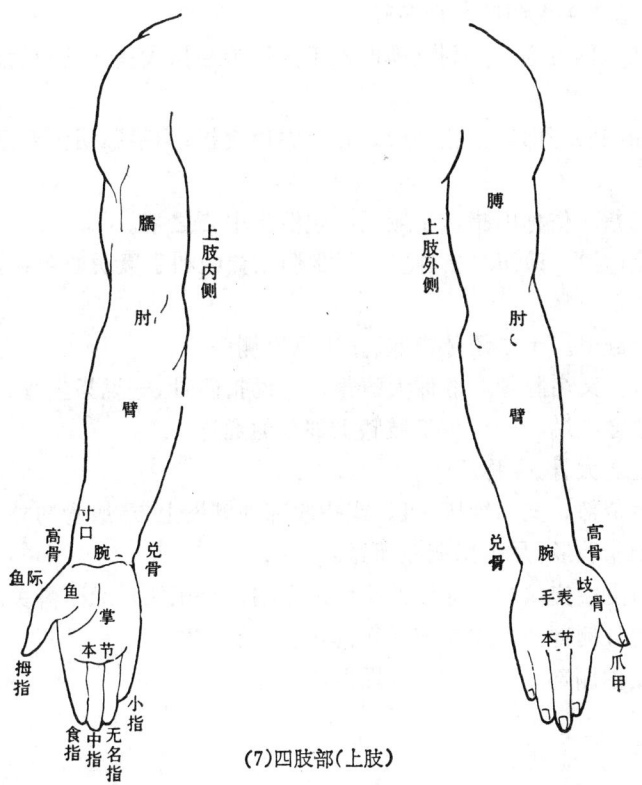

(7)四肢部(上肢)

  䯋 又称胳䯋。指肩膀以下手腕以上的部分。一说指上臂外侧面。手三阳经行于䯋的外侧；手三阴经行于䯋的内侧。

  臑(nào 闹) 指肩至肘内侧靠近腋部隆起的肌肉，即肱二头肌部。一说为上臂统称。其屈侧称臑内，伸侧称臑外。

  肘 即肘关节。指上臂和前臂相接的部分。其内侧面为肘窝，外侧为肘尖。是手三阴经、手三阳经行过之处。

  臂 指肘以下腕以上部分。现称前臂，或包括上臂。手三阴、手三阳经所过。

  辅骨 在上肢指桡骨。亦称上骨。手阳明大肠经、手太阴肺经所过。在下肢指膝两侧之骨。内侧的名内辅，即股骨下端的内侧髁与胫骨上端的内侧髁组成的骨突。外侧的名外辅，即股骨外侧髁与胫骨外侧髁组成的骨突。或指腓骨，又称外辅骨。足少阳胆经下外辅骨之前。

  腕 指前臂下端与手掌相连接的可以活动的部分。为手三阴经、手三阳经所过。

  手表 即手背。手少阳三焦经循于手表。

  兑骨 又称锐骨。小指侧臂骨下端之高骨。相当于尺骨茎突。一说指豆骨。手少阴心经抵掌后锐骨之端。

  高骨 体表高突之骨的通称。或指大指侧臂骨下端的高起骨，相当于桡骨茎突。

  寸口 两手桡侧掌横纹后，桡动脉搏动处。手太阴肺经入寸口。

  掌 又名手掌。腕之下与指之间的内侧面，称作掌面。又掌为腕指之间之统称。掌面为手三阴所过。

鱼　又名手鱼。为大指后侧隆起之肉。其外方赤白肉分界处叫鱼际。亦有称拇指侧为大鱼,小指侧为小鱼。手太阴肺经循鱼际。

大指(趾)　指、趾,古通。即拇指(踇趾)。手太阴肺经出大指之端；足太阴脾经、足厥阴肝经起于大趾之端。

大指(趾)次指(趾)　即第二指(趾)。在手亦称食指。为手阳明大肠经和手太阴肺经,足阳明胃经所起、止。

将指　即第三指。俗称中指。手厥阴心包经出中指之端。

小指(趾)次指(趾)　即第二指(趾)。手少阳三焦经和手厥阴心包经,足少阳胆经所起、止。

爪甲　又名指趾甲。十二经脉皆起、止于爪甲侧旁。

楗骨　指股骨。又名髀骨。俗称大腿骨。一说指髂骨；一说指坐骨。

髀　一说指股之上端。一说为下肢膝上部分的通称。

髀骨　指膝上之大骨,今称股骨。

髀枢　指髋关节部。又名髀厌、机。或指股部外侧最上方,股骨向外上方显著隆起的股骨大转子。足太阳膀胱经,足少阳胆经所过。

髀关　大腿前上端交纹处。即股四头肌之上端。足阳明胃经下髀关。

髀阳　指大腿外侧部。足少阳胆经循髀阳。

股阴　指大腿内侧部。足厥阴肝经循股阴。

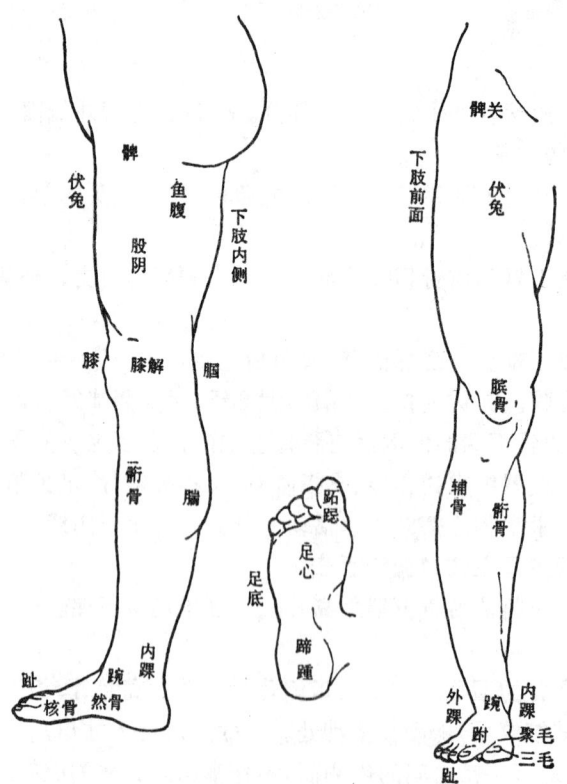

(8)四肢部(下肢前面、内侧)

二、古代体表部位名称解释

股 膝以上通称股。俗称大腿。足三阴、足三阳经均行经股部。

伏兔 髀前起肉为伏兔。即股四头肌肌腹丰满隆起处,其状若兔伏之背故得名。足阳明胃经抵伏兔。

腘 膝后曲处为腘,又腓肠之上膝里曲处为腘。分别称腘窝和腘窝横纹。委中穴居此腘中央。足太阳膀胱经等所过。

膝 大腿与小腿之交接关节处。其关节称膝解,又名骸关。今称膝关节。足阳明胃经,足太阴脾经,足少阴肾经等所过。

膑 膝前的圆形骨。亦称膝盖骨。今称膑骨。

骺(hāng杭) 即胫骨。一说指胫骨之下端。足阳明胃经,足太阴脾经等所过。

腨(zhuān专) 又称腓肠,俗称小腿肚。今称腓肠肌。足太阳膀胱经,足少阴肾经等所过。

踠 胫下尽处之曲节,今称踝关节。

踝(huái怀) 足上胫下隆起之骨。内侧称内踝,为胫骨之下端;外侧称外踝,是腓骨之下端。足太阴脾经,足厥阴肝经,足少阴肾经,足太阳膀胱经,足少阳胆经,冲脉,蹻脉等所过。

然骨 内踝下前方隆起之大骨,今称舟骨。足少阴肾经出然骨之下。

绝骨 外踝之上3寸许,腓骨凹陷的部位。悬钟穴所在。

跗 又写作䠜,与趺同。即足背。足阳明胃经,足少阳胆经,足厥阴肝经等所过。

覈(hé合)骨 又写作核骨。足第一跖趾关节内侧的圆形突起。足太阴脾经所过。

京骨 足小趾本节后外侧突起的半圆骨。即第五跖趾关节外侧的圆形突起。足太阳膀胱经所过。

三毛 又名丛毛、聚毛。足大趾爪甲后方有毫毛处。为足厥阴肝经,足少阳胆经所起、止。

踵 即足跟部。足太阳、足少阴、足太阴之筋结于踵。

赤白肉际 指手(足)的掌(跖)面与背面肤色明显差别的分界处。掌侧皮色较浅,称白肉;背侧肤色较深,称赤肉;两者交换之处称赤白肉际。

歧骨 泛指两骨连接成角之处。如锁骨肩峰端与肩胛冈肩峰之连接处;第一、二掌骨连接处;胸骨下端与左右肋软骨结合处等。

本节 即指掌关节或跖趾关节的圆形突起。其前方称本节前;后方称本节后。

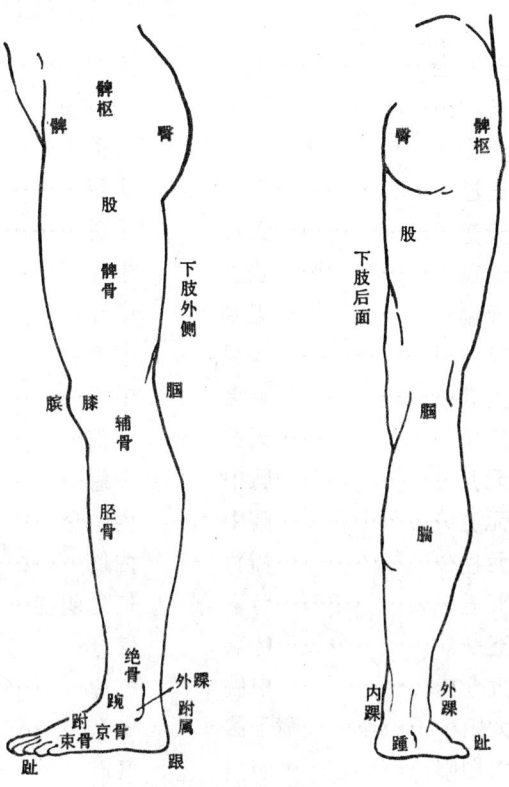

(9)四肢部(下肢后面、外侧)

图1 体表部位图

三、腧穴别名索引

二　画

八关……八邪　　人中……水沟

三　画

三阳……百会　　上门……幽门　　小吉……少泽
下肓……气海　　上气海……膻中　　小竹……眉冲
下极……横骨　　上纪……中脘　　飞处……支沟
下横……横骨　　大杼……大椎　　飞虎……支沟
大中极……关元　　上慈宫……冲门　　子户……气穴
大羽……强间　　女须……女膝

四　画

天五会……人迎　　太祖……崇骨　　气俞……京门
天臼……通天　　少吉……少泽　　气原……中极
天会……天池　　少关……阴交　　气堂……气冲
天泾……天泉　　少谷……三间　　气街……气冲
天笼……天窗　　少骨……三间　　长平……章门
天盖……缺盆　　中守……水分　　长颊……禾髎
天温……天泉　　中郄……委中、中都　　长频……禾髎
天湿……天泉　　中肩井……肩髃　　长频……禾髎
天满……百会　　中空……中髎　　长溪……天枢
天瞿……天突　　中都……神门　　长髎……禾髎
元儿……膻中　　中魁……阳溪　　分中……环跳
元见……膻中　　内昆仑……太溪　　分水……水分
元柱……攒竹　　内筋……交信　　分肉……阳辅
五里……劳宫　　气之阴郄……长强　　丹田……石门
五胠俞……譩譆　　气合……神阙　　水门……水突
太仓……中脘　　气冲……气堂、气中　　水穴……扶突
太阳……瞳子髎　　气舍……神阙　　水泉……大敦
太阴阳……液门　　气府……京门

五　画

玉户……天突　　玉房俞……白环俞　　巨窌……丝竹空
玉环俞……白环俞　　玉柱……承山　　本池……廉泉
玉英……玉堂　　玉泉……中极　　石宫……阴都

石阙……………石关	龙渊……………然谷	四神聪…………神聪
龙头……………龙颔	匝风……………脑户	外勾……………伏兔
龙泉……………然谷	目窌……………丝竹空	外枢……………维道

六 画

地卫……………涌泉	肉郄……………承扶	冲道……………神道
地冲……………涌泉	肉柱……………承山	次门……………关元
耳门……………听会	舌本………风府、廉泉	池头……………温溜
耳尖……………率谷	舌厌……………哑门	安邪……………仆参
耳骨……………曲骨	舌横……………哑门	关梁……………金门
耳涌……………耳尖	伏白……………复溜	关陵……………膝阳关
百虫窠…………血海	伤山……………承山	阳泽……………曲池
百劳……………大椎	血郄……………百虫窠	阳陵……………膝阳关
过门……………三阳络	后曲……………瞳子髎	阳窟……………腹结
至宫……………目窗	后关……………听会	阴阳……………营池
至营……………目窗	会原……………冲阳	阴关………大赫、承扶
光明……………攒竹	会维……………地仓	阴郄……………长强
吕细……………太溪	会额……………脑户	阴都……………经中
回骨……………曲骨	合颅……………脑户	阴维穴…………大赫
曲牙……………颊车	多所闻…………听宫	阴鼎……………阴市
曲节……………少海	交冲……………后顶	
曲发……………曲鬓	冲阳……………迎香	

七 画

听呵……………听会	谷门……………天枢	兑骨……………颧髎
别阳………阳池、阳交	肘尖……………肘髎	补元……………天枢
足穷……………阳交	肠山……………承山	尾蛆……………长强
员在……………攒竹	肠窟……………腹结	尾翳……………鸠尾
员柱……………攒竹	间谷……………二间	尿胞……………屈骨端
利机………石门、会阳	兑冲……………神门	

八 画

青昊……………清冷渊	尚骨……………肩髃	命门……………石门
枕骨……………头窍阴	明光……………攒竹	肺底……………灵台
直肠……………承筋	昌阳……………复溜	胁窌……………章门
势头……………阴茎穴	季胁……………章门	鱼肠……………承山
齿牙……………颊车	垂手……………风市	鱼腹……………承山
虎口……………合谷	垂矩……………中矩	鱼腹山…………承山
肾气……………大横	垂浆……………承浆	夜光……………攒竹

府中俞……中府	定喘穴……喘息穴	始光……攒竹
泪孔……睛明	肩井……肩髃	经始……少冲
治喘穴……喘息穴	肩尖……肩髃	

九　画

面王……素髎	鬼邪……足三里	逆注……温溜
面正……素髎	鬼眼……腰眼、膝眼	神光……日月
面窌……承泣	鬼禄……悬命	神宗……脊中
背解……腰俞	食宫……阴都	神堂……上星
胃脘……上脘	胞门……气穴	扁骨……肩髃
胃维……地仓	前关……瞳子髎	屏翳……会阴
泉液……渊腋	客主……上关	绝阳……商阳
鬼市……承浆	客主人……上关	绝骨……悬钟、阳辅

十　画

真肠……承筋	胸薛……薛息	资脉……瘈脉
热府……风门	脑盖……络却	通门……三阳络
脊内俞……中膂俞	高曲……商曲	通关……阴都
脊俞……脊中	高盖……督俞	通间……三阳络
胰俞……胃管下俞	海底……会阴	
胸之阴俞……长强	容主……上关	

十一画

曹溪……风府	悬泉……中封	脖胦……气海
掖间……掖门	悬浆……承浆	商盖……督俞
颁……禾髎	偏肩……肩髃	梁关……金门
蛇头……温溜	偏骨……肩髃	颈冲……臂臑

十二画

椎顶……崇骨	循脊……天枢	惺惺穴……夺命穴
厥阳……飞扬	脾舍……地机	寒府……膝阳关
遇仙……腰眼	腋门……大巨	窗聋……天窗
锐中……神门	然骨……然谷	窗笼……天窗
循元……天枢	颊髎……侠承浆	强阳……络却
循际……天枢	童玄……列缺	属累……命门

十三画

蛋尾……长强	腰孔……十七椎	腰柱……腰俞
腰户……腰俞	腰注……腰俞	腨肠……承筋

腹屈……………腹结　　溪穴…………归来、承泣　　慈宫……………冲门

十 四 画

鼻冲……………曲差　　髌骨……………环跳　　精露……………石门
膊井……………肩井　　精宫…………志室、命门

十 五 画

横户……………阴交　　横骨……………屈骨端　　膵俞…………胃管下俞
横舌……………哑门　　踝尖……………内踝尖　　膝目……………膝眼

十 六 画

橛骨……………长强　　颞颥……………脑空　　踹肠……………承筋

十 七 画

髀厌……………环跳　　膺中俞…………中府

十 八 画

鶻骭……………鸠尾　　臑交……………臑会　　臑膠……………臑会

十 九 画 以 上

髋骨……………环跳　　髓空……………腰俞　　髓俞……………腰俞
髓中……………四满　　髓府……………四满　　矉穴……………承泣
髓孔………大迎、腰俞

图书在版编目（CIP）数据

腧穴学／罗永芬主编．—上海：上海科学技术出版社，
1996.1（2025.3 重印）

普通高等教育中医药类规划教材．供针灸类专业用
ISBN 978-7-5323-3853-5

Ⅰ．腧… Ⅱ．罗… Ⅲ．俞穴（五腧）-高等学校-
教材 Ⅳ．R224.2

中国版本图书馆 CIP 数据核字（2008）第 071000 号

腧穴学
主编　罗永芬

上海世纪出版（集团）有限公司
上海科学技术出版社 出版、发行
（上海市闵行区号景路 159 弄 A 座 9F-10F）
邮政编码 201101　www.sstp.cn
常熟市兴达印刷有限公司印刷
开本 787×1092　1/16　印张 18.25
字数 427 千字
1996 年 5 月第 1 版　2025 年 3 月第 22 次印刷
ISBN 978-7-5323-3853-5/R·1065
定价：36.00 元

本书如有缺页、错装或坏损等严重质量问题，请向工厂联系调换